新时代儿童福利研究

姚建龙 主编

郗培植 刘悦 罗建武 副主编

中国政法大学出版社

2019·北京

图书在版编目（ＣＩＰ）数据

新时代儿童福利研究/姚建龙主编. —北京:中国政法大学出版社,2019.8
ISBN 978-7-5620-9205-6

Ⅰ.①新… Ⅱ.①姚… Ⅲ.①儿童福利－福利政策－研究－中国 Ⅳ.①D632.1

中国版本图书馆 CIP 数据核字(2019)第 199943 号

出 版 者	中国政法大学出版社
地　　址	北京市海淀区西土城路 25 号
邮寄地址	北京 100088 信箱 8034 分箱　邮编 100088
网　　址	http://www.cuplpress.com（网络实名：中国政法大学出版社）
电　　话	010-58908586(编辑部) 58908334(邮购部)
编辑邮箱	zhengfadch@126.com
承　　印	保定市中画美凯印刷有限公司
开　　本	787mm×1092mm　1/16
印　　张	15.5
字　　数	350 千字
版　　次	2019 年 8 月第 1 版
印　　次	2019 年 8 月第 1 次印刷
定　　价	59.00 元

主编简介

姚建龙

  现任上海社会科学院法学研究所所长、教授、博士生导师，全国青联委员、上海青联常委。曾任重庆市劳教戒毒所民警、上海市长宁区人民检察院副检察长、北京师范大学刑事法律科学研究院博士后、华东政法大学教授、《青少年犯罪问题》杂志主编、上海政法学院刑事司法学院院长、团中央权益部副部长兼规划办副主任、上海政法学院党委常委、副校长等。

  兼任上海市预防青少年犯罪研究会会长、上海市法学会未成年人法研究会会长，在儿童福利研究领域的代表性成果有《困境儿童保障研究》（主编）等。受聘为国务院妇儿工委办、中央综治委预青专项组、最高人民检察院、团中央等相关领域咨询专家，曾获全国未成年人思想道德建设工作先进工作者、上海市十大杰出青年、上海市优秀中青年法学家、上海市杰出青年岗位能手、上海市禁毒先进个人、上海市未成年人思想道德建设工作先进工作者、上海市曙光学者等荣誉，入选中国哲学社会科学最有影响力学者排行榜（2017年）、名列中国被引次数超过百次刑法学科青年学者（45岁以下）第八位（2017年），国家检察官学院、华东政法大学等十余所高校兼职教授。

前　言

　　新时代儿童福利工作应贯彻习近平总书记系列重要讲话精神和关于民生民政工作的重要指示精神，秉承"民政为民、民政爱民"的工作理念，坚持福利本位，推动建立新时代儿童福利工作新格局、新篇章。科学规划新时代儿童福利工作，需要从以下三个层面着手：

一、新时代儿童福利工作的基本原则

　　新时代儿童福利工作要体现时代特征、中国特点，符合儿童福利演进规律，既有前瞻性，又能与本国经济社会发展相适应。

　　（1）以新时代新理念新战略为指南。新时代新理念新战略既为儿童福利提供正确的政治引领，又内含了儿童福利的宗旨和目标。儿童福利必须以新时代新理念新战略为指南，把新时代新理念新战略融入儿童福利的顶层设计中，融入儿童福利的各个层面。新时代儿童福利的新理念新战略大体包含以下三个层面：第一，通过儿童福利工作，帮助儿童健康成长，实践"民政为民、民政爱民"；第二，通过儿童福利工作，转变治理模式，提升国家治理能力现代化；第三，通过儿童福利工作，改善社会发展结构，促进全面建成小康社会。

　　（2）以儿童为中心。儿童福利必须以儿童为中心，服务于儿童，这是儿童福利的本质要求。其要求在儿童福利的制度建设与具体工作中贯穿两大理念：国家亲权原则与儿童最大利益原则。前者要求树立国家是儿童最终监护人的观念，后者要求关于儿童的一切行动均应以儿童的最大利益为首要考虑。

　　（3）以福利为本位。福利本位是民政部门儿童福利工作的职能定位。深化与儿童相关的党和国家机构改革，必须以福利本位为基础理顺民政部门与其他国家机关的职权划分，合理进行机构设置，优化职能配置。国家儿童福利政策、法律的制定，民政部门儿童福利工作的开展都必须以福利为本位。

　　（4）与经济社会发展相适应。与经济社会发展相适应，意味着儿童福利要兼容过去、现在和将来。过去代表儿童福利的传统，其随着历史的演进而发展，并形成中国自身特点；现在决定儿童福利工作的能力，应符合中国国情；将来预示儿童福利的方向，其包含了对儿童福利的发展和国家能力的预设。因此，儿童福利的顶层设计需要

兼具开放性和包容性。

二、新时代儿童福利工作的基本思路

（1）提升补缺型儿童福利能力。补缺型儿童福利是儿童福利的传统工作和基本工作，相关制度较为健全，但能力还有提升的空间。未来儿童福利工作的规划应当从儿童福利工作的各个环节提升工作能力，扎实推进补缺型儿童福利工作。

（2）健全适度普惠型儿童福利机制。适度普惠型儿童福利是我国儿童福利的新型模式，起步较晚，其内容的体制机制还处于摸索阶段。未来儿童福利工作的规划重点要建立健全适度普惠型儿童福利机制，并逐步向普惠型儿童福利过渡，以适应新时代儿童福利工作的新要求。

（3）兼容儿童福利和保护措施。拓展儿童福利的内涵与外延，推动儿童保护向儿童福利化转变，要求民政部门将兼容儿童福利和保护措施列为儿童工作的重心之一，这符合新时代儿童福利发展新趋势。

（4）协同儿童福利和保护力量。重点在于"纵向"解决不同机关的职能交叉重叠，甚至错位的问题，通过法律化的议事协调机构"横向"推进政府部门之间形成合力。同时还需重视上下层级机构之间的协同，使政府与社会力量形成合力。

三、新时代儿童福利工作的新规划

基于儿童福利工作的新战略和新格局，建议民政部门从以下几个方面对儿童福利工作进行规划：

（1）明确定位。儿童福利在内涵上宜采取狭义的概念，外延界定则采取普惠主义。这就要求儿童福利工作的职能定位应以福利为本位，以儿童福利普惠为目标。

（2）完善机制。形成党委领导、政府负责、民政牵头、部门协作、社会参与的未成年人社会保护工作机制；根据"三定方案"，建立健全民政部门的儿童福利机构，形成集中统一、职能清晰、责权明确的儿童福利机构及业务处室，统筹负责儿童福利工作；设立各级未成年人保护委员会，委员会办公室设在民政部门，明确定位、职能、性质，制定详实的财政、人员投入的计划。

（3）优化制度。拟订儿童福利、孤弃儿童保障、儿童收养、儿童救助保护工作的政策、标准，健全农村留守儿童关爱服务体系和困境儿童保障制度。建立运行监测预防、强制报告、应急处置、评估帮扶、监护干预、督查追责"六位一体"的救助保护制度；探索国家亲权的行使模式，完善国家监护制度；引入监护执行人制度，确保民政部门切实履行监护职责；建立数据库，做好相关数据信息的收集、整理和分析，形成儿童福利的数据报告和分析报告，有效评估儿童工作的实施效果，为国家进一步完善儿童福利政策提供数据、信息支撑。

（4）推动立法。在现有法律基础之上，利用本次《未成年人保护法》和《预防未成年人犯罪法》修订的契机，推动《未成年人保护法》和《预防未成年人犯罪法》的

"福利法化"，呼应《中国儿童发展纲要》的儿童福利制度三步走战略。

（5）经费保障。保障儿童发展的经费投入，民政部和各级民政部门将实施规划所需经费纳入财政预算，加大经费投入，重点扶持贫困地区和少数民族地区儿童发展。

（6）科学规划。起草制定《儿童福利工作五年规划》，要与国务院《中国儿童发展纲要》相承接，明确民政部门在儿童福利方面的具体职责，明确权力行使范围和责任主体地位。同时进一步细化落实国务院《中国儿童发展纲要》，清晰界定民政部门的角色和工作重心。

目 录

导　论
理解儿童福利司*

2018 年 12 月 31 日，中共中央办公厅、国务院办公厅发布《民政部职能配置、内设机构和人员编制规定》。这一规定引人注目之处是，民政部新设置了专门的儿童福利司，承担"拟订儿童福利、孤弃儿童保障、儿童收养、儿童救助保护政策、标准，健全农村留守儿童关爱服务体系和困境儿童保障制度，指导儿童福利、收养登记、救助保护机构管理工作[1]"的职能，儿童福利工作正式成为民政工作的主要职能之一，实现了我国儿童福利制度的里程碑式突破。在儿童福利司设置的背景下，2019 年 6 月 20 日，中华人民共和国历史上首次全国儿童福利工作会议在长沙召开，这次会议充分肯定儿童福利司设置的重大意义。[2]事实上，儿童福利司的设置来之不易，在论证阶段以及设置以来一直不乏争议。笔者拟主要从比较和历史的视野，对儿童福利司设置的意义及我国儿童福利制度未来的发展做一初步的探讨。

一、巧合还是必然：新时代与进步时代的比较

我国设置儿童福利司与美国设置儿童福利局在很多方面存在着惊人的相似之处。美国在赶超老牌帝国主义强国英国的进步时代（1890-1920 年，Progressive Era）实现了儿童福利制度建设的重大突破：1909 年召开第一次白宫儿童会议，1912 年在商业劳工部（Department of Commerce and Labor）设立儿童局。而我国则是在 2017 年正式宣布进入新时代后开启了儿童福利制度飞速发展的步伐：2019 年 1 月，民政部正式设置儿童福利司；同年 6 月召开中华人民共和国成立以来的首次全国儿童福利工作会议。

尽管美国的进步时代与我国的新时代相距百年，中美两国的基本国情、政治体制、科技文化等也存在较大差异，但两个时代的中美两国在经济发展水平、国家治理面临的问题等方面存在相似性，这也为观察和理解民政部儿童福利司的设置提供了一个独特的视角。从这

---

　*　本部分系根据姚建龙教授在"全国农村留守儿童和困境儿童关爱服务工作骨干培训班"（2019 年 7 月 29 日至 8 月 1 日，民政部儿童福利司主办）上的讲座内容整理而成，感谢博士生刘悦的初稿整理以及民政部儿童福利司邹明明同志的修改建议。

　〔1〕《民政部职能配置、内设机构和人员编制规定》，载 http://www.gov.cn/zhengce/2019-01-25/content_5361053.htm，访问日期：2019 年 7 月 29 日。

　〔2〕"全国儿童福利工作会议在长沙召开"，载 http://www.mca.gov.cn/article/xw/mzyw/201906/20190600017883.shtml，访问日期：2019 年 6 月 23 日。

个角度看，儿童福利司的设置是顺势而为，是我国经济社会发展到新时代的必然结果。

（一）时代背景的相似性

我国儿童福利司的设置与美国建立儿童局所处的时代背景存在相似性。进步时代的美国和新时代的中国均是实现本国经济腾飞的时代，经济发展水平相近，GDP（国内生产总值，下同）总量和人均 GDP 飞速增长，实现从农业国到工业国、人口增长和城市化等方面的重大进步。

进步时代的美国在 GDP 等方面全面超越英国等老牌资本主义国家而成为世界第一强国。据美国商务部经济分析局（BEA）发布的数据显示，美国 19 世纪 80 年代末 GDP 总量为 110 亿美元，20 世纪 20 年代则高达 785 亿美元[1]，短短三十年内翻了 7 倍。在 20 世纪初，美国成为世界上最庞大的经济体，其中仅制造业的生产总量就超过英德法三国的总和。[2] 1879 年美国人均 GDP 为 190 美元，1919 年人均 GDP 增长至 746 美元。无独有偶，中国自 1978 年改革开放后开启经济高速发展的四十年。1978 年，GDP 总量为 3679 亿元，这一数据到 2017 年增长到约 82.08 万亿元，成为仅次于美国的世界第二大经济体。世界银行数据显示，中国经济总量占世界经济的比重由 1978 年的 1.8% 上升到 2017 年的 14.84%。1978 年中国人均 GDP 为 381 元，是当时世界典型的低收入国家；而这一数据在 2017 年高达约 59 660 元（约 8665 美元），跻身中等偏上收入国家行列。[3]

无论是进步时代还是新时代，均以快速工业化为重要特征。1865 年美国内战结束前美国还是一个农业国，但在 1870 年已跃居为世界第二大纺织工业国，随后在 1884 年，工业生产的净产值第一次超过农业生产，占 53.4%[4]，实现从农业国向工业国的过渡。1894 年，美国工业总产值占到世界工业生产总值的 1/3[5]。据我国国家统计局数据显示，在 1970 年工业的增加值超过农业占国内生产总值 40.3%[6]，实现了农业国向工业国的转变；工业增加值 1954 年仅为 210.8 亿元，2017 年增加到 332 742.7 亿元[7]。据世界银行数据显示，2010 年我国制造业增加值首次超过美国，成为全球制造业第一大国，并在此后连续多年稳居世界第一[8]。

城市化也是进步时代和新时代的重要特征。进步时代，美国芝加哥、纽约等成为国际化大都市，芝加哥的人口从 1835 年的 350 个居民增加到了 1900 年的 100 万，而当时纽约人口则已高达 200 万。[9] 从 1860 年到 1920 年，美国人口城市化比重从 19.8%

〔1〕 Gross Domestic Product，载 https://www.bea.gov/data/gdp，访问日期：2019 年 6 月 23 日。

〔2〕 马骏、刘亚平："为什么研究美国进步时代改革"，载《公共行政评论》2008 年第 2 期。

〔3〕 张建平、沈博："改革开放 40 年中国经济发展成就及其对世界的影响"，载《当代世界》2018 年第 5 期。

〔4〕 樊亢等编著：《主要资本主义国家经济简史》，人民出版社 1973 年版，第 135 页。

〔5〕 鲁运庚："美国现代化的特点"，载《中国社会科学院研究生院学报》1993 年第 4 期。

〔6〕 国家统计局，http://data.stats.gov.cn/easyquery.htm? cn=C01，访问日期：2019 年 8 月 30 日。

〔7〕 国家统计局，http://data.stats.gov.cn/easyquery.htm? cn=C01，访问日期：2019 年 8 月 30 日。

〔8〕 "我国成为世界第一工业制造大国"，载 http://news.cyol.com/content/2019-07/10/content_18067374.htm，访问日期：2019 年 8 月 30 日。

〔9〕 张国庆：《进步时代》，中国人民大学出版社 2013 年版，第 200 页。

提升至51.2%〔1〕，实现人口城市化。中国城镇化则从1978年的17.9%提高到2017年的58.5%，城镇常住人口由1978年1.72亿提高到2017年的8.13亿，也完成了由一个农业人口占主体的国家向城镇人口占主体的国家的历史性转变〔2〕。

（二）面临儿童问题挑战的相似性

经济社会快速发展的同时，弱小的儿童也容易在急剧的社会变革中遭受各种侵害。两国首次在国家层面设置专门的儿童福利部门与社会发展过程中面临严峻儿童问题挑战的历史背景密不可分，专门机构的设置在某种程度上都被寄予解决本国儿童福利危机的厚望。

进步时代的美国面临童工人数过多、工时严重超长、报酬畸低且工作环境危及生命安全等儿童福利危机。据美国1870年人口普查，每8个孩子中就有1人被雇佣。〔3〕在1870年到1900年间，儿童工作者的数量增长超过100万，在南方纺织工厂中，有三分之一的劳动力是儿童，一般在10岁至13岁之间，有许多甚至更年幼。〔4〕亚拉巴马州一名童工的工作时间是每天12小时至13小时，童工平均每天的工资为30美分〔5〕。而这一时期工人日均工资为1.68美元，为童工日均工资的5.6倍〔6〕。童工工作的工厂被称为"活着的人类骨架收容所"。〔7〕除了严峻的童工问题，婴幼儿死亡率过高也是当时儿童福利的一大难题。婴儿的死亡率是社会福利中最敏感的指标，居高的婴儿死亡率会影响其他年龄段幼儿的抵抗力，最终削弱国家下一代的力量。〔8〕依据1906年美国人口普查局的死亡率统计报告，登记地区有212 138名15岁以下儿童死亡，占所有死亡人数的20%，其中133 105人是1岁以下的婴儿。〔9〕此外，大量儿童因交通事故死亡。据统计，1927年仅纽约州就有558个儿童死亡、15 623个受伤。正如有学者所评价的，作一个孩子已成了"世界上最危险的工作"。〔10〕儿童局成立最初的两年时间，将大量的资金和有限的人员都投入到对童工工作状况调研和婴儿死亡率的研究。〔11〕

---

〔1〕　梁茂信："1860-1920年外来移民对美国城市化的影响"，载《城市史研究》1997年第1期。

〔2〕　贾若祥："中国城镇化发展40年：从高速度到高质量"，载https://house. focus. cn/zixun/865ea9b777082f85. html，访问日期：2019年6月23日。

〔3〕　[美]维维安娜·泽利泽：《给无价的孩子定价：变迁中的儿童社会价值》，王水雄、宋静、林虹译，格致出版社2008年版，第3页。

〔4〕　[美]维维安娜·泽利泽：《给无价的孩子定价：变迁中的儿童社会价值》，王水雄、宋静、林虹译，格致出版社2008年版，第54页。

〔5〕　William J. Cooper, *The American South：A History*, Vol. 2, Louisiana Historical Association (1991), p. 497.

〔6〕　[美]伊莎贝等："论童工"，载《美国史译丛》1985年第1期。

〔7〕　[美]伊莎贝等："论童工"，载《美国史译丛》1985年第1期。

〔8〕　Julia C. Lathrop, The Children's Bureau, *American Journal of Sociology*, Vol. 18, No. 3 (Nov. , 1912), p. 322.

〔9〕　Herbert Parsons, "Establishment of a National Children's Bureau", *the Annals of the American Academy of Political und Social Science*, Vol. 34, No. 1, Race Improvement in the United States (Jul. , 1909), p. 50.

〔10〕　[美]维维安娜·泽利泽：《给无价的孩子定价：变迁中的儿童社会价值》，王水雄、宋静、林虹译，格致出版社2008年版，第28页。

〔11〕　Bradbury, Dorothy E, *Four Decades of Action for Children——a short history of the CHILDREN's BUREA*, Children's Bureau, USGPO (1956), p. 5.

中国进入新时代之前经历数十年快速工业化和城市化的代价之一就是儿童福利问题没有得到妥善解决，其中留守儿童和困境儿童问题已成为最受广泛关注的社会问题。据 2013 年全国妇联根据中国 2010 年第六次人口普查数据推算，我国共有 6102.55 万农村留守儿童。[1] 尽管随后对留守儿童的统计口径作了调整，但留守儿童的人数依然高达 902 万。[2] 除了留守儿童外，困境儿童的数量同样数以百万计。数量庞大的留守儿童与困境儿童对国家和社会产生的影响是深远的。一方面，留守儿童和困境儿童受到欺凌、虐待、性侵甚至自杀以及其他非正常死亡案件时有发生。另一方面，留守儿童和困境儿童缺乏良好教育和引导，也可能从受害者成为犯罪者，对社会安全产生负面影响。据相关研究显示，进入未成年犯教所的未成年人高达 80% 是留守儿童。另一项江西省的调查显示，2007 年 5 月在押的 1877 名青少年罪犯中，在犯罪前与亲生父母生活在一起的仅占 32.6%。[3] 儿童福利司的成立，除了整合民政部曾经分散于不同司局中的儿童福利职能外，更被寄予了进一步解决留守儿童和困境儿童问题的厚望。

（三）儿童福利职能部门设置与面临挑战的相似性

新时代的中国和进步时代的美国不仅时代背景、儿童福利机构的成立背景高度相似，而且儿童福利机构的设立和运行也都面临质疑和挑战，争议从未停止。

儿童福利司和儿童局都是克服各种现实困难才得以设立的。自中华人民共和国成立以来，我国一直没有设立专门的儿童福利部门，儿童福利工作由多个政府部门、协调机构和群团组织不同程度分担，长此以往形成了相对稳定的儿童福利分散负责的模式。要打破这种相对的稳定分散型儿童福利模式设置专门的儿童福利部门，必然要打破已有的权力和利益格局，同时本轮政府机构改革的基本要求是内设机构总数不增、编制不增，其难度可想而知。民政部为了能够设立儿童福利司，撤并了主持改革的人事司等传统意义上重要和实权的机构，换句话说，民政部是以撤并传统实权部门的方式实现了儿童福利司的增设，儿童福利司的设立可谓是来之不易。

美国儿童局设立同样不易。虽然早在 1909 年召开白宫儿童会议时就已达成设置国家级儿童福利工作机构的共识，但直到三年之后的 1912 年儿童局才在各方人士的奔走努力下成立。儿童局成立后又面临人少经费少的困境，仅有工作人员十余名，包括局长 1 人、助理局长 1 人、局长秘书 1 人、统计专家 1 人、四级办事员 2 人、三级办事员 2 人、二级办事员 2 人、一级办事员 2 人、书记员 1 人、抄写员 1 人、特别工作人员 2 人和信息员 1 人；人员经费仅为每年 24 640 美元，其中包括局长年薪 5000 美元，助理局长年薪 2400 美元，局长秘书年薪 1500 美元等。[4] 而现今儿童局的年度预算已高达

---

〔1〕 李菲："全国妇联：中国农村留守儿童数量超 6000 万"，载 http://politics. people. com. cn/n/2013/0510/c70731-21441584. html，访问日期：2019 年 6 月 23 日。

〔2〕 罗争光、王思北："全国农村留守儿童精准摸排数量 902 万人　九成以上在中西部省份"，载 http://www. xinhuanet. com//politics/2016-11/09/c_ 1119882491. htm，访问日期：2019 年 6 月 23 日。

〔3〕 赵丽："侵害与被侵害留守儿童困局何时解"，载《法制日报》2015 年 10 月 26 日。

〔4〕 Julia C. Lathrop, The Children's Bureau, *American Journal of Sociology*, Vol. 18, No. 3 (Nov., 1912), pp. 320~321.

近80亿美元。

我国儿童福利司和美国儿童局尽管处在不同时代，但工作的开展都面临重重困难。我国儿童福利司设立后，首届全国儿童福利会议特别强调儿童福利是一项长期性、复杂性、系统性的工作，儿童福利工作存在涉及面广、工作链条长等特点。的确，如何准确划定工作职责范围，如何与民政部之前负责儿童福利相关工作的内设机构以及其他相关部委厘清工作关系，如何明确工作重心和发展方向等，都是儿童福利司面临的重要挑战。

美国儿童局开展工作之初也面临着多重困难：一是儿童局在成立之初的三十年都面临诸多质疑和反对之声，儿童局的工作备受贪婪的父母、利润驱动的企业、美国医学会的医生、国会对各州权力的支持者等的反对和质疑。[1]二是在儿童局发展过程中经历了职责范围和行政级别的起落。1935年，美国社会保障法案（Social Security Bill）中规定向失依儿童提供援助（Aid to Dependent Children），援助的行政责任交给了新成立的社会保障委员会（Social Security Board）而非儿童局，第二次世界大战也让儿童局的职责加快分散到各种联邦机构之中。1946年，儿童局从劳工部（Labor Department）转到联邦安全局（Federal Security Agency）。如此官僚主义的降级使儿童局失去了管理联邦资金的自主权和其他权力。[2]三是儿童局工作的开展受到政治体制的约束。美国是联邦制的国家，联邦政府和儿童局不能就各州童工问题直接立法，如直接规定童工的最低工作时长、薪资等。因此儿童局只能采取曲线救国的策略，通过调查收集和披露有关童工问题以及其他与儿童健康和福利有关问题的信息，最终让公众和各州政府重视和解决童工问题。[3]

二、理想与现实：各国儿童福利职能部门设置的模式

为了进一步理解民政部儿童福利司的设置，有必要对当前各国中央政府负责儿童福利事务机构的设置情况做简要梳理和比较。

当前各国政府对本国儿童福利职能部门的设立主要有两种模式：合设模式和附设模式。[4]合设模式是在中央政府设置部级综合福利部门，将儿童、家庭、老人等社会福利相关事务统一管理，代表性国家有挪威和德国。附设模式是在政府某一部级单位下附设专门的儿童福利司局，代表性国家有美国和日本。为比较两种模式的优劣，有必要考察代表性国家的设置情况，具体来说包括儿童福利职能部门的组织架构、人员配比和工作职责等。

〔1〕 E. Wayne Carp, "The Rise and Fall of the U. S. Children's Bureau", *Reviews in American History*, Vol. 25, No. 4 (Dec., 1997), p. 609.

〔2〕 E. Wayne Carp, "The Rise and Fall of the U. S. Children's Bureau", *Reviews in American History*, Vol. 25, No. 4 (Dec., 1997), p. 609.

〔3〕 Herbert Parsons, "Establishment of a National Children's Bureau", *the Annals of the American Academy of Political and Social Science*, Vol. 34, No. 1, Race Improvement in the United States (Jul., 1909), p. 49.

〔4〕 姚建龙："鸡蛋终于从里面打破：评民政部设置未成年人保护处"，载《民主与法制》2016年第13期。

（一）合设模式

合设模式的特点是，将儿童福利职能及关联紧密的相关职能进行统一规定和管理，在中央政府设置统一的部级福利部门。挪威在联邦政府下设了儿童家庭部（Ministry of Children and Families）负责本国儿童工作，德国则是在联邦政府下设了家庭老人妇女和青年事务部[1]（Federal Ministry for Family Affairs, Senior Citizens, Women and Youth）负责儿童福利工作。

1. 挪威儿童家庭部

挪威地处北欧斯堪的纳维亚半岛，是典型的高福利国家，也是当前世界儿童福利发展最全面完善的国家之一。挪威政府下设儿童家庭部[2]（Ministry of Children and Families, MCF）、财政部（Ministry of Finance）、文化部（Ministry of Culture）、国防部（Ministry of Defence）、教育和研究部（Ministry of Education and Research）和总理办公室（Office of the Prime Minister）等16个部委。其中，儿童家庭部[3]是挪威的儿童福利部门，工作职责包括负责本国儿童福利服务、家庭事务、儿童发展、宗教和生活事务以及消费者事务。儿童家庭部的预算大多都用于家庭福利给付，主要有儿童福利、产检或陪产假以及幼儿父母的现金福利。在社会福利服务中，最大的预算项目是儿童福利和保护。挪威儿童家庭部下设五个司，分别是儿童福利服务司（Department of Child Welfare Services）、儿童青年家庭事务司（Department of Childhood, Youth and Family Affairs）、消费者宗教和生活事务司（Department of Consumer, Religious and Life Stance Affairs）、规划行政司（Department of Planning and Administration）和宣传司（Department of Communications）。

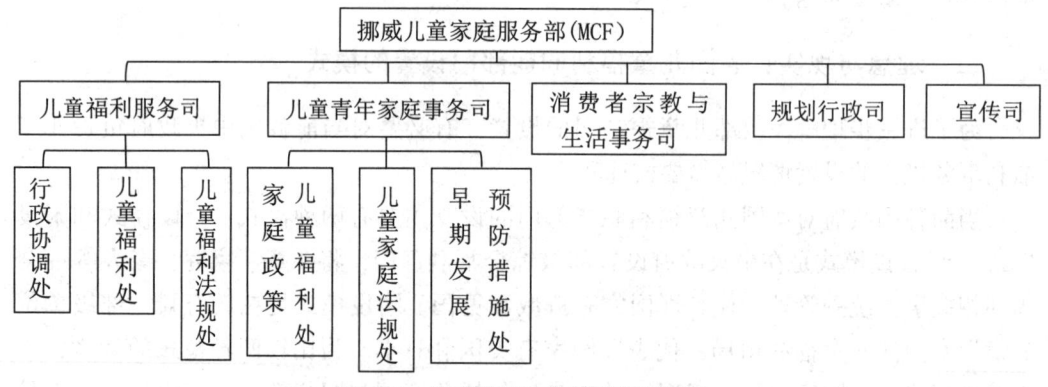

图 0-1　挪威儿童家庭部的组织架构

儿童福利服务司[4]是挪威最重要的儿童福利部门，专门负责挪威儿童的各种福利

---

〔1〕　Federal Ministry for Family Affairs, Senior Citizens, Women and Youth. https://www.bmfsfj.de/bmfsfj/，访问日期：2019年6月23日。

〔2〕　Government Norway, https://www.regjeringen.no/en/dep/bfd/organisation/id322/，访问日期：2019年6月23日。

〔3〕　Government Norway, https://www.regjeringen.no/en/dep/bfd/organisation/id322/，访问日期：2019年6月23日。

〔4〕　Department of Child Welfare Services, https://www.regjeringen.no/en/dep/bfd/organisation/departments/The-Departement-of-Child-Welfare/id752067/，访问日期：2019年6月23日。

和服务。儿童福利服务司由三个部门组成，分别是行政协调处（Section for Administration and Coordination）、儿童福利处（Section for Child Welfare）和儿童福利法规处（Section for Child Welfare Law）。

儿童青年家庭事务司[1]则是负责协调和设计本国儿童、青年和家庭政策以及负责执行儿童家庭相关法案的部门。儿童青年家庭事务司下设三个部门，分别是家庭政策儿童福利处（Section for Family Policy and Child Benefits）、儿童家庭法规处（Section for Child and Family Law）和早期发展预防措施处（Section for Early Development and Preventive Measures）。其中家庭政策包括儿童家庭立法、为有子女的家庭制定和管理福利计划、预防家庭福利措施、制定儿童青年支持发展政策、制定领养政策、制定预防和帮助受家暴的个人政策等。

2. 德国联邦家庭老人妇女和青年事务部

德国联邦政府 1995 年机构改革后组建了联邦家庭老人妇女和青年事务部[2]（Federal Ministry for Family Affairs, Senior Citizens, Women and Youth，BMFSFJ），当前德国联邦政府还设有联邦财政部（Federal Ministry of Finance）、联邦卫生部（Federal Ministry of Health）、联邦国防部（Federal Ministry of Defense）等 14 个部门[3]。

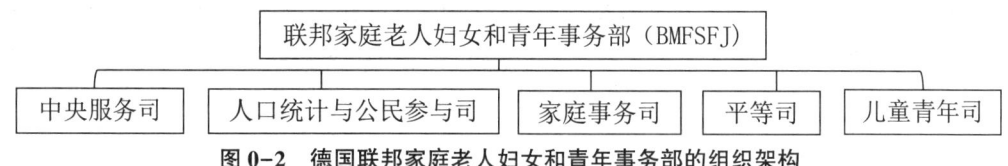

图 0-2　德国联邦家庭老人妇女和青年事务部的组织架构

德国联邦家庭老人妇女和青年事务部的职责主要包括：家庭津贴发放、需照顾的子女教育、老人护理、性别平等、托育、制定法律保护儿童和青年免受暴力等。联邦家庭老人妇女和青年事务部下设中央服务司（Abteilung Z Zentralabteilung）、人口统计与公民参与司（Abteilung 1 Demokratie und Engagement）、家庭司（Abteilung 2 Familie）、平等司（Abteilung 4 Gleichstellung）、儿童青年司（Abteilung 5 Kinder und Jugend）四个部门，附设部长办公室、联邦反歧视司和儿童性虐待问题独立专员等司局。[4]家庭司和儿童青年司是负责德国儿童福利的主要部门。

值得注意的是，德国的儿童福利一方面以现金形式直达家庭，津贴种类多样，包

〔1〕　Department of Childhood, Youth and Family Affairs, https://www.regjeringen.no/en/dep/bfd/organisation/departments/Department-of-Family-and-id752065/, 2019 年 6 月 23 日访问。

〔2〕　Federal Ministry for Family Affairs, Senior Citizens, Women and Youth, https://www.bmfsfj.de/bmfsfj/, 访问日期：2019 年 6 月 23 日。

〔3〕　The Federal government Ministries, https://www.bundesregierung.de/resource/blob/998446/1517500/4433a9b21364c52f3122fe4257a32902/ministries-pdf-data.pdf? download=1, 访问日期：2019 年 6 月 23 日。

〔4〕　Federal Ministry for Family Affairs, Senior Citizens, Women and Youth, https://www.bmfsfj.de/bmfsfj/meta/en/the-ministry/112048, 访问日期：2019 年 6 月 23 日。

括父母补贴、儿童补贴、育儿假、生育津贴、儿童津贴、单亲补贴、孕产妇津贴等等[1]，另一方面，德国政府拨付大量资金向幼儿提供托育服务，形成津贴加服务的儿童福利制度体系。截至 2016 年底，德国政府已投资约 73 亿欧元，用于扩大三岁以下儿童的日托服务。2017 年和 2018 年，德国政府每年拨款 9.45 亿欧元用于支付扩大和确保优质日托服务的运营成本。

（二）附设模式

儿童福利机构附设模式的特点是，政府在某一部内设置专门的儿童福利司局，统一管理儿童福利职能。如目前美国的儿童局（Children's Bureau）隶属于卫生与公众服务部（U. S. Department of Health & Human Services, HHS）下属的儿童家庭司（Administration for Children and Families, ACF），日本则是在厚生劳动省附设儿童家庭局（子ども家庭局）。

1. 美国儿童局

美国是儿童福利附设模式的典范。美国联邦政府共有 15 个行政部门，包括卫生与公众服务部（U. S. Department of Health & Human Services, HHS）、农业部（U. S. Department of Agriculture）、商务部（U. S. Department of Commerce）、国防部（U. S. Department of Defense）、教育部（U. S. Department of Education）等。其中卫生与公众服务部是负责儿童福利的部门。卫生与公众服务部的职责是管理各类卫生和公众服务，拯救、保护和服务民众，职能类似于我国民政部。美国卫生与公众服务部下设有 11 个执行司，分别是儿童家庭司（Administration for Children and Families）、社区生活司（Administration for Community Living）等[2]。

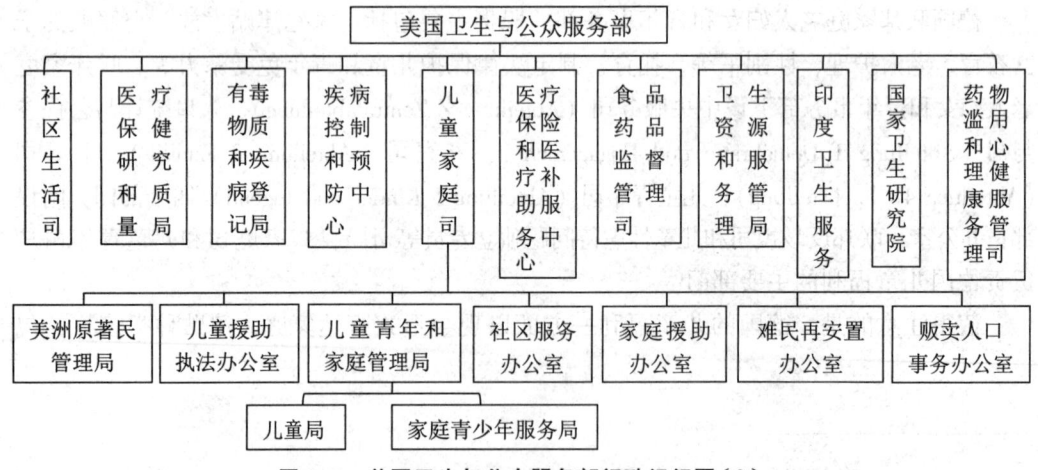

图 0-3　美国卫生与公众服务部行政组织图[3]

---

　　[1]　Federal Ministry for Family Affairs, Senior Citizens, Women and Youth, https://www.bmfsfj.de/bmfsfj/themen/familie/familienleistungen，访问日期：2019 年 6 月 23 日。

　　[2]　HHS Organizational Chart, https://www.hhs.gov/about/agencies/orgchart/index.html，访问日期：2019 年 6 月 23 日。

　　[3]　HHS Organizational Chart, https://www.hhs.gov/about/agencies/orgchart/index.html，访问日期：2019 年 6 月 23 日。

儿童家庭司成立于1991年4月，是当前美国"最大的人口服务管理"部门，也是美国最主要的儿童福利部门。儿童家庭司下设儿童和青年家庭管理局（Administration on Children，Youth and Families，ACYF），儿童青年和家庭管理局[1]负责监督和支持联邦促进儿童、青年及其家庭积极成长和发展的社会服务，为处于危险境地的儿童和青年提供保护服务和庇护所以及对有特殊需要儿童提供收养项目。

儿童青年和家庭管理局下设儿童局和家庭青少年服务局。家庭青少年服务局主要负责支援社区无家可归、未成年怀孕和受到家暴的青年[2]。

尽管美国采取的是附设儿童福利模式而且儿童局行政级别不高，但总体上说儿童局的权力及独立性仍然十分强大，加上儿童局成立逾百年，美国政府部门已经建立了全面且完善的儿童福利体系，总体来说仍可保障美国儿童的健康发展。

2. 日本儿童家庭局

日本儿童福利采取的是以家庭福利为导向，以个人自立为指向的福利政策，注重借鉴欧美发达国家经验，建立了全面、完善的儿童福利体系。

日本政府负责儿童福利的机构设置于厚生劳动省（Ministry of Health，Labour and Welfare）。厚生劳动省是日本负责医疗卫生和社会福利的主要部门，厚生劳动省内部部门包括儿童家庭局（子ども家庭局）、劳动标准局（労働基準局）、就业保障局（職業安定局）、保险局（保険局）和医药与生活卫生局（医薬・生活衛生局）等[3]14个部门。

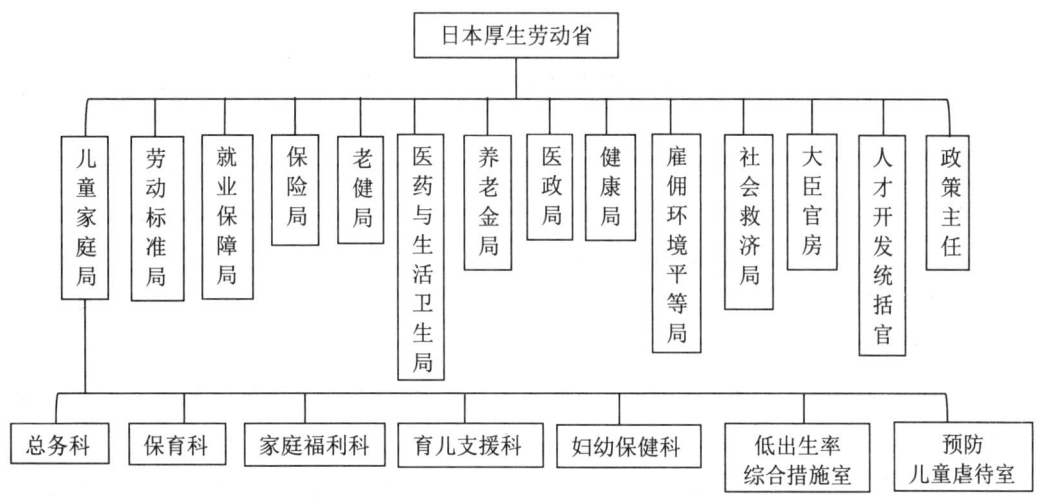

图0-4　日本厚生劳动省内部组织图[4]

〔1〕　About ACYFA，https://www.acf.hhs.gov/acyf/about，访问日期：2019年6月23日。
〔2〕　About FYSB，https://www.acf.hhs.gov/fysb/about/our-mission，访问日期：2019年6月23日。
〔3〕　厚生劳动省の组，https://www.mhlw.go.jp/kouseiroudoushou/shigoto/，访问日期：2019年6月23日。
〔4〕　厚生劳动省の组，https://www.mhlw.go.jp/kouseiroudoushou/shigoto/，访问日期：2019年6月23日。

在厚生劳动省 14 个内部部门中,儿童家庭局是日本政府最主要的儿童福利部门,负责整体统筹日本国内儿童身心发育和发展的所有事务,职责涉及儿童保育与护理、预防虐待儿童、提高儿童健康水平、改善孕产妇健康和营养以及孕产妇疾病的预防与治疗等各个方面。儿童家庭局附设 7 个科室,分别是总务科(総務課)、保育科(保育課)、家庭福利科(家庭福祉課)、育儿支援科(子育て支援課)、妇幼保健科(母子保健課)、低出生率综合措施室(少子化総合対策室)和预防儿童虐待室(虐待防止对策推進室)。

总务科负责儿童家庭局科室的整体协调,规划和推广儿童福利的基本政策,以及儿童、母子、父子和单亲母亲福利的发展等。保育科负责儿童保育事项,托儿所管理、培训等。家庭福利科负责儿童生活指导、家庭指导、监督及养父母、婴幼儿疗养院等机构的管理和培训、儿童津贴等事宜。育儿支援科负责儿童福利思想的普及改进、儿童福利设施从业人员的培训等。妇幼保健科负责对孕妇、婴儿和幼儿的健康指导和健康检查。涉及抚养早产儿、结核病儿童的治疗、计划生育、改善儿童和孕妇的营养状况以及预防和治疗尚未建立孕妇治疗方法的疾病和其他特殊疾病、改善儿童和母亲以及其他产妇保健的事项等[1]。低出生率综合措施室负责降低出生率、儿童和育儿方法宣传和育儿账户等事项。预防儿童虐待室负责处理虐待儿童相关事宜。

(三) 几点启示

合设模式与附设模式是当前世界各国设置本国政府儿童福利工作机构的主流模式,两种模式各有优劣。在合设模式中,儿童福利所在部门具有较高的行政级别,儿童福利受到格外的重视,如挪威和德国都下设于联邦政府,类似于在我国国务院下设儿童家庭部,能够保障儿童福利工作在国家层面得到足够重视,有利于儿童福利工作实施,避免儿童福利工作边缘化。此外,合设模式中,通常将儿童与养育儿童的家庭进行通盘考虑,更有利于儿童福利的实现和保障。儿童的成长与母亲及家庭密切相关,绝大部分涉及孕婴、儿童津贴和服务的事务都与母亲及家庭有着千丝万缕的联系。附设模式是在政府下设部门中另行设置专门负责儿童福利的部门,有利于儿童福利工作的专业化,保障儿童福利工作的独立性。

从职能设置来看,无论是合设模式还是附设模式,都强调儿童福利出发点和落脚点是家庭职能的实现。这是由于家庭是培养儿童健全人格和健康体魄、保证儿童健康成长的最佳选择,因此儿童福利实现的最佳途径是向儿童所在的家庭提供儿童生存发展所需的津贴和服务。只有在经过全面评估符合儿童最大利益的特殊情况下才能够将儿童带离原有家庭,安置在机构之中,机构教养应始终作为儿童福利实现的最后手段。无论是合设模式还是附设模式,都强调儿童福利职能一体化是政府儿童福利部门发展

---

〔1〕 組織・制度の概要案内-詳細情報,https://search. e-gov. go. jp/servlet/Organization? class=1050&objcd=100495&dispgrp=0145,访问日期:2019 年 6 月 23 日。

完善的方向。

三、历史回顾：我国儿童福利职能部门的演进

我国自古有"恤幼"的传统，封建时期就出现过育婴堂、慈幼庄等面向儿童的国家福利设施[1]。近代以来，儿童福利职能部门则经历了由立到破，再由破到立的发展演变历程。

（一）民国政府时期（1912-1949 年）儿童福利职能部门的演进

民国政府时期既是我国现代社会福利制度和儿童福利事业萌芽奠基期，又是社会福利制度与儿童福利事业发展的较快时期，[2]中国传统宗族文化价值观念与西方社会福利思想产生激烈多样的碰撞，让民国政府时期的北洋政府和国民政府都格外重视儿童福利工作。政府负责儿童福利工作的部门也在民国时期经历了由政府专门司局统筹走向了政府设立专门儿童福利科负责的发展阶段。

北洋政府时期，内务部设置的民政司是政府负责分管儿童福利工作的主要部门。1927 年民国政府成立之后，儿童福利工作延续了北洋政府时期由内政部[3]民政司负责的传统。1931 年抗战爆发后，由于难童人数激增，民国政府将原属内政部民政司职责范围的"残废老弱之救济事项"划归负责难民事务的振济委员会第三处，振济委员会实际上成为负责儿童福利工作的最高机构，主要负责指导监督有关部门和团体抢救战争难童并将其转移安排到后方的各保育院、教养院。1940 年后，隶属于行政院的社会部由党务机构转变成为政府行政机关，社会部附设社会福利、总务、组织训练三司和合作事业管理局。令人瞩目的是，社会部下设的社会福利司附设了儿童福利科，作为政府主管儿童福利工作的最高机构。[4]

值得注意的是，民国政府期间除了政府儿童福利机构的发展进步之外，政府重要官员设立私人的儿童福利机构，接收孤儿、聋哑儿童等困难儿童的现象也十分普遍。如张謇在南通设立的育婴堂、盲哑学堂、盲哑师范传习所，熊希龄在北京香山创立并任院长管理的"北平香山慈幼院"[5]。政府高官积极参与以儿童救助为核心的儿童福利事业，让民国时期儿童福利出现了独特的政府-私人两元结构。

总体看来，民国政府后期除了设立儿童福利科统筹全国儿童福利工作之外，同时

---

〔1〕 丁碧云编著：《儿童福利通论》，正中书局 1975 年版，第 4 页。

〔2〕 刘继同：《国家责任与儿童福利：中国儿童健康与儿童福利政策研究》，中国社会出版社 2010 年版，第 3 页。

〔3〕 内政部下设民政、土地、警政和卫生四司，负责管理地方行政、人口、水利、公共卫生、社会救济、自然灾害救济和防灾减灾、慈善团体考核、慈善事业奖励、地方筹募赈捐和游民教养等福利事业。

〔4〕 陈竹君、张莉清："抗战期间国民政府社会部的儿童福利工作述论"，载《乐山师范学院学报》2007 年第 9 期。

〔5〕 姚建平：《国与家的博弈：中国儿童福利制度发展史》，格致出版社、上海人民出版社 2015 年版，第 43 页。

建立了以《中华民国宪法》为核心，教育、救济等为组成部分的儿童福利法律体系[1]，开启了我国儿童福利工作专门化的篇章。尽管后来儿童福利科随着民国政府败退而消亡，但不可否认的是，这一时期是我国儿童福利事业发展的黄金时期，儿童福利的机构建设和法律体系取得重大突破，创造了辉煌业绩[2]，积累了宝贵的历史经验，为新中国设立专门的儿童福利部门奠定了历史基础。

（二）新中国成立后至今儿童福利职能部门的演变

自1949年新中国成立后至今，我国儿童福利职能部门的发展经历了整整70年。其间，除了在"文革"期间短暂由财政部负责外，儿童福利工作一直由民政部（前身为"内务部"）[3]负责，以2006年民政部在其下设的社会福利和事务司设立专门负责儿童福利的二处为分界线，可以分为2006年之前和2006年之后两个时期。

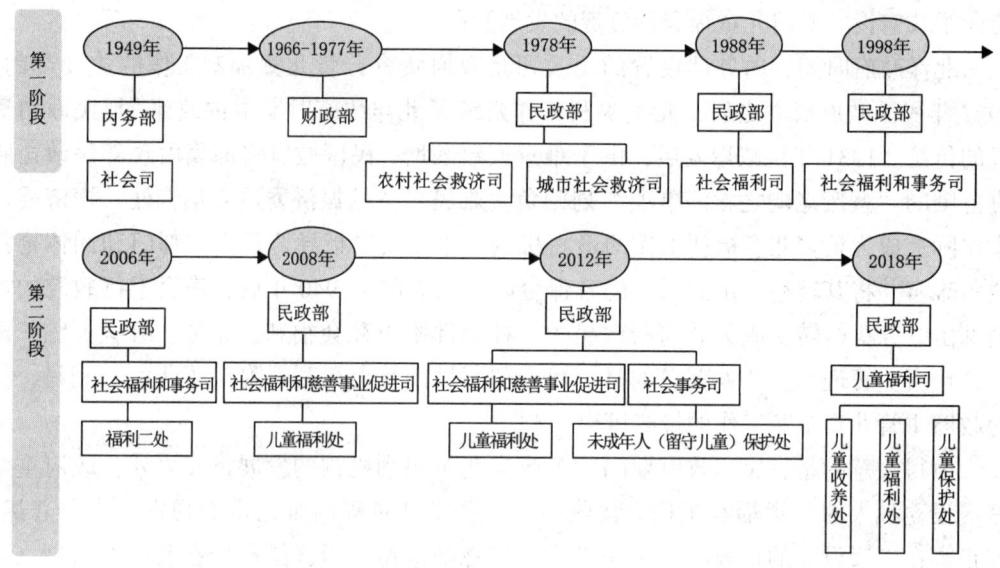

图0-5　我国负责儿童福利工作的主要政府职能部门的变迁

---

　　[1]　1946年国民大会通过的《中华民国宪法》以增进人民福利为目标，"为巩固国权，保障民权，奠定社会安宁，增进人民福利，制定本宪法"。将人民福利作为谋求社会福利的国家政治生活的最高目标。教育方面规定："6岁至12岁之学龄儿童，一律受基本教育，免纳学费。其贫苦者，由政府供给书籍"。救济方面，1928年内政部公布《各地方救济院规则》，1929年国民政府公布《监督慈善团体法》，1938年行政院核准《抗战建国时期难童教养实施方案》，1943年国民政府公布《社会救济法》和《保护童婴运动办法要点》《奖惩育婴育幼事业暂行办法》《育幼院设置办法》《普设工厂托儿所办法》《社会部免费医疗陪都贫病儿童暂行办法》《社会部直辖儿童保育机关收容儿童暂行办法》《战区儿童教养法》等一系列有关儿童福利的法令法规。其中《奖惩育婴育幼事业暂行办法》对各级政府和民间组织举办育婴育幼事业标准作了强制规定。

　　[2]　刘继同：《国家责任与儿童福利：中国儿童健康与儿童福利政策研究》，中国社会出版社2010年版，第3页。

　　[3]　我国儿童福利工作一直主要由民政部负责，民政部的前身是1949年成立的"中央任命政府内务部"，1954年改称为"中华人民共和国内务部"，1969年撤销，1978年恢复时改称"中华人民共和国民政部"，并延续至今。

1. 1949 年至 2006 年儿童福利职能部门的缓慢发展

1949 年至 2006 年的近 60 年间，儿童福利工作被民政部归入社会福利的整体框架下统筹开展，儿童福利工作随着政府机构改革辗转于民政部各个司局部门之间，始终没有设立专门的儿童福利职能部门，对儿童福利工作的重视不够。

1949 年 11 月中央人民政府内务部成立，主管民政工作，内设办公厅、干部司、民政司、社会司、地政司和优抚司等六个部门。社会司主管社会福利、社会救济等工作，成为当时事实上我国儿童福利的主要负责部门，但儿童福利未作为民政司的机构职能单列〔1〕。1966 年至 1977 年文化大革命期间内务部被撤销，其分管的救灾、救济等工作移交给了财政部，儿童福利工作推进更加困难。

此后 1978 年至 2006 年，儿童福利工作在数次机构改革背景下，辗转于民政部不断分立、合并的下设局局之中。1978 年国务院恢复成立民政部后，儿童福利工作的职责主要由民政部的农村社会救济司、城市社会福利司等负责行使。1988 年，国务院机构改革在民政部"三定"方案中规定设立社会福利司，同时明确"社会福利司主管全国社会福利工作，负责儿童福利院等事业单位的工作"〔2〕，社会福利司成为我国儿童福利工作的负责部门。1993 年国务院机构改革中，规定社会福利司负责"制定有关儿童收养的政策法规并监督实施，负责儿童收养工作""保护儿童权益"以及负责与儿童有关的"对流浪乞讨人员收容遣送的政策法规并监督实施等工作"等〔3〕，儿童福利的工作职能开始大幅增加。1998 年，民政部社会福利司与社会事务司合并为社会福利和社会事务司，儿童福利工作随之转移到民政部社会福利和社会事务司〔4〕。

不得不提的是，我国的儿童福利工作在政府议事协调机构的积极推动下也取得阶段性进展，其中以国务院妇女儿童工作委员会的推动最为突出。1990 年成立的国务院妇女儿童工作协调委员会（后更名为国务院妇女儿童工作委员会，以下简称"妇儿工委"），是国务院负责儿童工作的议事协调机构，负责协调和推动政府有关部门执行儿童的各项法律法规和政策措施。妇儿工委协助国务院制定和颁布了《九十年代中国儿童发展规划纲要》《中国儿童发展纲要（2001-2010 年）》和《中国儿童发展纲要（2011-2020 年）》，此外妇儿工委还是儿童福利主要协调部门，推动政府有关部门认真履行联合国《儿童权利公约》等保护儿童权益的国际公约；建立健全儿童纲要的监测评估机制，制定监测评估体系，开展国家级监测评估；组织培训，加强政府领导执行纲要的能力建设。

---

〔1〕　中华人民共和国民政部编：《中国民政年鉴 2002》，中国社会出版社 2003 年版，第 641 页。

〔2〕《国家机构编制委员会关于印发〈民政部"三定"方案〉的通知》，载 http://www.34law.com/lawfg/law/6/1187/print_ 252509891625.shtml，访问日期：2019 年 7 月 26 日。

〔3〕《国务院办公厅关于印发民政部职能配置内设机构和人员编制方案的通知》，载 http://www.gov.cn/zhengce/content/2010-12/13/content_ 7951.htm，2019 年 6 月 23 日访问。

〔4〕《民政部组织机构与职能演变大事记（1949 年 11 月至 2013 年 3 月）》，载 http://jnjd.mca.gov.cn/article/zyjd/dsjy/201303/20130300433006.shtml，2019 年 6 月 23 日访问。

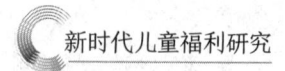

2. 2006 年至今——儿童福利职能部门的飞跃期

我国儿童福利机构的发展终于在 2006 年迎来转机，这一年借时任总书记胡锦涛同志赴北京市儿童福利院看望孤儿的契机，民政部社会福利和社会事务司把"社会福利处"一分为二，分设了负责老年人福利工作的福利一处和负责儿童福利工作的福利二处，儿童福利工作从社会福利处中单列出来成为独立的负责儿童福利工作的业务处室。2008 年机构改革后，福利一处和福利二处都归并在新成立的社会福利和慈善事业促进司，并正式命名为老年人福利处和儿童福利处。其中儿童福利处专门负责弃婴、孤儿、困境儿童等特殊儿童福利工作，这为儿童福利职能部门的进一步改革打下了良好的基础。

2016 年，民政部为了贯彻落实国务院《关于加强农村留守儿童关爱保护工作的意见》，加强未成年人保护工作，在民政部下设的社会事务司成立了未成年人（留守儿童）保护处，负责留守儿童的关爱保护工作。尽管未成年人（留守儿童）保护处捎带了留守妇女工作的职能，但仍是我国国家层面政府职能部门中第一个内设的专门性未成年人保护机构，隐含着我国政府未成年人保护职能与机构体系重大变革的契机。[1]

2016 年，民政部将隶属于社会福利和慈善事业促进司的儿童福利处调整，归并至社会事务司[2]，将儿童福利与儿童保护职能集中到一起，专职负责未成年人保护工作，为儿童福利工作机构的进一步整合奠定了基础。在此基础上，根据 2018 年 12 月 31 日公布的《民政部职能配置、内设机构和人员编制规定》，民政部自 2019 年起进一步正式设立了专门的儿童福利司。

在短短 13 年的时间内，国家层面儿童福利工作职能机构不仅成立，而且完成了从"处"到"司"部门独立的飞跃与突破。

（三）儿童福利职能部门发展的启示

回顾我国儿童福利职能部门百余年的发展历程，有以下三个方面的启示：

1. 保障儿童福利是政府不可回避的职责

一方面基于国家亲权原则和儿童最大利益原则，保障儿童福利是政府的重要职责，政府应当建立专门的儿童福利工作机构和构建儿童福利体系保障实现该责任。另一方面，"服务"与"生存照顾"是法治国家的核心理念，在某种程度上也可以说是政府合法性的基础。正如德国行政法学家厄斯特·福斯多夫所言：政府的职责不仅在于发布命令，还在于为民众提供需求服务。国家保障人民的安全，保护弱势的社会群体尤其是儿童，是一种进步的治国理念和积极的国家行为。当家庭缺乏照顾儿童能力的时候，国家的公权力应当介入，为其提供福利保障。此时，公权力干预和介入私人生活

---

〔1〕 姚建龙："鸡蛋终于从里面打破：评民政部设置未成年人保护处"，载《民主与法制》2016 年第 13 期。
〔2〕《民政部对〈关于健全留守儿童困境儿童保护机制的建议〉的答复》，载 http://www.mca.gov.cn/article/gk/jytabljggk/rddbjy/201810/20181000011839.shtml，访问日期：2019 年 7 月 26 日。

具有必要性和合法性。[1] 当然，随着现代儿童福利理念的确立，政府的儿童福利服务早已经走出救济的地位，日益呈现引领的角色。

2. 中央政府应当设置统筹儿童福利的专门职能部门

民国时期，政府在社会部社会福利司下设儿童福利科专门负责儿童福利工作，尽管只是一个三级机构，但依然极大的推动了当时儿童福利的发展。中华人民共和国对儿童福利的认识经历了发展变化的过程，民政部儿童福利业务和机构经历了从分散到集中，从依附到相对独立的过程，直至 2019 年民政部儿童福利司正式设置运行，宣告儿童福利成为民政事务的独立业务类别，我国儿童福利事业取得里程碑式进步。尽管在儿童福利司论证阶段存在不同的声音，但从儿童福利司成立后的实践及其对我国儿童福利事业发展的重大推动作用来看，中央政府设置统筹儿童福利的专门机构既是历史发展的结果也是中国特色社会主义进入新时代的必然要求。

3. 专业化、社会化和法治化是儿童福利进步的保障

儿童福利是专业性事务，政府儿童福利部门应由专业人员负责工作，这是防止儿童福利领域悲剧性事件发生的基础。儿童福利是政府职责，但政府不能包揽一切，除了进一步加强家庭监护外，还应依靠社会力量的支持。为了保障儿童福利事业的常态性进步，构建完善的儿童福利法律体系也是基础性保障，是后儿童福利司阶段的重大任务。近些年来，南京饿死女童案、河南男童干尸案、毕节留守儿童自杀案等儿童恶性事件时有发生，引发重大社会反应和舆情，造成了巨大的不良社会影响。这些恶性事件时刻警示我们，必须加强儿童福利的专业化、社会化和法治化。

四、笔者的建议

民政部 2019 年增设儿童福利司是近代以来我国儿童福利职能部门发展的高峰，也是中国特色社会主义进入新时代的重要标志。增设儿童福利司一方面体现了国家治理体系和治理能力的现代化，另一方面也标志着儿童福利成为民政部的独立业务类型，初步形成了与新时代中国特色社会主义发展阶段相适应的儿童福利制度。然而，儿童福利司设置之后也还面临着如何发挥法定职能，如何适应我国儿童福利制度改革趋势的挑战，就此笔者提出如下建议：

（一）准确把握兜底线和基础性，严格落实三项职责

《民政部职能配置、内设机构和人员编制规定》明确了儿童福利司的三项工作职责：拟订儿童福利、孤弃儿童保障、儿童收养、儿童救助保护政策、标准；健全农村留守儿童关爱服务体系和困境儿童保障制度；指导儿童福利、收养登记、救助保护机构管理工作。值得注意的是，目前儿童福利司设置了儿童收养（综合）处、儿童福利处、儿童保护处三个内设职能处室，与三项职能之间并非一一对应匹配，而具有将民

---

〔1〕 曹艳春、王建云：《我国适度普惠型儿童福利体系构建及保障机制研究》，上海科学普及出版社 2016 年版，第 38 页。

政部原内设处室平移整合于儿童福利司的特点。

目前，民政儿童福利工作具有鲜明的兜底线和基础性特征，前者主要针对儿童的生活保障和替代照料等工作，后者主要是面向儿童及其家庭的服务支持等工作。需要注意的是，兜底线和基础性是民政儿童福利工作现阶段的特点和基础，就儿童福利司而言，应当适应新时代的要求和辩证的思维去准确把握兜底线和基础性，严格落实中央确定的三项职责：

首先，应当高度重视儿童福利相关政策法规的制定与完善。作为国家主管儿童福利的职责部门，拟定儿童福利政策、标准，推动儿童福利相关法规的制定与完善，应当是儿童福利司最重要的职能，也是全面推进依法治国背景下儿童福利司工作的最主要方式之一。从这个角度看，儿童福利司内设职能部门中未专设政策法规处不能不说是一种遗憾。当然，即便儿童福利司专设政策法规处，单纯依靠儿童福利司十余名工作人员，要做好儿童福利相关政策法规的制度建设与完善工作也不现实。

作为一种现实的方案，儿童福利司应借鉴最高人民法院、最高人民检察院等的经验，更多地培育和借助第三方专业力量来实现拟订儿童福利政策、标准的职能。例如，依托高校科研院所设置儿童福利法律与政策研究中心，组建儿童福利政策法规专家委员会，推动和促进儿童福利政策法规研究。

其次，健全农村留守儿童关爱服务体系和困境儿童保障制度，应发展好适度普惠型儿童福利。我国传统民政儿童福利工作属于典型的补缺型儿童福利。补缺型儿童福利主要关注的是孤儿、困难残疾儿童、艾滋病病毒感染儿童等特殊儿童，侧重保护的是儿童生存权，重点满足的是儿童的基本生存需要，具有生存性儿童福利的特点。[1]十八大以来，民政部儿童福利工作视野开始突破了对传统孤残弃特殊儿童的范围，拓展到了留守儿童、困境儿童。2013年，民政部分别开展了适度普惠型儿童福利制度建设试点和未成年人社会保护试点。2016年，国务院先后出台了《关于加强农村留守儿童关爱保护工作的意见》和《关于加强困境儿童保障工作的意见》。以"适度普惠、分层次、分类型、分标准、分区域"为特点的适度普惠型儿童福利制度初步形成。

适度普惠型儿童福利主要关注的是需要国家介入、支持和干预的困境儿童和留守儿童，侧重保护的是儿童的受保护权，重点通过政府保护、家庭保护、学校保护、司法保护等制度安排保护儿童免受各类侵害与忽视，具有保护性儿童福利的特点。[2]儿童福利司履行健全农村留守儿童关爱服务体系和困境儿童保障制度的职能，应当深刻把握现阶段我国儿童福利制度"适度普惠型"的定位，依据国家亲权与儿童最大利益原则，着眼于推动适度普惠型儿童福利的制度性完善。尽管民政部门是牵头、协调部门，但切实保障好留守儿童、困境儿童的生存与发展，绝非民政部门一家的力量所能

---

〔1〕 姚建龙："未成年人法的困境与出路——论《未成年人保护法》与《预防未成年人犯罪法》的修改"，载《青年研究》2019年第1期。

〔2〕 姚建龙："未成年人法的困境与出路——论《未成年人保护法》与《预防未成年人犯罪法》的修改"，载《青年研究》2019年第1期。

完成，只有立足于推动适度普惠型儿童福利的"制度性"完善，才能真正传递好祖国母亲的温暖。

再次，指导儿童福利、收养登记、救助保护机构管理工作，应以构建风险防控体系为抓手。儿童福利、收养登记、救助保护机构管理工作是民政部门的传统职能，主要属于补缺型儿童福利的范畴。近些年来，我国儿童福利机构〔1〕建设取得了重大进步，从 2010 年到 2015 年，我国独立儿童福利机构数量从 335 个增加到了 478 个，床位数量从 5.5 万张到 10.8 万张，儿童福利机构工作人员数量也在增长。〔2〕与此同时，民政系统流浪儿童救助机构大部分均转型为未成年人救助保护中心。儿童福利机构与救助保护机构的增长，也带来了管理的风险。就收养登记而言，也出现了新的变化，家庭儿童收养登记数从 2010 年 34 529 件逐年减少，到 2016 年登记数仅有 18 736 件。〔3〕

由于儿童福利、收养登记、救助保护机构管理工作属于民政传统职能，某种程度上形成了管理运行的定势，在取得重大进步的同时，近些年来在这些领域不时出现引发社会广泛关注的恶性事件。作为深刻反思的结果，儿童福利司履行指导儿童福利、收养登记、救助保护机构管理工作职责，应以构建风险防控体系为抓手，确立体系化思维，建立和保障包括风险识别、风险研判、风险监测、风险排查、风险预警、风险应急管理、风险转移为一体的安全风险防控机制的有效运行。

（二）以普惠型儿童福利思维，前瞻国家未成年人保护协调机构职能

值得注意的是，《未成年人保护法（修订草案）》第 69 条拟规定："国务院和县级以上地方人民政府应当建立未成年人保护工作协调机制，统筹、协调、督促、指导有关部门做好未成年人保护工作。协调机制具体工作由同级民政部门承担。"如果修订后的《未成年人保护法》生效实施，则意味着民政部儿童福利司将承当国家未成年人保护委员办公室的职能，其带给民政系统的最大变化是民政工作面对的儿童将从主要面向困境儿童、困难残疾儿童、农村留守儿童拓展到所有未满 18 周岁的儿童。

如果从儿童福利的视角看，《未成年人保护法（修订草案）》的变化，实际确立的是普惠型儿童福利。尽管我国的未成年人保护法以"保护"为名，但是这部法律并未遵循儿童保护的一般含义〔4〕，而是采用了广义的界定：在保护对象上涵盖了所有儿童，在保护责任主体上涵盖了"国家机关、武装力量、政党、社会团体、企业事业组织、城乡基层群众性自治组织、未成年人的监护人和其他成年人"，在保护权利上包括

---

〔1〕 2019 年 1 月 1 日起施行的《儿童福利机构基本规范》明确：儿童福利机构"是指民政部门设立的，主要收留抚养由民政部门担任监护人的未满 18 周岁儿童的机构，包括按照事业单位法人登记的儿童福利院、设有儿童部的社会福利院等"。

〔2〕 儿童福利机构单位数、儿童福利机构职工人数、儿童床位数，载 http://data.stats.gov.cn/search.htm? s=%E5%84%BF%E7%AB%A5%E7%A6%8F%E5%88%A9，访问日期：2019 年 10 月 2 日。

〔3〕 年度数据，载 http://data.stats.gov.cn/easyquery.htm? cn=C01&zb=A0P05&sj=2017，访问日期：2019 年 10 月 2 日。

〔4〕 主要是指反对针对未成年人的暴力，包括"任何形式的身心摧残、伤害或凌辱、忽视或照料不周、虐待或剥削，包括性侵犯"。参见《联合国研究暴力侵害儿童行为问题独立专家的报告（2006 年）》，载 http://www.un.org/chinese/ga/61/docs/a61_299/intro.htm，访问日期：2019 年 10 月 3 日。

了儿童的生存权、发展权、受保护权、参与权等所有权利。

事实上，基于我国经济发展实际状况与稳步推进的考虑，国家有关部门早就设计了儿童福利制度三步走战略："在'十二五'末建立托底保障型儿童福利体系，切实保障孤儿和困境儿童的基本生活权益和安全权益；到2020年全面建立适度普惠型儿童福利体系，在全国范围内建立惠及自身困境儿童、家庭困境儿童和问题儿童等非正常儿童，实现适度普惠性的福利保障和服务供给；到2049年，在适度普惠的儿童福利体系基础上继续向外扩展，在全国范围内建立面向全体儿童的普惠型儿童福利体系，实现全体儿童普惠的高层次的福利保障和高水平的服务供给。"[1]从这个角度看，国家设置未成年人保护工作协调机制，具体工作由同级民政部门承担，正是从法律设计上对我国儿童福利三步走战略的确立。

然而，对于长期坚持补缺型儿童福利思维，强调兜底线、基础性的整个民政系统而言，无论是思想观念、工作模式还是专业性匹配等，承担国家未成年人保护工作协调机制的职能都将是一个巨大的挑战。但是，全面依法治国要求法定职责必须为。儿童福利司作为全国儿童福利的职责部门，必须对于法律的变化有前瞻性，在理论、思想、机制上做好必要的准备。这意味着，儿童福利司要在工作对象上，将所有儿童纳入工作视野；在依托力量上，要协调、指导、督促其他儿童福利相关部门，特别是教育部门、卫生健康部门、司法机构等；在工作重心上，要在做好保障生活、防止侵害的基础上，拓展到关注儿童参与和发展。

结　语

"母亲最大的心愿，就是让孩子们有快乐的童年和明亮的未来"。[2]习近平总书记亦道："孩子们成长得更好，是我们最大的心愿"，这也是广大人民群众的心声。让孩子的健康成长是国家的责任，这不是一句口号，需要国家实实在在的投入。儿童福利不仅是耗时费钱，更是一项难度大、回报慢的系统工程，但也是毋庸置疑的正确、无价的事业："我们不应该抱怨很难做正确的事情，因为做对的难度越大，它就越有价值。"[3]

民政部设置儿童福利司的意义再怎么强调都不过分，标志着我国儿童福利工作正式与世界发达国家接轨，意味着未来儿童福利司的发展道路是建立普惠型儿童福利制度。但儿童福利司在我国才刚刚建立，还有很长的路要走，可以预见未来儿童福利司的发展会经历质疑、经历起伏，并最终同我国儿童一起长大成人。

---

〔1〕　宋宗合："儿童福利发展的未来路径"，载《中国青年报》2015年4月15日。

〔2〕　张国庆：《进步时代》，中国人民大学出版社2013年版，第1页。

〔3〕　Herbert Parsons，"Establishment of a National Children's Bureau"，*the Annals of the American Academy of Political and Social Science*，Vol. 34，No. 1，Race Improvement in the United States（Jul. ，1909），p. 49.

第一章
儿童福利的内涵及外延

儿童福利的内涵及外延，与儿童权利的社会观念、法律制度相关，也与国家对待儿童的观念及国家保护责任的定位相关。对儿童福利的理解与界定绝不是简单和单纯的概念界定，而是具有特别重要的现实意义、理论意义、政策意义和制度化建设意义，直接影响制度框架设计与服务体系建设状况，直接影响国家责任承担和政府结构功能角色，直接影响国家行动议程与公众社会选择状况，直接影响亿万儿童和千家万户的社会生活状况。[1]因此，儿童福利的内涵及外延的研究，不应限于共识性的界分，还应进行历时性的探索。这就需要跨越时空，结合不同时期的历史背景去呈现儿童福利的内涵及外延的变化与发展，与此同时，可以对新时代背景下儿童福利的内涵与外延进行恰当的定位。

第一节　儿童福利的概念论争

一直以来，无论是理论界还是实务界对儿童福利这一概念都缺乏统一的共识，内涵界定不清晰，外延边界很模糊，甚至连概念的表述也经常与其他概念混同。这种状况本身就是儿童福利研究不成熟的表现，也必将制约儿童福利的顶层战略决策和制度设计。纵览有关儿童福利概念的研究和论争，可以发现儿童福利内涵和外延的确定取决于对概念界定的不同旨趣。具体而言，主要包括以下几种：

一、通过儿童福利的范围界定

在我国，对儿童福利概念的界定，比较典型的有狭义和广义之分。这种分类界定主要基于社会福利这一更高层面的概念延伸。对于社会福利而言，狭义的社会福利指为帮助特殊的社会群体、疗救社会病态而提供的服务。而广义社会福利的对象扩大到了全体公民，社会福利的项目从针对弱势群体的社会救助和社会福利服务扩大到社会保障、教育和医疗等。[2]与此相对，狭义的儿童福利是指政府和社会为有特殊需要的

---

〔1〕　刘继同："中国特色儿童福利概念框架与儿童福利制度框架建构"，载《人文杂志》2012 年第 5 期。

〔2〕　尚晓援："'社会福利'与'社会保障'再认识"，载《中国社会科学》2001 年第 3 期。

儿童及其家庭提供的各种支持、保护和补偿性服务。[1]而广义的儿童福利是指由国家或社会为立法范围内的所有儿童普遍提供的旨在保证正常生活和尽可能全面健康发展的资金与服务的社会政策和社会事业。[2]通过对社会福利和儿童福利的概念比较可以看出，社会福利的广义与狭义之分是以福利内容的范围来界定的，而儿童福利则是以社会福利的内容为基础的，通过儿童主体的特殊性来确定广义与狭义的内涵与外延。

广义的儿童福利概念，在内涵上强调福利的普惠性，在外延上以普惠性这一内涵为核心，对儿童福利享有的主体、供体及儿童福利的内容进行确定。首先，在儿童福利的主体上，是针对所有儿童，即只要是年龄符合儿童的标准，即有权利享有。其次，在儿童福利的供体上，主要是指由谁来提供儿童福利和保护，广义上的儿童福利供体不仅包括国家，也包括社会。最后，在儿童福利的内容上，只要能促进儿童生理、心理及社会潜能最佳发展的各种措施和服务都是儿童福利的内容。

狭义的儿童福利概念，在内涵上强调福利的特殊性，而这种特殊性又是基于儿童自身的特殊性所确定的。因此，在其外延的确定上，主要因儿童的特殊情境而定，儿童的特殊情境不同，其福利的内容也有所不同。当前，我国的特殊儿童主要包括孤儿、残疾儿童、流浪儿童、被遗弃的儿童、被虐待或被忽视的儿童、家庭破碎的儿童、行为偏差或情绪困扰的儿童等。与儿童福利的主体相适应，儿童福利的内容就以主体的需求来建立。

二、通过儿童福利的理念界定

不同的儿童福利制度，背后都隐含了不同的儿童福利观和理念。儿童福利观和福利理念的不同，既有历时性的因素，也有共识性的特征，甚至还包含了对儿童福利的未来预设。

考察西方儿童福利的发展史，可以发现，儿童福利主要经历了以下四个阶段，有学者把它称为四种典范。[3]这四个阶段或四种典范的差异主要是儿童福利的理念不同，其内涵与外延也因此有所差异：

第一，救助型儿童福利。救助型儿童福利起源于西方的中世纪，兴起于工业社会，至今依然是儿童福利的重要内容。救助型儿童福利的基本理念是对儿童的救助，其内涵主要是通过对儿童的救助需求来界定，而在外延的界定上，则主要依赖于国家判定哪一类儿童属于需要救助的儿童，比如残疾儿童、遗弃儿童、贫困儿童等。而救助的内容主要是替代性福利服务，包括建立儿童福利院、儿童教养机构等。

第二，发展型儿童福利。发展型儿童福利起源于近现代社会早期阶段，普遍存在于发达国家和发展中国家，具有相当的广泛性与普遍性。发展型儿童福利的基本理念

[1] 徐月宾："儿童福利服务的概念与实践"，载《民政论坛》2001年第4期。
[2] 陆士桢："简论中国儿童福利"，载《华中师范大学学报（哲学社会科学版）》1997年第6期。
[3] 刘继同："儿童福利的四种典范与中国儿童福利政策模式的选择"，载《青年研究》2002年第6期。

是促进儿童发展，因此，儿童福利的内涵应当是如何促进儿童发展，而其外延则可以包含所有儿童。同时儿童福利的内容也通过发展这一概念扩展到各个领域，包括儿童教育、儿童健康，以及正常儿童社会性功能的发展等。[1]

第三，保护型儿童福利。保护型儿童福利主要发生在工业化程度较高的欧美国家，其是指国家和社会机构针对受虐待、疏忽、剥夺、剥削或处于不健康或不道德情境中儿童提供服务的社会福利体系。[2]很明显，保护型儿童福利的基本理念是基于儿童特殊性的保护，这种保护既不属于正向促进儿童发展的范畴，也不属于一般的救助范畴，而是基于避免儿童卷入工业化浪潮中，成为工业化时代的受害者。因此，保护型儿童福利的内涵主要是保护儿童免遭迫害或忽视，而外延则把更多的儿童纳入儿童福利范围。

第四，参与型儿童福利。参与型儿童福利是指促进儿童积极主动和广泛参与家庭生活、文化生活和社会生活的儿童福利体系。这是欧美国家儿童福利改革的结果，也是未来儿童福利发展的方向。

通过儿童福利的理念界定既能够较为清晰地界分儿童福利的内涵和外延，也能够反映出儿童福利的历史发展阶段。当然也有学者把西方儿童福利的发展分为"失依儿童救济时期""儿童福利和保护时期"和"儿童保护与家庭支持融合时期"三个阶段。[3]这种分类法也是通过儿童福利的基本理念来确定的，其内涵与外延总体上与四分法一致。而且这种界分法也为我们对儿童福利的界定提供了理论基础，成为观察我国儿童福利的发展历程，及其界定儿童福利内涵和外延的重要视角。

三、儿童福利的统合性界定

有学者提出，我国儿童福利概念中存在公众个体化理解、各学科专业各自为政、模仿照搬西方国家概念、概念的职能部门化等问题。尤其是在概念的职能部门化这一问题上，每个部委均从各自部门职能角度，界定儿童福利，从事与此相关的儿童福利保护工作。这一方式，实际上是"人为"将儿童需要分隔为许多"局部性服务"，缺乏以儿童为中心的系统性和连续性服务。[4]为此，有学者提出了整合职能部门化的儿童福利概念，以及建立统合实务与学理的具有共享性的概念。即把儿童福利概念定义为"国家与社会旨在保护、照顾和促进儿童身心健康成长的所有服务项目、政策法规和努力的总和"。[5]

毫无疑问，儿童福利的统合性界定，在某种意义上就是广义的儿童福利概念，其目的在于实现内涵与外延的全面延伸。具体而言，儿童福利的内涵在于保护、照顾和

---

〔1〕 张凡："儿童福利事业的定位与发展"，载《中国民政》2001年第3期。

〔2〕 林胜义：《儿童福利行政》，五南图书出版公司1997年版，第121页。

〔3〕 乔东平、谢倩雯："西方儿童福利理念和政策演变及对中国的启示"，载《东岳论丛》2014年第11期。

〔4〕 刘继同："中国特色儿童福利概念框架与儿童福利制度框架建构"，载《人文杂志》2012年第5期。

〔5〕 刘继同："中国特色儿童福利概念框架与儿童福利制度框架建构"，载《人文杂志》2012年第5期。

促进儿童身心健康成长，主体外延包括所有的儿童，供体外延包括国家与社会中的职能部门、非政府组织及各种团体，内容涵盖了与保护、照顾和促进儿童身心健康成长有关的所有服务和政策法律及各种努力。

统合性界定无疑有助于确立儿童福利的儿童中心主义，提升儿童福利的整体性认识，但有把儿童福利与儿童权利等同之嫌，从而把儿童权利概念的职能部门化等同于儿童福利概念部门化。实际上，职能部门化概念不是针对儿童福利，儿童福利作为民政部门的职能并没有争议，有争议的是各职能部门对儿童权利保护职能的界分。儿童福利概念缺乏共识的原因不是概念的部门化，而是儿童福利在传统概念下建构出来的儿童福利制度和福利工作，无法满足儿童的福利需求，更无法满足国家保障人们尤其是儿童对美好生活需求的向往。这是儿童福利理想与现实，也是理论与实践之间的张力。这种差异和张力才是学界和实务部门亟需解决的问题，也是儿童福利概念需要统合的地方。

第二节　界定儿童福利的误区

从既有的研究可以看出，当前对儿童福利的概念确实缺乏共识，不同的概念论争反映出当前学界和实务界对儿童福利的内涵难以准确把握，外延边界无法确定。分析其中原因，当前儿童福利的界定存在如下几个问题，而这些问题是准确界定儿童福利所需要避免的。

一、儿童福利与儿童权利等同

儿童福利与儿童权利相关，儿童福利权是儿童人权体系中极其重要的一项权利。[1]有什么样的儿童权利才能建构什么样的儿童福利制度。改革开放以来，我国儿童保护法律体系不断发展和完善，儿童保护逐渐涵盖了儿童救助、收养、教育、安全、医疗卫生等与儿童相关的各个方面的内容，在立法体系上，已形成以宪法为基础，依托于儿童专项法律及国务院行政法规，以部门规章及政策性文件为主体的儿童保护立法政策体系。[2]这些立法包括专门性的儿童立法，如《未成年人保护法》《预防未成年人犯罪法》《义务教育法》《收养法》等，也包括散见于其他法律文本中的儿童法律制度，更有国务院及其部委围绕着法律对儿童权利保护而制定的法规和规章。

尽管立法相对分散，也存在着诸多的问题，但却为儿童福利提供了强有力的制度支撑，也为界定儿童福利提供了基础。随着儿童权利的不断扩展，儿童福利的概念、内涵、外延也不断扩展。然而，对儿童福利的界定，既有的研究总是有意无意地把儿童福利与儿童权利等同。这种等同看待在广义的和统合性的儿童福利概念中表现得最

---

〔1〕　程燎原、王人博：《权利论》，广西师范大学出版社 2014 年版，第 193~194 页。
〔2〕　赵川芳："我国儿童保护立法政策综述"，载《当代青年研究》2014 年第 5 期。

为明显，只要是法律上涉及儿童权利和利益的，都纳入到儿童福利的范畴。

儿童福利与儿童权利等同对待，是在普惠性儿童福利观的影响下形成的。但这种等同却混淆了儿童福利与儿童权利的差异，也误解了普惠型儿童福利的真正含义。实际上，儿童福利确实必须以法律上对儿童的赋权为依据，缺乏儿童权利，儿童福利也缺乏存在的基础。但儿童权利并非儿童福利本身。在法律上，对儿童的赋权，主要通过权利内容或形态而确定，比如生存权、健康权、教育权等。而儿童福利仅仅是这些儿童权利中分离出来的一种权利，或者说是儿童权利的某一个环节，并非儿童权利的全部。即使是普惠型儿童福利，也是这样。普惠型儿童福利的核心内涵是对儿童群体的普惠，而非儿童权利的普惠，更不是与儿童权利等同。儿童福利可以根据儿童主体的差异性及以差异性为基础的权利需求不同，而设定不同的儿童福利。儿童权利是一种平等权，在所有儿童之间相互平等。而儿童福利只在同类儿童间平等，而在不同类型的儿童之间则有差异，体现出不同主体在儿童福利方面的差异性。

二、儿童福利的权利属性认识存在偏差

对儿童福利概念界定的第二个误区就是对儿童福利的权利属性存在认识上的偏差。这与儿童福利权的观念发展相关。儿童福利作为福利的重要组成部分，西方国家经历了从福利政策到福利权利的发展过程。[1]但在我国，其发展还处于儿童福利政策阶段。尽管，当前儿童福利是一种儿童应当享有也可以享有的权利已经成为基本共识。但我们对其权利的属性却没有多少认识，更缺乏如何通过宪法和法律把儿童福利权固化的认知。这也是当前无法准确界定儿童福利的重要原因。

一直以来，我国沿用大陆法系对法律的类型化划分，把法律分为公法和私法。公法与权力相关，主要调整权力关系及权力与权利的关系。而私法的核心是权利，主要调整私权利，包括生命权、健康权、教育权、劳动权等。权力关系意味着两个不对等的主体，一个是处于支配地位的国家，一个是处于被支配地位的公民或组织。而权利关系则是两个平等主体，国家在其中的角色起到保护作用。随着权利理论的发展，逐渐形成了一种社会权，社会权既具有权利的特征，也具有权力的特征，是一项新型公法性权利，所以郭道晖也称其为社会权力。[2]社会权与一般的权利有所不同，其重心显然在于要求国家为其提供积极的保护义务。[3]而一般权利，国家只具有消极的救济义务。在宪法学和人权领域中，也会把权利划分为政治权利、经济权利、社会权利和文化权利。这种划分与权利自身的属性划分有所不同，其根据是不同属性的权利归属于一个更大类别的权利系统。而社会权利主要是指那些作为一个国家社会成员所应具有的权利。

对儿童这一特殊主体而言，宪法并没有对儿童权利作出系统的界定，更没有对儿

---

〔1〕 温泽彬："美国法语境下公民福利权的证成及其启示"，载《法商研究》2014 年第 4 期。

〔2〕 郭道晖：《社会权力与公民社会》，译林出版社 2009 年版。

〔3〕 邓炜辉："论社会权的国家保护义务：起源、体系结构及类型化"，载《法商研究》2015 年第 5 期。

童福利的权利属性作出界定，即使是未成年人保护法也没有界定儿童福利的属性，这也是当前儿童福利权利属性存在争议的重要原因。实际上，儿童福利既不是权力关系，也不是简单的权利关系，而是基于在权利系统中无法通过平等主体之间的权利与义务的设定获得救济的一种权利。其本质具有社会权的属性，是一种儿童权利中的社会权。其中，权利主体是儿童，义务主体是国家。而一般的儿童权利，权利主体是儿童，义务主体是其他的平等民事主体。比如，在侵犯儿童健康、生命权的行为中，其中包含了具体的侵害主体或责任主体，这就是一般的权利关系。但对于儿童的身体缺陷、贫困、困境，一般缺乏具体的责任主体。而这些缺乏具体义务主体的权利关系中，最后由国家加以承担责任的，就是社会权。也就是说，儿童福利应当是儿童权利中的社会权。

与社会权相应的是，国家对社会权利保护有所不同，其所承担的职能也不相同。在一般权利中，国家主要是一个仲裁者角色，通过国家的裁决，恢复社会主体失去的权利。而在社会权中，国家的主要角色则是直接责任人，即国家是直接的义务主体。国家作为直接的义务主体，与国家亲权理论直接相关。国家亲权理论主张国家居于未成年人最终监护人地位，国家亲权高于父母亲权。当父母没有能力，或有能力而不履行职责时，国家直接可以介入。[1]而国家亲权又是儿童福利的法理基础。因此，只有准确地识别儿童福利的社会权属性，才能有效地识别儿童福利与儿童的联系与差别，也才能更为准确地对儿童福利和保护进行法律定位和工作定位，避免法律上的紊乱和各个部门之间职能的交叉重叠及工作上的无法适从。

三、儿童福利与相关概念的关系错位

儿童福利与相关概念的关系错位也是当前我国对儿童福利界定的误区之一。当前，无论是宪法、法律、还是行政法规，都没有规定儿童福利权，甚至没有出现儿童福利这个词，儿童福利这个词主要出现在部门规章中。也就是说，在表述上，目前为止，儿童福利权并非一个法定术语。正是基于这方面的原因，儿童福利的概念只能寄人篱下，作为其他概念的附属概念，从而使得儿童福利与相关概念的关系错位。

从西方儿童福利概念的演进过程中可以发现，儿童福利从救助型逐步拓展为发展型、保护型和参与型，这种概念演进和分类定义模式深刻影响到我国学界和实务界对儿童福利的界定。从法律上来看，我国《宪法》在公民权利与义务一章中规定了儿童与成年人同享权利之外，还赋予了儿童特殊权利。这些权利通过《未成年人保护法》具体表达为生存权、发展权、受保护权、参与权等权利。因此，无论是儿童福利概念的界定还是福利措施都是基于这些法定的权利衍生出来。由于我国的儿童福利最早发生于社会保障领域，被视为社会保障的范畴。直到当前为止，社会保障制度体系把社

---

[1] 姚建龙："国家亲权理论与少年司法——以美国少年司法为中心的研究"，载《法学杂志》2008年第3期。

会保险、社会福利、社会救助、优抚安置、住房保障等视为社会保障的范畴，也就是说，我国的福利制度还是主要涵盖在社会保障这一概念中的。这也使得儿童福利的概念衍生于社会保障这一概念。而儿童则是社会保障体系中救助的对象之一，并不具有儿童自身的独特性。因此，早期的儿童福利概念，主要是救济型儿童福利的概念。实际上，社会保障与儿童福利并非同一个概念系统，他们有交叉，但不会重叠，更不应成为社会保障的附属概念。

随着《未成年人保护法》及其相关法律体系的完善，一种基于儿童发展与保护的福利观逐渐形成，尤其是 2011 年 8 月，国务院妇女儿童工作委员会正式公布了《中国儿童发展纲要（2011-2020 年）》，这一年被视为儿童福利的元年。因为在这个文件中，首次增加"儿童福利"专章，提出要"建立和完善适度普惠的儿童福利体系""完善保护儿童的法规体系和保护机制"等，对儿童福利而言，具有里程碑式的意义。然而，我们也应注意到，儿童福利是在"儿童发展"概念框架下提出来的，是儿童发展的一个组成部分。显然，这是国务院妇女儿童工作委员会对儿童发展权的具体落实，但实际上，儿童福利不应成为儿童发展的一个附属概念，与此相反，应当转变儿童福利概念框架为基础的制度框架。[1]即儿童福利应当是上位概念，发展权是下位概念。儿童发展权是儿童福利权的一个组成部分。

第三节　儿童福利的界定

基于学界与实务界对儿童福利没有统一的界定，在内涵与外延的认识上缺乏共识，限制了儿童福利工作的开展，也导致了儿童福利立法至今迟迟难以出台。为此，笔者在吸收既有研究成果的基础上，根据新时代儿童福利的新特点和新要求，提出了界定儿童福利的几个基本思路，并以此为基础，对儿童福利的内涵与外延进行了更为精准的界定。

一、界定儿童福利的基本思路

第一，融入新时代的新思想、新战略。习近平新时代中国特色社会主义思想是儿童福利事业的行动指南，自十八大以来，尤其是十九大党中央一系列战略部署，对儿童福利提出了新目标，作出了新部署，制定了新举措，为做好新时代儿童福利工作提供了根本遵循。因此，需要把新时代的新思想、新战略融入儿童福利的概念之中，成为儿童福利的精神、理念。这些思想不仅包含在"民政为民，民政爱民"等直接关涉儿童福利的战略部署中，而且也内含在富国强民、全面建成小康，以及国家治理现代化的战略部署中。即新时代的儿童福利，不仅担负着救助补缺的社会功能，而且担负着助力儿童健康成长，阻断代际传递贫困，从儿童福利的角度实现全面建成小康社会

---

〔1〕 刘继同："中国特色儿童福利概念框架与儿童福利制度框架建构"，载《人文杂志》2012 年第 5 期。

目标的历史使命。同时，还可以通过儿童福利实现社会治理的目标。而把习近平新时代中国特色社会主义思想融入儿童福利的概念中，就能更准确地把握儿童福利的内涵与外延。

第二，概念应当具有开放性和包容性。开放性和包容性主要表现在两个方面：一是儿童福利是一个发展的概念，其内涵和外延会随着历史的发展而变化。这也意味着这一概念的界定需要具有前瞻性。否则，就容易因时移世易，而使得概念无法与现实需要相适应，另一方面儿童福利的概念应与经济社会发展相适应，这也意味着儿童福利和国家责任与能力有关。因此，需要对我国儿童福利的基本状况和能力有一个较为准确的判断。很显然，救助补缺型儿童福利概念已经无法准确概括儿童福利的内涵与外延。2006 年开始，我国不断扩展儿童福利的内涵与外延，2011 年《中国儿童发展纲要（2011-2020 年）》提出"扩大儿童福利范围，推动儿童福利由补缺型向适度普惠型的转变"。以此为依据，2013 年 6 月，民政部发布《关于开展适度普惠型儿童福利制度建设试点工作的通知》。这两个文件将困境家庭儿童纳入国家政策范围内，表明儿童福利在理念上不仅仅限于对孤儿、流浪儿等狭义儿童福利对象的补缺型保护，在实践中也逐步落实普惠型保护理念，将包括困境儿童、普通儿童的广义儿童福利对象纳入儿童福利的范围之列。2014 年民政部又发布了《关于进一步开展适度普惠型儿童福利制度建设试点工作的通知》，国务院于 2016 年颁布了《关于加强困境儿童保障工作的意见》。这些都表明中国儿童福利事业基本处于社会救助为主、教养取向发展和狭义社会保护为辅的阶段，[1]即从补缺型儿童福利逐步向普惠型儿童福利转变。因此，这一概念也必将围绕着这一转变进行界定。

第三，儿童福利应当是狭义上的概念。这里的狭义与广义概念相对，儿童福利无论是作为一个学术术语，还是官方用语，其概念指向都不应当是广义上的。因为广义的概念基本与儿童权利等同，而儿童福利并非儿童权利的全部，而是儿童权利中分离出来的社会权，是基于国家责任与义务所确立的权利。这种权利也可以称之为儿童福利权。也就是说，狭义上的儿童福利具有两个方面的特点：其一，儿童福利的权利属性是狭义的。儿童福利属于社会权，是社会权的一种类型，而非涵盖所有的儿童权利，这也是儿童福利的内涵所在。其二，儿童福利的责任主体是狭义的。儿童权利的保护采取国家各种机构依职权分担，协同保护的方式。而儿童福利就是民政的基本职能，不能把儿童福利责任承担主体扩展到其他机构上去。应当注意的是，狭义上的儿童福利，并不意味着缩减儿童福利，而是更为清晰地界定了国家机构之间的职权，以此避免国家机关之间职能不清、交叉重叠，从而造成无法有效保护儿童福利的局面。

二、核心概念的甄别

在确定如何界定儿童福利的内涵和外延的总体思路之后，下一步就需要对儿童福

利的核心概念进行甄别，统一各个核心概念的用语和用法，从而使得儿童福利的内涵与外延界定得更为精准。具体而言，有两组关键性概念，需要甄别。

1. 儿童与未成年人

在法律术语中，我国的法律对未成年人有非常明确的界定。我国的《民法总则》第 17 条和《未成年人保护法》第 2 条，都规定了不满 18 周岁的自然人为未成年人。而有关于儿童这一概念，法律上也有表达，比如我国《宪法》第 46 条、第 49 条都是使用儿童这一概念。然而，由于《宪法》和其他法律都没有界定儿童的外延，使得有关儿童的界定一直存在争议，甚至是否应当在法律里使用这一概念都存疑。确实，我国日常生活中的儿童概念与法律规定的未成年人概念不太一致，未成年人大致可以涵盖婴儿、儿童和少年。很显然，这里的儿童，明显与未成年人不是一个等同概念，而是一个包含与被包含的概念。因此，就容易引发的忧虑是，用儿童这一概念无法准确界定儿童福利的内涵与外延，而且还将影响国家儿童福利职能和制度的界定。

为了化解儿童与未成年人在概念上的这种困境，学界主张用《儿童权利公约》对儿童的界定，把未满 18 岁的自然人视为儿童。笔者认为用这一概念较为妥当，尤其是用在与儿童相关的福利工作之上更为恰当。主要理由有以下四点：首先，我国是《儿童权利公约》的签约国，这是我国尊重和履行公约的一种方式。其次，这种用法可以使得儿童的概念与未成年人的概念重合，解决了两个概念之间的张力。再次，在有关未成年人的福利法律制度中，使用儿童这一概念与福利搭配是多数国家的立法惯例，他们的机构设置也是采用儿童这一概念来命名。最后，我国在有关未成年人的福利工作中，实践部门一直使用的是儿童福利的概念，因此，使用儿童概念也是遵循我国官方实践惯例的要求。

2. 福利与保护

与儿童和未成年人相对应的一组概念就是福利与保护。从儿童工作的实践状况来看，一般情况是，儿童这一术语与福利一起使用，称其为儿童福利。而未成年人这一术语主要与保护一起搭配使用，称为未成年人保护。其中，儿童福利来源于国家儿童福利制度，而未成年人保护则主要是根据《未成年人保护法》。然而，随着儿童福利概念的拓展，儿童福利逐渐吸纳了保护概念，呈现出儿童福利与保护并用的概念。这也意味着，保护这一概念，可以从《未成年人保护法》的角度和福利制度角度两个层面去理解。因此，区别福利与保护的概念，也需要从这两个层面进行区别。

福利与《未成年人保护法》意义上的保护，这两个概念相对比较容易作出区别。因为两个的法源不一样，福利基于儿童福利制度确定，保护基于《未成年人保护法》而确定。儿童福利的主要职能部门是民政机关，而未成年人保护的主要职能部门是公安与司法机关。[1]就此而言，儿童福利与未成年人保护是两个不同的概念，其内涵与

---

〔1〕　例如，最高人民检察院曾经设置的未成年人检察工作办公室，以及新近正式成立的主要负责未成年人检察业务第九检察厅。

外延明显不同。但从法理上讲，基于儿童福利政策是以《未成年人保护法》为依据的，儿童福利权来自于未成年人权利，因此，儿童福利是未成年人保护的附属概念，是未成年人权利中的特殊权利。即福利的概念小于保护的概念，其内涵与外延被保护所涵盖。

然而，福利与福利制度意义上的保护，这两个概念的关系恰好与前者相反。即福利是大概念，保护是小概念，保护的内涵与外延被福利所涵盖。两者的包含与被包含关系是由民政的福利本位决定的。自 2013 年，儿童福利的内涵开始从补缺型儿童福利向儿童保护拓展。2013 年，民政部发布了《关于开展适度普惠型儿童福利制度建设试点工作的通知》和《关于开展未成年人社会保护试点工作的通知》，而 2014 年又发布了《关于进一步开展适度普惠型儿童福利制度建设试点工作的通知》和《关于开展第二批全国未成年人社会保护试点工作的通知》。根据以上文件，民政部门在儿童工作上，把儿童的范围从孤残儿童扩展到困境儿童，困境家庭中的儿童，甚至扩展至普通儿童。而与此相一致的是，民政部门中的儿童工作机构也由儿童福利部门更名为儿童福利和保护部门，而民政部门的流浪儿童救助保护中心，也更名为未成年人社会保护中心。这也使得我国民政部门在有关儿童福利的问题上，呈现出福利与保护并存的状态。

这种福利与保护概念并列的状态，并不意味着福利与保护概念的混同。而应当是儿童福利概念发展过程中的暂时或过渡阶段。这一阶段的重要特征，一方面在于现有的儿童福利概念难以涵盖当前民政部门的儿童福利职能。另一方面在于民政部门的新型儿童保护职能是从儿童保护制度中分离出来的。但从所有的试点及政策性文件来看，民政部门对儿童的新型保护，都具有福利属性，本质是儿童福利，而已非《未成年人保护法》意义上的保护。而民政部门使用福利与保护两个概念并列，主要在于解决传统福利与新型福利的张力缓冲期，同时，对传统儿童福利与新型儿童福利作了一个界分。因此，从长远来看，随着新时代儿童福利概念的演进，福利概念将会包含以福利为宗旨的保护概念。

三、概念的取舍及内涵、外延的界定

对于儿童与未成年人，福利与保护这两组概念术语的搭配，可以有儿童福利、儿童保护、儿童福利和保护、未成年人福利、未成年人保护、未成年人福利与保护等。通过对这两组概念的甄别，最后如何取舍则需要根据民政部门的职能定位及儿童福利的发展趋势而定。笔者认为，可以沿用传统的儿童福利这一概念，理由有如下几点：首先，儿童福利这一术语，既是很多国家立法的惯用术语，又是我国民政部门进行儿童工作的惯用术语。这一术语准确确定了民政部门儿童工作的基本职能，并一直被民政部门沿用。其次，用儿童福利可以有效区别未成年人保护这一概念，尽管笔者把儿童概念与未成年人概念等同，但儿童福利是在福利的角度上提出来的，其对应的是儿童福利政策；而未成年人保护则是从儿童权利中提出来的，对应的是《未成年人保护

法》。再次，从职能部门的设置上，通过儿童福利和未成人保护的概念分离，也可以使得主管机构的职能划分相对清晰。民政部门负责儿童福利，以福利为本位，而公安和司法机关主要负责未成年人保护，以权利为本位。最后，当前基于儿童福利职能的扩展，民政部门把原来的内设部门，由儿童福利机构更名为儿童福利和保护机构。很明显，这里的保护概念，并非《未成年人保护法》上的保护概念，《未成年人保护法》中的保护概念是广义上的保护概念，其保护的对象、内涵与外延涵盖了所有的儿童及儿童权利。而民政部门中的儿童福利和保护内设机构中的"保护"是一种狭义的保护。这一"保护"概念应当从福利的含义中理解。实际上，民政机构使用的儿童福利和保护概念，保护是针对狭义的福利概念而提出的，即由于传统补缺型福利概念无法涵盖扩展后的儿童工作所提出来的新概念。但这些保护依然是以福利为理念的，而且，这些"保护"工作是适度普惠型儿童福利的应有之义，也是新时代儿童福利的基本范畴。也就是说，这里的保护实际上是指福利。因此，直接用儿童福利比用儿童福利和保护这个概念更为简练、准确，既增强了儿童福利这一概念的包容性，也不容易引发对儿童"福利"与"保护"这两个概念并列使用所带来的误解。

当然，需要注意的是，目前，我国的《未成年人保护法》正在修法期间，一个倾向性意见是国家层面将国务院妇女儿童工作委员会中的儿童保护工作分离出来，地方层面将设置在共青团或其他机构的未成年人保护委员会办公室分离出来，设置在民政部门。这意味着国家将进一步理顺国家机构的职能，更为清晰地界分相关机构的职权，更好地履行对未成年人保护的国家责任。但这或许也会引发新一轮对究竟是用儿童还是未成年人，用福利还是保护或两者并用的概念之争，也容易导致民政部门儿童工作的混乱。因此，《未成年人保护法》修改后对未成年人保护委员会办公室设置上的调整，并不意味着"儿童福利"与"未成年人保护"这两个概念的重合。实际上这两个概念的内涵和外延依然没有变化。如果刻意把"儿童"改为"未成年人"，把"福利"改为"保护"或"福利与保护"，以保持立法上的统一，其实就是在法律概念上混淆了福利与保护的内涵与外延上的差异，也混淆了未成年人保护委员会与民政部门的职权。未成年人保护委员会是各级政府基于《未成年人保护法》而成立的委员会，其法律性质是各级政府的议事协调机构，其办公室设置在哪个机构里并不影响其职能和工作。而儿童福利则是民政部门的法定职责之一，其内设机构是实现民政部门职能的方式。两者不能等同，更不能替代。

在实践中，未成年人保护委员会办公室设置在哪个机构，一般会与机构中职能相近的业务部门合署办公，一套人马，两块牌子。但合署办公，并不意味着职能混同。因此，笔者建议，尽管未来民政部门的儿童工作可能会由儿童福利扩展到未成年人保护，但基于儿童福利与未成年人保护的职权来源、工作性质、范围都有所不同。未来民政部门的儿童工作，应当明确区分儿童福利与未成年人保护的职权，其职权分别由民政部的内设儿童福利机构和未成年人保护委员会办公室承担。也就是说，在民政部门的儿童工作上，内设机构的名称用儿童福利较为妥当。其不仅有助于清晰界分儿童福利与未成年人保护的关系，厘清民政部门的法定职责与授权委托职责，更有助于实现新时代儿童福利的宗旨与目标。

基于以上判断，从民政部门的福利本位出发，在概念术语的选择上，用"儿童福利"较为妥当。民政部门的职能设定及机构组建，都应以这个概念为基础，儿童福利的战略决策与制度设计也应以这个概念术语为核心。从儿童福利这个概念的界定上讲，其是指儿童应当享有的，基于生存、发展所必需的，并为法律所保护的特殊儿童权利。其中，儿童福利的内涵是基于儿童权利衍生而成的儿童福利权，是儿童权利的特殊权利。其所谓的特殊，就是儿童权利的义务主体的独特性。一般儿童权利的义务主体具有普遍性和平等性。而儿童福利权的义务主体仅指国家，是国家基于国家亲权而承担的一种法律义务和道德义务。而在外延上，包括两个方面，一方面是主体的外延，即儿童的范围。儿童的外延应当覆盖所有儿童。其中儿童的范围，根据联合国对儿童年龄的划定，未满18岁的自然人都属于儿童。也就是说，只要符合儿童的年龄要求，都属于儿童福利的对象。另一方面，在儿童福利内容的外延上，则需要根据经济社会发展的情势而定。当前，可以通过对儿童的分类进行界定，不同类型的儿童享有不同的儿童福利。也就是说，这一概念对儿童而言，具有普惠性特征，而对儿童福利范畴则具有适度普惠性特征。这种适度即体现了对不同类型的儿童，根据其自身的需求，适用不同的儿童福利。也体现出儿童福利是一个不断发展的概念，应当能开放性地吸纳新时代儿童福利的发展需求。

根据儿童福利的概念，可以对儿童福利制度进行有效的界定，即儿童福利制度是指国家民政机关以习近平新时代中国特色社会主义思想为指引，以儿童权利为依据，旨在确认、促进、保障儿童福利权所制定的法律、政策及通过各种方式提供的各种服务的总称。这一概念，既表达了儿童福利制度的内涵是落实和增进儿童福利权，儿童福利的对象是所有儿童；责任主体是国家民政部门；保护的方式既要制定、完善有关儿童福利权的法律、政策，又要贯彻、落实法律、政策。

结　语

综上所述，当前，无论是理论界还是实务界对儿童福利这一概念都缺乏统一的认识，内涵界定不清晰，外延边界模糊，甚至连概念的表述也经常与其他概念混同。大体而言，当前较有影响的定义主要有三种界定模式：其一，通过对儿童福利的范围界定，把儿童福利分为广义的儿童福利和狭义的儿童福利。其二，通过对儿童福利的理念界定，把儿童福利界分为救助型儿童福利、发展型儿童福利、保护型儿童福利、参与型儿童福利。其三，儿童福利的统合性界定，即把部门取向界定法转向为普适性的界定法。然而，这些概念的界定并没有能够有效解释并解决儿童福利的理论和实践问题。而儿童福利与儿童权利等同、儿童福利的权利属性认识存在偏差、儿童福利与相关概念的关系错位等问题，则是儿童福利概念用语混乱、概念不清的重要原因。

　　儿童福利不是一个一成不变的概念，其内涵与外延会随着社会的变化与发展而发生转变。这就要求，对儿童福利界定的基本原则首先要遵循儿童福利的属性和法理基础，同时需要融入新时代的新思想、新战略，体现概念的开放性和包容性特点。也正是在遵循这些基本原则的基础上，笔者建议对儿童福利概念的界定应当符合以下两个基本条件：第一，对儿童福利的概念界定在内涵上采取狭义的概念。即儿童福利的概念应建立在福利本位和国家亲权基础之上。第二，对儿童福利的外延界定，则采取普惠主义，即在概念中反映出主体的普惠和福利范围的普惠。同时，基于上述要求，在甄别儿童与未成年人、福利与保护的概念基础上，分析了当前儿童福利和保护概念术语出现紊乱的来源和经过。

　　最后，在儿童福利的概念术语的取舍上，可以沿用"儿童福利"这一术语，而不用儿童福利和保护、未成年人福利、未成年人福利与保护等概念。儿童福利的概念不应为保护所吸纳。相反，儿童福利的概念在演进的过程中不断吸纳保护的概念，扩展儿童福利的内涵与外延。这也是儿童福利权成长，儿童福利法律体系不断成熟的重要标志。基于以上判断，笔者把儿童福利界定为儿童应当享有的，基于生存、发展所必需的，并为法律所保护的特殊儿童权利。其内涵是基于儿童权利衍生而成的儿童福利权，而外延则普惠到所有的儿童，及根据不同儿童的类型，赋予不同的儿童福利。以儿童福利概念为基础，儿童福利制度则是指国家民政机关以习近平新时代中国特色社会主义思想为指引，以儿童权利为依据，旨在确认、促进、保障儿童福利权而制定的法律、政策及通过各种方式提供的各种服务的总称。

　　根据国家统计局第六次人口普查数据表明，我国境内 0 岁至 14 岁的人口占总人口的 16.6%，18 岁以下（不包含 18 岁）的未成年人人口占总人口数量的近 21%。[1]人口总数超过 1/5 的未成年人群体，由于其生理、心理都尚未发育成熟的天然弱势，难以为自己发声。因此设置一个合理有效的长久保护机制，对于维护儿童的健康发展极为重要。受传统"父子观"的影响，我国古代并没有对儿童福利加以特殊的关注。近代以来，权利意识的觉醒、儿童保护观念的进步，激发了对儿童权益保障的社会需求，推动了儿童福利事业的蓬勃发展。进入当代社会以后，尤其是改革开放以来，我国儿童福利配套法不断完善，奠定了我国儿童福利制度的基础，形成了儿童福利模式由补缺型过渡成适度普惠型的态势，推动儿童福利向普惠型模式迈进。

第一节　传统社会中的儿童福利制度

一、传统社会的儿童福利思想

　　中国儿童福利制度的发展有着特殊的规律，我国"儿童福利"这一概念的内涵也随着历史的发展有了很大的变化，其中福利政策以及福利机制的变迁是促使儿童福利概念逐步转变的重要因素。在传统思想中蕴含的"恤幼"理念是支撑我国近现代儿童福利事业在吸收西方特色儿童福利思想后迅速发展起来的根基。根据陆士桢教授考据，中国的儿童福利可以追溯到三千年前《易经》中的"蒙以养正"，这是我国古代儿童教育理念的最直接展示。[2]《孟子·梁惠王上》中的"幼吾幼以及人之幼"，从社会角度阐述了普及儿童教育的重要性，而作为中华民族传统中最核心的理念"恤幼"，在中国古代早已有之，其起源于《周礼》中的"以保息养万民，一曰慈幼"，后来逐渐延伸成为"三赦之法"，其中核心思想之一就是儿童的身心发育尚未成熟，因此赋予未成

---

〔1〕　数据来源于国务院人口普查办公室国家统计局人口和就业统计司，载 http://www.gov.cn/gongbao/content/2014/content_ 2792649. htm，访问日期：2018 年 11 月 27 日。
〔2〕　陆士桢："简论中国儿童福利"，载《华中师范大学学报（哲学社会科学版）》1997 年第 6 期。

年人特殊权利。[1]此外，诸如孔子、墨子、管子等思想家，都对儿童这个特殊群体提出了不同的见解。朝代的更迭也没有磨灭这些思想，它们在时代的洪流中愈发光辉灿烂，成为中华民族传统美德的组成部分。

二、传统社会的儿童福利制度

我国传统社会的儿童福利事业经历了三个时期，以政府介入程度以及时代为分界线，分为两宋以前、两宋时期、两宋以后。我国古代，儿童福利事业的发展与民间组织、宗教力量以及官方政策密切相关，三种力量互相作用形成了我国儿童福利事业的雏形。

1. 两宋以前

在宋代以前，儿童的保护工作主要由政府中的专职官员来对儿童进行管理，通过出台政令减轻徭役赋税鼓励人民生育、抚养儿童，或是通过奖励粮食等实物为存在儿童抚养困难的家庭提供物质帮助。南北朝时期首次出现官方设立的养育未成年孤儿的专门机构——"孤独园"[2]；唐代时期，唐太宗曾经下诏倡导民间收养儿童。这些古代儿童福利机构的出现，是我国古代儿童福利制度的雏形。

宋代以前最值得一提的儿童福利机构是隋唐时期由宗教组织创办的"悲田养病坊"，主要收容老疾孤寡、乞丐等没有生存能力的弱势群体，在后来的发展过程中，逐步成为由宗教机构主导、政府拨地拨款支持下的民办官助形式的社会福利机构。[3]概括说来，宋代以前的官方儿童福利机构仅仅出于"仁""恤幼"等民本思想救助儿童，起到一种兜底或者引领的作用，宗族与亲属之间对于儿童的救助是两宋以前儿童保护制度中的最主要形式。

2. 两宋时期

两宋时期，儿童福利制度出现萌芽，制度性的儿童福利制度初露雏形，政府开始发挥儿童福利的主导作用，政府一方面通过减轻赋税、提供生育补贴鼓励妇女生育，另一方面设立官方的救济机构收养孤儿和弃儿。此外，政府还呼吁民间收养孤儿和弃儿，吸引民间力量参与到儿童福利工作中来，尽可能让儿童在健康的家庭环境中成长。

在两宋时期，被遗弃是当时儿童面临的主要问题。造成被遗弃的原因主要是家庭贫困以及家庭遭遇灾荒后缺乏应对能力。对于当时的家庭来讲，一旦遭遇灾荒，首先被抛弃的必然是没有劳动能力和独立生存能力的婴幼儿，官府为了避免此种状况的出现，提前给予贫困家庭免除赋税的优惠政策，建立"举子仓"[4]直接给贫困家庭提供钱米粮食，让他们能够有能力抚养自己的孩子，避免杀婴、弃婴现象发生。

---

〔1〕　参见陆士桢："简论中国儿童福利"，载《华中师范大学学报（哲学社会科学版）》1997年第6期。

〔2〕　姚建平：《国与家的博弈：中国儿童福利制度发展史》，格致出版社、上海人民出版社2015年版，第24页。

〔3〕　参见姚建平：《国与家的博弈：中国儿童福利制度发展史》，格致出版社、上海人民出版社2015年版，第24页。

〔4〕　姚建平：《国与家的博弈：中国儿童福利制度发展史》，格致出版社、上海人民出版社2015年版，第26页。

为了解决社会上存在的弃儿、孤儿，两宋官府设置了一系列社会救助机构，例如福田院、居养院、养济院、广惠院、实济院、安养院、和济院等常设类综合性救助机构，在后来的发展过程中，又考虑到儿童的特殊需求从中分离出了散收养遗弃小儿钱米所、婴儿局、慈幼局、慈幼庄等，由官府派专门的官员对遗弃儿童进行统一的管理，性质类似于今天的官办儿童福利院。[1]

此外，官府对民间收养儿童的行为给予米粮资助或者嘉奖，提升民间组织参与儿童福利事业的积极性，使得民间力量参与儿童福利事业的势头极为高涨。国家资助贫困家庭、官办儿童救助机构兜底、民间力量参与的三种儿童福利举措并行，初步构筑我国古代的儿童福利制度框架，我国古代的儿童福利事业在两宋发展到了高峰。

3. 两宋以后

宋代以后的儿童福利事业，基本上沿袭了宋代时期的儿童福利制度，但在之后的封建王朝中，儿童福利事业再未达到两宋时期的高峰。明朝沿袭了宋代儿童保护制度，但是官办的福利机构却丧失了救助儿童的职能，成为了官方的养老机构。清朝时期仍然承袭了两宋时期的儿童福利制度，养济院作为两宋时期已经出现的综合性救助机构，在清代仍然留存下来，成为救助儿童的官方机构之一。明代出现的善堂，在清朝得到了广泛推广，成为了遍布全国的儿童福利专门机构。

与此同时，民间儿童抚养机构也开始盛行，明朝末年江南地区善会的兴起，推动了明清时期儿童福利事业的发展。扬州育婴社是当时善会中最为著名的一处，育婴社会员集资供养弃婴，并在日后为社内的弃婴找寻领养人，扬州育婴社的做法为此后的民间力量参与儿童福利事业做出了直接的典范。清朝时期，参与儿童慈善救助的民间力量更为广泛，育婴堂得到了官方资助成为官办民营性质的组织。到了清朝末年，频繁的战乱使得官府再无力将资金投入到儿童福利事业。替代性的民间儿童福利救助机构顺势兴起，甚至取代了官方儿童福利救助机构成为当时发展儿童福利事业的最主要力量。当时的儿童福利事业的最主要职能为"保婴"和"育婴"，民间儿童救助机构不仅给予儿童庇护之所，还雇专人教授儿童知识以及生存技能，使得儿童拥有一技之长，能够更好地生存。

除了官府和民间组织之外，清朝时期宗族家族的力量也是古代儿童福利事业的重要一环，同宗同族共同设置义庄或义田，用以供养家族内生活困难的孕妇或支持子弟的教育事业。从古代福利机构救助智能的延伸，初窥儿童福利观念的逐步扩展。从福利机构职能仅关注救助、生存，延伸至关注儿童的受教育权等儿童的发展权，其中固然有着一丝功利因素，却也是推动古代儿童福利事业前进的重要动力。

三、传统社会的儿童福利制度的成效与不足

传统社会中的儿童事业发展至清朝末年，显现出现代儿童福利制度的萌芽。在官

---

〔1〕 姚建平：《国与家的博弈：中国儿童福利制度发展史》，格致出版社、上海人民出版社 2015 年版，第 27 页。

府的倡导下，官方儿童福利制度逐渐发展，民间组织的参与，使得官办儿童福利机构开始出现官办民营的趋势，民间组织顺势壮大起来，弥补了官办儿童福利机构的不足，实现了"保婴""育婴"两大救助职能，拯救了当时很多被遗弃儿童尤其是被遗弃女婴的生命，维护了儿童最基本的生存权。随着经济的不断发展，儿童福利机构还增加了教育和技能培训的职能，使得儿童福利机构内的儿童能够获得基本的生存技能，更好地适应社会。

整体来看，古代社会没有出现一个对儿童福利制度的体系性思考，对于儿童的关爱都是基于"恤幼"等民本思想，统治者将儿童视为未来的劳动力而予以保护。儿童也被视为家族内部的附属，儿童福利的主要内容是对遗弃儿童实施救助，主要通过免除徭役、给予钱粮奖励、由官办或民办的儿童机构收养被遗弃儿童等方式。增加劳动人口是当时的统治者最为关注的大事，因此鼓励生育，对孕妇以及新生儿家庭给予免除赋税、赠予米粮种种优惠。从此处看来，对孕妇的奖励措施已经初具普惠型儿童福利制度的特点，但是除此之外古代的儿童福利制度仍然处于一种较为落后的状态，儿童福利制度的重点在于促进人口数量的增长，仅仅关注儿童的生存权，而忽略了儿童的其他发展需求。[1]

第二节　近代儿童福利制度的启蒙

我国的近代史开始于 1840 年的第一次鸦片战争，结束于 1949 年中华人民共和国成立，近代的儿童福利事业随着近代史的变迁而变化。我国的近代社会是社会结构急速解体的时代，也是新旧思想碰撞交融的时代。我国的儿童福利事业也是如此，在近代西方儿童福利先进理念的冲击下，一批热衷于儿童福利事业的慈善家出现，为中国的儿童事业做出了杰出贡献，大大推动了中国儿童福利事业向近代转型。

一、清末儿童福利制度的萌芽

在鸦片战争以后，大量西方的天主教徒、基督教徒来到中国，给中国的儿童福利事业带来了新变化。这些教徒聚集在一起建成教会，在各地创办了教会育婴堂、聋哑学校、孤儿院，收容那些孤儿、遗弃儿童、残疾儿童、流浪儿童等，这些教会所属的慈幼机构也采取了"养""教""工"相结合的儿童福利理念。[2]此外，还根据西方的理念将中国儿童福利机构仅有的救助职能扩展到将儿童抚养到成人自立；根据性别不同教授儿童不同的生存技能，教女孩刺绣、缝纫、编织等，教男孩印刷、木工、铁工等。但是从另一个方面说，教会教养这些儿童是零成本甚至是营利的，教会福利机构

---

〔1〕　姚建平：《国与家的博弈：中国儿童福利制度发展史》，格致出版社、上海人民出版社 2015 年版，第38~40 页。

〔2〕　姚建平：《国与家的博弈：中国儿童福利制度发展史》，格致出版社、上海人民出版社 2015 年版，第34 页。

内的吃穿住等花销都是儿童自己努力工作得来的，儿童劳动所得的成果被教会剥夺，儿童自己得不到任何报酬，甚至还有可能因为种种原因受到惩罚。即使到了成人自立的年龄也会因为能够为教会带来利润而被强迫继续待在教会福利机构。女孩的婚配自由也得不到保证，有的到了婚嫁年龄之后就会在教会修女的安排下嫁给宗教信仰人士。到了晚清时期，教会育婴堂还出现了大量婴儿死亡的事件，引起了民愤，清政府从那时试图将教会育婴堂纳入监管范围，但最终不了了之。

在清末新政改革时，有了保障儿童权益的成文法。1908 年的《创办京师内城贫民教养院章程》、1910 年的《外城贫民工厂章程》等都是那个时代的产物。[1]清代时期民办的育婴堂出现，我国的儿童福利观念开始出现了显著的变化，从传统的"养"转向"教""养""工"结合；从单一的救助儿童使其摆脱流浪饥饿的困窘局面，到将儿童送往学堂学习知识，使儿童掌握刻字、印刷、剃头、编织等一技之长，使得这些儿童长大后能够养家糊口，这应该说是我国儿童福利史上的一大进步。

二、民国时期儿童福利制度的兴起

民国时期的儿童福利制度基本保留了清末儿童福利的相关制度，同时也在西方思想的影响下涌现出一大批慈善家，他们身体力行地投身儿童福利事业，致力于创办儿童福利机构和团体，其中以下几位实业家创办的儿童福利机构和团体最为著名：张謇设立的育婴堂、养老院、残废院、盲哑学堂、盲哑师范传习所、贫民工场、栖留所等；熊希龄在北平香山创办的慈幼院；孔祥熙联合高凤池、邝富灼、郭秉文，并由蒋介石出任名誉会长的中华慈幼协会；宋美龄领导下成立的战时儿童保育会；宋庆龄创立的中国福利基金会等。[2]

在全面爆发抗日战争以后，大量的难童出现，被遗弃儿童、残疾儿童、孤儿、流浪儿童是当时儿童福利工作的主要对象，当时的儿童福利工作和儿童福利政策也是围绕着避免儿童被遗弃，救助残疾儿童、孤儿、流浪儿童等问题展开的。抗战时期的儿童福利工作分为两个阶段，以 1940 年国民政府成立社会部为界限。[3]第一个阶段的儿童福利工作是在赈济委员会主持下进行的，由国民政府主导在全国各地开办教养院或教养所，收容战时儿童，培养他们的国家民族意识，教授他们基本的知识和生存技能，带有浓厚的军事色彩和时代特征。第二个阶段是在社会部成立后，儿童福利制度初步呈现制度化框架。社会部继续履行赈济委员会收容难民的职能，并在此基础上扩充儿童福利工作的范围，为我国儿童福利事业的发展做出了大胆的尝试。根据学者的考据来看，当时社会部通过以下三个方面的努力建设我国的儿童福利工作：第一个方面是

---

〔1〕 参见陆士桢、魏兆鹏、胡伟编著：《中国儿童政策概论》，社会科学文献出版社 2005 年版，第 86 页。

〔2〕 姚建平：《国与家的博弈：中国儿童福利制度发展史》，格致出版社、上海人民出版社 2015 年版，第 41~49 页。

〔3〕 姚建平：《国与家的博弈：中国儿童福利制度发展史》，格致出版社、上海人民出版社 2015 年版，第 49 页。

颁布儿童福利相关立法；第二个方面是召开全国性的儿童福利会议；第三个方面是探索儿童福利实验区的建设。[1]

国民政府时期的儿童福利立法散落在民法、刑法、行政法规、部门规章、地方性法规、国家政策之中，这些法律体系基本上形成了近代儿童福利制度的基本框架。分别在1941年、1944年以及1946年举办的三次全国性儿童福利会议为近代儿童福利的制度框架指引了方向，三次儿童福利会议上达成的共识在今天看来仍有积极的借鉴意义。第一次儿童福利会议形成了"五善"[2]的共识，拟定了儿童福利政策、儿童福利立法原则等，以及儿童福利实施方案、相关儿童福利机构的建设、儿童福利人才训练办法；第二次儿童福利会议完成了推进儿童福利建议书，成立全国儿童福利协会，进一步推进了儿童福利制度的发展；第三次儿童福利会议将儿童福利的概念扩展到社会、教育、卫生、心理等多方面，开始系统性地注意到对儿童福利工作人员进行培训的重要性，成立儿童福利研究社，以科学的方法研究儿童福利工作，并在会上通过了十七点大会宣言，为后来的儿童福利事业指明了前进路线。

在民国政府社会部成立之后，儿童福利实验是其工作的显著成果。重庆市北碚区儿童福利实验区是社会部组织的儿童福利实验中的重要样本，北碚儿童福利实验区根据"五善"的儿童福利政策思想开始试验性地探索一条从"单一救济"转向"教养结合"的儿童福利路径。[3]民国政府社会部于1943年颁布《社会部北碚儿童福利实验区组织规程》，专门以规章的形式为这一探索儿童福利事业的特殊机构作出明文规定，以期将北碚实验区的成功经验推广至全国。北碚试验区开创了"全方位的保育模式"，"充分利用了抗战资源教育儿童"，"开创了儿童福利实验区、托儿所与家庭、社区合作共育的经营理念和开放的经营模式"。[4]北碚儿童福利实验区的宝贵经验为后来的儿童福利事业的发展做出了极大的贡献，开创了身心健康的儿童福利模式，为全面探索儿童福利事业的发展之路，实现现代化儿童福利事业打下了良好的基础。

民国时期、北洋政府时期，均在儿童的权益、教育、司法等方面制定了相关的法规政策，不断探索儿童福利事业的发展之路。但俱是摆脱不了旧式思想的束缚，或多或少仍将儿童视为家庭的附属品，认为管教儿童是家庭、家族的责任，没有意识到国家的作用。或是虽然认识到了国家的作用，但是由于当时的政治、经济、文化等背景的制约，有关儿童福利制度的法律只是一个"门面工程"，没有真正发挥国家在儿童福利事业中的主导者作用，也没有真正贯彻落实保护儿童权益的儿童福利内涵。

三、新民主主义政权下的儿童福利制度的延续

与国民政府同时期，中国共产党领导的革命根据地逐步扩大，与儿童福利相关的

---

〔1〕 姚建平：《国与家的博弈：中国儿童福利制度发展史》，格致出版社、上海人民出版社2015年版，第54页。

〔2〕 "五善"是指"善种、善生、善养、善保、善教"的儿童福利政策。

〔3〕 姚建平：《国与家的博弈：中国儿童福利制度发展史》，格致出版社、上海人民出版社2015年版，第58页。

〔4〕 姚建平：《国与家的博弈：中国儿童福利制度发展史》，格致出版社、上海人民出版社2015年版，第59页。

法律法规逐渐在新民主革命根据地确立起来，为中华人民共和国成立后的儿童福利制度打下了坚实的基础。新民主主义政权下的儿童福利实现的关键在于儿童福利相关法律的落实，这就需要可靠的法律执行者去落实儿童福利相关法律。在新民主革命根据地上，儿童福利法律的执行者为三种主体：第一种是革命根据地政府，第二种是中国共产党和中国共产党领导的革命团体，第三种是儿童组织。相较于以往的儿童福利事业，儿童组织成为新民主主义政权下的儿童福利工作的特殊参与者，以往的儿童福利仅仅是由成人制定和实施，儿童仅作为儿童福利工作中的救助对象或者教育对象而存在。但是从这个时期开始，儿童的力量开始出现在了儿童福利事业中，成为儿童福利事业实现的最具代表性的力量。

在新民主主义政权下的儿童福利相关立法中，儿童权益的保护与当时中国共产党的群众工作纲领有着紧密的联系，《劳动法案大纲》《关于经济斗争的决议案》等纲领对儿童的劳动权作出了规定；新民主主义政权中以宪法条文明确了保护儿童的重要性，涉及儿童的社会地位、家庭地位、受教育权，对童工、童农的保护，对儿童的司法保护等各方面，为儿童的根本权益确定了大致方向。新民主主义政府颁布的法律涉及了具有现代儿童福利色彩的儿童医疗保健、儿童文化教育、儿童身心娱乐、儿童社会福利等各方面，从多处着手保护儿童的合法权益，为儿童的身心健康与儿童福利制度的发展提供了法律支撑，为新中国成立后的儿童福利事业搭建了基本的制度框架。

四、近代儿童福利思想的变迁与反思

近代中国是一个思想碰撞的辉煌时代，战争磨灭不了那个时代对于人性的思考、对于儿童福利思想的探寻与对儿童福利事业的追求。将传统社会中把儿童视为家族附属品、救助儿童是儿童保护的唯一要求的儿童福利思想，转变为"五善"的儿童福利理念，将生存权、受教育权等儿童生存发展权利考虑进儿童福利机构的教育与管理制度中，并在推广实行崭新的儿童福利理念的同时，积极探索更科学的儿童福利模式，种种尝试放在当时那个战乱频繁、社会冲突严重的大背景下，显得难能可贵。

但是从另一个方面来说，由于当时经济水平仍然处于一个比较低的层次，加之战乱四起，儿童福利思想更多是虚幻的美梦，难以落到实处。缺乏严格管理制度的儿童福利机构，即使儿童福利的理念先进，但实际上难以将儿童福利的最终要旨落到实处。那时候的儿童福利观念已经在传统的救助基础上探索"养""教""工"结合的先进儿童福利理念，比如国民党的五届十中全会中就提到儿童福利工作的最终目标是让所有儿童身心全面发展，但因为种种原因，这个时期对儿童福利机构的探索最终破产，这又不得不令人叹息。

第三节　中华人民共和国成立以来儿童福利制度的发展

当代中国的儿童福利制度经历了三个阶段，第一个是中华人民共和国成立初期到

改革开放之前的初步探索阶段；第二个是改革开放以后到十八大以前的基本形成阶段，第三个是十八大以后到现今的全面发展阶段。中华人民共和国成立以后的儿童福利事业尤以 2012 年 11 月 8 日中国共产党第十八次全国代表大会的召开为分界线，十八大以后从传统补缺型的儿童福利模式飞速向普惠型儿童福利模式转变，为全面建成小康社会作出了突出贡献。

一、初步探索阶段

中华人民共和国成立初期我国的法制建设开始起步，法律法规体系处于初步发展阶段，儿童福利相关立法也随之发展起来。中华人民共和国成立之后我国实施的计划经济给当代的儿童福利制度留下了深刻的烙印，我国作为社会主义国家，在当时的国际形势下处于十分不利的地位。因此强烈的社会主义色彩是当代儿童福利的突出特色，传统的慈幼思想被斥为民族糟粕，民国以及国民政府时期形成的儿童福利制度被视为资本主义的毒瘤，取而代之的是社会主义儿童福利制度。

那个时代"特殊的儿童工作系统的协调功能被赋予一定的法律效力"，"形成了有中国特色的中国共产党—共青团—少先队（儿童团）的政治序列"，"共青团受中国共产党的委托，在革命战争年代领导革命少儿组织"，中华人民共和国成立以后"由青年团牵头，有关部门和团体各司其职的工作系统"仍然延续了下来，成了直到"文化大革命"前期一直保留的儿童工作习惯，那时候有关于全国儿童的工作，"一般由共青团或共青团与有关政府部门联合发出文件"，"在特殊的政治氛围中，共青团及其与有关部门、团体发出的文件曾被赋予一定的法律色彩，得以硬性贯彻实施"。[1]这也是现行未成年人保护工作由团委牵头的工作模式的由来。

初步探索阶段的儿童福利制度与儿童保护工作的分野，源自于儿童福利和儿童保护的区分。连年战乱造成的数量巨大的难童成为中华人民共和国成立初期儿童福利事业面临的首要问题，国家兜底儿童福利事业成为当时形势下的必然。在城镇地区，各大国有单位成为保护儿童的间接机构，儿童依托于家庭获得教育、医疗、住房、娱乐活动等资源。在农村地区，集体合作社承担了城镇地区单位的角色，农村集体代表国家负担起供养孤寡老人和孤儿的工作，在此基础上儿童福利事业形成了"国家-单位/集体保障模式"，[2]形成了具有明显城乡地域差异的城乡合力保护的儿童福利制度。通过计划经济时期的社会主义儿童福利事业的完善，中华人民共和国成立初期紧急救助大批难童德艰难时期。并在此基础上建构起与计划经济体制相适应的儿童福利制度框架。原政务院、教育部、原卫生部、原内务部、公安部、司法部、最高人民法院、最高人民检察院、原国家体委等国家机构均参与到儿童福利建设工作中，为此成立了不同的机构实现儿童权益的保护，例如成立少年犯管教所，将 13 周岁以上未满 18 周岁的

〔1〕 陆士桢、魏兆鹏、胡伟编著：《中国儿童政策概论》，社会科学文献出版社 2005 年版，第 138~139 页。
〔2〕 姚建平：《国与家的博弈：中国儿童福利制度发展史》，格致出版社、上海人民出版社 2015 年版，第 70 页。

未成年人犯与成年犯分别羁押的未成年人犯分押分管制度也成为我国沿袭下来的刑罚执行政策。1955 年在北京等地创办工读学校，以"立足教育、挽救孩子、科学育人、造就人才"为办学理念，为失足青少年提供了改过自新的场所。[1]妇幼卫生机构逐渐发展壮大，妇幼保健机构、儿童医院、儿童保健所、各大医院的特设门诊等保障妇女儿童的医疗卫生机构遍布全国各地，为妇女、婴幼儿、儿童提供了专门的就医场所。政府加强宣传卫生教育，防治主要疾病，此外还从学生平时学习生活的场所着手，保护儿童的卫生健康。计划经济时期的法律法规从儿童教育、儿童身心娱乐等关系到儿童健康成长的方方面面作出详细的规定，相关机构也因此建立健全，进一步完善了儿童福利基础设施。

改革开放之前的有关儿童福利立法建设涉及儿童权益的保护、医疗保健、文化教育、身心娱乐和社会福利等方面，对盲聋哑孤儿提供特殊的保护和教育，遍布全国的儿童福利院采取教养并重的方针，为福利院的儿童提供成长成才的机会，使他们成长为国家栋梁。虽然在 20 世纪 60、70 年代，儿童福利事业产生了一定程度上的偏差，也没有颁布保障儿童权益的专门法，但在宪法、法律、政策、政治思想中仍然保留有儿童福利思想，这些前期准备为改革开放以后儿童福利的飞速发展夯实了基础。

二、基本形成阶段

在改革开放以后到十八大以前，我国的儿童福利事业稳步前进，成就斐然。从国内法律的相继出台到与国际社会接轨签署加入《儿童权利公约》；从只能引用其他法律法规中相关条款保障儿童权益的保护困局到"形成一个以宪法为依据，以未成年人保护法为主体，并与其他专门法相配套的、较为完整的维护儿童权益的法律体系"；[2]从保障儿童的基本的生存需要到保障儿童应有的合法权益以及给予儿童与其年龄相适应的特殊保护；从家庭作为儿童权益保护的单一主体，到国家、社会、社区、家庭等多个主体参与，从仅对流浪儿童、生活困难孤儿提供福利保障，到逐步扩大受众面到困境儿童乃至所有儿童。具体而言，这些进步主要体现在法律法规体系不断完善、儿童福利范围不断扩大、构建了综合的儿童福利机制三个方面。

（一）法律法规体系不断完善

刘继同教授认为："1949 年以来，作为社会经济发展重要组成部分的儿童福利服务同样经历曲折坎坷的发展历程，而且目前正处在儿童福利政策框架形成与儿童福利服务体系建设的过程中，有关儿童福利政策框架设计与福利服务体系建设的基础理论研究与核心政策争论议题繁多。"[3]儿童福利事业发展到十八大之前，新的法规政策仍在不断出台，从广义法律层面上不断扩充建构着原有的儿童福利制度。

---

〔1〕 参见石军："中国工读教育政策法规的历史演变与当代意义"，载《预防青少年犯罪研究》2014 年第 1 期。

〔2〕 陆士桢、魏兆鹏、胡伟编著：《中国儿童政策概论》，社会科学文献出版社 2005 年版，第 207 页。

〔3〕 刘继同："当代中国的儿童福利政策框架与儿童福利服务体系（下）"，载《青少年犯罪问题》2008 年第 6 期。

1. 国内法

儿童是一个国家的未来，儿童的健康成长关系到民族的希望和每一个家庭的期盼，因此对于儿童的立法尤需慎重。我国目前关系到儿童切身利益的立法主要包括《未成年人保护法》《收养法》《母婴保健法》《义务教育法》以及散见于其他法律法规中的条文、规定等。按照立法主要照顾的儿童权利范围为划分依据，可以分为保护儿童权利政策、儿童教育政策、儿童医疗政策、儿童救助政策、儿童文娱政策五个方面。涉及法律法规的效力层面，分为国家基本法、具体法规形式、专门的法律法规、涉及儿童的有关机构以及对特殊状态的儿童实施保护的规定。[1]

根据 2013 年儿童福利条例研究课题组汇编的儿童福利立法资料，其将与儿童福利的相关法律分为了儿童福利津贴、儿童教育政策、儿童医疗政策、儿童安全与权益保护政策、儿童发展政策以及儿童综合类政策等六大类。涉及的法律法规的立法主体有全国人民代表大会及其常务委员会、国务院、民政部、财政部、教育部、卫生部、文化部等，此外还有我国经批准加入的有关儿童福利、权益保护方面的国际公约和宣言。

纵观这些立法条文，集中出现在 20 世纪 90 年代以后，各项儿童福利法律法规井喷式地出现，呈现出了百花齐放、百家争鸣的局面。以明文形式逐步落实"儿童优先"与"儿童利益最大保护原则"这两大保护儿童的基本准则，并将这两大儿童保护的基本原则内化为儿童保护相关立法的基本出发点和最终归宿。

2. 国际法

20 世纪末，与世界潮流接轨成为我国走向世界、飞速发展的必经之路。在儿童福利工作方面，加入《儿童权利公约》成了儿童福利事业中迫在眉睫的大事。在各方的推动下，全国人民代表大会常务委员会于 1991 年 12 月 29 日批准通过了《儿童权利公约》，1992 年我国正式加入《儿童权利公约》。《儿童权利公约》将 18 岁以下的人界定为儿童，以条文的形式明确地列明儿童应当享有的基本权利，我国吸收了公约的精神，在 1991 年颁布的《未成年人保护法》第 2 条中规定："本法所称未成年人是指未满十八周岁的公民"，以明文形式确定了儿童的年龄范围。

《儿童权利公约》在融合联合国《少年司法最低限度标准规则》以及《在非常状态和武装冲突中保护妇女和儿童宣言》两部国际公约的基础上，规定了政府在保护儿童方面的应尽义务。《儿童权利公约》刚生效以后，世界儿童问题首脑会议召开，包括中国在内的所有联合国成员国的领导在此会议上通过了《儿童生存、保护和发展世界宣言》（以下简称《宣言》）和《执行九十年代儿童生存、保护和发展世界宣言行动计划》（以下简称《计划》），从国际社会上发出了保护儿童的声音，为处在困境中的儿童制定了具体方案，强调了女性在儿童保护中的关键性作用，呼吁整个国际社会一起为孩子打造一个美好的明天。《宣言》制定了十种可行性方案来保护儿童以及保障儿童的基本权益，《计划》则从降低死亡率、提高受教育率、降低文盲率等多个方面要求

---

〔1〕　参见陆士桢、魏兆鹏、胡伟编著：《中国儿童政策概论》，社会科学文献出版社 2005 年版，第 37 页。

成员国实现儿童的生存、保护和发展。2000年的联合国大会上通过了《关于儿童卷入武装冲突问题的任择议定书》和《关于买卖儿童、儿童卖淫和儿童色情制品问题的任择议定书》，丰富了《儿童权利公约》的框架体系。

在《儿童权利公约》以及相关的框架协议上，我国吸收借鉴并形成了自己的儿童福利法律体系，儿童福利制度开始搭建起符合国际标准的儿童福利框架。

（二）儿童福利范围不断扩大

我国当前的儿童福利事业的主要目标是"扩大儿童福利范围，推动儿童福利由补缺型向适度普惠型的转变"，[1]最终建构普惠型儿童福利制度。儿童福利事业发展到今天，儿童福利机构迅速增长，以"养""治""教"为教育理念，推动"蓝天计划""明天计划"等专项计划提高福利机构的照顾水平。补缺型的儿童福利制度逐步向普惠型儿童福利制度过渡，当前我国正处于适度普惠型的儿童福利过渡阶段。这个阶段，儿童福利制度既带着浓厚的补缺型儿童福利制度的特色，又被普惠型儿童福利制度抹上了不一样的色彩。

补缺型儿童福利制度是以孤儿、残障儿童为对象的传统补缺型福利机制，"儿童福利服务对象主要局限于城市社区中数量有限的儿童和困境儿童群体，例如孤儿、弃婴、残疾儿童和流浪儿童，生育性福利模式的色彩浓厚。"[2]民政部门等政府机构主要利用儿童福利院收容教养无家可归的流浪儿童、无人照顾的孤儿弃婴等，发挥着一种消极的、兜底救助作用，将保护儿童的任务主要倾斜在家庭与家长的肩膀上。

在国家和政府以及社会各界人士的推动下，我国儿童医疗卫生福利日趋完善、儿童教育保障与服务同步推进、儿童保护政策与实践双突破、儿童营养改善与困境儿童津贴稳步发展，儿童福利机构与服务走向规范，中国儿童福利示范区实现模式创新，儿童慈善与社会服务全面进步，现代化儿童福利制度进入全面建设阶段。[3]

针对社会散居孤儿建立了基本的生活费制度，民政部主导或联合各国家部委陆续出台《关于加强孤儿救助工作的意见》《关于制定孤儿最低养育标准的通知》《关于发放孤儿基本生活费的通知》，完善孤儿基本生活费制度，从制度上长效落实该政策的实施。

针对处于家庭照料下的残疾儿童，国家为其提供了医疗康复的机会，主要从残疾预防、医疗保障和康复方面三管齐下，为家庭照料中的残疾儿童提供事前预防、事中救助、事后提供康复机会的救助服务。残疾预防通过妇幼保健院和爱婴医院进行预防，医疗保障通过医疗救助和新农合完成对残疾儿童及家庭的保障，为此2010年原卫生部和民政部联合出台《关于开展提高农村儿童重大疾病医疗保障水平试点工作的意见》

---

〔1〕《中国儿童发展纲要（2011-2020年）》，载 https://baike.baidu.com/item/中国儿童发展纲要（2011~2020年）/652802? fr=aladdin，访问日期：2018年12月16日。

〔2〕刘继同："儿童福利的四种典范与中国儿童福利政策模式的选择"，载《青年研究》2002年第6期。

〔3〕参见王振耀主编：《重建现代儿童福利制度——中国儿童福利政策报告2014》，社会科学文献出版社2015年版，第1~5页。

来解决儿童的医疗问题。对于残疾儿童的康复问题，国家陆续出台《关于进一步加强残疾人康复工作的意见》《关于开展全国残疾人社区康复示范区培育活动的通知》《残疾儿童康复救助"七彩梦行动计划"实施方案》，各省市在国家出台政策后也相应地在区域内实施落实，国家政府成为残疾儿童康复过程中的坚实后盾。此外针对残疾儿童受教育中存在的障碍，国家逐步完善相应的法规政策，陆续出台《关于发展特殊教育的若干意见》《关于开展残疾儿童少年随班就读工作的试行办法》《义务教育法》《关于促进残疾人事业发展的意见》《残疾人保障法》等多部法律，至此我国形成了残疾儿童在专门学校接受特殊教育、在普通学校特设班中接受教育、在普通班随班就读的残疾儿童教育的"三轨"体制。[1]

针对受艾滋病影响儿童，首要任务是解决他们融入社会问题，保障他们的正常生活，减少社会排斥和歧视对他们造成的不良影响，为此国家陆续出台《关于切实加强艾滋病防治工作的通知》《关于加强对生活困难的艾滋病患者、患者家属和患者遗孤救助工作的通知》《关于进一步加强受艾滋病影响儿童福利保障工作的意见》，从源头预防和事后救助两方面解决受艾滋病影响儿童面临的问题，此外国家还出台"四免一关怀"的专门政策保障受艾滋病影响的儿童过上正常的生活。

针对贫困家庭儿童，国家提供了生活救助，并通过最低生活保障制度保障儿童正常的生存发展需要，为此国家陆续颁布《城市居民最低生活保障条例》《关于在全国建立农村最低生活保障制度的通知》，以提供资金的形式保障儿童的健康成长。在贫困落后地区，为了改善儿童的营养，国家还推行营养餐计划，以营养餐的形式为义务教育阶段的儿童改善营养，形成以学校为依托、国家为后盾的营养改善计划，实现儿童的健康成长。

（三）构建了综合的儿童福利机制

在这一时期，儿童福利制度基本构建起政府主导、社会参与、司法保障、家庭配合的综合工作机制。

政府层面，专门针对儿童特点设立儿童门诊、儿童医院，将"明天计划""蓝天计划"等专项救助计划转为长久的机制体系，通过公益彩票、慈善等途径筹措资金，为福利机构内的残疾儿童提供手术矫治和康复的机会。"这对于完善我国儿童福利机构整体布局、健全困境儿童福利服务体系具有极为重要的现实意义。"[2]在文化娱乐方面，根据儿童的身心发育尚未成熟的特点，设立节假日，为儿童举办的活动制定统一的标准，专门根据儿童身心特点制作儿童娱乐作品；在教育方面，从学前班教育、中小学教育到高等教育都制定相关法律法规；在法律权利方面，民法、民事诉讼法、刑法、刑事诉讼法等法律都考虑到了儿童的身心发育不成熟，从法律法规的制度层面给予他们特殊的关照。

---

〔1〕 钱志亮："当今中国特殊教育组织形式之分析"，载《中国特殊教育》1997年第2期。

〔2〕 姚建平：《国与家的博弈：中国儿童福利制度发展史》，格致出版社、上海人民出版社2015年版，第110页。

妇联、共青团、社会团体以及热心群众都是儿童福利事业的积极参与者，为儿童福利事业作出了积极贡献，司法机关也在这一过程中发挥了至关重要的作用。上海市各级检察院与法院在少年司法中探索出了一条可行的持久之道。从未成年人检察起诉过程中注重保障未成年人的隐私权，形成"捕诉监防"一体化的工作模式，[1] 严格未成年人的司法审查，鼓励使用附条件不起诉，推动完善流浪未成年人救助保护机制、对非羁押措施进行可行性评估、鼓励合适成年人参与诉讼，为未成年人提供法律援助，为未成年人进行心理测评和疏导。在审判阶段，法官、检察官对犯罪未成年人开展法庭教育，对未成年人的犯罪记录予以封存，方便他们更快地融入学习生活，为未成年人提供多样化的司法保护措施等，此外还在社会上开展亲职教育，形成对儿童全方位的保护合力。

保护儿童的最佳场所永远是家庭，家庭是儿童最习惯、最舒适也是与其成长生活密不可分的地方。在我国传统思想的潜移默化中，儿童作为家庭成员，理应受到家庭成员的细心保护和悉心关怀，家庭支持系统的重要性也由此体现。

人们一直以来的认知是家庭成员，尤其是家庭成员中的女性角色是在儿童福利制度中处于核心地位的，以女性为主导，以家庭为基本单位构建起来的家庭支持系统，对一般的儿童以及特殊儿童都具有难以取代的保护作用。我国的家庭寄养服务在经历了 20 世纪 80 年代的波折后，形成了以送往城市寄养的家庭寄养模式和送往农村寄养的家庭寄养模式的两大典型寄养模式。虽然城市寄养模式和农村寄养模式都各有利弊，但在寄养家庭中成长的儿童却都达到了儿童福利机构所达不到的效果。此外，儿童收养服务也取得显著效果，很多儿童被国外的家庭收养，家庭收养儿童的替代性养护措施大量减少了儿童福利机构内的人数，使很多儿童获得了更好的生活环境。

第四节　十八大后儿童福利事业的腾飞

2012 年 11 月 8 日中共十八大的召开，成为我国儿童福利事业腾飞的重要分界线，胡锦涛同志在十八大上所做的《坚定不移沿着中国特色社会主义道路前进　为全面建成小康社会而奋斗》主题报告，首次提出全面建成小康社会。[2] 在十八大精神的指引下，在改革开放以来打下的坚实基础上，通过以民政部为首的国家机关的大力支持，我国的儿童福利事业进入腾飞阶段。

我国照顾特殊儿童的福利制度已经日臻完善，适度普惠型儿童福利制度在全国各地逐渐推广普及，以民政部为主的国家部门认识到儿童福利事业的重要性，并积极开

---

〔1〕　"捕诉监防"一体化的工作模式是指由未检部门全面承担未成年人的批捕、起诉、刑罚执行监督、民事行政检察、犯罪预防工作。

〔2〕　胡锦涛：《坚定不移沿着中国特色社会主义道路前进　为全面建成小康社会而奋斗——在中国共产党第十八次全国人民代表大会上的报告（2012 年 11 月 8 日）》，载 http://www.qstheory.cn/zxdx/2012/201222/201211/t20121121_ 195335.htm，访问日期：2018 年 11 月 29 日。

展儿童福利试点工作，与此同时我国的儿童福利机构逐渐健全，儿童福利事业与儿童保护工作逐渐形成合力，形成行政部门、儿童福利制度相关的政府组织、儿童福利群众机构结合下的多方领导的儿童福利制度。随着改革的不断深化推进，以困境儿童为代表的弱势群体保障问题、儿童福利机构设施内部落后问题、儿童福利机构从业人员的专业素养等问题不断显露，国家在积极应对这些问题的同时，实现了新时代儿童福利工作迅猛发展。

一、标志性事件推动了儿童福利事业的进一步发展

2013 年 6 月南京发生了令全国震惊的李某案，两名年幼女童在缺乏监护的情况下饿死家中，在全国各界引起广泛关注。不久最高人民法院、最高人民检察院、公安部、民政部联合出台《关于依法处理监护人侵害未成年人权益行为若干问题的意见》（以下简称《意见》）明确界定四部门职责范围，确定了"'公安出警、处置、带离，民政接收、临时监护、调查评估、起诉、安置，法院受理、审理，检察院监督'等核心环节和关键流程，建立了依法处理监护人侵害未成年人权益行为的跨部门协作体系，确立了未成年人行政保护和司法保护有序衔接的工作机制。"[1]《意见》明确了监护侵害行为的定义，以未成年人权益优先和最大利益为工作的指导原则，对撤销监护人的监护资格作出了严格的规定，科学划分相关部门的职责范围和工作机制，鼓励引导多元化的主体参与儿童保护事业，扩大传统的儿童福利覆盖范围，将处于危机中的困境儿童纳入民政部门的儿童工作范畴，这是扩大儿童福利范畴的重要一步，推动了新型儿童福利的出现。

从 2013 年开始，民政部开展了全国首批未成年人社会保护试点，2014 年又推进了第二批未成年人社会保护试点。通过试点，民政部逐步探索出自己"在儿童保护中的职能和所关注的儿童范围"。[2]在这之后，国务院陆续出台了《关于加强农村留守儿童关爱保护工作的意见》《关于加强困境儿童保障工作的意见》，后者对于困境儿童的规定为："因家庭贫困导致生活、就医、就学等困难的儿童，因自身残疾导致康复、照料、护理和社会融入等困难的儿童，以及因家庭监护缺失或监护不当遭受虐待、遗弃、意外伤害、不法侵害等导致人身安全受到威胁或侵害的儿童，"[3]对困境儿童做出了进一步的明确界定。概念的明晰对于困境儿童的救助产生了极为明显的效果，服刑人员未成年子女、吸毒人员未成年子女等困境儿童都被列入了儿童福利的惠及群体，突破了家长作为儿童看管责任主体的传统观念。国家亲权开始取代父母家庭承担起对儿童

---

〔1〕"《关于依法处理监护人侵害未成年人权益行为若干问题的意见》解读"，载 http://www.mca.gov.cn/article/gk/jd/shsw/201504/20150415808677.shtml，访问日期：2018 年 12 月 16 日。

〔2〕姚建龙："未成年人法的困境与出路——论《未成年人保护法》与《预防未成年人犯罪法》的修改"，载《青年研究》2019 年第 1 期。

〔3〕"《关于依法处理监护人侵害未成年人权益行为若干问题的意见》解读"，载 http://www.mca.gov.cn/article/gk/jd/shsw/201504/20150415808677，shtm/，访问日期：2018 年 11 月 29 日。

的保护职责，撤销不称职、失职的父母的监护资格，对涉及儿童福利的相关部门单位作出科学的职责划分，明确了法院、检察院、公安、民政部的职责界限，建立部门分工明确、紧密衔接的工作机制。

针对传统儿童福利的适用对象，国家提供以儿童福利机构为主的福利措施；对以农村孤儿、流浪儿童、受艾滋病感染的儿童、服刑人员子女、随迁人员子女为典型代表的困境儿童，建立基本生活费制度、家庭寄养制度、特殊教育制度，由政府购买公益服务等一系列措施给予困境儿童更为全面而细致的关怀。

2013 年 7 月 26 日民政部办公厅印发《关于转发中国儿童福利和收养中心开展"婴儿安全岛"试点工作方案的通知》，在全国推广婴儿安全岛试点。2013 年 9 月 24 日，教育部、公安部、共青团中央、全国妇联联合发布《关于做好预防少年儿童遭受性侵工作的意见》，对儿童尤其是女童的人身权利作出进一步保障，细化了家校以及相关责任人的职责。2014 年 1 月 8 日国务院办公厅转发教育部、发展改革委、民政部、财政部、人力资源社会保障部、原卫生计生委、中国残联联合制定《特殊教育提升计划（2014-2016 年）》，从特殊教育着手实现教育公平。2014 年 2 月 21 日国务院出台《社会救助暂行办法》，将儿童福利工作纳入到社会福利工作中，以最低生活保障措施给予困境儿童以基本保障，为其提供教育、医疗、住房、就业等救助，保障困境儿童的基本生活需求。2014 年 9 月 24 日民政部出台《家庭寄养管理办法》，以部委规章的形式规范家庭寄养的儿童福利工作模式，将"未满 18 周岁、监护权在县级以上地方人民政府民政部门的孤儿、查找不到生父母的弃婴和儿童"[1]确立为家庭寄养的服务对象，明确了寄养条件，从法律程序上解决了家庭寄养在实践中遇到的问题，规范了寄养家庭的义务与法律责任，划分各级民政部门监督管理职责，真正落实儿童福利制度的深化改革。2014 年 12 月 25 日国务院办公厅发布《国家贫困地区儿童发展规划（2014-2020 年）》，将贫困地区儿童的保障工作纳入全国发展规划，进一步落实全面建成小康社会的根本精神。2015 年 9 月 24 日民政部、全国妇联联合出台《关于做好家庭暴力受害人庇护救助工作的指导意见》，在吸收既往儿童福利相关法律法规的基础上扩大保护范围，将常住人口和流动人口中受到家庭暴力侵害的受害者纳入救助范围，"明确了未成年人特殊优先保护、依法庇护、专业化帮扶、社会共同参与等原则，确定了及时受理求助、按需提供转介服务、加强受害人人身安全保护、强化未成年受害人救助保护等主要环节和工作内容，并从健全工作机制、加强能力建设、动员社会参与、强化宣传引导等方面提出了具体工作要求。"[2]2016 年 2 月 4 日国务院出台《关于加强农村留守儿童关爱保护工作的意见》，将儿童保护的视野延伸至农村留守儿童，扩大了传统儿童福利工作对象范围，以农村留守儿童关爱服务体系、农村留守儿童救助保护机

---

〔1〕《家庭寄养管理办法》，载 http://www.gov.cn/gongbao/content/2014/content_ 2792649. htm，访问日期：2018 年 12 月 17 日。

〔2〕"民政部、全国妇联印发《关于做好家庭暴力受害人庇护救助工作的指导意见》"，载 http://www.gov.cn/xinwen/2015-10/21/content_ 2951328. htm，访问日期：2018 年 12 月 17 日。

制着手落实农村留守儿童关爱保护工作，从根本上解决了农村留守儿童问题。2016 年 6 月 13 日国务院出台《关于加强困境儿童保障工作的意见》，将困境儿童作为儿童福利工作的主要对象，第一次以明文形式界定困境儿童的概念，至此解决困境儿童问题作为我国实现全面小康社会亟待解决的突出问题被提上日程。2017 年 4 月 13 日国务院发布《中长期青年发展规划（2016-2025 年）》，将 14 岁以上的儿童纳入国家发展规划。2017 年 5 月 1 日开始施行修订后的《残疾人教育条例》，对残疾儿童这一弱势群体所应享有的权益作出了详细规定。2017 年 7 月 17 日教育部等七部门联合印发《第二期特殊教育提升计划（2017-2020 年）》，把特殊教育落实成为机制建设，使之形成长远规划，进一步提高残疾人的受教育水平，深化特殊教育改革。2017 年 11 月 4 日中央出台《公共图书馆法》针对儿童的特点对公共图书馆提出要求，从社会公共福利层面考虑儿童的特殊状态，要求公共图书馆提供与儿童年龄、生理、心理水平相适应的社会服务。2018 年 7 月 10 日国务院发布《关于建立残疾儿童康复救助制度的意见》，将全面建成小康社会的目标对象细化到残疾儿童这一群体，真正关注残疾儿童以及家庭的切身利益。2018 年 12 月 31 日出台《民政部职能配置、内设机构和人员编制规定》，设立儿童福利司，规定由儿童福利司主持开展各项儿童福利工作。2019 年 1 月 1 日开始施行的《儿童福利机构管理办法》从服务对象、服务内容和程序、管理制度三方面明确儿童福利机构的管理。这些法律法规的出台，标志着新时代儿童福利事业迈向正轨，推动儿童福利事业的进一步完善。[1]

二、儿童福利工作逐渐形成合力

儿童福利事业进入到全面发展阶段，我国的儿童福利制度从补缺型儿童福利制度过渡成为适度普惠型儿童福利制度，并且出现了向普惠型儿童福利制度迈进的趋势。儿童福利相关立法基本健全，单一的救助型儿童福利概念转变为关注儿童的全面发展，以此思想为支撑建立专门的儿童福利体系，儿童福利工作逐渐形成合力，通过专门的人员、科学的技术、专业的方法、为儿童特设的预算，建立崭新的儿童福利制度。对困境儿童乃至所有儿童提供福利，为全社会儿童提供体制性的保护制度，积极地行使国家的职能，让每一个儿童感受到社会的关怀。以民政部为代表的国家机关开始积极发挥职能，在儿童福利工作中大放异彩。

我国的儿童保护机构由行政部门以及政府组织的群众机构组成。在国家层面上，在全国人民代表大会的领导下，全国人民代表大会常务委员会以及下辖的国务院、最高人民法院、最高人民检察院，以教育部、民政部、司法部、人力资源与社会保障部、国家卫生健康委员会等的国务院下辖部委均参与儿童福利事业，形成由全国人民代表大会领导多方参与的有组织有分工的儿童保护机构，由多方力量汇入的妇女儿童工作委员会，是保障儿童福利的最中坚力量。此外人力资源与社会保障部下辖的医疗保险

---

〔1〕　参见《儿童福利条例》研究课题组：《儿童福利汇编》（下编），2013 年编，目录。

司；民政部下辖的社会组织管理局、社会救助司、社会事务司、儿童福利司、慈善事业促进和社会工作司；国家卫生健康委员会下辖的妇幼健康司、综合监督局、人口监测和家庭发展司；教育部下辖的基础教育司；国家体育总局下辖的青少司；中华全国妇女联合会下辖的妇女发展部、权益部、家庭和儿童工作部、国务院妇女儿童工作委员会办公室；共青团中央下辖的学校部、少年部、维护青少年权益部；2017 年 6 月经团中央书记处研究决定和中央有关部门批准成立的中国少年儿童发展服务中心；由中国残疾人联合会建设成的长江新里程计划、通向明天——交通银行残疾青少年助学计划、中国残联/嘉道理慈善基金会社区康复合作项目等与儿童福利制度有关的事业团体丰富了中国儿童福利制度的组织框架，为儿童的权益与身心健康发展做出了不懈努力。2015 年实施的《关于依法处理监护人侵害未成年人权益行为若干问题的意见》使得我国建立了未成年人行政保护与司法保护协作机制，通过严谨的行政干预和司法裁判，使国家的监护职责真正落到实处，推动了新型未成年人社会保护制度的进程。在这种种举措下，我国的儿童观念产生了质的转变，从将儿童视为家庭的附属品，孩子父母可以随意教育打骂的传统不健康的家庭观、监护观，转变为儿童是国家的财富，每一个孩子都应当被国家保护，引导学校、社区、社会组织等群体以及公安机关的行政介入、司法机关的司法干预，使社会各界在保护儿童上达成共识，形成了协力完善的儿童保护制度。

在地方政府层面上，根据各区域的特点，各地福利机构根据自己的发展经验，探索适用当地的儿童福利事业长久发展之路。以上海市为例，上海的困境儿童保障实践走在全国的前列，为中国的儿童福利事业做出先行示范，为中国儿童福利制度积攒了宝贵经验财富。截至目前，2018 年上海市民政局官网一共发布了 20 份文件，其中涉及儿童福利的相关文件就有 7 份，占比达到 35%，涉及儿童的医疗、教育、安全保护、福利津贴、困境儿童基本生活费、公益基地设置标准、社会福利救助等儿童福利事业相关方面。上海地区吸收了普惠型儿童福利的精髓，积极保障困境儿童的权利，稳步推进全覆盖的儿童福利机制。长宁区的少年司法制度、徐汇区的困难儿童发现及干预机制、闵行区的农村留守儿童"合力监护、相伴成长"关爱保护专项行动。静安区为 0 岁至 16 周岁残疾儿童提供康复训练救助，上海市儿童看护中心作为走在全国前列的儿童福利机构等，综合形成了较为完备的儿童救助机制，在救助上海地区内的遗失弃儿方面做出突出的贡献。2019 年 4 月，上海市高级人民法院、上海市人民检察院、上海市妇女联合会还联合发布《关于进一步加强合作建立健全妇女、儿童权益保护工作机制的意见》，形成 19 项工作机制，将上海市司法工作与上海市妇女联合会多年的探索经验变成制度化的儿童保护制度，这一系列前瞻性的举措为实现全面普惠型儿童福利制度打下了坚实的地基。

三、当前儿童福利工作成果与面临的挑战

通过长期的积累尤其是 21 世纪初期的大力建设，我国的儿童福利事业在各个方面

都取得巨大成就，建立起与我国现行经济发展水平相适应的儿童福利制度，儿童观念也在人们心中悄然发生变化，人们对儿童的关注力度也愈发增强，传统社会中儿童作为家庭附属品的观念正在淡化，国家亲权儿童福利观正被广泛接受。

为了实现普惠型儿童福利的最终目标，在法律层面，我国制定了一系列比较完善的法律法规和政策文件，地方人大、地方政府也出台了相应的地方性法律、法规和政策。与此同时我国的儿童福利相关法规文件、儿童福利概念，都在积极和国际社会接轨，不断签署加入有关儿童权益国际公约与国际规划纲要。在制度层面，通过改革开放以来近40年的努力，形成了比较完善的儿童福利体系，从中央到地方，都设立了负责儿童工作的相关部门，例如国务院妇女儿童工作委员会、民政部社会救助司、儿童福利司等，为保障儿童的权益、促进儿童的健康成长搭建了层级机构，我国的儿童福利事业开始走上制度化道路。在受益面上，从仅对孤残儿童提供有限的资源，到对困境儿童实施有效的救助，受益对象逐步扩大，儿童福利的领域稳步扩展。在专业性上，从过去粗糙的制度设计转为现在的全局性、专业化的制度设计，管理方式、福利服务、资金来源都有了科学制度的保障。在福利事业的社会化方面，由单一的福利机构收养转为多方主体参与下的儿童福利事业，结合家庭寄养与收养，民办的儿童福利机构参与、社会资金投入、志愿者服务、外国政府机构、国际组织的交流合作等多种形式。在理念上，从传统以福利机构教养为主的福利理念转为家庭寄养为主的家庭照顾理念，"民政部也明确提出了社会福利事业要积极探索儿童回归家庭的办法和途径，这是我国儿童福利事业从'重机构发展'到'以人为本'的指导思想和实践的重大转变"。[1]纵观十八大以后出台儿童福利相关的政策法规，笔者欣喜地注意到国家在儿童福利的服务对象、工作内容等诸多方面逐步扩大儿童权益的涵盖范围，"我国儿童权利保护法律与政策的价值取向'从救助走向福利'，标志着我国儿童权利保护事业跨入了一个新的历史纪元"。[2]

在看到这些令人惊喜的成就时，笔者也注意到随着经济的发展，儿童福利工作也面临着诸多挑战。例如，庞大的流动人口造成农村留守儿童的问题严峻，重残弃婴数量增长，考验着学前教育和早教行业。以上海地区为例，即使上海地区的儿童福利机构已经走在全国前列，但是仍面临着立法缺失、专业人民短缺、衔接不畅等现实问题。在完备的法律理论支撑下发展起来的儿童福利事业，其从业人员还面临着种种困窘的局面：政府部门、儿童福利专业机构内专业人员配备不齐全，分管机构分散难以协调，儿童福利各部门之间的信息整合困难，儿童救助过程中的户籍障碍，民办儿童福利机构的资格问题，社会公共设施难以惠及困境儿童等。

---

〔1〕　姚建平：《国与家的博弈：中国儿童福利制度发展史》，格致出版社、上海人民出版社2015年版，第172页。

〔2〕　裴指挥、张丽、刘炎："从救助走向福利：我国儿童权利保护法律与政策的价值变迁"，载《学前教育研究》2015年第9期。

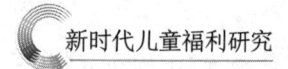

结　语

我国的儿童福利思想经历了几千年的传承，又在近代吸收了西方儿童福利思想，经过改革开放后的新变化，其摆脱了传统的观念，逐步转变为今天国家亲权思想主导的儿童福利观念。

儿童福利政策在国家和社会群体的推动下，不断从粗糙走向成熟，从儿童福利、儿童教育、儿童医疗、儿童安全、儿童权益、儿童发展以及综合类儿童发展需要出发，全方位构建保障儿童健康成长的制度体系。实现群团组织牵头，吸收社会力量参与的未成年人权益保护信息平台，政府主导、民政部门牵头的未成年人社会保护信息平台，政法委主导、检察院牵头的未成年人权益保护检察监督信息平台的三种未成年人保护模式并行，从各省市的实际状况出发切实保护未成年人的权益。[1]2019 年 1 月，民政部设立儿童福利司，整合相关儿童工作部门的职责，确定了国家层面的儿童福利主管部门，进而集中力量推动我国的儿童福利事业的进一步完善。

---

〔1〕　参见姚建龙、滕洪昌："未成年人保护综合反应平台的构建与设想"，载《青年探索》2017 年第 6 期。

第三章

儿童福利制度的发展现状与成效

从中华人民共和国成立至今，经过 70 年的发展，我国儿童福利水平大大提高，儿童福利事业蒸蒸日上。传统的补缺型儿童福利制度日益完备，起到儿童福利的支撑性作用。新型儿童福利制度基本形成，大大拓展了民政的儿童福利功能。适度普惠型儿童福利初见成效，奠定了儿童福利的发展方向。

第一节　补缺型儿童福利发展状况

儿童福利的对象包含孤儿、残疾儿童、贫困儿童、流浪儿童等特殊儿童群体和普通儿童群体在内的全体儿童，而目前我国儿童福利制度正处于由面向特殊儿童向覆盖全体儿童的过渡阶段。[1]2010 年以前，中国儿童福利制度的发展，始终以补缺为主，形成了较为完备的面向特殊儿童群体的补缺型福利制度。2010 年以后以在全国范围内为一切孤儿建立基本生活制度为标志，中国儿童福利制度转入适度普惠型建设阶段，但仍然是以补缺为基础。[2]

一、依托机构的儿童福利服务

儿童福利机构是传统的补缺型儿童福利制度的典型表现，它是为孤儿和残疾儿童提供服务的社会福利事业机构。众所周知，家庭是最利于儿童成长的环境，儿童在家庭环境中可以获得亲情，找到归属感，有助于社会关系建立，但是对于无法在家庭环境中成长的儿童来说，儿童福利机构对于其权益保障和成长就起到无可替代的作用。儿童福利机构范围广泛，根据 2019 年 1 月 1 日起施行的《儿童福利机构基本规范》的相关规定，儿童福利机构是指"民政部门设立的，主要收留抚养由民政部门担任监护人的未满 18 周岁儿童的机构，包括按照事业单位法人登记的儿童福利院、设有儿童部的社会福利院等"。此外，依托机构的儿童福利服务还包括流浪儿童救助，即救助站（流浪未成年人保护中心）为流浪儿童提供临时性救助和照管服务。

---

〔1〕　参见曹艳春、王建云：《我国适度普惠型儿童福利体系构建及保障机制研究》，上海科学普及出版社2016 年版，第 14 页。

〔2〕　杨雄主编：《儿童福利政策》，上海人民出版社 2012 年版，第 59 页。

（一）儿童福利院的集中养育

中国目前的儿童福利机构是在新中国成立以后逐渐发展起来的，主要是为没有和找不到亲生父母的儿童提供长期庇护和照料服务，覆盖范围是孤儿和弃婴。国家民政部门担任这些无人照管的孤、弃儿童和残疾儿童的监护人，在儿童福利院进行集中养育，采用的是统一抚养，同时分类别分班级管理的办法。"分类别"是指将福利院内儿童分为健全儿童和非健全儿童。其中针对健全儿童采用的是"养育"和"教育"相结合的办法，福利院如果有条件自己开班上课的，就让他们在福利院开办的班级中上课，无条件的就近择校，保证其得到良好的教育，德智体美劳全方位发展，从而减少与社会的隔阂，未来能更好地融入社会。非健全儿童包含肢体残缺但智力发育良好的儿童，以及痴呆儿童。对肢体残缺但智力健全的儿童采用养育、治疗和教育相结合的管理办法，即一方面为其提供康复治疗，让他们可以自理生活，另一方面也要对其进行职业教育和技能培训，为他们将来走向社会、适应社会生活创造条件；对痴呆儿童主要是训练自理生活和从事简单劳动的能力。"分班级"是指对不同年龄段的孩子采取不同管理模式，对于婴幼儿以保育为主，适龄入学儿童根据上述类别按照不同办法进行管理。

随着儿童福利制度的发展，儿童福利院集中养育和照管的水平也不断提升。首先是儿童机构的院舍照顾观念和照顾方式的变化，表现在福利机构从封闭型向开放型转变，从单一的"以养为主"向养、治、教与康复并重转变，从满足儿童吃饱穿暖的物质需求向满足儿童身体、生理、心理及其社会化成长特点不同需求的转变。总体来讲，现阶段我国儿童福利机构的建设和发展在"数量"和"质量"上都呈现出良好态势。

首先，儿童福利机构数量稳步增长，有能力接收更多数量的孤残儿童。图3-1是我国2010-2015年间儿童福利机构数量，图3-2是我国儿童福利机构2010-2015年间的基本情况，包括工作人员数量和机构床位数。[1]

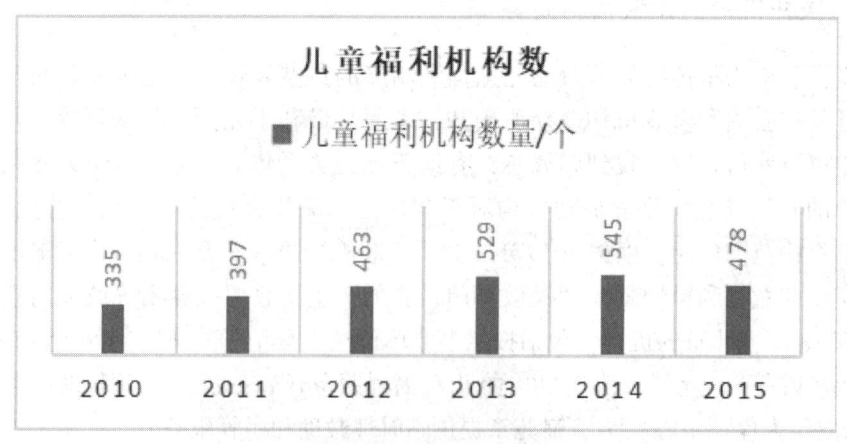

图3-1　2010-2015年全国儿童福利机构数量

〔1〕儿童福利机构单位数、儿童福利机构职工人数、儿童床位数，载 http://data.stats.gov.cn/search.htm？s=%E5%84%BF%E7%AB%A5%E7%A6%8F%E5%88%A9，访问日期：2018年12月30日。

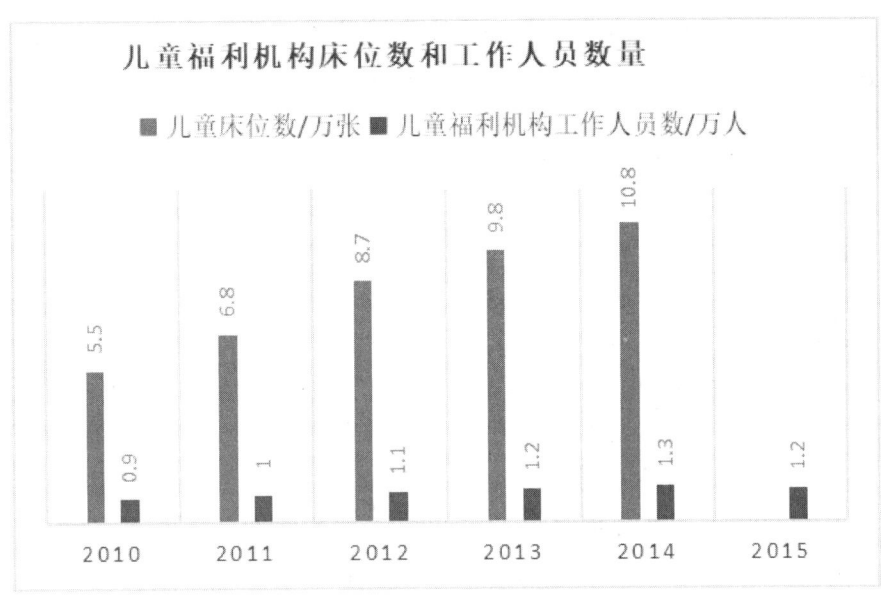

图 3-2 2010-2015 年儿童福利机构基本建设情况

从图 3-1 和图 3-2 看出近年来儿童福利服务机构稳步发展。从 2010 年到 2015 年儿童福利机构数量从 335 个增加到了 478 个，2010 年到 2014 年床位数量从 5.5 万张到 10.8 万张，儿童福利机构工作人员数量也在增长。这是近年来伴随国家经济的发展，国家财政不断加大儿童福利机构建设投入的结果，表明国家对孤残儿童问题的重视程度不断加深，国家也有相当的经济能力建设条件更好的儿童福利设施。相比起 2000-2010 年福利机构数量从 126 个到 335 个三倍增长的态势，近几年来机构数量的增加趋势更显平稳，这也从一定程度上反映了中国儿童福利机构在养育观念上的转变，意识到家庭养育对儿童身心发展的积极影响，从而探索各种新型服务模式，为儿童创造更加适合的成长环境，例如下文将谈及的家庭寄养服务。

其次，推动"明天计划""蓝天计划"等项目，提高儿童福利机构照顾水平。"明天计划"全称是"孤残儿童手术康复明天计划"，由于儿童福利机构内残疾儿童数量很多，民政部在 2004 年启动该计划，旨在通过福利彩票来募集资金为具有手术适应症的残疾孤儿实施手术矫治和康复。2007 年 12 月民政部印发了《关于建立"残疾孤儿手术康复明天计划"长效机制的通知》，确立"明天计划"救助机制为长效机制。紧接着"明天计划"，2006 年民政部又启动了"儿童福利机构建设蓝天计划"，主要目标是资助地级以上大中城市新建、改建和扩建一批功能完善、设施齐全、环境优美的儿童福利机构。在资金结构上，以福利彩票公益金和地方投入为主，中央给予适当补助，对中西部地区有明显倾斜。截至 2011 年，资金投入 17.28 亿元，建设地、市级儿童福利机构 337 个，包括县级的共 453 个。[1]2013 年 11 月，民政部、国家发展改革委下发

---

〔1〕 姚建平：《国与家的博弈：中国儿童福利制度发展史》，格致出版社、上海人民出版社 2015 年版，第 100 页。

《关于印发儿童福利设施建设规划二期的通知》，启动新一轮"蓝天计划"的目标是要在全国建设一批标准化的县级儿童福利机构，这对于完善我国儿童福利机构整体布局、健全困境儿童福利服务体系具有极为重要的现实意义。

最后，儿童福利机构工作人员专业化水平不断提升。2014年底民政部发布推荐性的行业标准《儿童社会工作服务指南》，作为儿童社会工作领域首个全国性行业标准，为全国各地儿童工作服务的开展提供了基本指引。国家制定出台多项政策和行业标准推动儿童福利服务人员的专业化。在政府和民间合力推动下，我国儿童福利服务队伍中孤残儿童护理员的专业化程度显著提升。孤残儿童护理员国家职业标准是我国职业资格认定中唯一的儿童福利工作人员执业资格标准。我国自2007年正式确立孤残儿童护理员职业，随后制定颁布孤残儿童护理员国家职业标准，编写职业技能培训教程。2011年起，民政部中国儿童福利和收养中心与美国半边天基金会开展了长达5年的彩虹桥全国儿童福利机构孤残儿童护理员培训计划，培养出了一大批专业化孤残儿童护理员，组建起专业化队伍，极大地提升了儿童福利机构孤残儿童的养育水平。儿童福利机构引进专业的儿童社会工作者，对孤残儿童进行专业护理。

（二）流浪儿童救助

根据国务院妇女儿童工作委员会办公室2011年的一项抽样调查，中国目前大约有100万到150万流浪儿童，包括离家出走，无人看管，被遗弃、被拐卖后出逃的儿童。[1]中国流浪儿童问题的产生和社会转型、城乡差异、人口流动、婚姻家庭观念变化和家庭功能弱化等因素密不可分。2003年国务院废止了《城市流浪乞讨人员收容遣送办法》，并颁布《城市生活无着的流浪乞讨人员救助管理办法》（简称《办法》），以此为开端，对流浪乞讨人员的管理进入了救助管理阶段，那么对流浪儿童的政策也从收容遣送转变为社会救助，同时，开始由民政部门正式负责流浪儿童的救助保护工作。该《办法》的颁布标志着我国流浪儿童救助制度正式建立。为了更好地维护流浪儿童的权益，2011年国务院出台了《关于加强和改进流浪未成年人救助保护工作意见》，明确了在流浪儿童救助保护中坚持儿童权利保护优先原则、救助保护和教育矫治并重原则。

承担流浪儿童救助工作的是各地区救助管理站，救助管理站内设置专门的流浪未成年人救助保护中心，实现一站式救助流浪未成年人。通过在上海市救助二站调研了解到救助机构主要开展以下工作：第一，帮助流浪未成年人及时回归家庭。救助站根据接收流浪儿童的身份能否查明为标准做不同的处理。将能够查明身份的儿童护送回家，身份信息短时间内难以查明的儿童，在继续查找的同时，通过救助保护机构照料、社会福利机构代养、家庭寄养等多种方式予以妥善照顾。根据站内工作人员的介绍，以前查询流浪人员身份非常不易，而现在各地救助保护机构联网以及生物科技的普及运用，可以通过救助保护机构和公安机关的救助保护信息系统、公安人口管理信息系

统以及全国打拐 DNA（脱氧核糖核酸）信息库进行身份查询和比对，同时通过面向社会发布寻亲公告等方式进行流浪儿童身份查询，送他们回家。第二，救助保护机构同时要承担机构内流浪未成年人的教育矫治工作。救助保护机构依法担任流浪未成年人的临时监护人，承担临时监护责任，需要对机构内流浪儿童进行文化和法治教育，以及心理辅导和行为矫治，对于查询不到身份信息而长期"滞留"在站内的儿童应当妥善安排，保证其受到良好照管。对于合法权益受到侵害的流浪未成年人，救助保护机构要协助司法部门依法为其提供法律援助或司法救助。

地方政府在中央规定的基本原则和法律规定的条件下开展流浪儿童救助保护工作，同时根据当地经济条件和实际情况进行工作模式探索。笔者实地调研上海救助管理二站，了解到上海地区通过和专业院校合作探索发展型救助，和大学社工专业或心理学专业学生合作，组织大学生组成志愿团队进驻未成年人救助救护中心，开展志愿活动，利用专业所学来帮助流浪儿童解决和矫正各种心理和行为问题，对流浪儿童进行学业辅导。

二、依托家庭的儿童福利服务

（一）家庭寄养服务

家庭寄养模式是指儿童福利机构通过家庭寄养的方式将适合家庭寄养的儿童送入普通家庭。寄养和领养有根本区别，签了领养手续就相当于户口进入该家庭中，双方履行的责任和义务与普通家庭一样，而寄养是暂时的委托管理，如果孩子到了 18 岁，生活仍不能自理，将被转送到社会福利院。根据《中国儿童福利政策报告 2011》中的数据显示，目前已开展家庭寄养的社会福利机构占有儿童收养任务的福利机构的 50%以上，这些机构中超过一半的孤残儿童被委托给寄养家庭照顾，家庭寄养已经成为照顾孤残儿童的主要养育方式。[1]大多数人只愿意领养健康儿童，所以福利机构内健康的儿童具备收养条件时，都可被领养，而剩下大批残疾儿童，其中重病、重残儿童需要特殊照料，留在福利机构内养育，具备基本生活能力的中度残疾儿童被安排家庭寄养。家庭寄养模式更多地关注儿童身心发展，更有利于孤残儿童融入社会生活。

家庭寄养工作不断向专业化、规范化发展。在 20 世纪 50 年代，大同市是我国第一个实行以家庭寄养模式养育福利院孤残儿童的地区。那个时期是碍于福利院人手缺、资金少不得已而为之，如今的家庭寄养，是为了儿童的利益，为孩子作出最优选择。2004 年出台的《家庭寄养管理暂行办法》是第一个国家层面关于家庭寄养的政府规定，在出台后的 10 年间，各地方积极响应并规范执行，2014 年《家庭寄养管理办法》正式公布，贯彻"一切为了寄养儿童"和"最高限度地保护寄养儿童"的原则和理念，更加突出人性化和专业化特点，也进一步保障寄养儿童的基本权益。

---

〔1〕 转引自姚建平：《国与家的博弈：中国儿童福利制度发展史》，格致出版社、上海人民出版社 2015 年版，第 111 页。

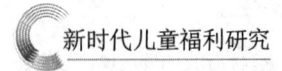

（二）儿童收养服务

收养是一种替代性的儿童福利服务，适用对象是无法被亲生父母养育的儿童，此时儿童福利机构为他们寻找替代家庭，让养父母履行亲职职责。基于儿童权利保护和儿童最大利益原则，收养是我国安置孤儿的一项长期永久性制度，儿童被收养可以为其创造家庭式的生活环境，帮助儿童重新建立正常的家庭和社会关系，对于儿童未来的成长和发展具有重要意义。

收养制度有完备的法律规制，中国儿童福利和收养中心受政府委托，负责涉外收养和国内收养的部分具体工作，大多数孤残儿童都由儿童福利机构照料，因此儿童福利机构也承担儿童收养的工作。在儿童收养中，收养人的资格条件在我国有十分严格的标准。根据《收养法》规定，收养人应同时具备四个条件，即无子女、有抚养教育被收养人的能力、未患有医学上认为不应当收养子女的疾病以及年满30周岁。所有这些规定都是从保护被收养人的权益出发所作出的，为了保证被收养的儿童有一个良好的成长环境。此外，《收养法》对收养人资格的规定也充分尊重中国的历史和文化传统，如无配偶的男性收养女性，收养人的年龄至少高于被收养人40岁，同时被收养人应为不满14周岁的未成年人，但是收养三代以内同辈旁系血亲的子女，可以不受上述限制。儿童收养有国内收养也有涉外收养，都会对收养人资格作出严格审查，收养前还会对收养家庭进行专门培训，收养完成后还有回访和反馈机制，保障被收养儿童的权益。

从表3-1可以看出2010-2016年间中国孤儿数量在2012年达到最高，之后逐年减少，减少幅度不大，在2016年全国孤儿数量达到460 450人。与此同时，家庭儿童收养登记数从2010年34 529件逐年减少，到2016年登记数仅有18 736件，家庭儿童收养比例也从13.7%下降至4.1%。其中中国公民收养登记数和外国公民收养登记数均逐年减少，并没有随孤儿人数的增加而增加。整体来说，尽管中国孤儿数量在增加，但是孤儿被收养的比例却在不断下降。儿童能否被成功收养很大程度上取决于儿童的健康状况，一般来说健康的儿童很容易被收养。当前，国际上儿童福利发展趋势为去机构化，研究和实践表明，健康的家庭环境更有利于儿童健康成长。事实状况是，每年登记有意愿收养儿童的家庭数量很多，在调研中了解到上海登记想要收养儿童的家庭每年近2000多例，但最终收养成功的只有20多例，分析主要是两方面的原因：其一，很多家庭不符合收养条件，或是学历较低或是经济能力不足；其二，儿童福利机构内多数儿童是残疾儿童，重度残疾儿童比例相当高，收养家庭不愿意收养残疾儿童，或不具有专业的照顾能力和条件。

表 3-1　2010-2016 年中国孤儿和家庭收养情况〔1〕

年份	孤儿数（人）	家庭收养登记总数（件）	中国公民收养登记（件）	外国公民收养登记（件）	家庭儿童收养比例（%）
2010	252 110	34 529	29 618	4911	13.7
2011	509 695	31 424	27 579	3845	6.2
2012	570 075	27 278	23 157	4121	4.8
2013	548 845	24 460	21 230	3230	4.4
2014	525 179	22 772	19 885	2887	4.3
2015	502 105	22 348	19 406	2942	4.5
2016	460 450	18 736	15 965	2771	4.1

第二节　新型儿童福利的探索

新型儿童福利是儿童福利的一种新型形态，其具有福利特征，但又与传统儿童福利的表现形式显著不同。对于新型儿童福利，民政部门用儿童保护的概念加以概括，一方面是为了与传统儿童福利相区别，另一方面则在于新型儿童福利是弥补未成年人保护法存在的局限而衍生的新型机制。2013 年南京的"饿死女童事件"、贵州毕节留守儿童自杀事件等，引发了社会对未成年人保护制度的深刻反思，而同年民政部开展未成年人社会保护试点工作，则是探索新型儿童福利制度的新起点。

一、新型儿童福利的国家路径

（一）开展未成年人社会保护试点工作

2013 年，民政部发布《关于开展未成年人社会保护试点工作的通知》，由于现阶段因经济贫困、监护缺失、家庭暴力、教育失当等影响，导致一些未成年人陷入生存困难、监护困境，不利于未成年人的健康成长，因此迫切需要建立新型社会保护制度，民政部决定开展未成年人社会保护试点工作，探索建立未成年人社会保护制度。民政部在北京市、河北省石家庄市、辽宁省大连市、吉林省长春市等 20 个地区开展未成年人社会保护试点工作。主要内容：一是建立未成年人社区保护网络，在城乡基层建立社区儿童服务中心，通过排查摸底和定期走访工作，为有需求的未成年人及其家庭提供临时照料、教育辅导、心理疏导、监护指导、政策咨询、亲职能力培训、帮扶转介等服务。二是加强家庭监护服务和监督，建立未成年人社会保护机构，协调有关部门制定和完善相关政策措施，指导社区儿童服务中心开展活动，督促村（居）委会建立

---

〔1〕　年度数据，载 http://data. stats. gov. cn/easyquery. htm? cn = C01&zb = A0P05&sj = 2017，访问日期：2018 年 12 月 20 日。

随访制度，对问题家庭进行监护干预，提升家庭抚养和教育能力。三是保护受伤害未成年人，建立受伤害未成年人发现、报告和响应机制，提供及时保护、心理疏导、法律援助等服务，落实国家监护责任。四是开展困境未成年人救助帮扶。五是健全未成年人社会保护工作机制，通过明确相关部门、基层组织、社会组织、专业机构、各类志愿者的工作职责和协作程序，建立完善监测、预防、报告、转介、处置等保护体系，形成政府负责、民政牵头、部门协作、社会参与的未成年人社会保护工作机制。六是完善未成年人社会保护制度，通过分析梳理未成年人权益保护现状，提出完善法规政策、强化部门职责、推进社会协同的相关措施，构建法律法规和政策措施有效衔接的未成年人社会保护制度。[1]

2014 年，在第一批未成年人社会保护试点工作取得良好成效的基础上，民政部下发了《关于开展第二批全国未成年人社会保护试点工作的通知》，试点工作扩展至北京市朝阳区等 98 个地区，将救助保护对象延伸至困境未成年人，试点地区建立起未成年人社会保护"监测预防、发现报告、帮扶干预"联动反应机制，构建覆盖城乡的未成年人社会保护网络，推动建立"以家庭监护为基础、社会监督为保障、国家监护为补充"的监护制度，形成"家庭、社会、政府"三位一体的未成年人社会保护工作格局。

（二）建立农村留守儿童关爱保护体系

2015 年的国务院《政府工作报告》将"建立未成年人社会保护制度"列入国务院工作要点，2016 年 2 月，国务院印发《关于加强农村留守儿童关爱保护工作的意见》（简称《意见》），到 2016 年底全国共有 31 个省份出台具体实施方案，将农村留守儿童关爱保护纳入经济社会发展规划。《意见》表明，做好农村留守儿童关爱保护工作要坚持三个原则，坚持家庭尽责、政府主导、标本兼治，实现全面建立农村留守儿童关爱保护体系，到 2020 年实现更加健全的未成年保护法律法规和制度体系的建设，提高全社会关爱和保护儿童的意识，儿童成长环境更为改善、安全更有保障，儿童留守现象明显减少的总目标。从三个方面开展留守儿童关爱工作：一是完善农村留守儿童关爱服务体系，强化家庭父母的监护责任，落实县、乡镇人民政府和居委会责任，加大教育部门和学校的责任，发挥群体组织和社会力量；二是建立健全农村留守儿童救护救助机制；三是从源头上逐步减少儿童留守现象，各地区根据当地实际情况制定实施方案。[2]

为贯彻落实《意见》，民政部于 2016 年 2 月正式成立未成年人（留守儿童）保护处，该处隶属民政部社会事务司，主要职责是负责拟定未成年人保护发展规划、工作方针、政策，建立未成年人社会保护制度等。

---

〔1〕 民政部《关于开展未成年人社会保护试点工作的通知》，载 http://www.gov.cn/zwgk/2013-05/14/content_2401998.htm，访问日期：2018 年 12 月 18 日。

〔2〕 国务院《关于加强农村留守儿童关爱保护工作的意见》，载 http://www.gov.cn/zhengce/content/2016-02/14/content_5041066.htm，访问日期：2019 年 1 月 2 日。

（三）搭建困境未成年人保障新平台

对于未成年人的兜底保护是法律赋予民政部门的法定职责，在开展未成年人保护工作中，民政部门进行不断探索和创新，搭建了困境未成年人保障新平台。民政部门在未成年人保护工作中主要从以下五个方面进行了创新和优化。

第一，延伸拓展救助保护对象。传统的未成年人救助保护工作面向的对象仅限于无人照管和监护缺失的孤残儿童，而在新型的儿童福利制度探索中，国家将未成年人工作保护对象拓展到了面临监护缺失和监护失当的困境未成年人。同时重点关注服刑人员子女，对于因监护人服刑、重病、遗弃等原因而造成的实际上无人监护的未成年人进行重点帮扶救助，以及将被监护人经常性忽视、因家庭暴力等而得不到适当监护的未成年人和无人监护的流浪儿童等困境儿童纳入救助保护对象。

第二，建立监护监督干预制度，各个地区积极探索开展困境未成年人家庭监护监督干预工作。监护监督干预离不开基层政府和组织，主要思路是摸清基层儿童的真实现状，一人一档案，对于需要获得帮助的儿童提供及时的干预和救护。主要通过组织和动员基层政府、基层组织以及社会力量进行排查摸底，尤其关注监护缺失和虽有监护人但是事实无人监护以及得不到适当监护的困境未成年人，对此类儿童登记建档，并对他们的需求进行评估，根据需求进行家庭指导、心理关爱疏导、临时替代照料、协助委托监护和法律援助等，给未成年人提供干预支持服务。

第三，建立专职保护机构。将"流浪未成年人救助保护中心"更名为"未成年人社会保护中心"，工作职能拓展转变至面向所有未成年人特别是监护困境未成年人的社会保护工作，承担建立未成年人保护体系和困境未成年人保护制度、监护困境未成年人保护和指导、监督、培训未成年人保护服务机构的职责，填补了行政体制和管理制度上的空白。

第四，构建部门联动协调的未成年人社会保护工作机制。未成年人保护工作需要多部门联合，民政、公安、妇联和共青团等部门牵头，积极协调建立集监测、预防、报告、转介和处置"五位一体"的联动反应机制，从而及时发现监护人无力履行或故意不履行以及侵害未成年人合法权益的事件，能够及时发现并进行调查评估和干预处置，对于虐待、伤害、利用未成年人乞讨等违法犯罪行为及时干预处置。

第五，引导动员社会力量参与未成年人社会保护工作。吸引社会力量参与未成年人社会保护工作，旨在增强未成年人社会保护工作的参与性、开放性和社会化水平，实现更为全面和高质量的救助保护。例如各地政府通过购买服务、动员自愿服务等方式引导社会工作机构、社会组织、法律工作机构参与未成年人保护工作。同时面向普通市民动员爱心家庭、志愿者团队参与志愿活动等，加入到未成年人保护活动中来。

（四）建立未成年人监护权撤销制度

针对近年来屡屡发生在家庭内部侵害儿童的恶性事件，政府相关部门一直积极着手完善儿童监护干预制度。2014年12月，最高人民法院、最高人民检察院、公安部、民政部联合印发《关于依法处理监护人侵害未成年人权益行为若干问题的意见》，针对儿童遭受家庭监护人侵害后发现难、起诉难、审理难、救助难的实际问题，激活了沉睡的撤销监护权法律条款，构建起了撤销监护权制度：首先，明确政府对儿童负有国家监护责任，国家承担兜底监护人责任。一旦公安机关发现监护人有虐待、忽视未成年人的"危险状况"，可将未成年人直接带离，将其安置到民政部门的救助保护机构中。其次，加强儿童监护干预程序的司法衔接，人民法院依法受理人身安全保护裁定和撤销监护人资格案件。当监护人有性侵害、忽视、吸毒教唆犯罪等行为时，儿童的其他监护人、村（居）民委员会、民政部门及救助机构，以及共青团、学校等组织，可依法向人民法院申请撤销监护人资格。最后，建立主动报告、紧急带离和临时安置等工作流程。

监护撤销制度的建立促进了我国儿童福利整体水平的提高，儿童保护制度迈入了全新的阶段。《中国儿童福利与保护政策报告2018》显示，自监护撤销制度确立后，有24个省份在监护权转移的司法实践中取得实际进展，69起侵害未成年人权益的案件被判决撤销监护人资格，同时上海市探索建立了儿童权益代表人和限制性侵犯犯罪人员从业两项未成年人保护机制，全国76万名无人监护农村留守儿童的监护措施也获得落实。[1]

二、未成年人社会保护工作的地方探索

2013年启动未成年人社会保护试点工作至今，试点地区依托民政部发布的相关通知和指导文件，在用好用足现有法规政策的基础上，通过争取党政领导重视、整合政策制度资源、延伸拓展机构职能、创新工作方法、明确部门职责、加强组织领导和工作保障、强化激励考核等方式，扎实推进试点工作，因地制宜并积极探索适合本地区特点的未成年人保护工作模式，未成年人社会保护工作取得了一定的实践效果和有益经验。

（一）多地立规推动建立强制报告制度

未成年人受侵害事件具有"发现难"和"报告难"的特点，根据民政部指导意见，试点地区要建立起未成年人社会保护"监测预防、发现报告、帮扶干预"的联动反应机制。由于中国存在着"老子打儿子，天经地义""棍棒底下出孝子"等传统观念，人们发现发生在家庭内部对儿童的侵害事件时往往会置身事外，或是无能为力。针对此问题，试点地区尝试建立侵害未成年人强制报告制度。

1. 浙江省发布《关于侵害未成年人案件强制报告制度的意见》

2018年4月25日，萧山人民检察院联合区公安分局、大江东公安分局、区卫计局、大江东社会发展局，共同出台《关于建立侵害未成年人案件强制报告制度的意见》（简称《报告意见》）。《报告意见》明确了强制报告制度的内容，即医疗机构及其工

---

〔1〕 车丽："《中国儿童福利与保护政策报告2018》发布　推进建设儿童关爱保护服务体系"，载http://china. cnr. cn/gdgg/20180530/t20180530_ 524252405. shtml，访问日期：2019年1月2日。

作人员负有强制报告的义务，以上机构和人员在工作中发现未成年人遭受或疑似遭受侵害的事件，如遭受强奸、猥亵、溺水、自杀等非正常伤害、死亡情况时，应当及时向公安机关报案，不得瞒报、漏报，并报告检察院、卫生主管部门备案记录。2018年8月份，浙江省杭州市检察院与杭州市公安局、杭州市教育局、杭州市卫计委联合制定了《关于侵害未成年人案件强制报告制度的意见》，规定对于经负有报告义务人而使遭受侵害的儿童得到及时救助或免于伤害，可给予表彰或奖励，但是负有报告义务的人或机构未按规定向公安机关报案，而造成严重后果的，将依法予以处分。

2. 贵州省贵阳市乌当区发布《侵害未成年人信息强制报告制度》

2018年7月，贵阳市乌当区发布《侵害未成年人信息强制报告制度》。强制报告制度要求乌当辖区内学校、医疗机构、妇联及团区委基层组织以及其所属人员，在日常生活中发现未成年人疑似遭受强奸、猥亵、虐待、遗弃、拐卖、暴力伤害等违法犯罪行为侵害，或因工伤、火灾、溺水、自杀等非正常因素而导致伤亡情况时，应立即向就近的公安机关报告，争取及时处置，防止侵害扩大。

3. 湖北省襄阳市樊城区出台《关于建立侵害未成年人案件强制报告制度的意见》

2018年6月，襄阳市樊城区出台《关于建立侵害未成年人案件强制报告制度的意见》，规定医疗机构及其工作人员在工作中发现未成年人遭受或者疑似遭受强奸、猥亵、虐待等其他非正常伤害、死亡情况，以及发现不满14周岁女性怀孕、堕胎情况时，及时向公安机关报案，并报告樊城检察院、樊城卫计局。

4. 江苏省无锡市出台《关于建立侵害未成年人权益案件强制报告制度的工作意见（试行）》

2018年11月，江苏无锡市检察部门与公安、教育、民政等17个部门出台《关于建立侵害未成年人权益案件强制报告制度的工作意见（试行）》，规定儿童福利机构和救助管理机构、教育机构、医疗机构及其工作人员，在工作中发现未成年人遭受或者疑似遭受强奸、猥亵、虐待、遗弃、暴力伤害，存在自杀、自残、工伤，或因火灾、交通事故、坠楼、溺水、中毒等原因造成非正常伤害、死亡的，有义务及时向公安机关报案，并向民政、教育、卫生主管行政机关报告备案，同时向人民检察院通报情况，不得瞒报、漏报、迟报。[1]

（二）多地开展国家监护干预的司法实践

1. 江苏省审结全国首例由民政部门申请撤销监护人资格案件

2004年出生的女孩小玲（化名），双下肢瘫痪且智力存在缺陷，被其父多次强奸、猥亵、殴打。邵某因此于2014年10月被依法判处有期徒刑11年。徐州市铜山区人民检察院向铜山区民政局发出检察建议书，民政局于2015年1月7日向该区人民法院提起撤销女童父母监护人资格申请，并请求法院依法指定铜山区民政局为小玲监护人。

---

〔1〕 申琳："建立侵害未成年人权益案件强制报告制度"，载 http://news.xmnn.cn/xmnn/2018/12/24/100471568.shtml，访问日期：2019年1月10日。

法院根据《关于依法处理监护人侵害未成年人权益行为若干问题的意见》第 36 条规定，判决由该区民政局为小玲的监护人。民政机关采取家庭寄养并发放补贴的方式，将小玲安置在寄养家庭进行寄养，同时铜山区人民法院选取法官定期探望。

作为全国剥夺监护权"第一案"，其释放出重大意义，父母伤害儿童不再是家务事，国家真正承担起了儿童保护的托底责任。《关于依法处理监护人侵害未成年人权益行为若干问题的意见》出台后，撤销监护人资格具有可操作性。

2. 上海首例监护人不尽抚养义务被撤销监护权案件

周某是秦某某和周某某收养的女孩，但在 2000 年被解除收养关系。2005 年 3 月 23 日，周某在外非婚生育一女周某一，之后便由秦某某和周某某代为抚养周某一。自 2013 年 2 月起，周某再也没有去看望过周某一，更没有履行抚养义务，因此秦某某和周某某申请撤销周某对周某一的监护权。在案件审理期间，法院委托上海市阳光社区青少年事务中心长宁工作站进行社会观护，证实生母周某是周某一唯一的法定监护人，同时周某没有履行抚养周某一的义务，也没有给付抚养费用，没有有效履行抚养未成年人的义务，而周某一在两申请人的照顾下成长状况良好，学习成绩优良。最终判决撤销被申请人周某的监护人资格，变更周某某和秦某某为其监护人。

大众所熟知的是虐待未成年子女应当受到法律制裁，上海这例撤销不尽抚养义务监护人监护权的案件也体现了：长期不尽抚养义务的监护人，也会被剥夺监护权，由国家或者他人代为行使监护权。

（三）荆门探索未成年人保护机制新模式

荆门市作为第二批困境未成年人社会保护试点地区，将未成年人家庭监护干预工作作为重点，以体制创新为目标，逐步形成了行政干预为主导，司法干预为保障的工作机制，未成年人社会保护试点工作取得了一定成效。

1. 建立信息档案

发现是监护干预的前提，更是关键，只有及时发现问题，才能实施有效干预。试点工作开始后，荆门市民政局专门下发《关于开展困境未成年人调查摸底工作的通知》，由市救助管理站牵头组织对市辖区范围内困境未成年人开展了一次拉网式的摸底调查活动。活动充分依托区、乡镇（街道）、村（社区）三级基层组织力量，对辖区内居民进行全面摸底排查，摸清未满 18 周岁的事实无人抚养、遭受家庭暴力、残疾重病和散居孤儿等四类困境未成年人及其家庭的详细情况和实际诉求。入户摸底调查通过座谈走访、问卷调查、统计汇总等形式，按照"谈、问、看、评、建"步骤进行，力争摸排不漏一户、不少一人。经过全面排查、科学评估，建立了信息档案。[1]

2. 更新观念，完善措施，实施有效干预

试点地区在工作理念和方式上着力实现"五个创新"。一是建立健全发现机制。采

---

〔1〕 "探索新型模式，未成年人保护机制见成效"，载 https://mp. weixin. qq. com/s/vHsTHvYtcUkMqFFLOAJ-FoQ，访问日期：2018 年 12 月 25 日。

取共救、义救、社救、商救为主体的"四网一体"救助服务办法，引进社区网格员、环卫工人和城乡接合部住户等社会力量参与救助，保证救助服务网络全覆盖。二是打造救助服务机制。开通 51995 对外救助服务热线，并不断扩充救助联动单位，整合各职能部门、乡镇、村等资讯服务热线，强化各级部门一体化联动，搭建集"语音接听、政策宣传、热线互动、接待受理、监督回访"五位一体的困境未成年人救助公共服务平台，24 小时受理群众诉求。三是适当延伸救助环节。加强源头预防工作，建立流浪未成年人的社区保护机制，通过社区综合服务网络，及时发现、教育、帮助儿童不再乞讨流浪，建立事后回访制度，对受助未成年人定期回访。四是丰富救助服务内涵。与他们开展面对面交心谈心，从内心深处给以慰藉，并为他们提供生活照顾。五是实施分类救助与保护。面对重复流浪儿童，依托社区建立类似家庭照顾流浪儿童的"类家庭"新模式；面对有家难回的流浪儿童，开展以流浪儿童为寄养对象的家庭寄养照顾方式。[1]

3. 购买服务，分类帮扶，创新干预模式

试点地区救助管理中心着力将未成年人社会保护工作从传统的单纯关注和解决生活物质需求向全面关注服务对象的心理需求、精神需求和发展需求转变。首先投入资金对未保中心进行全面升级，建成了集心理辅导、行为矫治、技能培训、康复训练等多功能于一体的特色服务区。同时，以政府购买服务的方式引入专业社会组织心理干预项目，通过心理咨询治疗师、心理医生等专业机构及人员对干预对象实施"一对一"专业心理干预与疏导，帮助其增强心理正能量。荆门市未保中心通过政府购买服务形式，与市义工联等社会组织开展合作，提供全面帮扶。未保中心公开招聘"代理妈妈"，深入试点地区困境未成年人家庭开展"一对一"帮扶活动，并且与中南财经政法大学志愿服务队合作，开展留守儿童关爱活动。[2]

第三节　适度普惠型儿童福利的发展

据统计 2017 年全国 0 岁至 14 岁儿童人口达 2.47 亿，占全国总人口的 17.76%。作为占据全国人口近 1/5 的儿童群体，他们不仅是国家未来核心竞争力的决定性因素，也是最易于陷于无助境地的人，同时社会加速流动和家庭功能弱化使得儿童风险急剧加大，这都迫切需要增加家庭发展外部支持，由政府和社会承担起儿童保护的责任。根据 2011 年国务院颁布的《中国儿童发展纲要（2011–2020 年）》中提出的目标"扩大儿童福利范围，建立和完善适度普惠的儿童福利体系"，我国将在 2020 年初步建成适度普惠型儿童福利体系，而现阶段我国正处于适度普惠型儿童福利制度建设初级阶

---

〔1〕"探索新型模式，未成年人保护机制见成效"，载 https://mp. weixin. qq. com/s/vHsTHvYtcUkMqFFLOAJ-FoQ，访问日期：2019 年 1 月 2 日。

〔2〕"探索新型模式，未成年人保护机制见成效"，载 https://mp. weixin. qq. com/s/vHsTHvYtcUkMqFFLOAJ-FoQ，访问日期：2019 年 1 月 2 日。

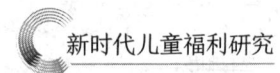

段，基本提供给了对于符合条件的孤儿、弃婴儿童福利机构养育的福利服务，对儿童福利机构外的特殊儿童群体，流浪儿童、艾滋病感染儿童、社会散居孤儿、家庭贫困儿童和留守儿童等困境儿童进行福利津贴救助以及设立一系列儿童福利保护制度。

一、探索开展适度普惠型儿童福利制度建设试点工作

2013 年 6 月，民政部发布《关于开展适度普惠型儿童福利制度建设试点工作的通知》，第一批试点工作开展一年后，又在 2014 年 5 月发布《关于进一步开展适度普惠型儿童福利制度建设试点工作的通知》。试点工作的总目标是：扩大儿童福利范围，推动儿童福利由补缺型向适度普惠型的转变，建立健全城乡一体化、保障制度化、组织网络化、服务专业化，惠及所有儿童的儿童福利制度和服务体系。主要工作内容有两个：一是建立"一普四分"的适度普惠型儿童福利分类保障制度；二是建立儿童福利工作指导和服务体系。[1]

（一）广东省困境儿童分类保障制度建设的探索

从 2018 年 10 月 10 日起，广东省全面实施困境儿童基本分类制度，全面保障困境儿童基本生活权益。

1. 提高福利标准，扩大保障范围

广东省全面实施困境儿童基本生活分类保障制度，针对孤儿将其纳入基本生活保障范围，并建立孤儿基本生活供养标准自然增长机制。2018 年，广东省孤儿养育最低标准达到集中供养每人每月 1560 元、分散供养每人每月 950 元。按照相关政策，困境儿童根据实际情况可获得最低生活保障或特困人员救助或被纳入临时救助供养范围。父母双方不能履行抚养义务的儿童，以个人为单位全部纳入低保，并按低保标准全额享受低保，符合条件的残疾儿童享有重度残疾人护理补贴。其中，广东省月人均城乡低保标准分别为 730 元、600 元；城乡特困人员年人均供养标准分别为 14 207 元、11 756 元；困难残疾人生活补贴和重度残疾人护理补贴分别为每人每年 1890 元、2520 元。针对安全困境儿童，确需临时监护的，由未成年人保护机构实施救助。针对多重困境儿童，按照不叠加、就高不就低的原则适用基本生活保障政策。[2]

2. 发动社会力量参与困境儿童保障工作

在政府主导的同时，广东还注重发动社会力量参与困境儿童保障工作。广东省民政厅与社会组织等社会力量合作，开展"孤儿保障大行动"项目，向全省孤儿免费提供覆盖 12 种儿童常发重大疾病的公益保险，每年承保资金达 150 万元；开展"孤儿圆梦红包"项目，为 1570 名散居孤儿发放总价值约 106 万元的礼物；开展"残疾孤儿手术康复明天计划"，2011 年至 2017 年为 763 名机构内孤残儿童实施手术治疗；组织动

〔1〕 民政部《关于进一步开展适度普惠型儿童福利制度建设试点工作的通知》，载 http://www.mca.gov.cn/article/zwgk/fvfg/shflhshsw/201404/20140400627373.shtml，访问日期：2019 年 1 月 2 日。

〔2〕 骆泽铭、叶金鑫："事有人管　活有人干　责有人担　广东全面实施困境儿童基本生活分类保障制度"，载 http://www.mca.gov.cn/article/xw/mtbd/201811/20181100012926.shtml，访问日期：2019 年 1 月 2 日。

员 151 家社会组织分赴经济欠发达地区开展关爱帮扶"牵手行动",投入社会资金 152 万元,惠及 6062 名困境儿童和留守儿童。[1]

(二)绍兴市儿童福利工作体系和儿童福利督导员制度建设探索

2014 年 5 月,绍兴市成为第二批全国适度普惠型儿童福利制度建设试点城市。2014 年 9 月,根据绍兴市经济社会发展现状和儿童生活发展需要,政府出台了《绍兴市开展全国适度普惠型儿童福利制度建设试点工作方案》。

1. 建立指导中心,健全服务机制

2013 年,在绍兴市儿童福利院正式挂牌成立了儿童福利指导中心,开展政策咨询、督导评估、业务培训等服务管理工作,全方位为孤残儿童提供规范、专业的福利服务。截至 2015 年 5 月绍兴市各区县均已成立儿童福利指导中心,各乡镇(街道)成立了儿童福利工作站,2684 个城乡社区配设儿童福利督导员 2684 名,形成纵向到村、横向到人的管理服务网络。[2]

2. 发布全国首个儿童福利地方性规范《儿童福利督导管理与服务规范》

2018 年 9 月,由绍兴市民政局和绍兴市儿童福利指导中心联合市标准化研究院起草的《儿童福利督导管理与服务规范》(以下简称《规范》)发布。

第一,《规范》规定了负责儿童福利工作的部门和机构,构建了市、县(市、区)、乡镇(街道)、村(社区)四级基层儿童福利督导管理与服务体系。建立市、县(市、区)级儿童福利指导中心,指导本辖区及下级儿童福利督导工作;建立乡镇(街道)儿童福利工作站;建立市、县(市、区)级儿童福利机构、流浪未成年人救助保护机构,提供儿童福利服务。第二,《规范》规定了儿童福利督导员的具体职责,村(社区)的儿童福利工作主要由儿童福利督导员承担。具体负责宣传落实辖区内孤儿、困境儿童和农村留守儿童的保障和关爱保护政策;协助调节辖区内孤儿、困境儿童和农村留守儿童家庭纠纷;加强与公安机关的联系,维护辖区内孤儿、困境儿童和农村留守儿童权益,防止虐待和欺侮儿童行为发生;了解本辖区内孤儿、困境儿童和农村留守儿童等基本情况,并登记建册、汇总上报;协助本辖区内孤儿、困境儿童和农村留守儿童监护人提出孤儿基本生活费申请和签订监护协议,指导和监督监护人合理使用资金;负责本辖区孤儿、困境儿童和农村留守儿童、家庭寄养儿童养育状况的督察工作,定期与孤儿、困境儿童和农村留守儿童的就读学校沟通联系,了解其生活状况、学习情况与实际困难,并做好督导记录;对监护人进行分类指导,在育儿、康复、学习、就业等方面提出针对性建议,必要时参加家庭会议,共同研究商讨养育方法;每半年对辖区内孤儿、困境儿童和农村留守儿童以及本辖区家庭寄养儿童的养育、治疗、

〔1〕 骆泽铭、叶金鑫:"事有人管　活有人干　责有人担　广东全面实施困境儿童基本生活分类保障制度",载 http://www.mca.gov.cn/article/xw/mtbd/201811/20181100012926.shtml,访问日期:2019 年 1 月 2 日。

〔2〕 "大爱绍兴——绍兴市建立健全儿童福利保障制度纪实",载 https://mp.weixin.qq.com/s/Xe53t6lywZQXB0Uqvixp8w,访问日期:2019 年 2 月 3 日。

教育、康复等各方面进行至少一次综合性评估，形成督导报告。[1]

（三）地方留守儿童关爱保护探索实践

当前，全国各地开启地方探索，结合当地实际情况开展促进农村留守儿童关爱保护的工作。重庆采用以社区为中心的模式，财政部门在2018年拨款4000万元打造示范社区，利用该社区平台构建"留守儿童之家"，以及3000万元资金用于支持社工专业人才队伍建设，并且优先支持儿童类社工项目。至2018年5月，重庆已设立6032个农村留守儿童之家，在3760所乡村市民学校开设特殊培训课程，全市设立"流动少年宫"和留守儿童训练营项目，累计培训农村留守儿童65 800名。[2]

安徽省注重专业化和规范化的人才队伍建设，在2017年出台了《安徽省儿童保护专干工作规范》，目标是建立一支儿童保护工作队伍，明确规定在村（居）委会设立管理考核儿童保护专干，乡镇政府要为儿童保护专干工作提供必要支持，儿童保护专干必须持证上岗，参加培训，通过考核。

云南省在留守儿童关爱保护工作中精准落实儿童监护责任，要求外出务工人员尽量携带子女共同生活，暂不具备条件的必须委托有监护能力的亲属或他人代为监护。至2017年底，云南共有411 487名农村留守儿童全部签订了《委托监护责任确认书》。[3]

江苏省政府为解决基层工作人员人手和专业程度问题，投入1500万元资金购买专业组织服务，民政厅还制定细致的工作考核制度。

贵州省采用科技手段辅助监护留守儿童，贵州省黔西南州民政局投入400万元为5万多名留守儿童佩戴"平安智能"手环，毕节、遵义等地开展"大数据+精准关爱困境儿童"试点工作，利用科技产品第一时间预警和预测、有效定位，快速处理突发情况，为留守儿童筑起一道防护墙。

二、困境儿童的生活保障和救助

在长期的补缺型儿童福利制度的影响下，基于儿童福利机构的福利服务得到全面的建设，福利机构内儿童的权益得到较好保障。然而还有很多处于困境状态的儿童是儿童福利机构服务所没能覆盖到的，诸如散居在社会上的孤儿、事实上无人抚养的儿童、服刑人员未成年子女、家庭贫困儿童等，他们不能得到家庭的良好照顾，需要社会提供一定的保障。

（一）儿童福利津贴

儿童生活保障是儿童福利的重要组成部分，是国家对生活没有着落的儿童予以的

---

〔1〕"《儿童福利督导管理与服务规范》解读"，载 http://epaper.sxnews.cn/sxwb/html/2018-12/07/content_3_1.htm，访问日期：2019年1月4日。

〔2〕张柳："儿童 | 地方探索五大模式促进农村留守儿童关爱保护工作"，载 https://mp.weixin.qq.com/s/7R9UN31Dvmioit9VonbnaA，访问日期：2019年1月4日。

〔3〕张柳："儿童 | 地方探索五大模式促进农村留守儿童关爱保护工作"，载 https://mp.weixin.qq.com/s/7R9UN31Dvmioit9VonbnaA，访问日期：2019年1月4日。

生活保障，国际上通用的对儿童的基本保障通过金钱补贴和服务保障两种路径实现。在我国，中央和地方共同推动儿童福利现金补贴制度建设，2010 年我国建立起第一项以儿童为受益对象的生活津贴制度——孤儿基本生活费制度，之后津贴覆盖的受益儿童群体不断扩大，从有特殊需要的孤儿向贫困儿童等其他各类儿童扩展。

1. 孤儿基本生活费制度

2010 年被称为"儿童福利元年"，因为在该年建立了孤儿基本生活费制度，这是我国第一项以儿童为受益对象的生活津贴制度。2010 年 11 月 26 日，民政部会同财政部下发了《关于发放孤儿基本生活费的通知》（民发〔2010〕161 号），决定从 2010 年1 月起，在全国范围内为孤儿提供基本生活保障，并为此制定了科学的生活标准。同时保障资金充分落实，各地区根据自己的经济状况和生活水平来确定孤儿基本生活津贴发放标准和养育水平。该福利津贴保障的对象包括两部分：一是失去父母的未成年人，包括机构内集中养育的孤儿、弃婴，同时也包括社会上的散居孤儿；二是事实上无人抚养的未成年人、流浪儿童、无人抚养的服刑人员未成年子女等困境儿童，救助范围比过去大为扩展。中央财政 2010 年安排 25 亿元专项补助资金，对东、中、西部地区孤儿分别按照月人均 180 元、270 元、360 元的标准予以补助，各地财政部门统筹安排中央补助和地方资金，建立孤儿基本生活最低养育标准自然增长机制。其中北京市标准最高，两项分别达到了 1600 元和 1400 元，同时除了中央补助外，各地孤儿还可从政府领取每年至少 7200 元现金津贴，而北京儿童福利院每个孤儿每年可领取的津贴达 1.92万元。[1]各地积极贯彻落实国务院意见，基本按照集中养育孤儿不低于每人每月 1000元、分散养育孤儿不低于每人每月 600 元的标准，国家对孤儿的生活保障从福利院内扩展到了院外，实现了实物救济向现金救济的转换。

孤儿基本生活最低养育标准自然机制的实施，使得孤儿基本生活费额度稳步增长。2017 年有 5 个省份提高孤儿基本生活费最低标准，天津、河南、海南、重庆、四川 5个省市均提高了分散养育孤儿基本生活费标准，平均每人每月提高 234 元，其中重庆市从每人每月 600 元增加到 1000 元，增加幅度达 67%，其次为海南省，从 600 元提至900 元，增加 50%；四川、河南、天津 3 个省市分别提标 19%（132 元）、17%（100元）、10%（240 元）。河南、海南、重庆、四川 4 个省市分别提高了集中养育孤儿基本生活费标准，平均每人每月增加 192 元。海南省涨幅最大，从每人每月 1000 元提至1300 元，提标幅度为 30%；其次为重庆市，从 1000 元提至 1200 元，增加 20%；四川、河南两个省份分别提标 15%（170 元）、10%（100 元）。截至 2017 年 11 月，全国 17个省份集中养育标准超过每人每月 1000 元，北京市最高达 2000 元。其次为上海（1900 元）、浙江（1754 元）、云南（1521 元），江苏、广东、天津、辽宁、海南、四川、内蒙古、山东、重庆、河北、黑龙江、江西、河南 13 个省市，标准均高于 1000

---

〔1〕参见姚建平：《国与家的博弈：中国儿童福利制度发展史》，格致出版社、上海人民出版社 2015 年版，第 129 页。

元。吉林、新疆两个省区集中养育标准略低，分别为 970 元和 900 元。[1]

从数据看出，全国近一半的省市孤儿基本生活费标准已高于 1000 元最低标准，其中发达省市的标准要明显高于欠发达省市，而且同一省内不同地区的经济发展水平和生活水平存在差距时，其最低标准也不相同，基本生活费的调整主要是根据地方财政状况、生活水平进行。

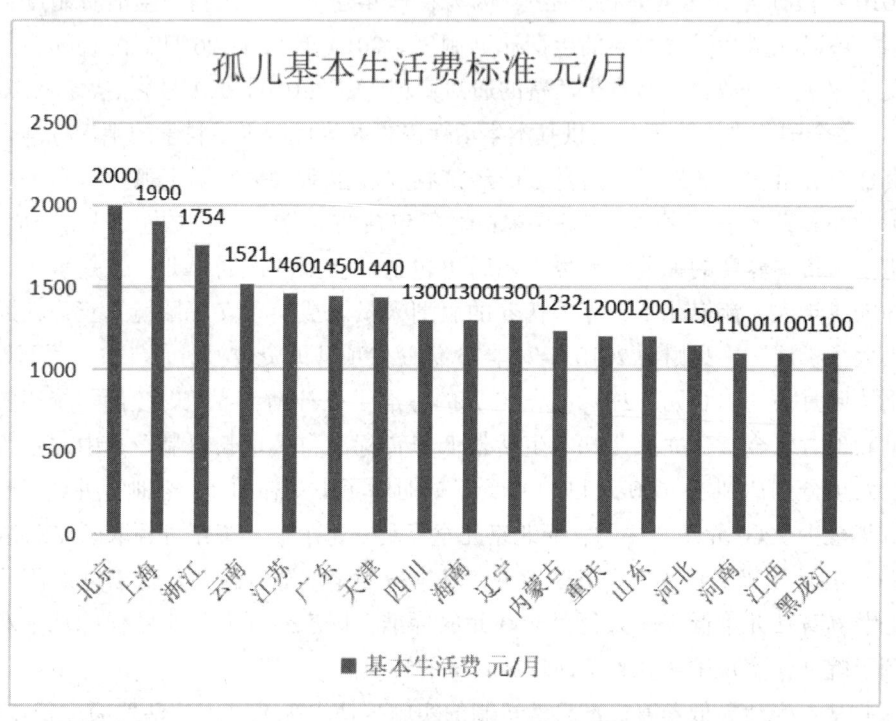

图 3-3　孤儿基本生活费标准超 1000 元的省市

2. 艾滋病病毒感染儿童基本生活费

2009 年 3 月，民政部出台了《关于进一步加强受艾滋病影响儿童福利保障工作的意见》（简称《工作意见》），对做好受艾滋病影响儿童福利保障工作提出了 5 个具体意见，即保障艾滋病致孤儿童的基本生活。为受艾滋病影响儿童提供与其他儿童均等的受教育机会，为其提供便利的基本医疗条件，为其建立就业和生活服务制度，并做好艾滋病致孤儿童的安置工作。《工作意见》的出台标志着我国对艾滋孤儿的救助不再是简单的生活保障，而是涉及教育、医疗和就业等方面的综合保障体系。

2012 年，儿童福利现金补贴扩展至艾滋病病毒感染儿童群体。2012 年 10 月，民政部和财政部下发了《关于发放艾滋病病毒感染儿童基本生活费的通知》（民发〔2012〕179 号），2014 年底出台的《关于进一步落实受艾滋病影响儿童医疗教育和生活保障等

---

〔1〕　参见李洁："儿童丨2017 年 5 个省份提高孤儿基本生活费最低标准"，载 http://wemedia. ifeng. com/42744532/wemedia. shtml，访问日期：2018 年 12 月 25 日。

政策措施的通知》要求各地政府确保所有符合条件的受艾滋病影响的儿童及时纳入城乡低保、特困人员供养范围，结合社会保险和社会慈善捐赠等资源保障受艾滋病影响儿童的基本生活。至 2014 年，艾滋病儿童基本生活费在全国范围内得到落实，5200 名艾滋病病毒感染儿童领取基本生活费，平均标准为月人均 835.4 元。[1]

3. 贫困儿童生活补助

贫困对儿童发育和成长造成的影响是长久而深远的，政府持续加强和落实贫困儿童生活保障。主要通过城乡居民最低生活保障和农村五保供养制度为贫困家庭中的儿童提供生活保障。《社会救助暂行办法》的出台，为贫困儿童提供了更为全面救助。目前我国对贫困家庭儿童的基本生活保障涵盖在城乡低保和五保供养两项制度中。2014 年各项制度中的总受益儿童数达 990 万名，约为我国儿童人口的 3.5%，年人均补助标准达 1821 元，占人均 GDP 的 3.9%。[2]

4. 困境儿童基本生活费保障制度

2013 年中共中央《关于全面深化改革若干重大问题的决定》提出"健全困境儿童分类保障制度"，2014 年民政部《关于进一步开展适度普惠型儿童福利制度建设试点工作的通知》中对困境儿童范围进行了明确界定，即"困境儿童分残疾儿童、重病儿童和流浪儿童三类；困境家庭儿童分父母重度残疾或重病的儿童、父母长期服刑在押或强制戒毒的儿童、父母一方死亡另一方因其他情况无法履行抚养义务和监护职责的儿童、贫困家庭的儿童四类"。2014 年民政部在全国范围内落实孤儿、艾滋病病毒感染儿童生活保障制度的基础上，积极推进各地开展困境儿童分类保障制度建设，将困境儿童分类并分别制定生活津贴标准，2014 年全国共有 24 个省（区、市）建立了五大类困境儿童生活津贴标准，经过各地试点实践，除了孤儿外，主要覆盖了城乡困境儿童、城乡困境家庭儿童、流浪儿童、事实无人抚养儿童和重病重残儿童五大类别。各地困境儿童津贴标准从月人均 90 元至 1150 元不等，平均约 350 元。[3]2015 年，困境儿童进入国务院政府工作报告，民政部也进一步加快了推进困境儿童分类保障制度建设。2016 年 2 月 4 日，国务院出台《关于加强农村留守儿童关爱保护工作的意见》，同年 6 月，国务院《关于加强困境儿童保障工作的意见》印发，将我国儿童福利的保障范围由弃婴、孤儿向困境儿童拓展，保障内容由基本生活、基本生存向教育、医疗、救护、康复、服务拓展。困境儿童保障工作意见，是我国继孤儿保障工作意见后又一意义重大的儿童福利政策性文件，在我国儿童福利制度发展史上具有继承性、拓展性意义，标志着我国儿童福利范围由弃婴、孤儿向困境儿童扩展。至 2017 年 6 月，全国已有 24

[1] 王振耀主编：《系统建设普惠型儿童福利体系——中国儿童福利政策报告 2015》，社会科学文献出版社 2016 年版，第 13 页。

[2] 王振耀主编：《系统建设普惠型儿童福利体系——中国儿童福利政策报告 2015》，社会科学文献出版社 2016 年版，第 14 页。

[3] 王振耀主编：《系统建设普惠型儿童福利体系——中国儿童福利政策报告 2015》，社会科学文献出版社 2016 年版，第 15 页。

个省份印发困境儿童保障实施意见，进一步细化政策措施和保障条件，850万名困境儿童纳入孤儿、特困人员供养和最低生活保障三项制度，补助标准同比增幅最高达20.3%。46.9万名孤儿按月领取基本生活费，占儿童人口的0.16%。[1]

在各地实践中，困境儿童的界定较为灵活，有传统的孤儿，还有城乡困境儿童、城乡困境家庭儿童、流浪儿童、事实无人抚养儿童和重病重残儿童。江苏省政府办公厅出台了《关于完善困境儿童分类保障制度的意见》（苏政办发〔2014〕113号），成为全国首个从政府层面确立困境儿童分类保障制度的省份，全省保障服务对象将由1类2种困境状况的儿童（孤儿和艾滋病病毒感染儿童共1.9万）扩大到5类19种处于困境状况的儿童，对困境儿童作出明确分类，并且依照社会散居孤儿的基本生活费设定作为其生活津贴参照标准。根据该意见，困境儿童主要是指："（一）孤儿。指失去父母或查找不到生父母的未满18周岁的未成年人。（二）监护人监护缺失的儿童。主要包括：父母长期服刑在押或强制戒毒的儿童；父母一方死亡或失踪（人民法院宣判或公安机关证明，下同），另一方因上述情况无法履行抚养义务和监护职责的儿童。（三）监护人无力履行监护职责的儿童。主要包括：父母双方重残（二级及以上残疾，下同）、重病的儿童。（四）重残重病及流浪儿童。（五）其他需要帮助的儿童。"2017年，江苏省民政厅、财政厅下达保障困境儿童资金4636万元，其中孤儿基本生活省级补助资金4370万元。广东省于2018年建立困境儿童基本生活分类制度，加强困境儿童的基本生活保障，9月11日广东省民政厅、财政厅联合印发《关于加强困境儿童基本生活保障的通知》，明确在全省范围内建立困境儿童基本生活分类保障制度，根据困境儿童困难情况不同，主要分为"孤儿""自身困境、家庭困境和临时困境儿童""安全困境儿童""多重困境儿童"四类对象，在全省范围内建立困境儿童基本生活分类保障制度。符合条件的困境儿童将被分别纳入最低生活保障、特困人员救助供养和临时救助范围。符合条件的残疾儿童将落实困难残疾人生活补贴和重度残疾人护理补贴，父母双方均不能履行抚养义务的纳入最低生活保障。2017年5月，上海市政府出台《关于加强本市困境儿童保障工作的实施意见》，正式建立困境儿童保障制度。一年多来，民政会同相关部门，细化出台各类配套文件，2018年1月建立并实施"困境儿童基本生活费保障制度"，符合条件的未成年人（困境儿童）都可申请领取基本生活费，每人每月1800元。

根据中国公益研究院发布的《中国儿童福利与保护政策报告2017》显示，2016年我国在困境儿童基本生活保障方面取得很大进展，对超过850万困境儿童落实孤儿、特困人员供养和最低生活保障三项制度，补助标准同比增幅最高达20.3%，788.2万名贫困儿童纳入最低生活保障范围，占低保人口数的13%，占儿童人口的

---

〔1〕 王亦君："850多万困境儿童已纳入孤儿、特困人员供养和最低生活保障"，载 http://news.cyol.com/content/2017-06/01/content_ 16137041. htm，访问日期：2018年12月20日。

2.73%。[1]

（二）残疾儿童医疗康复救助制度和教育保障

1. 残疾儿童医疗康复救助制度

从全国范围来看，过去对残障儿童的康复救助绝大部分限定在福利机构内。第二次中国残疾人调查结果显示，我国残疾儿童数量在 500 万左右，而根据国家统计局数据显示全国儿童福利机构 2017 年集中供养孤儿 8.6 万，即使全部为残疾儿童，那么也意味着剩下 98% 的残疾儿童由家庭照顾。[2]对大多数家庭而言可能是极其沉重的负担，同时儿童也可能得不到专业的医疗救助，然而儿童时期又是其身体恢复和康复的黄金期，国家便推动建立起残疾儿童康复救助制度，经过多年的建设，现阶段残疾儿童康复救助制度全面实施，从仅限于机构内残疾儿童康复救助扩大到机构外救助，对残疾儿童的康复工作具有重大意义。

康复问题是残疾儿童家庭面临的最大挑战，国家一直将其视为儿童发展的重大问题，从 20 世纪就开始建立康复中心，2002 年提出了到 2015 年残疾人实现"人人享有康复服务"的目标。到 2013 年，全国在 901 个市辖区和 2014 个县（市）开展了社区康复工作，累计已建社区机构 21.4 万个，配备 37.9 万名社区康复协调员，1458 个县的 1844 个医疗卫生机构陆续开展残疾儿童筛查工作，年度新诊断 0 岁至 6 岁残疾儿童 5 万人。[3]为了优先开展残疾儿童抢救性治疗和康复，使残疾儿童得到康复救助，2011-2015 年，中央财政安排了专项补助资金，支持各地实施"残疾儿童康复救助项目"。为配合该项目的实施，国家还制定了《残疾儿童康复救助"七彩梦行动计划"实施方案》。之后，各省自治区直辖市都根据各地实际情况制定了具体实施方案。

2018 年 6 月，国务院印发《关于建立残疾儿童康复救助制度的意见》（简称《救助意见》），决定自 2018 年 10 月 1 日起全面实施残疾儿童康复救助制度。《救助意见》指出到 2020 年，建立与全面建成小康社会目标相适应的残疾儿童康复救助制度体系，基本实现残疾儿童应救尽救；到 2025 年，残疾儿童康复救助制度体系更加健全完善，残疾儿童普遍享有基本康复服务，健康成长、全面发展权益得到有效保障。明确残疾儿童康复救助对象为符合条件的 0 岁至 6 岁视力、听力、言语、肢体、智力等残疾儿童和孤独症儿童，包括城乡最低生活保障家庭、建档立卡贫困户家庭的残疾儿童和儿童福利机构收留抚养的残疾儿童；残疾孤儿、纳入特困人员供养范围的残疾儿童；其他经济困难家庭的残疾儿童。有条件的地区，可扩大残疾儿童康复救助年龄范围，也

---

〔1〕　王亦君："850 多万困境儿童已纳入孤儿、特困人员供养和最低生活保障"，载 http://news. cyol. com/content/2017-06/01/content_ 16137041. htm，访问日期：2018 年 12 月 20 日。

〔2〕　姚建平：《国与家的博弈：中国儿童福利制度发展史》，格致出版社、上海人民出版社 2015 年版，第135 页。

〔3〕　姚建平：《国与家的博弈：中国儿童福利制度发展史》，格致出版社、上海人民出版社 2015 年版，第135 页。

可放宽对救助对象家庭经济条件的限制。救助内容包括以减轻功能障碍、改善功能状况、增强生活自理和社会参与能力为主要目的的手术、辅助器具配置和康复训练等。[1]《救助意见》对残疾儿童康复救助工作流程也进行了明确规定。如何做到精准服务，如何保证服务内容和质量，这是后续需要继续解决的问题。

2. 残疾儿童教育保障

受教育是残疾儿童的基本权利，也会对儿童一生的发展产生重大影响。残疾儿童接受的教育分两种情况：一种是与正常儿童一起接受教育，随班就读；另一种是参加专门为残疾儿童举办的特殊教育。随班就读是我国残疾儿童教育的主流方式。随班就读虽然可以解决残疾儿童入学问题，但是教育方式和内容不能够满足残疾儿童特殊的教育需求。教育部提出了特殊教育提升计划，各地方政府开始积极落实国务院办公厅《关于转发教育部等部门特殊教育提升计划（2014-2016年）的通知》，31个省全面落实特殊教育提升计划。整体而言，我国特殊教育已初步形成了从学前教育到高等教育各阶段全覆盖的教育体系。数量上讲，特殊学校总数持续增长，2013年有1933所，义务教育阶段，残疾儿童在校人数达到36.81万人，与1949年的2千多人相比，可谓是极大发展。[2]然而当前特殊教育还存在中西部残疾人义务教育机会不足，特殊教育资源布局不合理等需要改进的问题。

第四节　当前儿童福利工作的主要成效和发展趋势

一、儿童福利工作主要成效

（一）适度普惠型儿童福利制度框架基本形成

国家历来重视儿童福利工作，提出建设普惠型儿童福利体系，现阶段我国适度普惠型儿童福利制度初步形成，当前儿童福利对象基本覆盖到了孤儿、困境儿童和困境家庭儿童。关于儿童福利内容：第一是收入性福利，孤儿、艾滋病儿童以及困境儿童都享受津贴保障；第二是服务性福利，部分孤儿可享受儿童福利机构养育，残疾儿童享有医疗康复救助服务和特殊教育。针对全体儿童有九年义务教育和国家免疫服务为主的医疗健康福利。

所谓适度普惠型儿童福利制度初步形成，意味着其还需进一步深化，继续扩大福利对象范围和福利内容，并进一步提升福利水平。

---

〔1〕 "国务院印发《关于建立残疾儿童康复救助制度的意见》"，载 http://mzzt.mca.gov.cn/article/sjd/zyjs/201810/20181000012417.shtml，访问日期：2018年12月20日。

〔2〕 "2015年《教育蓝皮书：中国教育发展报告》发布"，载 http://sky.cssn.cn/dybg/gqdy_gqcj/201506/t20150615_2034343_4.shtml，访问日期：2019年1月12日。

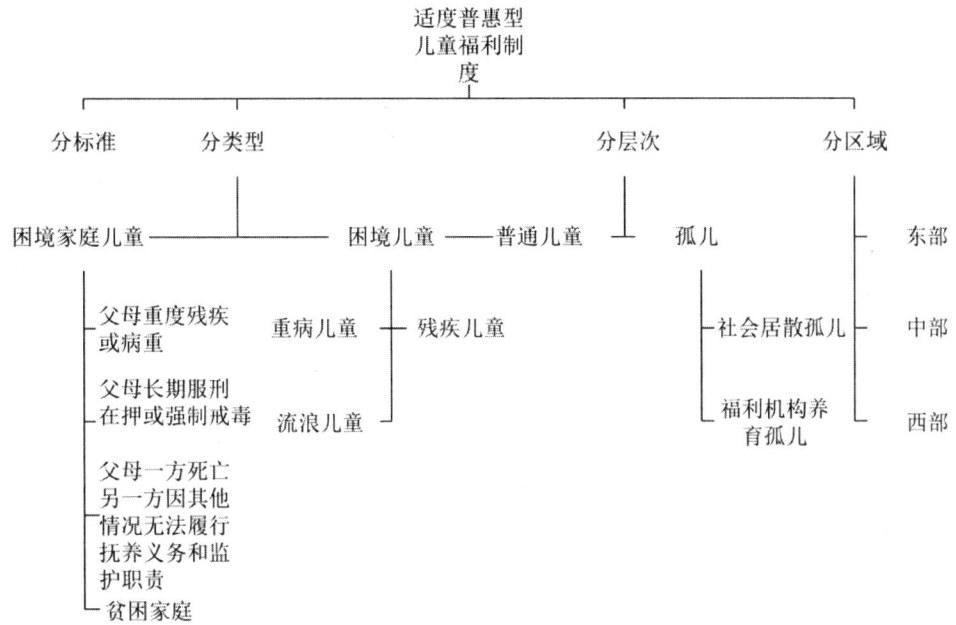

图3-4　适度普惠型儿童福利制度分类标准直观图〔1〕

（二）基层儿童福利服务体系建设全面展开

基层儿童福利服务体系的建设，直接影响儿童福利制度的实施和儿童福利的保障水平。现阶段基层儿童福利服务体系建设全面展开，服务人员专业化得到提升，儿童福利保障水平显著提升。

儿童福利服务的专业化主要表现在高水平的儿童福利队伍上。例如儿童福利主任是社区中提供儿童福利服务的专业工作人员，他们至少具有高中学历，具有热爱儿童福利服务工作等基本任职资格，并且还要经过项目专业的理论和技术培训。现阶段已经形成了一支规范的儿童福利主任队伍，他们了解儿童权利和福利知识，熟悉政府及社会资源，会使用现代化办公设备，运用专业知识和技能为儿童提供福利服务。

国家推行"最后一公里"项目，设置和培训"儿童福利主任""儿童督导员"等专人专岗，提供专业化的及时帮扶救助和信息反馈，以及政府出资购买社会组织专业服务，进一步提升儿童福利服务水平，推进儿童福利和保障工作进展。安徽创新出台全国首份儿童保护专干（儿童主任）工作规范，在儿童信息筛选和儿童服务方面创新亮点突出。

（三）留守儿童关爱保护效果显著

自2016年国务院发布《关于加强农村留守儿童关爱保护工作的意见》后，民政部组织开发了全国农村留守儿童和困境儿童信息管理系统，并于2017年10月10日上线

---

〔1〕　姚建龙主编：《困境儿童保障研究：主要以上海市为例》，中国政法大学出版社2018年版，第14页。

运行，目前 31 个省全部完成农村留守儿童信息采集及数据录入工作。[1]经过两年的工作开展，2018 年 8 月底，全国农村留守儿童数量相比 2016 年下降 22.7%，总数为 697 万人。

其人数大幅度减少是成功开展留守儿童关爱保护工作的结果。其一，政府倡导外出务工人员尽量携带未成年子女到工作地生活和读书，并为随迁农民工子女提供城市接受教育的机会，因而进城务工随迁子女的数量增加，留守儿童数量就相应减少。根据教育部 2018 年 8 月发布的统计数据可知，2017 年义务教育阶段随迁子女人数 1897.45 万人，近五年义务教育阶段随迁子女人数增加 283.86 万人，其中进城务工人员随迁子女数量为 1406.63 万人，近五年增加了 129.47 万人，增幅为 10.14%。[2]其二，持续推进返乡就业创业政策引导部分父母返乡，减少部分留守儿童数量，近年来党中央作出了扶贫攻坚、新型城镇化建设等重大决策，各部门积极制定并落实推动返乡就业创业、就业扶贫、随迁子女教育等政策，强化家庭干预等方式加强农村留守儿童关爱保护和源头减量工作，减少农村留守儿童数量。其三，监护责任意识提高，一定程度上促进父母返乡。

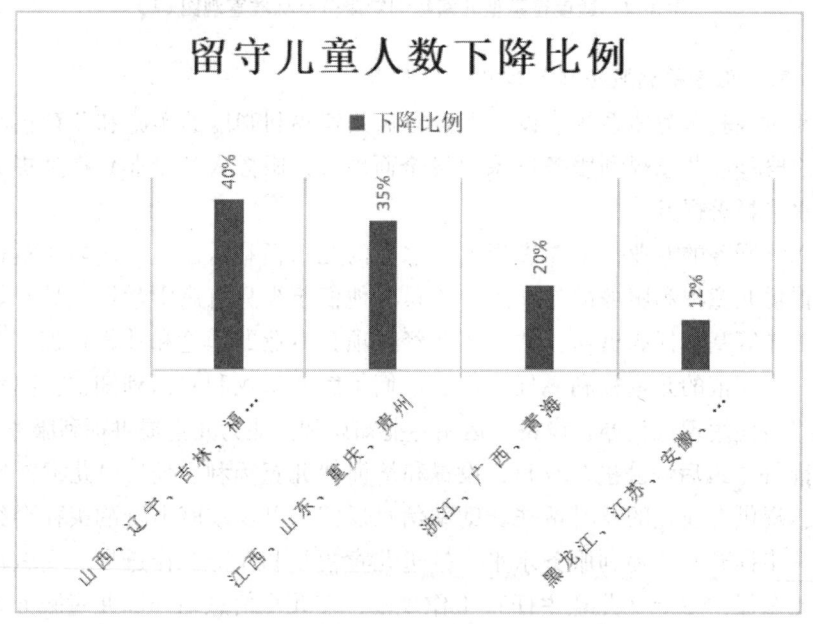

图 3-5　2018 年留守儿童人数比 2016 年减少比例

〔1〕 周坤："安徽共有 73.6 万名农村留守儿童"，载 www. sohu. com/a/270678021_ 114967，访问日期：2019 年 1 月 3 日。

〔2〕 "图说 2018 年农村留守儿童数据"，载 http://www. caoss. org. cn/1article. asp? id＝3258，访问日期：2019 年 1 月 10 日。

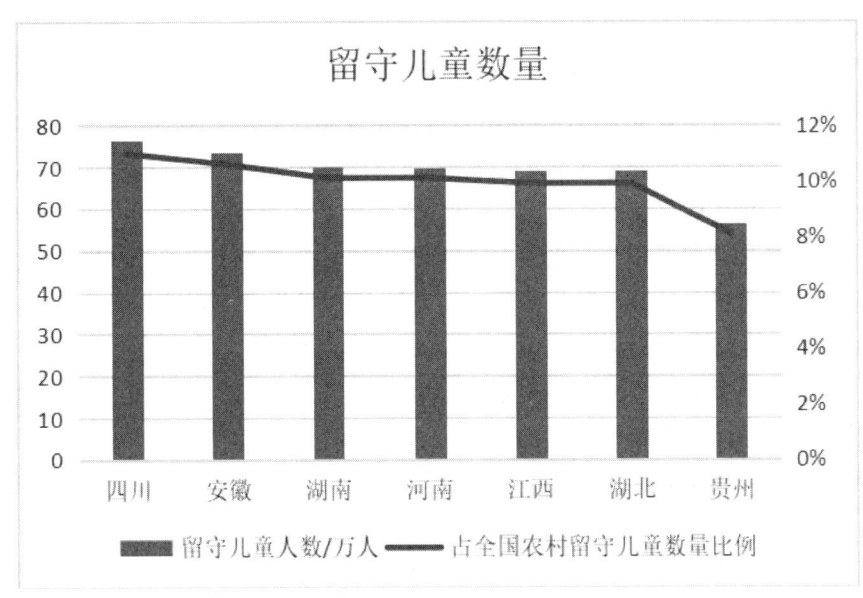

图3-6　2018年留守儿童数量排全国前七的省份

从上图明显看出，各省农村留守儿童数量都有减少，且山西、辽宁、吉林、福建、海南、陕西、甘肃下降比例高达40%以上，江西、山东和重庆、贵州下降比例达35%以上，四川、安徽、湖南、河南、江西和贵州留守儿童数量虽都有下降，但是其现有农村留守儿童数量依旧很高，加上湖北，这7个省份的农村留守儿童数量占到全国总数的69.7%。[1]总体而言农村留守儿童数量大幅下降，为接下来农村留守儿童关爱保护工作开启良好开端。

（四）困境儿童得到精准帮扶救助

2016年，随着国务院《关于加强困境儿童保障工作的意见》的出台，困境儿童保障成为各级政府民生保障工作的重要内容，各地、各部门陆续出台政策，全力保障困境儿童生存、发展、安全权益。根据中国公益研究院发布的《中国儿童福利与保护政策报告2017》显示，2016年我国在困境儿童基本生活保障方面取得很大进展，超过850万困境儿童落实孤儿、特困人员供养和最低生活保障三项制度，补助标准同比增幅最高达20.3%，788.2万名贫困儿童纳入最低生活保障范围，占低保人口数的13%，占儿童人口的2.73%；[2]根据《中国儿童福利与保护政策报告2018》数据显示，2017年770万名困境儿童基本生活保障标准稳步提升。[3]

二、儿童福利工作发展趋势

根据适度普惠型儿童福利制度建设试点地区工作经验和我国当前经济发展水平、

〔1〕　林晖、罗争光："全国农村留守儿童数量下降"，载http://www.xinhuanet.com/mrdx/2018-10/31/c_137570877.htm，访问日期：2019年1月3日。

〔2〕　北京师范大学中国公益研究院：《中国儿童福利与保护政策报告2017》。

〔3〕　北京师范大学中国公益研究院：《中国儿童福利与保护政策报告2018》。

儿童福利工作现状，下一阶段我国儿童福利工作将在以下几个方面进一步发展：

第一，全面建设基层儿童福利服务体系。这是国务院关于困境儿童保护工作中的工作任务，要求村（社区）委员会负责困境儿童保障工作，在基层设立儿童福利督导员或儿童权利监察员开展此项工作，目标是在全国范围建成一支专业的基层儿童福利服务工作队伍，这支队伍将包含 68 万名兼职或专职的儿童福利督导员。2018 年，各个地方都进一步推进基层儿童福利服务体系建设，以此为基础，下一阶段的工作重点是儿童之家和儿童主任的建设，并将建成覆盖全国的基层儿童福利队伍。根据各地经验，基层儿童福利服务体系建设中应该重点关注人员专业化培训。

第二，迅速提升和推广儿童关爱服务队伍的专业化建设。留守儿童和困境儿童的关爱保护需要国家政策和相关制度的保障，更为息息相关的是基层儿童服务工作队伍建设，现在基层存在专业社工人员少、流失快的问题。因此加强儿童专业社会工作者的培养，吸引人才、留住人才是未来儿童工作的重点。

第三，继续推进社会力量在儿童关爱保护中发挥重要作用。国务院对社会力量参与儿童福利工作给予政策鼓励。下一阶段，加快专业社会工作服务机构的孵化和培训，政府将购买服务，支持社会力量建立困境儿童托养照料、农村留守儿童托管服务机构等。

结　语

1990 年，我国签署《儿童权利公约》，开启与国际儿童福利事业接轨的新纪元。进入 21 世纪后，伴随着经济发展和改革以及社会转型，与儿童相关的众多社会问题也开始逐渐显现出来，诸如城市流浪儿童、农村留守儿童和孤儿问题、残疾儿童、父母监护缺失或无力监护的困境儿童问题，引发了社会和政府的极大关注。儿童是国家和民族的未来，也是最容易陷入无助困境和遭到伤害的弱势群体。因而，国家和社会必须承担起儿童保护的工作，为儿童创造安全和健康的成长环境。儿童福利制度需要转型发展，由此开始了新型儿童福利的探索建设，这种新型的儿童福利区别于传统儿童福利，具有福利特征，同时具有保护和救助的特征，是未成年人保护法存在局限而衍生的新型机制。

以 2013 年民政部开展未成年人社会保护试点工作为起点，开启了新型儿童福利制度建设的新纪元。2013 年民政部发布《关于开展未成年人社会保护试点工作的通知》，探索建立未成年人社会保护制度；2016 年 2 月，国务院印发《关于加强农村留守儿童关爱保护工作的意见》，建立农村留守儿童关爱保护体系；同年 6 月，国务院发布《关于加强困境儿童保障工作的意见》，将未成年人工作保护对象拓展到了面临监护缺失和监护失当的困境未成年人，搭建困境未成年人保障新平台；针对近年来屡屡发生在家庭内部侵害儿童的恶性事件，政府相关部门建立了未成年人监护权撤销制度。在地方探索中，试点地区依托民政部发布的相关通知和指导文件，在用好用足现有法规政策的基础上，因地制宜并积极探索适合本地区特点的未成年人保护工作模式，未成年人社会保护工作取得了一定的实践效果和有益经验。

经过国家长期的儿童福利工作建设，现阶段我国儿童福利制度建设取得巨大进步：一是，完善并提升了基于儿童福利机构的福利服务：儿童福利机构的数量不断增加，养育观念发生变化，福利服务专业化和标准化水平不断提升，"明天计划""蓝天计划"的实施提升了机构内儿童福利保障水平；不断探索和完善更有利于儿童成长的养育模式，开展家庭寄养和收养工作；建立流浪儿童救助保护制度。二是，建立了儿童分类保障和津贴保障制度，对孤儿、受艾滋病病毒影响儿童、贫困儿童以及困境儿童都进行基本生活保障，发放生活津贴，而且对困境儿童进行细化分类，分类保障，精准帮扶。三是，针对残疾儿童设立了康复医疗救助制度和特殊教育保障，主要针对生活在福利机构外的残疾儿童及其家庭进行康复医疗救助，减轻家庭负担，尽最大的努力保障残疾儿童能够康复；并加大特殊教育建设，校舍、师资和专业人员的培养，保障残疾儿童可以接受教育。

现阶段儿童福利工作的主要成效，突出表现在适度普惠型儿童福利制度框架基本形成、基层儿童福利服务体系建设全面展开、留守儿童关爱保护效果显著、困境儿童得到精准帮扶救助这四个方面。同时现阶段的儿童福利工作正处于探索阶段，很多方面有待优化和完善，下一阶段我国儿童福利工作将在以下几个方面进一步发展完善：一是全面铺开基层儿童福利服务体系；二是快速推广儿童关爱服务队伍的专业化建设；三是继续推进社会力量在儿童关爱保护中发挥重要作用。

第四章
儿童福利制度面临的挑战与机遇

随着现代化的不断发展，1990 年以来，我国未成年人犯罪在整个刑事犯罪中的比重大体呈现先升后降的趋势，目前仅占 2.93%，但是这尚不能得出我国未成年人犯罪已经得到有效控制的结论。目前每年判决的未成年犯罪人数仍然与 20 世纪 90 年代初大体相当，考虑到未成年人人口总数下降、刑事立法及刑事政策变化的实际情况，未成年人犯罪状况仍不容乐观。[1]性侵、校园欺凌和家暴等侵害未成年人人身权利案件频发，低龄未成年人恶性事件频发，以及留守儿童、困境儿童亟待关注、保护的境况都反映了我国当前儿童福利所面临的严峻的形势。为此，需要我们分析当前儿童成长环境的变化与主要挑战，在此基础上反思现行儿童福利制度，不断完善儿童福利体制建设。

第一节　转型期儿童成长环境的挑战

一、转型期家庭对儿童庇护的功能弱化

在传统社会中，家庭一般都是由已婚夫妻和子女构成的相对稳定的单元，以天然的生物纽带为载体而实现的生育与养育子女等任务往往能由家庭较好地实现。因此，根据传统观念，人们一直将家庭视为私人领域，针对家庭的内部事务，不赞同由国家权力进行干预和控制。所以，一直以来对儿童的权利保护具有私域性、家庭性和自治性的特征。但是，这种私域自治的家庭保护具有明显的局限性。梅仲协先生在 1943 年就对这种自治的家庭保护提出了批评："监护制度为个人之私事，国家不加干涉，乃我'民法'之短处。按儿童为民族将来命脉之所系，心神丧失或精神耗弱不能处理事务者，亦为社会之损失。彼以个人主义、自由主义为骨干之法国民法，视监护为人民之私事，一任个人任意处置，固不足责，乃我国以民族主义为立国之本者，而亦以监护事宜，委诸个人或亲属会议之自由措施，殊所不解"。

但是，随着现代化的推进，现代社会价值多元化的发展以及社会结构的变迁，传

---

〔1〕 姚建龙："未成年人法的困境与出路——论《未成年人保护法》与《预防未成年人犯罪法》的修改"，载《青年研究》2019 年第 1 期。

统的家庭模式发生了改变。20世纪80年代，风险社会的理论观点问世，由德国社会学家贝克和英国社会学家吉登斯提出。在这之后，伴随着世界性金融危机、经济全球化的趋势，风险社会理论被全球学者所熟知。由于人类社会的不断发展，加之经济全球化使得彼此之间的联系日益紧密，人类自身发展带来的风险日益威胁着人类的存在与发展。贝克和吉登斯等学者认为，人类社会正处在从古典工业社会向风险社会转变的发展进程。在这个转变过程中，风险所具有的各种特性都逐渐体现出来，包括复杂性、不可预见性、不确定性以及迅速扩散的特性。而且，全球一体化使得社会风险也出现了一体化趋势，现代家庭所处的社会已经是一个全球风险社会。

由于经济、资源等因素产生的差异会导致家庭成员之间不同的经济资源和权力分配，进一步使得一些家庭成员可以支配、控制他人，于是就会通过自己所能支配、控制的家庭环境，将自己在外部社会中所承受的风险释放出来，包括暴力、挫折等。[1]但同时，家庭的隐蔽性和私密性又会使这种暴力释放行为被隐瞒在小家庭的范围之内，使得儿童和其他家庭成员的利益被侵犯却不被人知晓。

风险社会中，由于家庭监护不力或者缺失而导致的儿童伤害案件常常发生，面对纷繁复杂的社会风险，仅靠父母来开展对儿童的权利保护往往心有余而力不足，难以达到理想的效果。外部风险的渗透，对家庭庇护产生了重要的负面影响，进而对儿童的监护权也产生了负面影响，这种情况下儿童的生存状况和发展状况仅靠家庭的庇护是难以支撑的，必须依靠国家介入和提供保障。

随着现代社会价值的多元化发展，社会对个体生活方式的包容度也在增加，出现了一些非传统的家庭生活模式，包括单亲家庭、继父母家庭、同性夫妻家庭等，同时也使得家庭传统的庇护功能出现弱化。在如今的风险社会形态下，风险复杂性、不确定性和不可预见性的特征使得这种非传统家庭在面对风险时抵御能力不强，容易受到冲击，进而影响家庭庇护功能的顺利实现。

在家庭结构趋向核心化，家庭规模趋向小型化的现代社会，由于外部社会风险的影响，使得家庭模式发生变化，进而减弱家庭庇护功能的案件也屡见不鲜。根据统计我国撤销监护权的案例中，许多原本完整的家庭，由于受到外部风险的影响，一方监护人死亡或者失踪，另一方监护人由于无力抚养或者其他原因将子女丢给祖父母或者外祖父母后一走了之，致使家庭庇护功能变弱甚至丧失，对儿童的成长与保护产生了极为不利的影响。

综上，在当代风险变化、凸显的社会中，随着社会价值多元化的发展以及社会结构的变迁，作为一个个小单元的家庭极易受到风险的渗透和冲击，致使家庭的监护关系和庇护功能发生了变化，难以延续传统的家庭自治模式，对儿童的成长提供充足的监护和庇护。面对这种"家庭失灵"的情况，国家权力亟需介入并为儿童的成长和发展提供相应的保护。

---

〔1〕　孙艳艳："儿童与权利：理论建构与反思"，山东大学2014年博士学位论文。

二、儿童遭受性侵、家暴等案件频发

近年来我国侵害未成年人人身权利的各种案件频频发生，成为严重危害未成年人权益的社会问题。这些案件不仅引起了全社会对未成年人权利保护问题的担忧，同时，也说明了我国在对未成年人性侵害、家庭暴力问题的预防和保护方面的观念有待更新，法律制度还需进一步完善。

我国对全国范围内的未成年人性侵案件现状的研究并不多见，但仅有的媒体、网络公开的数据也能反映出性侵未成年人案件的严峻形势。根据中华社会救助基金会儿童安全基金会下属"女童保护"公益项目的数据统计，"全年媒体公开报道的性侵儿童（14 岁以下）案例 2017 年有 378 起，平均每天曝光 1.04 起。2016 年这一数据为 433 起，平均每天曝光 1.21 起；2015 年全年数据为 340 起，平均每天曝光 0.95 起；2014 年全年数据为 503 起，平均每天曝光 1.38 起；2013 年全年数据为 125 起，平均每天曝光 0.35 起。"[1]从数据反映的趋势分析，最近四年来全年媒体公开报道的性侵儿童案均大幅提高，这一趋势反映了性侵儿童案的现状不容乐观，同时也反映了社会群众对性侵儿童的关注度普遍升高。同时，根据"女童保护"的统计可以看出，2017 年，全年媒体公开曝光的 378 起性侵儿童案例中，一人对多名儿童实施性侵害的为 98 起，占 25.93%，378 起案例中，明确表述施害人为多次作案的有 120 起，占比 31.75%，[2]明显体现出未成年人性侵案件中性侵者多次作案比例高和一人性侵多名儿童案例比例高的特征。另外，由于性侵案例特殊性、社会认知、传播规律等因素影响，网络、媒体曝光的仅仅是少量的案例。因此，整体而言，未成年人遭受性侵害仍然处于十分严峻的形势，亟待政府等相关部门介入并提供福利保护。

未成年人在成长的过程中，人身权利遭到严重侵害的不仅仅是性侵案件，还有家庭暴力现象。家庭暴力现象分布广泛、侵害持续时间长、具有反复性，却难以引起社会的重视，曝光较少。根据北京青少年法律援助与研究中心发布的《未成年人遭受家庭暴力案件调查与研究报告》，对 2008 年至 2013 年六年间媒体所报道的 697 例未成年人遭受家庭暴力案件进行统计分析，其中，2008 年至 2011 年有 300 例，2011 年至 2013 年有 397 例。[3]报告指出，697 例案件中，84.79%的案件是父母施暴，其中亲生父母施暴的占 74.75%，继父母或养父母施暴的占 10.04%，所有案件中父母单方施暴的案件更为常见，占 76.47%。[4]报告发现，"造成严重后果的家庭暴力案件才会受到

〔1〕 " '女童保护' 2017 年性侵儿童案例统计及儿童防性侵教育调查报告发布"，载 http://www.sohu.com/a/224728229_99996733，访问日期：2018 年 12 月 20 日。

〔2〕 " '女童保护' 2017 年性侵儿童案例统计及儿童防性侵教育调查报告发布"，载 http://www.chinadevelopmentbrief.org.cn/news-21037.html，访问日期：2018 年 12 月 20 日。

〔3〕 北京青少年法律援助与研究中心：《未成年人遭受家庭暴力案件调查分析与研究报告》，载 http://www.law-lib.com/fzdt/newshtml/shjw/20121012131602.htm，访问日期：2018 年 12 月 20 日。

〔4〕 北京青少年法律援助与研究中心：《未成年人遭受家庭暴力案件调查分析与研究报告》，载 http://www.law-lib.com/fzdt/newshtml/shjw/20121012131602.htm，访问日期：2018 年 12 月 20 日。

关注，一般的家庭暴力尚未引起重视，在 697 例家庭暴力案件里，造成受暴未成年人死亡的有 359 例，超过了案件总数的一半，其他身体、心理受到严重伤害的有 62 例。施暴方式也都是较为严重的手段，主要有针对身体的虐待、故意伤害、性暴力、遗弃和出卖。其中只有特别严重的未成年人遭受家庭暴力案件已经引起社会公众的关注，但是一般的家庭暴力行为和没有出现严重后果的案件比较隐蔽，还没有被公众关注，也没有引起重视和公开的讨论。另外，从家暴持续时间来看，17.22% 的未成年人长期反复受到侵害，持续时间最长的达 14 年。"[1] 例如，年仅 11 岁的贵州女童小丽一直遭受父亲的家庭暴力，长达 5 年，严重时甚至被父亲倒提起来，把头按在开水中。但是，由于小丽的受伤程度并不严重，警察也只能批评教育其父亲，并没有对其父亲施加更严厉的处罚。因此，当前未成年人家庭暴力案件的形势也十分严峻，分布广泛、隐案多，非严重案件不为社会所关注，这些均加剧了家庭暴力对未成年人合法权益的侵害，需要国家公权力来对未成年人进行保护和救济。

侵害未成年人人身权利案件不仅仅是性侵、家庭暴力，还有遗弃、虐待等行为。当前这些频发的侵害未成年人权益案件，无一不反映了我国目前法律法规和儿童政策对未成年人权益保护的欠缺和滞后问题，督促我们建立完善的儿童福利制度，从国家角度加强对未成年人的保护。

三、校园欺凌、低龄犯罪状况总体仍然严峻

未成年人除了遭受到来自成年人的侵害，也会受到未成年人犯罪的影响。诸如校园欺凌案件层出不穷，媒体上各种骇人听闻的低龄未成年人恶性犯罪案件等，这些都反映了目前我国未成年人犯罪状况仍然不容乐观，需要我们挖掘其背后的社会、家庭原因，施加有针对性的保护和预防措施。

校园欺凌问题一直是一个世界性的难题。在 2017 年 1 月 17 日，联合国发布了关于世界校园欺凌现状的报告，报告中大约有 2.46 亿的未成年人每年会因为外貌、性别、种族、性取向等因素遭受到校园欺凌，其中，11 岁至 13 岁的儿童中，有 34% 的儿童在调查前几个月被欺凌，8% 的儿童每天都遭受欺凌。[2] 我国北京、上海、江苏和广东四省市在 PISA2015 测试中增加了校园欺凌指标，评估未成年学生在校期间的权益保障和学习生活质量，对 15 岁在校学生进行了测试，并界定了三种类型的校园欺凌，包括肢体型、言语型和关系型欺凌。根据统计，"有超过 30% 的学生近一年来被'其他学生拿走或损坏东西'，以及'受到其他学生的戏弄'；有 20% 左右的学生遭受过'其他学生的故意忽视'，以及被'其他学生传播谣言'；而有 10% 左右的学生受到过'其他学生

---

〔1〕　北京青少年法律援助与研究中心：《未成年人遭受家庭暴力案件调查分析与研究报告》，载 http://www.law-lib.com/fzdt/newshtml/shjw/20121012131602.htm，访问日期：2018 年 12 月 20 日。

〔2〕　参见 Unesco2017, United Nations Educational, Scientific and Cultural Organization（UNESCO）（2018 年版），第 24 页。

的击打或推搡',以及受到'其他学生的威胁'。"[1]另外,"大约4.2%和3.5%的学生经常(一月数次)遭受'击打或推搡'以及'他人威胁'等程度较为严重的肢体欺凌。"[2]这些数据充分反映出当前校园欺凌事件高发频发的态势,给被害人造成了不可估量的生理、心理伤害,但是校园欺凌往往又因为未达刑事责任年龄而不承担刑事责任,常常被一放了之,再加上学校没有处置权,家长宽容纵容,使得校园欺凌者有恃无恐。

目前,低龄未成年人恶性犯罪案件也较为突出,反映了我国未成年人犯罪呈现低龄化、文化程度较低、犯罪手段成人化、暴力化等特征。面对媒体报道的低龄未成年人恶性案件,甚至引发人们对降低刑事责任年龄的多次讨论,试图严厉惩治这些未达刑事责任年龄的未成年人,以减少和预防未成年人犯罪。但是,未成年人犯罪有其独有的特征,其生理年龄与心理年龄的严重不平衡程度,以及未成年人罪错行为背后的家庭、社会原因,才是未成年人犯罪的根源。

对于未成年人犯罪的预防与惩治,刑罚并不是最好的方法,一味强调惩治这些实施了恶性犯罪行为的低龄未成年人甚至会起到相反的效果,加重了其再犯、重犯的可能性。因此,对于防范低龄未成年人犯罪,究其根源,应当从社会、家庭、学校角度入手,加强对未成年人生存、发展、受教育权的保障,强化政府、组织的社会责任。

四、留守儿童、困境儿童保护不足

我国一直以来实施的儿童福利政策是补缺型儿童福利政策,主要针对的对象为孤残儿童和流浪儿童等特殊困难儿童,忽略了在家庭层面缺少实际监护的儿童群体。随着社会转型中人口流动的日益加剧,"留守儿童""困境儿童"等社会现象受到人们的热议,有关此类留守儿童、困境儿童犯罪以及死亡的重大社会事件的影响也日益广泛,而其根本原因在于儿童福利政策与社会实际的脱节,使得这些留守儿童、困境儿童等亟待福利政策的进一步关爱和保障。

根据2000年第五次人口普查抽样数据,2000年全国农村留守儿童规模为1981万,而2005年全国1%人口抽样调查数据显示农村留守儿童的规模为5861万。仅仅五年的时间,比较全国所有儿童的数量,农村留守儿童的占比从2000年的8.05%上升到2005年21.72%,增长了将近2倍,数量十分惊人。[3]另外,根据《中国2010年第六次人口普查资料》的数据显示,我国0岁到17岁的儿童一共有27891万,根据留守儿童的占比大概可以推测出来全国留守儿童的数量约为6972.75万,其中农村留守儿童的数

〔1〕 黄亮:"我国15岁在校学生遭受校园欺凌的情况及影响因素——基于PISA2015我国四省市数据的分析",载《中小学学校管理》2017年第11期。

〔2〕 黄亮:"我国15岁在校学生遭受校园欺凌的情况及影响因素——基于PISA2015我国四省市数据的分析",载《中小学学校管理》2017年第11期。

〔3〕 段成荣、杨舸:"我国农村留守儿童状况研究",载《人口研究》2008年第3期。

量约为6102.55万。[1]2016年，民政部联合教育部、公安部进行的摸底排查，所排查出的留守儿童数量也达到902万。这些触目惊心的数字无一不反映出留守儿童、困境儿童无助的现状，需要父母、社会、政府共同关注和努力。

2016年6月13日，国务院发布《关于加强困境儿童保障工作的意见》，该意见明确界定了困境儿童概念的涵盖范围。但是，该意见的界定范围不同于学术界理论研究者的界定，为了方便政府开展一些困境儿童的工作，其界定的范围比学者界定的更为狭窄。虽然最初的困境儿童概念仅指流浪儿童、孤儿，而后国务院在意见中将其扩展为包括因家庭贫困、自身残疾、家庭监护缺失或监护不当而权益受到侵害的儿童，但仍存在范围狭窄、重生活保障轻权益保护、缺乏儿童视角等问题，需要进一步的完善。

改革开放40多年来，我国经济社会发展取得了举世瞩目的成就，但是由于发展的不均衡，出现了留守儿童、困境儿童，得不到父母、社会的陪伴和保护的现象。这些儿童和其他儿童一样，也拥有生存、发展和受教育的权利，在得不到父母的陪伴和关爱的时候，政府、社会应当加强对其监管和关注，保障其受教育的机会，使其在成长过程中得到与其他儿童一样的关爱和引导，防止其偏离正常社会化的轨道，走向违法犯罪的道路。

第二节　国家制度供给与社会需求的不平衡

20世纪90年代以来，我国在儿童健康、教育、孤残儿童保护等方面取得了一定的进展。根据国家统计局2018年发布的《中国儿童发展纲要（2011-2020年）》统计监测报告显示，"2017年，全国共有孤儿41万人，比上年减少5.1万人，孤儿数量连续五年持续减少；其中被家庭收养的孤儿1.9万人，占孤儿总数的4.6%。全国收养机构收留抚养孤儿10.6万人，其中儿童福利机构收留抚养孤儿5.9万人。儿童生命质量稳步提升。婴儿死亡率和五岁以下儿童死亡率持续下降，2017年婴儿死亡率为6.8‰，五岁以下儿童死亡率为9.1‰，分别比2010年下降6.3个和7.3个千分点，均已提前实现《纲要》目标。"[2]但是，统计监测报告也显示儿童保护仍然存在着许多问题，需要从当前儿童福利制度层面寻找问题并加以完善。

一、儿童福利理念有待转变

理念是基于对客观事物本质和规律的认识，具有高度概括性的指导性思想和价值

---

〔1〕 参见国家统计局：《中国2010年第六次人口普查资料》表7-2《全国按户口登记地、年龄、性别分的户口登记地在外乡镇街道的人口》计算"，载 http://www.stats.gov.cn/tjsj/pcsj/rkpc/6rp/indexch.htm，访问日期：2019年1月20日。

〔2〕 参见国家统计局：《2017年〈中国儿童发展纲要（2011—2020年）〉统计监测报告》，载 http://www.stats.gov.cn/tjsj/zxfb/201811/t20181109_1632517.html，访问日期：2019年1月20日。

观念，它是经过实践检验而不断完善的。[1]儿童福利理念从根本上影响国家、社会、民众等众多意识形态对于儿童的认识和态度，尤其是传统固有的以家庭为中心的福利思想影响深远，依据适度普惠型的福利理念、伦理道德制定出相关政策法律并落实到基层群众当中，是当前民政部门亟需关注的任务。

长久以来，我国民政部门的儿童福利理念虽然一直在进步发展，但是仍有待进一步转变。虽然目前的《中国儿童发展纲要（2011-2020年）》新增设且单列了"儿童与福利"一章的内容，另外，也提出"扩大儿童福利范围，推动儿童福利由补缺型向适度普惠型的转变"目标。并且，国家有关部门设计了儿童福利制度三步走战略："在'十二五'末建立托底保障型儿童福利体系，切实保障孤儿和困境儿童的基本生活权益和安全权益；到2020年全面建立适度普惠型儿童福利体系，在全国范围内建立惠及自身困境儿童福利制度、家庭困境儿童和问题儿童等非正常儿童福利制度，实现适度普惠性的福利保障和服务供给；到2049年，在适度普惠的儿童福利体系基础上继续向外扩展，在全国范围内建立面向全体儿童的普惠型儿童福利体系，实现全体儿童普惠的高层次的福利保障和高水平的服务供给"。[2]

但是，"我国现阶段的儿童福利保护理念存在着非常明显的补缺型特征，这主要表现为，我国已有的儿童福利政策不是建立在儿童平等权利的基础之上，而是建立在儿童特殊需要的基础之上。在此观念的影响之下，我国儿童社会保护的重点在于仅给孤、残、流浪乞讨儿童、受艾滋病感染儿童等几类特殊儿童提供基本的生存保护。在2013年之前，孤残儿童保护政策是我国儿童福利政策的主体。"[3]

根据2016年《中国民政统计年鉴》数据显示，2016年民政社会服务事业费总计5440.2亿元，用于儿童福利仅56.3亿元，仅占1%。2016年全国儿童收养救助服务机构有705家，比上年减少了6.4%。[4]反映了虽然我国目前处于适度普惠型儿童福利的发展阶段，但是，不管是从财政支出、机构配置、服务对象的覆盖面上，都仍与当前适度普惠型发展阶段不相适应，具有补缺型儿童福利的特征。这些事实背后是深深植根于民政部门的补缺型儿童福利的福利理念。这种滞后的补缺型儿童福利理念不仅无法适应儿童福利制度三步走战略，难以实现向普惠型儿童福利转变的目标，也会成为儿童福利事业发展的阻碍和绊脚石，亟需加以改变和完善。

二、国家监护制度有待完善

我国现行法律对未成年人监护制度的主要规定集中于《民法总则》及相关司法解

---

〔1〕 乔东平、谢倩雯："西方儿童福利理念和政策演变及对中国的启示"，载《东岳论丛》2014年第11期。

〔2〕 宋宗合："儿童福利发展的未来路径"，载 http://zqb.cyol.com/html/2015-04/15/nw.D110000zgqnb_20150415_2-08.htm，访问日期：2019年5月2日。

〔3〕 李迎生、袁小平："新时期儿童社会保护体系建设：背景、挑战与展望"，载《社会建设》2014年第1期。

〔4〕 参见中华人民共和国民政部编：《2016中国民政统计年鉴——中国社会服务统计资料》，中国统计出版社2016年版，第88~103页。

释等之中，值得肯定的是2017年通过的《民法总则》正式确立了国家监护制度，将政府民政部门列为第一序位监护人，是对原《民法通则》相关规定的重大修正，也是重大进步。除此之外还细化了关于撤销监护权主体、程序以及撤销后恢复监护权的规定，增加了遗嘱监护的规定，坚持最有利于被监护人的原则，尊重被监护人的意愿。但是总的来看，我国国家监护制度还存在诸多需要完善的地方。

（一）监护监督制度的完善

监护监督制度指的是对父母或者其他监护人履行监护职责的情况进行监督，与我国现有的监护措施大都集中在撤销监护权等消极层面不同，它是一种常规化的国家监督机制。未成年人监护存在的主要问题在于父母未尽或未善尽其监护职责，直接或间接地侵害了未成年子女的身体、健康、安全、受教育以及社会发展的权益。[1]而监护监督制度正是在监护人日常履行监护职责过程中，监督其相关行为和履行监护职责状况。

目前，我国监护制度的法律仅规定了应当监督监护人的监护行为，但是，并没有涉及监护监督应当遵循的先后次序，是否具有强制性，各主体的监护分工，以及主体没有履行监护职责所面临的后果等问题。而监护监督制度是整个监护制度中极为重要的一个环节，缺少监护监督制度容易造成对监护侵权事件的两种极端态度，要么放任不管，要么直接撤销监护人，难以给未成年人提供稳定、良好的保障。

监护监督制度的现状，对于儿童福利工作也存在着巨大的影响。尤其是对于补缺型儿童福利制度下的民政部门，除非未成年人属于残、孤等特定情形，否则民政部门无法得知其监护状况：监护人是否承担起监护职责，是否处于一种事实上的困境状况，从而无法保障未成年人的监护权益。

（二）监护干预制度的完善

监护干预制度是指对不当履行监护职责的监护人进行干预，对监护能力不足的监护人进行支持、救济。监护干预制度实际上是在监护权受到侵害后，撤销监护权之前，由相关主体介入和干预监护关系，以求修复监护关系的工作。

目前我国的监护干预制度发挥作用甚微，虽然我国《未成年人保护法》第6条规定了保护未成年人，是国家与社会各界的责任。对未成年人合法权益的侵犯，无论行政机关、司法机关、被授权社会组织，都进行适当的干预和全面的监督，其他单位或个人也应举报相关情况。但是，该规定过于概括，也没有规定监护干预的具体程序和干预措施。统计数据显示，自《关于依法处理监护人侵害未成年人权益行为若干问题的意见》出台后，截至2016年8月份，全国54起撤销监护权案件中，有38起案件（70.4%）没有任何组织机构进行前期干预或者修复监护关系。

监护干预制度的缺位也阻碍了民政部门儿童福利工作的顺利开展。容易导致民政、

---

[1] 刘金霞："监护监督的必要性及其制度构建"，载《西安电子科技大学学报（社会科学版）》2017年第1期。

公安等部门即便很清楚一些儿童长期处于缺乏有效监护的生活中，但是由于没有相应的监护干预配套制度，而无法对这些儿童的处境实施有效的干预。

（三）监护替代制度缺位

监护替代制度是指对父母死亡、没有监护能力、因故无法履行监护职责、有监护侵害行为等情形的，通过委托监护、临时监护、重建监护等方式替代，保障未成年人的监护权益。

对于委托监护，指的是父母双方或者一方通过委托的方式为未成年人设定监护人的制度。目前我国仅在《未成年人保护法》第 16 条中规定，"父母因外出务工或者其他原因不能履行对未成年人监护职责的，应当委托有监护能力的其他成年人代为监护。"除此之外，并无具体的细化规则与之相匹配，且实践中，该条文适用极少。

而临时监护制度，指"当未成年人家庭监护难以完成对未成年人的监护职责时，政府应当采取临时监护措施，弥补未成年人家庭监护的不足"。[1]根据《未成年人保护法》第 43 条规定，救助保护机构承担流浪乞讨等生活无着未成年人临时监护责任，但现有法律法规并没有对临时监护职责作出明确的规定和界限。如果在救助保护过程中出现流浪未成年人自残、走失、逃跑、自杀、意外死亡或造成第三方损害等情况，救助保护机构将可能承担法律责任。[2]实践中，民政部门在开展救助福利工作时，由于缺乏相关的约束和责任承担的法律依据，常常陷入两难的境地，不愿介入实施救助。

重建监护也是监护替代制度中的一个重要制度。如何使未成年人在遭遇侵害时，第一时间得到良好的临时照料，使其免受二次伤害，如何使监护权撤销后未成年人能得到长期稳定的安置，是亟待解决的问题。未成年人监护权转移的真正难题，不在于撤销监护人资格本身，而在于撤销监护权后监护人的选任。[3]在 54 起撤销监护权案例中，一个有趣的现象是谁申请撤销，最后监护权就归谁。实践中，这一现象也会使民政部门在开展儿童福利工作时产生犹豫，因为一旦启动程序，就意味着要管到底，承担起重建监护的责任。

三、儿童福利机构需进一步完善

（一）建立专门的统筹机构

我国负责儿童工作的职能部门众多，例如民政部门负责孤残儿童、流浪儿童、受艾滋病影响儿童等困境儿童的救助和发展，公安司法部门负责儿童保护，教育部负责适龄儿童教育，卫健部门负责儿童的预防接种、身体健康等，妇联等群团组织也承担相应的儿童工作职责。这是根据各个职能部门的法律属性确定的儿童福利工作职能，形成了分工负责的儿童工作机制。然而，将儿童福利工作的职能分散到不同的部门中，缺乏统筹协调、战略发展、负责儿童福利具体事务的专门儿童福利机构，会使各部门

〔1〕 马东："我国未成年人监护制度法律问题"，载《预防青少年犯罪研究》2017 年第 1 期。
〔2〕 马东："我国未成年人监护制度法律问题"，载《预防青少年犯罪研究》2017 年第 1 期。
〔3〕 谷新宇："我国未成年人国家监护制度研究"，宁波大学 2017 年硕士学位论文。

之间权限模糊、法律责任缺失，陷入"责任稀释"的困境，在儿童福利工作中，难以发挥有效的救济和保障作用，其不仅导致综合性处理儿童福利事务的能力减弱，而且也会降低单个部门的儿童工作能力。

儿童福利工作不仅缺乏部门间的协调机构，而且在儿童福利的专门机构——民政部门内部，曾长期缺乏专门的儿童福利部门，儿童福利工作分散在各个司局处室中。纵观各国儿童福利行政和管理，设立专门的儿童福利或儿童事务管理机构业已成为保护儿童权益的共识。例如，美国作为最早提出"儿童福利"的国家，早在1909年就设立了联邦儿童局，负责儿童福利工作的规划、辅助和监导，另外各州也相应设置儿童与家庭服务局（处），日本在厚生劳动省下设了儿童家庭局，儿童家庭局下设总各课，负责对全国儿童和妇女福利做整体部署规划，在各级地方政府设有福利部，负责门（局）或民生部门（局），下设儿童司或者儿童福利司，负责儿童救助和福利的执行，[1]同时在都府县均设有儿童咨询机构、儿童福祉事务机构和儿童保健机构。[2]另外，英国设立了儿童福利与保护政策部，德国有联邦青少年家庭事务部；挪威有儿童与平等事务部，是儿童政策核心执行机构。[3]

2016年9月，民政部统一将之前由各个司、局分管的有关儿童福利与保护工作的内容，全部并入了社会事务司，由社会事务司统一开展有关儿童保护的工作。相比从前，将儿童保护工作统一归到一个司来说，这是一个很大的发展和进步，但是随着儿童保护工作的不断开展，一个司的力量局限性已经逐步显现出来，需要成立专门的儿童福利部门来开展儿童保护的工作。2018年底，民政部内设机构改革，新增设立儿童福利司，统筹儿童福利工作，这是具有里程碑意义的进步。

另外，不管是从实际操作机制中，还是从国际经验中，儿童福利制度的趋势都是要建立专门的儿童福利统筹机构，以加强部门之间的沟通、协调、联动，并且设立儿童福利专门经费，由该统筹机构统一协调，其他相关职能部门予以配合。需要建立专门的儿童福利协调机构来统筹负责儿童福利的工作，还需继续整合分散到各部门、组织的儿童福利职能规划与管理资源，成立专门的协调机构，统筹儿童福利、战略发展与具体事务，唯有如此，才能够真正对儿童群体的福利进行具体规划、管理，落实各项具体政策。

（二）区域发展需进一步协调

随着国家经济社会的不断发展，儿童福利事业也在不断开展，整体上儿童福利的水平一直在提高。但是，我国的经济社会发展的特性也逐渐在儿童福利事业中体现出来。我国经济社会一直呈现出区域发展不协调，城乡发展分立的局面，这也在儿童福利事业中极大地显现出来。"城市和农村的发展都需要国家公共服务的供给，但是资源

〔1〕　陈斌："日本的儿童保护制度"，载《学习时报》2015年8月13日。
〔2〕　卢亦鲁："日本儿童福利机构的人力资源配置"，载《社会福利》2009年第11期。
〔3〕　吴鹏飞、余鹏峰："我国儿童福利权保障法制化的实现路径"，载《北京青年研究》2015年第2期。

是有限的，分配给城市的多了，分配给农村的自然就少。"[1]虽然国家在农村儿童福利方面也给予了适当的倾斜，包括2007年教育部《关于进一步做好农村义务教育经费保障机制改革有关工作的通知》，2010年原卫生部、民政部联合发布的《关于开展提高农村儿童重大疾病医疗保障水平试点工作的意见》，都是从政策上重视农村儿童福利保障。

但是，我国城乡儿童福利发展状况仍然呈现出不均衡的特点。根据第六次人口普查数据显示，县级单元是我国农村人口聚集的重点地区，县级单元的农村人口占全国农村人口的60%，而农村中需要福利保障的困境家庭儿童数量是城市同类儿童数量的4倍。[2]不同于城市服务儿童的相对集中，乡村儿童存在分散、受教育条件差的特征。但现状是乡村普遍缺少必要的基层儿童福利设施，广大留守儿童的生活、教育等基本权益难以得到保障，如表4-1所反映的数据，在我国农村公共财政教育事业费用中，普通小学和普通初中的平均到每个学生的预算都达不到全国的平均标准，更比不上城市的平均预算费用。巨大的需求与供给不相匹配，容易引发诸多不良社会问题。针对城市和乡村儿童福利情况与需求的不同，民政部在乡村地区设置了"儿童福利主任"模式试点工作，并于河南、四川等5省120个村开展乡村基层儿童服务，探索乡村儿童福利供给模式。

表4-1　2013-2017年全国农村公共财政预算教育事业平均费用小学生和初中生对比表

年份	普通小学			普通初中		
	农村（元）	全国（元）	差额（元）	农村（元）	全国（元）	差额（元）
2013	6854.96	6901.77	46.81	9195.77	9258.37	62.60
2014	7403.91	7681.02	277.11	9711.82	10 359.33	647.51
2015	8576.75	8838.44	261.99	11 348.79	12 105.08	756.29
2016	9246.00	9557.89	311.89	12 477.35	13 415.99	938.64
2017	9768.57	10 199.12	430.55	13 447.08	14 641.15	1194.07

数据来源：2013-2017年每年教育部公布的《全国教育经费执行情况统计公告》。

(三) 需增加专业人员

当前，在儿童福利事业中，专业人员的缺乏也影响到儿童福利队伍的建设和事业的发展。"儿童福利服务以服务儿童、改变儿童和发展儿童为宗旨，具有很强的专业性要求。普惠型儿童福利制度的发展需要推动专业化儿童福利服务人员队伍建设，实现

---

〔1〕 郭熙保、崔文俊："我国城乡协调发展：历史、现状与对策思路"，载《江西财经大学学报》2016年第3期。

〔2〕 王思源等："我国城乡儿童福利设施状况、问题与体系建议——基于'幼有所育'的儿童福利事业发展目标"，载《社会福利（理论版）》2018年第10期。

服务的专业化。"〔1〕

当前我国儿童福利事业的状态是专业人员严重缺乏,从事儿童福利的工作人员又由于人手不足、工作繁忙等原因缺乏专业、系统的技能培训,专业素质不高。从工作人员的数量角度来看,难以满足日益增长的对困境儿童的照顾需求。一方面,工作人员整体素质较低,专业人员缺乏。从社会工作师看,2016 年在儿童收养救助服务机构中从事社会工作的社会工作师仅 651 人,占全国从事社会服务的社会工作师的 1%。〔2〕除此之外,我还缺少专门的体疗师、娱乐师、心理治疗员、音乐治疗员、语言治疗师等。另一方面,收养人员与工作人员的增长速度也偏低。根据 2016 年《中国民政统计年鉴》显示,2016 年收养登记合计 18 736 件,相比 2015 年 22 348 件减少了 16.2%。工作人员的增长速度与收养儿童的增长速度也不相适应,相比发达国家 1:1 的比例,〔3〕仍然有较大的差距。

四、儿童福利体系需进一步完善

不管是从经济社会发展的繁荣程度与福利制度的不平衡,还是从特殊困境儿童、困难家庭儿童、问题儿童群体获得的福利保护措施来看,我国的儿童福利体系都是不完善的,无法充分保障困境儿童的合法权益,也与我国经济社会的繁荣程度不相适应。总体上来看,由于缺失《儿童福利法》和《家庭福利法》,使得我国儿童福利体系缺失了许多至关重要的部分,包括对儿童保护基本原则、保护责任主体,以及社会组织参与、服务对象范围的内容规定。

(一) 尽快树立儿童福利基本原则

儿童福利的基本原则应当是儿童福利的核心理念、总的纲领和基本方针。《未成年人保护法》第 5 条所规定的保护未成年人的三大原则并不具有儿童福利基本原则的性质,也未能将未成年人保护最核心的理念表达清晰,不利于指导和规范未成年人保护。我国也并未确立《儿童权利公约》所规定的儿童最大利益原则和非歧视(平等保护)原则,另外,作为我国儿童福利事业目标转变的理论依据——国家亲权理论,至今并没有被规定为儿童福利的基本准则。

根据《儿童权利公约》的规定,首先,儿童最大利益原则的基本内涵是指关于儿童的一切行为均应以儿童的最大利益为首要考虑。尽管儿童最大利益原则存在内涵模糊的批评,但儿童最大利益原则强调了实施儿童保护时的基本立场,因此应当被确立为儿童保护的基本原则,应用于儿童福利制度。

根据《儿童权利公约》的规定,非歧视(平等保护)原则是指不因未成年人或其

---

〔1〕　程熙:"社会福利转型下普惠型儿童福利制度的构建",载《戏剧之家》2017 年第 15 期。

〔2〕　参见中华人民共和国民政部编:《2016 中国民政统计年鉴——中国社会服务统计资料》,中国统计出版社 2016 年版,第 92 页。

〔3〕　成海军:"从中外儿童福利院舍照顾的比较与变化看我国儿童福利的发展方向",载《社会福利》2003 年第 10 期。

父母或法定监护人的种族、肤色、性别、语言、宗教、政治或其他见解、民族、族裔或社会出身、财产、伤残、出生或其他身份而有享有权利的任何差别。针对我国现阶段未成年人保护中实际存在且突出存在的未成年人权利保护不平等现象，缺乏平等保护的基本原则地位不但会加剧这种不平等的现象，还会衍生出一些儿童福利问题。

国家亲权原则的含义有三："一是主张国家居于未成年人最终监护人的地位，负有保护未成年人的职责，并应当积极行使这一职责；二是强调国家亲权高于父母亲权，即便未成年人的父母健在，但是如果缺乏保护子女的能力以及不履行或者不适当履行监护职责的时候，国家可以超越父母的亲权，有权也有责任对未成年人进行强制性干预和保护；三是国家在充任未成年人的'父母'时，应当为了孩子的利益行事，即应以孩子的福利为本位。"[1]儿童福利体系尚未确立国家亲权的基本原则地位是一个重大的疏漏。忽视国家责任，不仅不利于更新我国儿童福利滞后的传统理念，也不利于推动建立适度普惠型儿童福利制度。

（二）扩大儿童福利范围

新时代我国儿童福利对象的结构发生了变化，但是儿童福利保护的范围仍然十分有限。传统上保障的儿童福利对象——"三无"孤儿，即无依无靠、无家可归、无生活来源的孤儿、弃婴、残疾儿童等越来越少。国家统计局 2017 年对《中国儿童发展纲要（2011-2020 年）》的监测报告显示，孤儿数量连续 5 年持续减少，2017 年全国共有孤儿 41 万人，比上年减少 5.1 万人；[2]对于"三无"孤儿，我国的儿童福利制度已经具备了稳定的保障能力。

但是，随着我国社会经济的不断发展，新的问题涌现出来，儿童福利事业也出现了新的目标群体，困境儿童、留守儿童等群体不断出现，数量不断增长。针对这一部分儿童的福利保障，一定程度上还存在着缺位。

"南京饿死女童案"发生后，民政部开始推行未成年人社会保护试点，在此基础上，于 2016 年先后颁布未成年人保护的规定。《关于加强农村留守儿童关爱保护工作的意见》以及《关于加强困境儿童保障工作的意见》，将困境儿童界定为："因家庭贫困导致生活、就医、就学等困难的儿童，因自身残疾导致康复、照料、护理和社会融入等困难的儿童，以及因家庭监护缺失或监护不当遭受虐待、遗弃、意外伤害、不法侵害等导致人身安全受到威胁或侵害的儿童。"该概念大大扩展了儿童保护的范围，几乎将因各种原因导致家庭无法给予充分保障而处于困境中的儿童均纳入了国家应当提供福利支持的范围。但是，这仅仅将儿童福利的关注点从孤残儿童扩展到一些其他困境儿童，覆盖范围仍十分有限，还有许多困境儿童没有被关注到。

（三）落实执法责任主体

在我国，一方面，自古以来一个根深蒂固的观点是"养育儿童是家庭的责任"，国

---

〔1〕 姚建龙：《权利的细微关怀》，北京大学出版社 2010 年版，第 48~49 页。

〔2〕 国家统计局：《2017 年〈中国儿童发展纲要（2011—2020 年）〉统计监测报告》，载 http://www.stats.gov.cn/tjsj/zxfb/201811/t20181109_1632537.html，访问日期：2018 年 12 月 25 日。

家不需要大力支持家庭抚养儿童，这便导致家庭的负担很重；国家不支持同时也就不过多干预家庭，致使儿童权益有时在家庭中遭受侵害却没有办法得到保护。另一方面，国家也一直认为目前社会经济发展水平还不足以建立一个政府主导的儿童福利制度。在这种理念下，家庭成为最重要甚至唯一的福利提供主体，只有在家庭或亲属都不起作用的情况下，国家才介入，国家的这种介入是一种有限的介入。因此，我国一直以来便缺乏明确的执法责任主体以及未成年人保护与福利的负责部门，这需要改进。

直至 2013 年，政府开始在儿童福利保护中走向前台。例如，明确了民政部门在提起剥夺监护权诉讼中的"托底起诉"责任、剥夺监护诉讼期间的"临时监护"责任以及剥夺监护之后对被侵害未成年人的"托底保障"责任。这一法案确立了即便父母还健在的情况下，政府也可以因为其监护侵害行为而进行干预直至剥夺监护权的规则。但是，在法律层面依然没有明确儿童福利的执法和责任承担主体。

（四）福利政策支持儿童和支持家庭再平衡

改革开放以来，我国的儿童福利政策所针对的目标一般是孤残儿童、困境儿童自身，对其进行保护和救助，但是并没有对这些儿童的家庭进行相应的帮助和保护，将儿童自身与家庭割裂开来，这样的制度设计难免会发生"头痛医头，脚痛医脚"这样治标不治本的效果。"相比之下，西方很早便开始关注以家庭为核心的福利设计。美国早在 1972 年就在宾夕法尼亚州建立了家庭支持项目，鼓励残疾儿童与家庭共同生活并从社区获得必要服务，形成了'州政府出钱，社区提供服务'的制度模式；英国也于1989 年正式明确了家庭支持福利的原则，强调父母与儿童权利的平衡、支持父母履行职责、与家庭成员成为合作伙伴等重要价值观。"[1]

五、儿童福利制度的执行问题

（一）应扩大财政支持

随着困境儿童数量的不断增加，我国的儿童福利事业越来越呈现出供不应求的局面。从财政支持方面看，我国政府对儿童福利事业的投入资金占政府 GDP 的比例较低，投入不足且经费分配不均衡。2015 年我国儿童福利支出占公共财政总支出比重仅为0.056%，占 GDP 的比重为 0.021%。与美国、英国儿童家庭福利支出占 GDP 的比重3% 左右相比，差距比较明显。另外，根据 2016 年《中国民政统计年鉴》数据显示，2016 年民政社会服务事业费总计 5440.2 亿元，用于儿童福利仅 56.3 亿元，仅占1%。[2]

虽然儿童福利的支出主要集中在教育支出上，但从教育经费在各教育阶段间的分配比例上看，学前教育所占比例远远低于其他阶段教育。"以 2016 年为例，据统计，2016 年全国教育经费总投入为 38 866 亿元，占 GDP 的 4.22%；其中，全国学前教育经

---

〔1〕　满小欧、李月娥："西方困境儿童家庭支持福利制度模式探析"，载《北京社会科学》2015 年第 11 期。

〔2〕　参见中华人民共和国民政部编：《2016 中国民政统计年鉴——中国社会服务统计资料》，中国统计出版社 2016 年版，第 88 页。

费总投入为 2802 亿元，仅占 GDP 的 0.38%。目前，国家对其他阶段教育的财政投入远高于作为基础教育重要组成部分的学前教育，应继续加大学前教育经费投入力度。"[1]

另外，儿童福利事业上中央与地方政府财政支出不均衡，在一定程度上也不利于儿童福利事业的发展。例如，政府在义务教育上的支出责任分配不具体，地方统筹利用自有财力、中央转移支出及税收返还占到全国财政教育支出的 80%，中央政府的直接教育支出责任仅占 20%，而国外多由中央政府直接承担教育经费的支出责任。[2]另外，中央委托地方落实儿童福利政策、履行中央的支出责任多数需要地方政府的配套资金。然而，在地方财政税收项目减少的情形下，中央政府实行儿童福利财政保障政策无疑是加大了地方政府在儿童福利项目上的支出责任。[3]这种中央与地方政府财政支出的不平衡，也造成了儿童福利事业总体发展与我国经济发展不相适应，区域发展由于地方政府各自财政收支的差异也极不均衡的局面。

（二）加强社会组织参与

儿童福利事业并不只限于家庭、政府的参与，社会组织也应当参与进来，在儿童福利事业中发挥其优势，弥补政府、家庭的缺陷，发挥其独到的功能。"2012 年获得中央财政支持的 377 个社会组织服务项目中，儿童类的服务项目有 102 个，占 27%，实际项目资金总额 1.94 亿元，其中，儿童类服务项目资金 5700 万元，占到了 29%。"[4]

虽然当前社会组织在儿童福利领域蓬勃发展，但是，整体上看我国儿童福利的资源提供者仍然主要是家庭和国家，而不是社会组织。"国内社会组织等社会力量参与儿童福利事业还仅仅停留在做公益项目的阶段，对儿童福利领域的制度创新，推动公共决策的合理化做得还不多，建言献策的作用还没有充分发挥。虽然制定儿童福利政策与法规是政府的事，但社会组织有丰富的实践经验，具有'通道'的作用，可以帮助民政部门将社会力量在服务儿童过程中形成的成功模式和有效经验，及时上升为政策或制度，为儿童提供更具有持久性、稳定性的支持，在儿童福利保护中起到不可或缺的作用。"[5]

目前，社会组织参与儿童福利的领域包括儿童的大病救助、临时医疗救助，儿童非营利托管服务，自闭症儿童的康复服务，流动儿童、留守儿童的素质教育发展及社会融合服务，服刑人员子女的救助服务等，总体上看参与服务种类多样，提供了不同领域的专业服务，但是仍然存在着许多发展过程中的问题。首先，社会组织许多还没有按照规定登记注册，自办的组织资金也十分紧张，管理不透明，难以使公众信服。其次，社会组织在提供服务过程中与政府的互动关系不明确，也会影响社会组织的发

---

〔1〕 蔡秀云、李雪臣："我国儿童福利事业发展现状分析"，载《经济研究参考》2017 年第 53 期。

〔2〕 吴鹏飞："中国儿童福利财政保障的路径分析"，载《湖湘论坛》2018 年第 6 期。

〔3〕 吴鹏飞："中国儿童福利财政保障的路径分析"，载《湖湘论坛》2018 年第 6 期。

〔4〕 北京师范大学中国公益研究院：《中国儿童福利政策报告 2013》，载 http://www.childwelfarecn.org/law/report/2908.html，访问日期：2019 年 1 月 2 日。

〔5〕 朱洪："儿童福利机构内社会力量的引进与发展"，载《社会福利》2017 年第 2 期。

展。从十年来上海预防和减少犯罪工作体系中政府购买服务制度的实施经验来看，政社关系一直是制约青少年社会工作服务发展的主要因素。对于社会组织和社会工作者来说，提升其对青少年法律、福利、教育、服务等各项政策的理解能力，了解政府部门尤其是街镇地方政府，以及公检法司等职能部门的工作职责、权力和资源运作方式，具备与政府部门的沟通交流能力，是青少年社会组织和社会工作者需要具备的基本能力，必须重点培育。[1]再次，社会工作者参与范围不明确，影响其服务质量。许多社会组织的工作人员身上都存在这种现象，"不少从事专业社会工作的人员起初踌躇满志，但是在强大的行政事务压力下会逐渐淡忘社会工作的专业使命和立场，学会行政化的工作方式，逐渐挤占社会工作的发展空间"。[2]最后，随着社会经济的发展，适度普惠型儿童福利制度逐步深入，儿童福利的范围也在扩大，困境儿童数量增多，社会组织在家庭、政府、社会的关系模式中所处的地位不清晰，难以应对逐渐增长的儿童福利保护的需求。

我国目前儿童福利事业中社会组织参与所发挥的作用还不明显，存在多方面的原因。首先，我国儿童福利的社会组织处在初期发展阶段，自身发展还不成熟。社会工作者薪酬水平较低，社会地位和认可度不高，容易造成本身就不充足的社会工作者流失。专业社会工作者培养机制也不完善，专业教育偏向于理论学习，欠缺实务工作和经验，专业化不足。其次，社会组织在儿童福利事业中的参与有多种形式，但都需要社会组织成员与儿童福利院等机构的良好沟通和支持，但是儿童福利院等机构自身的秩序规范、实际需求、规章制度社会工作者并不熟悉，会给其参与儿童福利事业造成一定的阻碍。

社会组织在儿童福利事业中存在着人力不足、专业性和规范性欠缺等问题，需要在新时代儿童福利的发展过程中逐渐完善。儿童福利制度的发展应当运用多方资源，多方共同参与。因此，发展新时代儿童福利应当重视社会组织的作用，提高其在儿童福利事业中的参与程度。

（三）确立儿童福利的监督机构

负责我国儿童福利监督和保障的机构主要是行政管理机构和司法机关。行政机构在中央层面由民政部负责，民政部机构改革前主要有三个部门：一是社会福利和慈善事业促进司有专门的儿童福利处；二是社会事务司有一个处，负责流浪儿童问题；三是有个局级的中国儿童福利和收养中心。在各级行政机构层面，主要是各级民政部门，以及负责巡查、劝导、护送流浪儿童的公安部门。由此可见，我国儿童福利制度实施、监督的最高行政机构层级曾经一度仅为民政部部属的处级办公室，且有关儿童福利工作的职能分散在不同的处室，职权、资源和人力都是分散的，这种局面根本不足以应对整个国家的儿童福利监督和保障工作。

---

〔1〕　费梅苹："上海青少年社会工作专业化发展的十年回顾与展望"，载《青年学报》2014年第4期。

〔2〕　张柳青："机构儿童社会工作发展路径"，载《社会福利（理论版）》2012年第10期。

我国的儿童福利制度除了在行政监督保障方面存在缺位，在司法监督方面也存在缺位。在司法监督保障方面，由于我国还没有就儿童福利制度进行专门立法，目前已有的法律规范和国务院、民政部等相关部门颁布规章和政策又因过于抽象、执行监督力度不够、缺乏罚则以及监督主体等原因，根本不足以规范和指导司法机关在儿童福利保护方面的工作，导致了现行司法机关在儿童福利监督方面的缺位。[1]

六、儿童福利政策法规需进一步完善

近年来，我国在未成年人保护方面做出的努力和取得的成果有目共睹，但是，由于社会经济发展的制约以及历史方面的原因，我国在未成年人保护方面的一些法律法规还不健全，与儿童最大利益原则尚有一定的距离。

虽然当前我国已经出台了一些儿童福利政策法律法规，包括我国加入的国际公约《儿童权利宣言》《儿童权利公约》，国家法律层面的《未成年人保护法》《收养法》《义务教育法》等；中央政府层面的《国务院关于加强困境儿童保障工作的意见》（国发〔2016〕36号）、《国家中长期教育改革和发展规划纲要（2010-2020年）》《中国儿童发展纲要（2011-2020年）》等，部委层面的执行性政策法规，如2010年国务院办公厅下发《关于加强孤儿保障工作的意见》，提出要建立健全与我国经济社会发展水平相适应的孤儿保障制度，这是新中国成立以来第一次制订的具有普惠意义的政策性文件；民政部《关于开展适度普惠型儿童福利制度建设试点工作的通知》（民函〔2013〕206号），最高人民法院、最高人民检察院、公安部、司法部联合发布的《关于依法办理家庭暴力犯罪案件的意见》（法发〔2015〕4号），乃至地方政府各自出台的执行性政策法规，如上海市《关于加强本市困境儿童保障工作的实施意见》（沪府发〔2017〕32号）等。

但是，儿童福利政策法律法规体系仍然具有许多方面的缺位，这也是影响我国目前儿童福利工作开展不容忽视的问题。儿童福利作为国家整个社会福利体系的重要环节，应该在立法层面上得到更多的重视。现行法律是各国儿童福利发展的重要国际经验。我国现有专门针对儿童的立法只有《未成年人保护法》《预防未成年人犯罪法》《义务教育法》少数几部，还尚未出台一部完备的具有基本法性质的《儿童福利法》，现有法律法规对儿童福利的涵盖面不够，法律法规的规定也相对原则，致使系统的、专门的、独立的儿童福利法律体系尚未形成。[2]另外，在仅有的几部关于儿童福利的法律法规当中，还没有明确政府在儿童福利事业中的角色，即应当承担起"第一责任人"的责任，缺乏一个根本性的儿童福利制度安排。儿童福利政策也存在分散、碎片化的情况，指导意义大于实践意义，同时也缺少统一规范，政策的适应性不强。

---

〔1〕 邓元媛："我国儿童福利法律制度运行缺陷原因分析及对策研究"，载《长沙民政职业技术学院学报》2013年第3期。

〔2〕 蔡秀云、李雪臣："我国儿童福利事业发展现状分析"，载《经济研究参考》2017年第53期。

第三节 新时代儿童福利制度发展的机遇

新时代儿童福利制度建设应贯彻习近平新时代中国特色社会主义思想和关于民生民政工作的重要指示精神，秉承"民政为民、民政爱民"的工作理念，坚持福利本位，推动建立新时代儿童福利的工作新格局、新篇章。发展新时代儿童福利制度，我国目前具有多个方面的优势和机遇，能够为新时代儿童福利工作提供良好的保障和助力。

一、体制优越，政令畅通

改革开放以来，在党的领导下，中国的经济社会发展以史无前例的速度和规模取得了巨大的进步。体制的优越性，首先体现在社会主义能够比资本主义更好更快更有力地发展生产力，改善人民群众的生活水平。"中国以人类历史上前所未有的速度和规模取得了卫生、教育、科学和总体生活水平方面的进步。英国《经济学人》周刊报道，今天以多项标准来看，中国都是全世界最有力的经济引擎。中国人均 GDP 正接近 1 万美元。"[1]前南联盟外交部部长、现塞尔维亚贝尔格莱德"平等世界"论坛主席日瓦丁·约万诺维奇表示，"中国已成为世界经济复苏的火车头，对全球经济增长贡献率高达 30%以上，超过了美国、欧元区和日本的总和，居世界第一"。[2]

首先，我国政治体制的优势离不开党的领导，党的领导始终保持着先进性与纯洁性，直接决定了我国政治制度的优越程度。"一方面，中国共产党将马克思主义理论与中国的实际情况相结合，创造性地发展出了中国特色社会主义理论体系，为中国的可持续发展奠定了理论基础。另一方面，中国共产党特别重视反腐败，维持自己的合法性，并且确保经济效率，在世界上是独一无二的。中国共产党是拥有高度组织性的政党，它使得我国政治体制具有强大的凝聚力和行动能力。"[3]发展新时代儿童福利制度，离不开具有强大凝聚力和行动能力的体制，这种凝聚力和行动力保障了儿童福利从补缺型向适度普惠型并最终向普惠型的过渡。不管是立法、机构统筹、有效服务管理，还是团结社会组织、培养专业人员等方面，都离不开党的有力领导，都要依托于完备的政治体制。

其次，我国的政治体制能够同时兼顾鼓励发展和公平。"一种社会制度是否优越，要体现在是否保持经济发展的持续性和兼顾财富分享的广泛性上。资本主义社会以私有制为基础，不可能解决贫富悬殊和社会不公。中国制度的优势在于，由一个执政党

---

[1] 李清泉："世界称赞中共十九大是'全球盛事'"，载 http://www.zgg.org.cn/xwdd/201711/t20171105_670055.html，访问日期：2019 年 1 月 2 日。

[2] 李清泉："中国制度优势赢得世界瞩目"，载 http://theory.people.com.cn/n1/2017/1213/c40531-29703207.html，访问日期：2019 年 1 月 4 日。

[3] 李清泉："中国制度优势赢得世界瞩目"，载 http://theory.people.com.cn/n1/2017/1213/c40531-29703207.html，访问日期：2019 年 1 月 9 日。

全面考虑并权衡以上两个方面，在鼓励创新并推动私营部门发展的同时，兼顾财富的分享。"[1] 拥有这样兼顾减小贫富差距和财富分享的制度，是新时代儿童福利工作的重要基石和保障，推动适度普惠型儿童福利制度保障范围的扩大、保障力度的增强，从而逐渐向普惠型儿童福利制度发展。

再次，从政治体制方面来说，我国的政治体制更加完备和具有可持续的特点。"政治是经济的集中反映，政治制度是否优越，要看能否促进经济繁荣发展和社会长治久安。中国取得的成绩让外界对中国政治制度的疑虑逐渐消除，中国应继续坚持适合自身发展并且带来成效的道路和制度体系。"[2] 对于新时代儿童福利工作而言，完备的政治体制保证了儿童福利工作统筹多部门事务，协调部门利益，上令下从，政令畅通，基于体制的优势，可以顺利开展儿童福利工作，举全国上下之力，推动新时代儿童福利制度的发展。

二、方向明确，目标坚定

改革开放以来，在党和政府的重视、关怀下，我国儿童福利事业取得了长足发展。尤其是十八大以来，2014 年民政部开始在全国进行首批未成年人社会保护试点，正式开始了推动补缺型儿童福利向适度普惠型儿童福利转变的进程。2014 年，又开展了第二批试点。这一试点大大拓展了民政部门在儿童保护中的职能和所关注的儿童范围，尽管引起了民政系统内部尤其是基层民政部门的不理解甚至一定的争议，但庆幸的是民政部高层仍然坚定地推行了这一试点改革，并且受到了中央的肯定。在民政部社会保护试点的基础上，国务院在 2016 年先后出台了《关于加强农村留守儿童关爱保护工作的意见》和《关于加强困境儿童保障工作的意见》，将"国家层面对特殊儿童关爱的视角从孤儿、流浪乞讨儿童等拓展到了留守儿童与困境儿童"。除此之外，民政部也开展了其他试点，并且都取得了很大的成效。

十九大报告为我国儿童福利事业指明了方向，坚定了儿童福利事业的目标。"坚持在发展中保障和改善民生，增进民生福祉是发展的根本目的。必须多谋民生之利、多解民生之忧，在发展中补齐民生短板、促进社会公平正义，在幼有所育、学有所教、劳有所得、病有所医、老有所养、住有所居、弱有所扶上不断取得新进展，深入开展脱贫攻坚，保证全体人民在共建共享发展中有更多获得感，不断促进人的全面发展、全体人民共同富裕。建设平安中国，加强和创新社会治理，维护社会和谐稳定，确保国家长治久安、人民安居乐业。"[3] 十九大报告将"幼有所育"放在新时代增进民生

---

〔1〕 李清泉："中国制度优势赢得世界瞩目"，载 http://theory.people.com.cn/n1/2017/1213/c40531-2970320 7.html，访问日期：2019 年 1 月 9 日。

〔2〕 李清泉："中国制度优势赢得世界瞩目"，载 http://theory.people.com.cn/n1/2017/1213/c40531-2970320 7.html，访问日期：2019 年 1 月 9 日。

〔3〕 习近平："决胜全面建成小康社会 夺取新时代中国特色社会主义伟大胜利——在中国共产党第十九次全国代表大会上的报告"，载 http://cpc.people.com.cn/n1/2017/1028/c64094-29613660.html，访问日期：2018 年 12 月 20 日。

福祉的首要位置，并提出新时代的"幼有所育"有两个基本目标：一是让幼儿接受必要的早期教育；二是让幼儿得到健康、安全、稳定的养育。彰显出关爱儿童的伟大情怀，也体现出加强儿童福利制度建设的重要性。

十九大报告指出从现在到 2020 年，是全面建成小康社会决胜期。"从十九大到二十大，是'两个一百年'奋斗目标的历史交汇期。我们既要全面建成小康社会、实现第一个百年奋斗目标，又要乘势而上开启全面建设社会主义现代化国家新征程，向第二个百年奋斗目标进军。"〔1〕"小康社会"是由邓小平同志在 20 世纪 70 年代末 80 年代初提出的，全面建成小康社会在党的十八大报告中首次正式提出。全面建成小康社会提出了五项指标，其中社会建设方面的指标是：加快发展社会事业，全面改善人民生活。现代国民教育体系更加完善，终身教育体系基本形成，全民受教育程度和创新人才培养水平明显提高。社会就业更加充分，覆盖城乡居民的社会保障体系基本建立，人人享有基本生活保障。合理有序的收入分配格局基本形成，中等收入者占多数，绝对贫困现象基本消除。人人享有基本医疗卫生服务，社会管理体系更加健全。在十九大报告的指引下，新时代儿童福利事业明确了发展的方向，树立了由适度普惠型到全面普惠型的目标。未来的发展便是朝着建立普惠型儿童福利制度迈进，不断完善儿童福利水平，提高儿童福利质量。

三、基础扎实，运转有序

回顾历史，儿童福利事业从未缺席，奠定了深厚的制度基础，总结了许多优秀的历史经验，未来也仍然会坚持和发展儿童福利。

中国传统文化道德观蕴含了许多深刻的社会福利思想。儒家思想倡导政治秩序和社会稳定，主用"仁爱"，主张人应尊重生命，互相关爱。《周礼》从爱幼、养老、济贫、救灾、医疗、安福等六个方面对社会福利做了较为完整的描述。儿童福利自古就存在于中国主流的福利思想体系中，"儿童观是儿童福利的来源"。〔2〕

1978 年对于中国有划时代的意义，是中国改革开放的元年，人民生活、科学教育、思想路线、政治方针等方方面面都进入了一个转变的新时期。儿童福利思想方面，政府机构、民政部和团中央、全国妇联等组织广泛开展儿童少年领域的拨乱反正，解放思想，更新观念。〔3〕这一时期的儿童福利政策内容主要从国务院和国务院各职能部门、地方人大与地方政府职能部门颁布、实施的各类行政法规、部门规章和政策规定中体现出来。1978 年 10 月，中国少年儿童组织恢复了"中国少年先锋队"的名称，重建中

---

〔1〕 习近平："决胜全面建成小康社会 夺取新时代中国特色社会主义伟大胜利——在中国共产党第十九次全国代表大会上的报告"，载 http://cpc. people. com. cn/n1/2017/1028/c64094-29613660. html，访问日期：2018 年 12 月 20 日。

〔2〕 陆士桢："中国儿童社会福利研究"，载《社会保障研究（北京）》2006 年第 2 期。

〔3〕 刘继同："当代中国的儿童福利政策框架与儿童福利服务体系（上）"，载《青少年犯罪问题》2008 年第 5 期。

国少年先锋队，并确定了队歌。1983 年，少年先锋队确立了"面向新世纪，造就新主人"的目标。在国家的引导下，全社会都更加重视儿童的发展，儿童的天性也被开发，儿童不仅仅是在学校中受到教育，此外，少年宫、展览馆、博物馆都向儿童开放，儿童的学习与娱乐也是儿童福利所应涵盖的内容，这一时期的儿童福利逐渐开始建立，儿童福利观念也得到了充实。1984 年 11 月 14 日，国际 SOS 儿童村组织赞助 160 万美元，为我国孤儿兴建 SOS 儿童村的签字仪式在北京举行。[1]1985 年 2 月 25 日，教育部、原国家计委、原劳动人事部、民政部联合发出《关于做好高等学校招收残疾青年和毕业分配工作的通知》，[2]该《通知》第 2 条明确规定"不应仅因残疾而不予录取"考生。残疾儿童（由青年溯及）在此被平等地视作"普通"的孩子，儿童福利涵盖面变宽，人们对待不同儿童的心态也随之更加包容。这一期间儿童福利制度仍主要以孤残儿童、流浪儿童等为主要的救助对象，具有补缺型儿童福利制度的特征。

1990 年是我国儿童福利事业发展史上具有里程碑意义的一年，这一年我国签署了《儿童权利公约》。公约将"儿童"界定为"18 岁以下的任何人"，并指出，各国应确保其管辖范围内的每一儿童均享受公约所载的权利，不因儿童或其父母或法定监护人的种族、肤色、性别、语言、宗教、政治或其他见解、国籍或社会出身、财产、伤残、出生或其他身份等而有任何差别。1991 年，全国人大常委会审议通过了《未成年人保护法》，我国儿童福利的法律政策体系自此有了一部独立的国家大法。1992 年，国务院妇女儿童工作协调委员会编制的《九十年代中国儿童发展规划纲要》开始贯彻实行。从这一时期开始，我国儿童福利事业开始蓬勃发展，保护范围越来越广泛，保护内容也越来越丰富，儿童收养救助机构也越来越多，我国儿童福利的理念也越来越深入人心。

21 世纪以来，我国儿童福利事业关注面更加广泛，服务内容更加全面。随着儿童福利事业的深入发展，儿童福利理念发生了转变，从"儿童是家庭的"到"儿童不仅是家庭的儿童，更是国家的儿童"。儿童福利服务对象在孤残儿童的基础上，提出了"困境儿童"的概念，困境儿童包括孤儿、事实无人抚养儿童、流浪儿童、受暴力侵害儿童、残疾儿童、艾滋病感染儿童、患重病或罕见病的儿童。《中国儿童发展纲要（2001~2010 年）》曾提到，我国"坚持儿童优先原则，保障儿童生存、发展、受保护和参与的权利"。其中传达出的儿童福利观念较之前我国主流儿童福利思想有了较大的进步，这里将儿童看作人，使儿童回归儿童，将儿童看作应受尊重的个体，儿童的需求应被关注和满足，国家和社会应为儿童提供合适的支持。儿童无限的创造力为国家

---

〔1〕 中华人民共和国民政部大事记编委会编：《中华人民共和国民政部大事记（1949~1986）》，中国社会出版社 2004 年版，第 297 页。

〔2〕 中华人民共和国民政部大事记编委会编：《中华人民共和国民政部大事记（1949~1986）》，中国社会出版社 2004 年版，第 304 页。

未来的建设发展提供充足的活力。[1]更有历史意义的是2011年国务院颁布了《中国儿童发展纲要（2011-2020年）》，其中增加了"儿童福利"章节。"儿童福利"这一概念在政府政策文件中以"十年规划"的形式出现，并首次列出了一项"儿童与福利"的内容，推动儿童福利制度由补缺型向适度普惠型转变。这一时期的发展是我国儿童福利历史上重大的一次进步，体现了国家亲权理论对儿童福利事业的影响，以及我国政府儿童福利理念的进步。

新时代儿童福利事业正是建立在这一系列发展历史之上的，它们都是中国特色的儿童福利政策框架与服务体系的组成部分，可以为新时代儿童福利事业的发展提供坚实的发展基础。儿童福利事业虽然仍然有很长的一段路要走，但是有了这些扎实的事业基础，会使新时代儿童福利事业的发展更为稳健有序。

四、经济基础雄厚

改革开放以来，随着经济社会的不断发展，积累了大量发展经验和成果，我国目前的经济基础已经十分雄厚。根据国家统计局统计公布的数据显示，2017年我国国内生产总值达到82.7万亿元，人均国内生产总值59 660万元，[2]平均下来，我国人均GDP约9023美元。根据财政部2018年发布的数据显示，我国财政收入也呈现出增长的趋势，2017年财政收入超过17万亿元，相比于2016年，2017年增长幅度为7.4%。[3]这些数据无一不反映了我国目前良好的经济基础和经济发展态势。但是，相比于惊人的国内生产总值和财政收入，儿童福利事业占国家财政支出的比例明显偏低，财政对于儿童福利事业的支持仍然不够。据《中国民政统计年鉴》中国社会服务统计资料显示，2015年儿童福利财政投入56.3亿元。从相对指标上看，儿童福利支出占社会服务总支出的比重仅为1%，占财政支出的0.03%。[4]而《中国儿童福利政策报告2016》显示，2015年孤儿基本生活费财政支出仅占当年国内生产总值的0.003%，[5]与其他经济发展相类似的国家相比，例如，巴西、俄罗斯等国家，这些国家财政对于儿童津贴的支出占到国家当年GDP的比例为0.5%、0.025%。因此，我国财政对于儿童福利支出还不够，相比于雄厚的经济基础，我国仍然存在着很大的增长空间。

因此，介于我国正处在良好的经济发展阶段，拥有着雄厚的经济基础，我国完全

---

〔1〕 杜宝贵、杜雅琼："中国儿童福利观的历史演进——基于改革开放以来的儿童福利政策框架"，载《社会保障研究》2016年第5期。

〔2〕 国家统计局：《中华人民共和国2017年国民经济和社会发展统计公报》，载http://www.stats.gov.cn/tjsj/zxfb/201802/t20180228_ 1585631.html，访问日期：2019年1月5日。

〔3〕 参见"财政部2017年财政收支情况新闻发布会实录"，载https://baijiahao.baidu.com/s？id=1590561373630117325&wfr=spider&for=pc，访问日期：2019年1月5日。

〔4〕 参见中华人民共和国民政部编：《2016中国民政统计年鉴——中国社会服务统计资料》，中国统计出版社2016年版，第103页。

〔5〕 参见北京师范大学中国公益研究院：《中国儿童福利政策报告2016》，载http://www.ruiwen.com/gongwen/diaochabaogao/117496.html，访问日期：2019年1月5日。

有能力也有条件增加财政对儿童福利的支出，推动新时代儿童福利事业的发展，最终建成普惠型儿童福利制度。

五、人口比率机遇

人口抚养比率也是发展新时代儿童福利制度的一个重要的考量标准。人口比率，即成年生产人口与儿童依赖的比率。

我国自计划生育政策开始推行以来，人口出生率便大大降低，此后便常年维持在稳定的水平，由表4-2也可以看出，在二胎政策出台前，我国的少年儿童抚养比年均变动不大。近年来，随着二孩政策出台，少年儿童抚养比略有上升。但是，由于观念的转变，以及抚养成本增加，人口出生率并没有如期望地大幅上升，可以从表4-2中看出，少儿并没有显著增加，少儿抚养比近五年趋于稳定。但是，随着现代化的深入发展，人口老龄化的加快，未来老年人口会显著增加，由此带来老年抚养比的显著上升。这种情况下，少年儿童的增长幅度小于老年人口的增长幅度，会造成社会后续劳动力供给不足，进入老龄化社会。目前，根据表4-2的数据可以看出，我国老年抚养比虽然仍然低于少年儿童的抚养比，但是近年来老年人口抚养比呈现出来的上升速度，已经高于少儿抚养比的上升速度，因此，提高儿童福利水平迫在眉睫，也是我国发展新时代儿童福利事业的重要机遇。

表4-2 中国人口抚养比（2013-2017年）

	2017年	2016年	2015年	2014年	2013年
总抚养比（%）	39.3	37.9	37.0	36.2	35.3
少年儿童抚养比（%）	23.4	23.0	22.6	22.5	22.2
老年人口抚养比（%）	15.9	15.0	14.3	13.7	13.1

数据来源：《中国统计年鉴》。

"从国外的经验看，从儿童福利的发展到儿童向生产力人口的转变将有十年左右的滞后期，我国应当赶在老年人口抚养比大规模上升之前，尽快完善儿童福利相关制度，发展新时代儿童福利，逐步扩大儿童福利的覆盖范围，并增加对儿童福利投入，为应对未来人口抚养上升压力打牢基础。"[1]因此，在我国经济实力取得了长足发展后，面临人口抚养比的压力时，正是我国发展新时代儿童福利事业的重要机遇，应当抓住发展机遇，推动我国儿童福利事业向普惠型儿童福利制度发展。

综上，伴随着新时代中国特色社会主义的不断完善和发展，我国新时代儿童福利制度的发展正面临着前所未有的机遇。党的有力领导和社会主义体制的优越性为新时

---

〔1〕 江治强："中国儿童福利体系及其构建"，载《社会福利（理论版）》2014年第12期。

代儿童福利制度提供保障，十九大报告在新时代增进民生福祉中将"幼有所育"放在首要位置，全面建成小康社会以及"两个一百年"奋斗目标为我们指明了新时代儿童福利制度的方向，长久以来儿童福利的发展和从未缺席为新时代儿童福利制度奠定了深厚的基础，再加上我国目前的经济基础和面临的人口抚养比，都为我国新时代儿童福利事业提供了难得的机遇。目前，我国应当抓住发展机遇，推动我国儿童福利事业向普惠型儿童福利制度发展。

结　语

儿童是社会中最弱势的群体之一，代表着国家的未来，有效保障儿童的社会福利一定程度上代表着国家基本社会福利的整体水平的提升。目前，儿童成长环境的变化与主要挑战有：风险社会形态下家庭庇护功能的弱化，性侵和家暴等侵害未成年人人身权利案件频发，校园欺凌、低龄未成年人恶性犯罪突出，未成年人犯罪犯况总体仍然严峻以及留守儿童、困境儿童等亟待进一步加强关爱保障的问题。其次，对于现行我国儿童福利和保护制度应进行反思。近年来，我国在未成年人保护方面做出的努力和取得的成果有目共睹，但是，由于形势的变化，我国儿童福利工作仍然面临着一些问题和挑战。首要的是儿童福利理念的滞后问题，还有儿童福利法律法规、儿童福利制度体系、儿童福利保护执行中存在着许多问题，需要我国在不断发展新时代中国特色社会主义的道路上加以完善。目前，也正是我国发展新时代儿童福利事业的重要机遇，党的领导、优越的体制、十九大报告的重申、发展的基础等都为我国儿童福利事业提供了基础和保障，我国应当抓住机遇，发展新时代儿童福利制度。

第五章
域外儿童福利制度的借鉴

第一节　国外儿童福利制度的发展历程

国外儿童福利制度的发展主要经历了孕育萌芽、发展和成熟三个时期。第一个时期是古代儿童福利时期，即人类社会发展早期至17世纪工业革命前。这一时期儿童福利经历了从无到有的缓慢萌芽过程，在人类社会发展早期，儿童地位低下，这一时期教会和慈善机构对孤儿和残疾儿童等特困儿童的救助是儿童福利的主要形式。第二个时期是近代儿童福利发展时期，即17世纪至19世纪。这个阶段在启蒙运动和工业革命的双重影响下，儿童福利得到了发展，形成了近代儿童观，各国颁布了儿童相关的立法和设立专门的儿童机构，国家儿童福利逐步制度化，儿童福利开始面向每一个儿童。第三个时期是儿童福利飞速发展阶段，即20世纪至今。随着战后经济的发展，国际社会和各个国家都高度重视儿童福利工作，各国政府纷纷建立与本国国情相符合的儿童福利制度。

一、古代儿童福利的发展

在工业革命以前，儿童以及儿童福利经历了漫长的孕育和萌芽。人类社会发展的早期，儿童遭受非人待遇，地位极其低下，被当作疯子、傻子对待。霍布斯曾宣称"对于那些天生的傻子、儿童或疯子来说，与野蛮的动物一样是没有法律的"。[1]因此早期的欧洲法律制度根本谈不上承认儿童权利，儿童只是父母的附属品。在古代雅典，婴儿出生5天以后，才被社会接受，出生后5天内，即使是存活的生命，仍然不是社会的一分子，随时可能被处理掉。罗马法的观念是，父亲对儿童拥有绝对的权力，还规定养育畸形儿童是非法的。先天畸形儿童不是被杀害，就是被丢弃。在古希腊，由于军事和战争的需要，堕胎或杀婴是法律和社会所允许的。古希腊要维持男女比例4∶1的人口政策，将大部分的女婴杀死。[2]但也有个别有识之士，如亚里士多德、圣奥古

---

〔1〕　吴鹏飞：《儿童权利一般理论研究》，中国政法大学出版社2013年版，第65页。
〔2〕　成海军主编：《中国特殊儿童社会福利》，中国社会出版社2003年版，第33页。

斯丁等先贤已朦胧地看到了儿童期的存在，但独立的儿童观尚未生成，更谈不上儿童福利和权利的保障。近代以前，儿童是父母的私有财产，杀婴、弃婴、卖婴等现象严重，儿童福利和权利的保障主要通过教会兴办孤儿院收容孤儿来实现，教会是儿童救济的主要承担者。[1]进入中世纪，认为儿童生来就有"原罪"，形成了要使儿童尽早接受"畏神"赎罪的儿童观。这一时期的儿童几乎断奶以后，就被当作"小大人"对待，要么进入教会统治的学校和相关机构中学习，要么与成年人一起劳动、社交、竞争，儿童不具有独立的人格和权利，对儿童施虐行为普遍，儿童因学业不良或者出现诸多小的违纪行为，都会遭受惨痛的体罚，社会中弑童的现象依然时有发生。[2]在中世纪末期，父母逐渐开始鼓励小孩与成年人分离，以儿童及对儿童的保护和教育为中心的新的家庭观逐步形成。中世纪，教会作为儿童福利的主要承担者，主要针对流浪儿童、孤儿等特殊儿童开展救助类活动。英国是历史上首创专门收养儿童福利机构的国家，在13世纪、14世纪，儿童救济事业在欧洲已经初具规模。儿童的法律地位有了实质性提升，与成年人同样享有继承权，如13世纪英国颁布的《大宪章》对儿童的财产继承权作出了明确规定。

进入14世纪至16世纪文艺复兴后，新的人类观深刻地影响着新儿童观的形成，从而促进儿童福利的发展。新的儿童观主张儿童是自由而具有发展可能性的，将儿童从封建基督教的伦理之中解脱出来。但在这一时期，儿童福利政策是以一种补缺的方式提供困境儿童特别是贫困儿童的救济性福利的，而儿童的特殊需求往往通过社区、宗教慈善团体的帮助得到满足，[3]他们向儿童提供衣服、食品或者收养等救助。福利服务没有立法，缺乏稳定持续的制度，儿童福利没有上升到政府责任层面。[4]

在16世纪、17世纪后，童年作为一个独立的概念被提出，被承认是"存在的"。16世纪中期，英国作家托马斯·费尔（Thomas Phaire）出版了《儿童之书》，该书的出版表明当时人们已经将儿童与成人区别对待，开始重视儿童的生存与发展。[5]

二、近代儿童福利的发展

学界普遍认为，1640年英国资产阶级革命标志着世界近代史的开端。这一时期，政治经济飞速发展，儿童福利也从古代走向近代，国家逐步成为儿童福利主要承担者，主动介入儿童福利各项活动。以工业革命的发源地英国为例，工业革命极大地促进了英国生产力、资本主义经济和城市化的发展，但圈地运动等导致贫困人口激增，贫困程度日益加深，儿童的境遇每况愈下，忽视儿童、虐待儿童以及少年犯罪现象频发，

---

〔1〕　徐丽华、陈琦：《儿童教育问题的理论与实践》，浙江大学出版社2014年版，第81页。

〔2〕　秦宝玉："英国儿童福利制度及启示"，载《人才资源开发》2014年第22期。

〔3〕　王雪梅：《儿童福利论》，社会科学文献出版社2014年版，第24页。

〔4〕　庞媛媛："英国儿童福利制度的历史嬗变及特征"，载《信阳师范学院学报（哲学社会科学版）》2009年第4期。

〔5〕　吴鹏飞：《儿童权利一般理论研究》，中国政法大学出版社2013年版，第69页。

传统教会和慈善救济已经无法满足儿童的需求。人们意识到儿童福利依靠社会是有问题的，国家必须负起责任来，儿童福利服务的主要提供者从教会转向了政府，政府与教会合作，共同为儿童提供福利服务。1641 年英国《济贫法》之前通过教会的教区对贫困儿童进行救助，安排未成年孤儿学工。

19 世纪，儿童福利进入快速发展时期，国家主动介入儿童福利发展。英国在《济贫法》之后以"国家监护"理论为基础，在 1889 年颁布了《预防虐待和忽视儿童法》，确立了"国家监护"理论。《预防虐待和忽视儿童法》是世界上第一部专门针对儿童权益保护的法案，该法案明确了虐待和忽视儿童是犯罪行为并明文规定剥夺父母或监护人监护资格的条款。此后，1894 年《预防虐待儿童法》及 1933 年《儿童及少年法》均进一步细化了剥夺监护权的规定，并在之后不断修订和完善儿童相关立法。如 1908 年的教育法案，规定给予贫苦的孩子免费餐点。同年的儿童法案也包含许多保护儿童的条款：照顾幼儿、少年犯罪的感化、工读学校儿童的待遇、预防烧伤、禁止少年抽烟等。法案中规定了建立少年法院、对少年犯罪的审判、对少年行为某些方面的限制的内容。其主要目的是要照顾儿童，因为他们可能因无知或环境压迫或不幸造成某些犯罪，引起刑事上的诉讼，而坠落或腐败。由此，儿童福利开始从零散的补缺型向制度型过渡，从孤儿、残疾儿童等特困儿童群体面向每个儿童。[1]这一时期，国家在儿童福利服务方面力量壮大，教会的地位下降。18 世纪末，由于童工问题严峻，童工占工人总数达 1/10，平均每天工作 13 小时至 14 小时，英法等国先后爆发抗议活动，并制定了一系列法律，限定童工的最短工作时间以及要求儿童接受教育。

美国 19 世纪初期实现了儿童福利制度的飞跃，确立了公众责任的新理念，形成了一套独特的儿童福利政策和机构。对儿童问题的关注，引发了以儿童为中心的福利政策体系的建立。家庭作为儿童福利唯一提供者的地位有所动摇，而其他具有儿童福利性质的机构应运而生，特别是学校和矫正机构，包括少年管教所、少年感化院。同时，儿童福利制度也得以重新诠释，并伴随着对个体和父母、社会和国家角色的重新定位。这一时期对儿童福利体制的建构，以及儿童福利的观念、信仰和实践，为美国社会福利制度打上了永久的烙印，并影响后来的儿童政策和少年司法改革。[2]

19 世纪，美国改革者杰克索尼所倡导的"拯救儿童运动"开始蓬勃发展起来。"拯救儿童运动"兴起于北美国家，波及西欧国家。[3]改革者主张改善未成年人的生存环境，向儿童提供各方面的有利条件，建立促进少年儿童身心发展的各类机构。将儿童地位主体化，把儿童视为积极主动的权利主体。到 19 世纪末，有关儿童相关的立法不断颁布并在西方世界生效，立法一方面强调对儿童的社会控制；另一方面关注儿童的社会化。法律中设置专门机构，将儿童从周围世界中区分开来，给予儿童特殊保

〔1〕 王雪梅：《儿童福利论》，社会科学文献出版社 2014 年版，第 24 页。
〔2〕 王雪梅：《儿童福利论》，社会科学文献出版社 2014 年版，第 24 页。
〔3〕 姚建龙：《青少年犯罪与司法论要》，中国政法大学出版社 2014 年版，第 117 页。

护。儿童必须在延缓期中等待、学习和为现实生活做好准备。[1]此外，妇女地位提升、慈善机构及各类专业机构在社会生活中作用增强，加大了市民社会对儿童拯救运动的介入力度。这个时期，儿童福利制度发生变化，"国家监护"理论不仅适用于机构照料的儿童，还扩展到所有儿童。少年法院的成立、家庭法的实施、公权力对父母和儿童的监管等，推进了儿童福利政策的重大变革。在美国，儿童最大利益理念成为儿童政策和措施的基本准则，一系列儿童福利机构得以建立。比如，预防残害儿童协会、儿童局等。其中，预防残害儿童协会的创建代表了儿童福利政策的新进程，促使人们重新关注并思考虐待儿童的概念，并使这个概念成为儿童福利政策的恒久内容。反暴力运动促进了私人机构和警察部门的合作，该运动追究虐待儿童的父母，并在必要的时候将儿童从家庭中转出。

尤其应当注意的是，17世纪至18世纪的启蒙运动极大地促进了儿童观以及儿童福利发展，开始视儿童为一个独立社会群体。这一时期经过洛克、康德、卢梭、蒙台梭利和福禄贝尔等人的论证，最终初步形成了儿童是权利享有者的人权学说。其中卢梭的儿童观形成了发现儿童的思潮，对儿童解放、儿童福利和发展带来不可磨灭的影响。[2]儿童被视为社会的财富，是未来物质的创造者和建设者。

三、现代儿童福利制度的发展

20世纪是儿童的世纪，[3]儿童福利制度在这一时期得到高度重视和飞速发展。在英美国家的儿童福利发展过程中，都能看到儿童福利政策对儿童福利实践的影响。英国和美国儿童福利政策都经历了由补缺型向适度普惠制的发展。

在美国儿童福利制度发展的历史上，1909年的白宫儿童会议是美国儿童福利走向现代的标志，其重要的两项成果是政府设立了儿童局和确立针对孤儿等困境儿童的津贴制度。这就意味着，儿童福利的实现有了组织保障和制度保障。联邦儿童局的主要职责就是对涉及儿童事务的事项做出调查和提交报告，包括关于儿童福利和生活的事项，特别关注婴幼儿死亡率、出生率、孤儿、少年法院、遗弃、意外伤害、疾病、就业，以及相关的立法。建立儿童局不仅有利于对儿童权利的保护，还能促进对儿童保护问题的研究。这一时期的儿童福利改革更加关注儿童的教育和就业问题。除了强制实施义务教育法之外，儿童劳动受到重视，因此就有了最低年龄法令。与此同时，绝大部分工业化国家也都对儿童劳工进行了限制。[4]

承继19世纪以来"拯救儿童运动"的优良传统，保障儿童权益成为国际人权保障中的优先项目，特别是在二战以后孤儿、流浪儿童数量激增，儿童境遇堪忧，保护儿童的倾向更加明显。《儿童权利宣言》首次确立了"儿童最大利益原则"这一儿童人

---

[1] 吴鹏飞：《儿童权利一般理论研究》，中国政法大学出版社2013年版，第72页。

[2] 徐丽华、陈琦：《儿童教育问题的理论与实践》，浙江大学出版社2014年版，第82页。

[3] 于冬青主编：《中外学前教育史》，东北师范大学出版社2013年版，第204页。

[4] 王雪梅：《儿童福利论》，社会科学文献出版社2014年版，第24页。

权保障的国际规则，并规定儿童的基本权利。[1]20 世纪 80 年代以后，儿童不再被看作是家庭和社会的附属品，被认为是权利主体，具有巨大的潜能和有自己的见解，应当得到成人的尊重，儿童发展的优先权成为国籍社会的法律准则。1989 年，联合国大会通过了《儿童权利公约》，该公约是目前最为各国广泛接受的国际公约。

第二节　代表性国家的儿童福利制度

国外的儿童福利制度早期多萌芽于宗教慈善团体等民间机构对孤儿、残疾儿童等特殊儿童救助，在二战后经济复苏以后开始进入全面建立时代。各国的儿童福利制度与本国的政治、法律和文化相结合，大多经历了从补缺型逐步走向普惠型，发达国家大部分建立了相对完善的儿童福利制度，发展中国家基本建立了普惠型或者救助型儿童福利制度，儿童福利实施主体从零星的儿童保护组织到民间组织再到国家接替民间机构作为儿童保护的主要承担者。在经历较长时间的实践与发展后，儿童福利已经形成了相对完善的体系和模式。其中以美国、瑞典、日本等国具有较大的代表性。

一、美国的儿童福利制度

美国儿童福利制度的发展经历了政府不干预到积极干预的发展，再到强调家庭重要性和维护亲子关系的适度干预型儿童福利，[2]以及从救济型向普惠型儿童发展。美国现今建立相对全面的儿童福利制度，儿童福利的立法涉及儿童津贴、教育、医疗、营养、虐待和收养等各个方面。国家在联邦政府建立儿童局负责统领儿童福利的各项工作和制度建立，具体的执行标准、程序由各个州负责，形成了中央-地方的两元制儿童福利行政体系。由于美国是移民大国，因此儿童福利重视少数族裔和弱势群体的保护，重视针对所有儿童的平等保护。儿童福利制度建立的主要目标是保护儿童免受父母和其他照料人的虐待（maltreatments），同时支持促进父母和照料者尽其最大能力承担抚养儿童的义务。[3]儿童保护制度发展过程中最重要的是针对预防虐待儿童和预防性侵儿童的两个制度。

（一）儿童福利相关立法

美国的儿童福利制度以 1909 年罗斯福总统召开白宫儿童会议设立儿童局为分界，美国儿童福利制度总体可以分为前制度化阶段和制度化阶段。在制度化阶段，国家放弃了"不干涉"原则，承担起儿童福利的主要责任，制定一系列相关法律和政策形成

---

〔1〕　姚建龙：《少年刑法与刑法变革》，中国人民公安大学出版社 2005 年版，第 57 页。

〔2〕　满小欧、李月娥："美国儿童福利政策变革与儿童保护制度——从'自由放任'到'回归家庭'"，载《国家行政学院学报》2014 年第 2 期。

〔3〕　D. Brookes, D. Webster, "Child Welfare in the United States: Policy, Practice and Innovations in Service Delivery", *International Journal of Social Welfare*, 2010, 8 (4): p. 298.

稳定制度。[1]在1909年白宫儿童会议之前，关于儿童福利未有专门的法律规范，儿童福利责任的承担者也以社会组织为主。儿童福利的主要实施主体是宗教慈善组织和其他民间组织。在1909年白宫儿童会议之后，美国儿童福利理念发生转变，国家亲权理念占据主导地位，确认联邦与各级政府对于儿童福利的优先考量和责任承担，也就是政府主导儿童福利。儿童福利由法律固化为政府责任，稳固持续性的儿童福利机制得以建立。

美国是联邦制国家，儿童福利的法律与政策也体现出联邦政府与各州政府不同的职权特色。在儿童福利的立法与政策上一般是由联邦政府对儿童福利相关事宜作出概括性规定，各州政府依据自身情况，对具体事项作出可操作性规定，如1974年《儿童虐待预防和处理法》中要求各个州建立强制举报制度的规定，但虐待与忽视的具体的界定留给州来规定。此外，美国儿童福利立法和政策还有浓厚的自上而下的特色，通过立法自上而下推动儿童福利制度的发展。

依据美国众议院（US House Representatives，1990年）的一项报告显示，美国直接与儿童福利有关的法案就有127项以上，具体可分为收入补助、营养、保健、住宅、社会服务与教育训练等六大类。[2]其中20世纪是美国儿童福利立法的高峰阶段，儿童相关的立法主要涉及经济补贴、保护、教育、医疗、司法和收养等六个方面，涉及面广，种类丰富。现金方面的立法主要有：1935年《社会安全法案》第4条制定针对孤儿和单亲家庭提供现金补贴的家庭援助计划，并在1961年和1962年分别扩大对困难家庭的现金补助，1963年《社会保障法》修正案规定政府对困难家庭儿童的援助，1978年《印第安儿童福利法案》加强对儿童和家庭多样化的服务方式，1986年《自主生活创新法案》为成年孤儿、青少年提供补贴，1990年《农家法案》要求为贫困儿童提供食物券，[3]1997年《对贫困家庭临时补助计划》。[4]教育方面主要有：1965年《中小学教育法》等40多个法案，1975年《残障儿童教育方案》要求各州为残疾儿童提供教育、服务和保障。[5]医疗方面主要有1965年《社会安全法案》第19条修正案要求为低收入个人和家庭提供健康照顾。[6]司法方面主要有：1899年伊利诺伊州《少年法庭法》，1974年《少年审判及少年犯罪预防法案》中要求各州减少对未成年人不必要的拘禁。[7]儿童收养方面有：1980年《收养补助和儿童福利法案》促进孤儿收养等妥善安置，1981年《社会安全法案》第20条修正案依托社区提供多样化服务，1991年《印第安儿童保护及家庭暴力预防法案》，1996年《种族间收养规定法案》，[8]1997年

〔1〕 姚建平、朱卫东："美国儿童福利制度简析"，载《青少年犯罪问题》2005年第5期。

〔2〕 《儿童福利条例》研究课题组：《儿童福利资料汇编》（下编），2013年编，第140页。

〔3〕 邹明明、赵屹："美国的儿童福利制度"，载《社会福利》2009年第10期。

〔4〕 薛在兴："美国儿童福利政策的最新变革与评价"，载《中国青年研究》2009年第2期。

〔5〕 邹明明、赵屹："美国的儿童福利制度"，载《社会福利》2009年第10期。

〔6〕 邹明明、赵屹："美国的儿童福利制度"，载《社会福利》2009年第10期。

〔7〕 邹明明、赵屹："美国的儿童福利制度"，载《社会福利》2009年第10期。

〔8〕 姚伟、王宁："当代美国儿童福利政策的特点"，载《外国教育研究》2011年第5期。

颁布的《收养和安全家庭法案》针对儿童安全的立法，[1]1999 年《寄养独立法》。[2]其中 1980 年《收养补助和儿童福利法案》是美国第一个明确的儿童福利法。在儿童保护方面，美国为了有效预防和干预虐待儿童的事件，在 1974 年和 1978 年分别颁布《儿童虐待预防和处理法》和《儿童虐待预防处理及收养改革法案》。其中《儿童虐待预防法案》规定，儿童虐待行为是指由于父母或其他照料者实施不当的或者未履行职责的行为，导致儿童死亡或者遭受严重的肉体或心理侵害、性侵害或者剥削，或使儿童面临受到严重伤害危险的行为。在州立法层面，各州通常从民事法律和刑事法律两方面进行界定，刑事定义为逮捕和控告虐待罪犯提供依据，民事定义为州儿童保护机构进行家庭干预提供依据。[3]

美国儿童福利立法发展主要呈现三个趋势。一是从补缺型福利立法走向普惠型福利立法。美国早先的儿童福利立法有着明显的补缺型特征，[4]立法保护的对象多为孤儿、流浪儿童和残疾儿童等特殊儿童群体，现阶段的立法则从原来的特殊需要的儿童过渡到所有儿童，立法关注点也转向平等保护。如 2015 年《每一个学生成功法案》。二是儿童福利实现方式多样化。早期立法主要通过向儿童及其家庭发放经济补贴，如现金、食品券等形式实现儿童福利。之后主要是通过向儿童提供各项服务实现儿童福利，如通过立法规范儿童的收养程序和父母监护权等问题。三是儿童福利制度的立法呈现回归家庭的趋势。例如在《社会保障法案》中规定应当通过合理努力安置，减少不必要的外出照料安置，尽可能地使儿童与家人团聚。[5]

（二）机构设置

美国联邦政府负责儿童福利工作的规划、辅助和监导，具体实施标准和规则由各个州自行规定。联邦政府负责儿童福利执行的机构是儿童家庭局（Administration for Children and Families），隶属于美国卫生公共服务部（Department of Health and Human Services）。儿童家庭局共设有两个行政办公室和七个部门，主要职责就是对涉及儿童事务的事项做出调查和提交报告，包括关于儿童福利和生活的事项，特别关注婴幼儿死亡率、出生率、孤儿、少年法院、遗弃、意外伤害、疾病、就业，以及相关的立法，[6]监督评估各州执行情况，对联邦政府促进社区、家庭及儿童健康发展和福利的项目负责，管理和指导各州开展相关工作等，共设 10 个地区办公室，分别设在波士顿、芝加哥等地。[7]但实际负责政策领导的是社会安全部所辖的儿童发展局（Office of Child Development）。儿童家庭局之下是"儿童、少年及家庭处"（Administration of Children, Youth

---

〔1〕 邹明明、赵屹："美国的儿童福利制度"，载《社会福利》2009 年第 10 期。

〔2〕 姚伟、王宁："当代美国儿童福利政策的特点"，载《外国教育研究》2011 年第 5 期。

〔3〕 杨志超："美国儿童保护强制报告制度及其对我国的启示"，载《重庆社会科学》2014 年第 7 期。

〔4〕 薛在兴："美国儿童福利政策的最新变革与评价"，载《中国青年研究》2009 年第 2 期。

〔5〕 D. Brookes，D. Webster Child Welfare in the United States：Policy, Practice and Innovations in Service Delivery, *International Journal of Social Welfare*, 2010, 8（4）：298.

〔6〕 王雪梅：《儿童福利论》，社会科学文献出版社 2014 年版，第 24 页。

〔7〕 满小欧：《美国儿童保护制度研究》，东北大学出版社 2016 年版，第 60 页。

and Families)，内设 4 个局分别是儿童局（Children's Bureau）、托育局（Children Care Bureau）、家庭青年局（Family and Youth Service Bureau）和启蒙局（Head Start Bureau）。儿童局是政策修改及倡导机构，负责儿童福利政策制定，提供经费补助，协助州政府进行儿童福利服务方案的执行。[1] 托育局负责拨款补助各州的低收入家庭，进行托福服务的研发和支援，支持家庭功能建设。家庭青年局负责对离家少年提供紧急庇护，办理教育宣导以预防离家少女受到性侵，提供补助，支持社区、非营利组织组织贫穷家庭少年的活动。启蒙局的主要职责是向低收入 3 岁至 5 岁儿童及其家庭提供教育、营养和健康等服务。各州与联邦政府对应设置了儿童福利的行政管理体制。[2]

（三）美国儿童福利制度

美国儿童福利制度主要可以分为津贴型保障制度、服务型保障制度和儿童保护制度。

1. 津贴型保障制度

美国直接将孤儿、单亲家庭儿童、低收入家庭儿童作为独立群体给予保障，将这些儿童的家庭津贴作为公共财政支出的一个项目进行明确具体的规定，补贴类型丰富多样，主要有对贫困家庭补助津贴、所得税信贷、食品券项目、住房补贴、工作机会与基本技巧补贴等。[3]

2. 制度型福利保障制度

美国福利保障制度主要涉及教育、医疗、儿童照管、寄养收养四个方面。

教育方面，美国对基础教育资助较大，主要通过资助公立幼儿园和为贫困家庭儿童设立幼儿园。[4] 此外，还建立一系列保障残疾儿童入学的制度。

医疗方面，主要通过医疗援助计划提供医疗援助，此外还有妇女、婴儿和儿童特别补充食品计划，提供营养食品。[5]

儿童照管方面，对于低收入家庭的 3 岁以下儿童，依据"启蒙计划"之规定，必须提供托儿服务。一般而言，美国对 5 岁以下幼儿托育的方式，主要是亲属照顾，其次才是托儿所或家庭托育。其中，许多托儿所是由非营利组织或私人所兴办，家庭式的托育服务则由合格的保育员在家庭中照顾两三岁的幼儿，未规定需立法。但是地方政府对受托儿童的安全和托育品质相当关心，除了提供证照制度、经费补助及减税措施之外，大部分的州每年都依据联邦政府所订"托育服务之品质与安全标准"，对托儿所与立案的家庭托育中心进行评估及监督。[6]

儿童寄养收养服务。美国设立有公立与民营的社会服务机构向儿童提供寄养服务，

---

〔1〕邹明明、赵屹："美国的儿童福利制度"，载《社会福利》2009 年第 10 期。
〔2〕邹明明、赵屹："美国的儿童福利制度"，载《社会福利》2009 年第 10 期。
〔3〕张晓霞："美法两国儿童福利制度的差异比较"，载《社会》2003 年第 6 期。
〔4〕姚建平、朱卫东："美国儿童福利制度简析"，载《青少年犯罪问题》2005 年第 5 期。
〔5〕姚建平、朱卫东："美国儿童福利制度简析"，载《青少年犯罪问题》2005 年第 5 期。
〔6〕《儿童福利条例》研究课题组：《儿童福利资料汇编》（下编），2013 年编，第 147 页。

分为紧急性寄养、短期性寄养及长期性寄养。当儿童在感情上、行为上有问题，而家中无人照顾时可以提供寄养服务。若儿童的父母无法继续抚养儿童的，如儿童的父母过世或虐童的，上述社会服务机构安排收养服务，收养服务将考评申请收养儿童的家庭的家庭成员年龄、经济状态等信息，并要求提供健康证明及品格证明，证明其适宜收养儿童。[1]

3. 儿童保护制度

美国的儿童保护制度发展分为三个时期，第一个时期一直持续到1875年，这是一个儿童保护私有化时期。在这个时代，"孤儿火车"把大约12万名儿童带到西部农场工作，并作为当地家庭的契约佣人。这列"孤儿火车"是美国"现代寄养系统的先驱"，剥夺了非裔美国儿童的权利，并确保白人儿童被安置在新教家庭。第二个时期从1875年到1962年，其特点是大量的私人慈善儿童保护工作。当时的社会把孩子的社会问题归咎于父母，而不是贫穷或社会条件。然后，开始干预虐待儿童的严重案件，并向各州提供联邦资金，以供养其贫穷的子女。在1962年至今的最后一个时期，州和联邦政府在儿童保护服务方面的作用扩大，随之而来的是更多的立法、联邦资金和寄养儿童的增加。这个时代的标志是儿童福利体系的快速发展。[2]

美国的儿童保护制度主要有预防虐待儿童制度和预防儿童性侵制度两类。

一是预防虐待儿童制度。根据美国儿童局的统计，目前美国有18个州甚至规定任何人，不论从事何种职业，只要怀疑存在儿童虐待或忽视情形时都有报告的责任。其他的州虽未将报告主体指向"任何人"，但均立法规定所有人都"可以"提出报告，即作出自愿报告的要求。此外，法律还规定了特殊从业人员的强制报告义务，如儿童的医生、教师、社会工作者等。

报告主体在怀疑或知晓儿童虐待或忽视情形存在时应当立即向儿童保护机构（Child Protective Services Agency，CPS）报告。每一州都设有儿童保护机构，儿童保护机构的工作流程大致分为：受理报告、初步调查、家庭评估、安置儿童、提供服务和评估结案六个方面。在这些过程中一发现儿童遭到父母虐待，立即隔离父母，保护儿童至寄养家庭暂避危险，而父母也必须上法庭解释，严重者可判刑。同时，以维护并保持家庭完整为原则，并提供紧急响应的预防措施。[3]

二是预防性侵儿童制度。美国于1996年颁布了《梅根法案》，在此之后美国50个州均已拥有自己的"梅根法"。依据梅根法案，刑满释放的性罪犯向其住所地的执法机关登记，执法机关将性犯罪者的资料向所在社区等地进行披露和警示。如规定的刑满释放的性罪犯在住所的窗户上张贴醒目的性犯罪者的记号以向邻居警示自己的身份，或者向社区住户发布电子邮件警告有刑满释放的性犯罪者将入住该社区。

---

〔1〕《儿童福利条例》研究课题组：《儿童福利资料汇编》（下编），2013年编，第147页。

〔2〕Ardelean J. Sylvia Mignon，"Child Welfare in the United States：Challenges，Policy，and Practice"，*Journal of Youth & Adolescence*，2017，46（4）：p.1.

〔3〕《儿童福利条例》研究课题组：《儿童福利资料汇编》（下编），2013年编，第146页。

二、瑞典的儿童福利制度

瑞典位于斯堪的纳维亚半岛，以其高福利的社会保障制度闻名于世，其儿童福利制度体现了政府全面负担的高福利模式，素有"儿童的天堂"的美誉。

瑞典较早建立了普惠型儿童福利制度，向所有儿童、家庭发放津贴，针对特别儿童发放专项津贴，瑞典有关儿童福利的立法完善具有先驱性，是最早立法禁止体罚和播放儿童广告的国家。瑞典儿童福利制度立足家庭重视母亲的福利保障，向儿童的父母提供全面的托儿育儿服务和带薪亲职假等保障儿童福利。瑞典在政府部门中设立了独立的儿童问题监察员，专门向议会汇报工作，监督儿童福利的实施状况。瑞典儿童福利的构建始终坚持儿童最大利益原则。

（一）儿童福利相关立法

瑞典受二战影响较小且经济发展水平高，故儿童福利的法律颁布时间都相对较早，全面完善并且处于世界前列。有关瑞典儿童福利的法律主要有以下几部：1944年《公立托育政策》成立公办托儿所；1947年《儿童津贴》规定向儿童给予现金补贴；1960年《儿童及少年福利法》规定虐待儿童及犯罪少年的强制保护；1961年《儿童照顾法》规范学前儿童与学龄儿童的托育教育，规定向入小学前一年的幼儿提供每天3小时免费的学前教育；1974年《家庭津贴》保障众多子女家庭的最低生活标准；1975年《学前教育法》规定向特定的学前儿童提供定时免费教育；[1]1982年制定并颁布《社会服务法》，将《儿童及少年福利法》《儿童照顾法》并入其中；1979年颁布《反体罚法》禁止体罚未成年人；1991年颁布法律，全面禁止针对12岁以下儿童的电视广告。1998年《教育法》规定面向全体儿童保育工作和学童看护制度[2]等。瑞典的儿童福利立法全面完善，从对所有儿童和特殊儿童的津贴，到教育医疗和父母带薪亲职假等进行了全面规定。2010年向国会递交提案，要求严厉打击传播、观看与青少年与儿童有关的网络色情牟利的犯罪。[3]

（二）机构设置

在瑞典，负责儿童福利的政府部门分为中央部门和地方部门，中央负责儿童福利的主管机构是卫生与社会事务部（Ministry of Health and Social Affairs），负责全国儿童福利政策的通盘规划及经费发放。此外，卫生与社会事务部下设儿童问题监察员（Barnombudsmannen），隶属于卫生和社会事务部，负责公共宣传和传播有关儿童和青年权利和需要的信息。监察员主要的工作职责涉及以下几个方面，[4]一是负责公共传播，倡导和儿童、青少年有关的需求和权利。二是作为儿童权利和利益的代表有权召

---

〔1〕 何玲："瑞典儿童福利模式及发展趋势研议"，载《中国青年研究》2009年第2期。

〔2〕 庞超："关照学生课后教育：瑞典学童看护制度与启示"，载《比较教育研究》2009年第12期。

〔3〕 戚如强："瑞典未成年人保护的特色及启示"，载《青年探索》2012年第2期。

〔4〕 Government Offices of Sweden，载 https://www.government.se/government-of-sweden/ministry-of-health-and-social-affairs/，访问日期：2019年1月6日。

集各市、县和其他当局代表参加座谈。三是当发现受虐儿童时，监察员有通知当地社会服务部门的报告义务。四是监察员需要定期与儿童，特别是处于困境的儿童进行对话，了解儿童的状况和听取儿童意见。五是每年向政府部门汇报工作。在地方政府设置社会福利委员会，负责制定法规推行儿童福利的事项、执行儿童福利业务。此外，值得注意的是地方政府可以开展社会福利资金募捐，资金不足的部分可向中央财政申请补助。[1]

（三）保障制度

1. 津贴型保障制度

瑞典的儿童福利保障制度主要体现在现金给付，包括儿童津贴、剩余给付、税式优惠等。以儿童津贴为例，儿童津贴种类多样全面，有面向所有儿童的津贴和特殊儿童的津贴。依据《儿童津贴》的规定，瑞典所有儿童出生之日至 16 周岁，可享受儿童津贴，除了儿童津贴外，特殊儿童还可以领取额外的津贴补助。2018 年 3 月，瑞典政府上调了儿童津贴，现行规定单个孩子家庭，每个孩子获得每月 1250 克朗补助（约人民币 960 元）。两个孩子的家庭将获得总计 2820 克朗的补助（约人民币 2170 元），3 个孩子的家庭将获得总计 4080 克朗的补助（约人民币 3140 元）。对于已满 16 岁，不满 20 岁的青少年，仍然处于全日制学习阶段且未婚的，则可以获得国家学习补助金，自 2018 年 3 月起每人每月的补助 1250 克朗（约人民币 960 元）。除了基本的儿童津贴之外，瑞典还向三类特殊儿童提供额外的补贴。第一类是对因父母分居或病逝而生活困难的儿童将提供额外补助。第二类是父母一方或者双方去世，18 岁以下的儿童将得到额外的儿童抚养金。第三类是父亲去世，母亲继续照顾 16 周岁以下儿童的，可以领取专门补贴。[2]第四类是残疾儿童补贴，补贴与残疾儿童的需要有关，分 1/4、1/2、3/4 和全额几种支付方式支付给父母。此外，还有住房补贴、家庭津贴等。

2. 服务型保障制度

瑞典儿童福利保障措施全面，主要有带薪亲职假、父母保险制度、学龄前儿童托育服务、家庭协助服务、儿童收容服务等。[3]

带薪亲职假是瑞典政府向育儿父母提供 16 个月带薪育儿假。截至 2015 年，瑞典婴儿的父亲和母亲都可分别拥有 3 个月亲职假，父母可以自由决定剩下的 10 个月。[4] 1974 年开始实施父母保险制度，即给予父母双方带薪假期以照顾孩子，并且承诺能重回原工作岗位或类似的岗位。产妇分娩前可以享有 180 天至 270 天的生育津贴。孕妇在产前一个月即可开始休假，并领取产假补贴。学龄前儿童托育服务是对于所有即将就读小学的儿童，在其就学的前一年，免费安排一天三小时的学前教育。托儿所和学

---

〔1〕《儿童福利条例》研究课题组：《儿童福利资料汇编》（下编），2013 年编，第 127 页。

〔2〕何玲："瑞典儿童福利模式及发展趋势研议"，载《中国青年研究》2009 年第 10 期。

〔3〕《儿童福利条例》研究课题组：《儿童福利资料汇编》（下编），2013 年编，第 129~131 页。

〔4〕"瑞典鼓励男女平等：父亲可享有 3 个月专属育婴假"，载 http://news. sohu. com/20150529/n414052875. shtml，访问日期：2019 年 1 月 5 日。

前教育都由社会福利厅管辖，营运责任则由地方政府社会福利委员会担任。1991年逐步发展"母亲俱乐部"，由地方政府提供儿童保育员，协助照顾幼儿的母亲，让社区中的母亲与孩子聚在一起，促进孩子的社会化，母亲也可以交换育儿经验。1998年，儿童保育正式纳入国民教育体系中。[1]家庭协助服务是有子女的家庭，当其母亲因生病或生产而无法照顾子女或儿童轻微生病而无法上托儿所或幼稚园时，由地方政府的社会福利委员会安排受训练的家事服务人员协助家务或由一般家庭妇女兼职帮助看护小孩的协助服务。儿童收容服务是对于不适宜安排家庭寄养的儿童，如收容对象为母亲死亡或家庭发生变故而无人抚养的一岁以下婴儿；失依孕妇，如未成年的未婚妈妈；为失依孕妇生产后仍需照顾者，母子需要一起安置养护；为家庭养育一岁以上儿童有所困难者，并在短期内协助其解决问题，返回原生家庭的；一般家庭无法胜任养育工作的身心障碍儿童，以及暂时停留在收容之家转介者的，将其安置在儿童收容机构。[2]

3. 儿童保护制度

儿童保护方面主要涉及儿童虐待和儿童监护。

瑞典是全球第一个禁止体罚儿童的国家，父母对孩子进行扇耳光、罚跪、打屁股或是揪耳朵等行为都属于非法行为。[3]一旦接到父母或者他人体罚儿童的指控，警察、心理学家、社工和检察官将介入调查，如证实体罚成立，体罚者不仅可能面临罚款，甚至可能因此被捕。

瑞典儿童监护制度，强调以家庭为重认为儿童应当与父母生活在一起，而非机构，因此瑞典没有孤儿院，父母没有能力照顾的儿童、孤儿一般是由国家出资寄养在家庭之中的。如果父母没有能力照顾儿童，如父母虐童，儿童福利部门将采取干预措施，当干预措施不能改变儿童状况时，会采取强制性照顾措施，带离儿童，如父母恢复抚养能力或者不能抚养的原因消除，儿童福利部门会撤销强制性照顾措施。[4]

三、挪威儿童福利制度

挪威为单一制国家，中央和地方高度分权。1993年挪威《地方政府法》生效，该法的一个非常重要的目标就是加强和进一步发展地方自治，同时要使郡、市两级政府成为给各自居民提供充足服务的供应者。这个目标主要通过两个手段实现：一是给予郡、市政府按照地方的需要和情况安排活动的更大的自由。二是放宽中央政府对地方政府部门的监督控制。通过该法律地方政府获得了相当大的自由，有权根据地方的需要和实际情况来组织地方管理以及利用自身资源。[5]

中央儿童政策的核心执行机构是儿童与平等事务部。除了综合性的儿童和青少年

〔1〕 庞超："关照学生课后教育：瑞典学童看护制度与启示"，载《比较教育研究》2009年第12期。
〔2〕 《儿童福利条例》研究课题组：《儿童福利资料汇编》（下编），2013年编，第131页。
〔3〕 戚如强："瑞典未成年人保护的特色及启示"，载《青年探索》2012年第2期。
〔4〕 国务院妇女儿童工作委员会办公室："瑞典儿童保护与服务的实践及启示"，载《中国妇运》2014年第1期。
〔5〕 贺颖清：《福利与权利——挪威儿童福利的法律保障》，中国人民公安大学出版社2005年版。

保护工作外，作为一个政府职能部门，它的主要业务范围是儿童和家庭福利。该部的大部分预算用于支付儿童家庭的补贴——儿童补贴、父母补贴和对有幼小孩子的父母的现金补贴。在社会福利服务方面，最大的一部分预算也用于儿童福利和保护。其主要工作由下列两个部门承担：儿童和青少年政策部门。该部门主要负责制定和协调有关儿童和青少年的政策，包括有利于儿童和青少年组织的补助项目、国际青少年交流项目，以及城市地区儿童和青少年的福利服务项目。该部门具体负责《儿童福利法》《收养法》和《挪威儿童监察使法》的执行，负责联合国儿童权利公约的有关事宜以及在挪威制定儿童福利和收养政策。

同时，该部门还负责全国儿童福利机构的管理以及有关儿童和青少年法规的贯彻执行。家庭和两性平等事务部门：该部门负责监督有关推动两性平等的公共政策的执行，也负责制定影响到儿童的家庭生活和同居的政策。同时，该部门还负责以下法律的执行：《儿童与父母法》《国家保险法》《儿童津贴法》《年幼儿童父母津贴法》《婚姻法》《家庭咨询机构法》等。挪威儿童、青年和家庭事务总局（Norwegian Directorate for Children，Youth and Family Affairs，简称 Bufdir）隶属于儿童与平等事务部，成立于2004 年 7 月 1 日，是为儿童和家庭提供福利和保护的政府办公室。它的主要目标是为生活在挪威的需要帮助和支持的儿童、青年和家庭提供高质量的服务。Bufdir 在五个地区设立了儿童、青年和家庭事务办公室 Bufetat。Bufetat 的工作内容包括帮助市政府处理儿童福利事件、儿童机构的管理运行、寄养家庭服务、以家庭为基础的措施、家庭咨询和收养申请的初步受理等。

根据《儿童福利法》的规定，挪威地方的每一个市都应设立一个儿童福利事务管理部门（Child Welfare Administration），它通常负责日常的儿童福利工作，包括提出建议和指导，按照《儿童福利法》作出行政决定或命令，还负责必不可少的培训儿童福利中心职员的工作。此外，市政当局还设立一个经选举产生的委员会来专门负责儿童福利工作。挪威的儿童福利事业主要在市镇范围内展开，这一级别的市政机关和儿童福利委员会承担了很多具体细致的工作。

挪威于 1946 年开始发放针对儿童的家庭补贴，给所有拥有 18 岁以下孩子的父母同一水平的补贴，称之为儿童福利金。家庭补贴是为父母抚养子女提供资金支持，也是在有孩子的家庭和未育有孩子的家庭之间进行的一种收入再分配。最初该补贴只从第二个孩子开始发放，但单身父母的第一个孩子也可以得到该补贴，无论家中有多少孩子，每个孩子的补贴都是相同的。从 1970 年开始，所有家庭从有第一个孩子起就可以得到补贴，同时由于单身父母的经济能力往往较差，且抚育儿童的压力较大，故而议会给单身父母的补贴要比其实际抚养的孩子的数量多出一个孩子的量，以追求对于儿童补贴的实质平等。从 1964 年开始，挪威提供一种专门给单身父母的最重要的补贴——过渡补贴。过渡补贴于 1998 年进行了改革，由于那些不工作的单身父母的经济状况比工作的单身父母的经济状况好得多，因此，新制度重新定位政策，不像以前那样定位于确保没有工作的单身父母得到可接受的生活水平，而是将注意力集中在给那些有工作的单身父母提供支持。如此一来，没有工作的受益者实际得到的可支配收入低于就业者的可支配收入，进而也化解了其没有寻找工作动力的问题。

从 1998 年 8 月 1 日起，挪威对抚养 1 岁至 2 岁孩子的家庭开始实施一种现金支付计划。该支付不需经过财产调查，也不需纳税。要得到全额现金支付，要求孩子不在接受国家拨款的日托中心生活。如果孩子在日托中心的时间每周不超过 33 小时，那么可以根据时间的长短得到相应比例的现金支付。[1]

四、日本儿童福利制度

日本的儿童福利发展总体来说可以分为三个阶段，一是明治以前，二是明治后到第二次世界大战结束，三是战后至今。日本在二次大战后通过颁布《儿童福利法》建立了普惠型儿童福利保障制度，日本儿童福利制度以家庭为核心，将母子一体作为福利对象，[2]强调对孕妇的保障，具有全面性。此外，日本政府在各个层级设专门处理儿童福利的部门。

（一）儿童福利相关立法

日本最早关于儿童福利的立法是 1945 年的《战灾孤儿保护对策纲要》和 1946 年的《流浪儿童及其他儿童生活保障法》，旨在保障战后孤儿和流浪儿童的基本生活。后在 1947 年颁布日本第一部儿童保护基本法《儿童福利法》，[3]以保护被虐待儿童和防治与贫困有关的虐待行为，该法于 1997 年进行修订。《儿童福利法》的保护对象为 18 周岁以下的儿童，同时考虑到对胎儿福利的保障，孕妇也是其保障对象，并且规定儿童保护者，即儿童的监护人或亲权者，负有实现儿童福利的责任，同时国家和地方公共团体承担补充性责任。[4]《儿童福利法》之后，日本相继颁布了 1947 年《教育基本法》、1947 年《学校教育法》和 1981 年《母子及寡妇福利法》[5]等一系列以保障儿童及其母亲为核心的福利立法。其中，1965 年《妇幼保健法》加强了日本各地的儿童保健服务体系，要求对婴儿和幼儿进行健康检查，对新生儿进行家访，并向母亲和儿童提供心理支持，其覆盖率约为 90%。[6]尽管颁布的法律保护被虐待儿童和防治与贫困有关的虐待是成功的，但保护儿童的福利制度是不够的。随后在 1999 年颁布了《惩治与儿童卖淫和儿童色情制品有关的行为和保护儿童法》，2000 年颁布了《虐待儿童防止法》，并形成了以此为核心的儿童保护法律体系。21 世纪以来日本对《虐待儿童防止法》《儿童福利法》等进行了多次修改，不断完善法律以适应不同时期的社会发展现状。[7]

---

〔1〕《儿童福利条例》研究课题组：《儿童福利资料汇编》（下编），2013 年编，第 125 页。

〔2〕冯博："日本儿童福利发展及启示"，载《经济师》2015 年第 1 期。

〔3〕冯博："日本儿童福利发展及启示"，载《经济师》2015 年第 1 期。

〔4〕[日] 桑原洋子：《日本社会福利法制概论》，韩君玲、邹文星译，商务印书馆 2010 年版，第 129~131 页。

〔5〕冯博："日本儿童福利发展及启示"，载《经济师》2015 年第 1 期。

〔6〕Y. Nakamura, "Child Abuse and Neglect in Japan", *Pediatrics International*, 2002, 44 (5)：p. 2.

〔7〕李昕益："刍议日本儿童保护制度对中国的启示"，载《南方论刊》2018 年第 3 期。

（二）机构设置

日本负责儿童福利的最高行政机关是厚生劳动省下的儿童家庭局，儿童家庭局下设总务课（General Affairs Division）、雇用均等政策课（Equal Employment Policy Division）、职业家庭两立课（Work and Family Harmonization Division）、兼职与在宅劳动课（Part-time Work and Home Work Division）、家庭福祉课（Family Welfare Division）、育成环境课（Child-Rearing Promotion Division）、保育课（Day Care Division）和母子保健课（Maternal and Child Health Division），[1]分别负责对全国儿童和妇女福利做整体部署规划，主要涉及儿童保护，防止虐待，儿童家庭福利、保健和产妇营养，监督指导地方政府执行儿童救助和福利业务。[2]各级地方政府设有福利部，负责门（局）或民生部门（局），下设儿童司或者儿童福利司，负责儿童救助和福利的执行。[3]同时在都府县均设有儿童咨询机构、儿童福祉事务机构和儿童保健机构。[4]

日本负责儿童保护的最高行政机关是厚生劳动省设立的防止虐待对策室，对儿童虐待行为进行宣传和通报。警察厅通过必要时的搜查、调查等活动，努力做到对儿童虐待行为尽早发现。法务省一方面主要实施《虐待儿童防止法》，另一方面做好对公众的宣传教育工作，此外还设立了以儿童咨询所为核心的救助机构。在各地区设置儿童咨询所、儿童委员会、福利事务所等专门性的儿童保护机构，该机构主要能够对受虐儿童进行暂时性保护或带离其父母使其免受更深层次的伤害。[5]

（三）儿童福利保障与儿童保护制度

1. 津贴型保障制度

日本的儿童福利保障制度主要是通过向儿童所在的家庭提供各式各样的儿童津贴以保障儿童的生活和教育。其中儿童抚养津贴是最重要的针对特殊儿童的津贴制度，旨在向单亲家庭、父母有残疾、父母下落不明、孤儿等家庭和儿童提供稳定的生活来源，促进家庭里儿童的福利。依据规定一名儿童每月可以领取 41 020 日元（约 2500 元人民币），一年分六次支付，二孩每月 50 000 日元，三孩及以上每月 30 000 日元。[6]此外还有普惠型儿童津贴，向所有儿童发放的补贴，补贴从出生到接受义务教育前为止。如果是低收入家庭还可以申请学费减免、支援生活扶助等。此外，针对单亲母亲家庭儿童津贴可以延长至儿童 18 周岁，残疾儿童有专门的补贴。[7]

〔1〕《儿童福利条例》研究课题组：《儿童福利资料汇编》（下编），2013 年编，第 91 页。

〔2〕日本厚生劳动省网站："主要工作"，载 http://search. e-gov. go. jp/servlet/Organization？class=1050&objcd=100495&dispgrp=0145，访问日期：2019 年 1 月 6 日。

〔3〕陈斌："日本的儿童保护制度"，载《学习时报》2015 年 8 月 13 日。

〔4〕卢亦鲁："日本儿童福利机构的人力资源配置"，载《社会福利》2009 年第 11 期。

〔5〕李昕益："刍议日本儿童保护制度对中国的启示"，载《南方论刊》2018 年第 3 期。

〔6〕日本厚生劳动省："儿童抚养津贴"，载 https://translation. mhlw. go. jp/LUCMHLW/ns/tl. cgi/https://www. mhlw. go. jp/bunya/kodomo/osirase/dl/141030-1b. pdf？SLANG=ja&TLANG=zh&XMODE=0&XPARAM=q，&XCHARSET=UTF-8&XPORG=，&XJSID=0，访问日期：2019 年 1 月 6 日。

〔7〕冯博："日本儿童福利发展及启示"，载《经济师》2015 年第 1 期。

2. 服务型保障制度

日本的儿童福利服务保障制度也形式多样。如医疗健康方面有针对孕妇提供免费的医疗体检服务，对低龄儿童的保育服务，设立保健所负责儿童健康检查等。儿童照料制度，托儿中心是儿童福利机构，在儿童父母无法照顾他们的情况下，提供照顾给儿童。幼儿园隶属于教育系统。

3. 儿童保护制度

日本的儿童保护重点在于防治儿童虐待，依据《虐待儿童防止法》规定将儿童虐待分为身体虐待、性虐待、疏忽照顾和情感虐待四种。身体虐待是对于儿童施加形成如打伤、内出血、骨折、头部外伤、扎伤、烟蒂烧灼伤等身体外伤，或有可能造成的如卡脖子、拳打脚踢、推搡、开水烫、用被捂窒息等伤害的暴力。性虐待包括猥亵儿童行为或让儿童从事淫猥的行为，如强奸、诱奸、让孩子看生殖器、看性交、拍孩子的裸体照片做黄片等。[1]疏忽照顾指长期不给孩子饭吃或放任不管，或不履行抚养职责造成儿童发育不良的行为。[2]情感虐待指因抚养者的言行和举止而引起孩子的不安、恐惧的行为，或无视或拒绝孩子，用语言反复伤害孩子的行为，或挫伤孩子的自尊心，与其他兄弟姊妹相比明显怠慢的行为。[3]

国家以及公共团体，为了对早期发现的儿童虐待以及受到虐待的儿童迅速采取适当的保护，有必要强化相关机构及民间团体的协作，努力完善防止儿童虐待的体制。学校的教职员、儿童福利设施的职员、医师、护士、律师、儿童委员、警察职员、人权拥护委员、精神保健福利相谈员、母子相谈员、妇人相谈员、家庭裁判所调查官等具有儿童虐待发现报告义务，儿童相谈所在收到儿童虐待的通告时应迅速确认该儿童的安全，接收受虐儿童时若判断已经对儿童身心造成重大危害，应毫不犹豫予以暂时保护。儿童相谈所所长在执行儿童安全确认或暂时保护的场合，如遭遇来自保护者或第三人的物理抵抗，可向管辖该儿童住所或居所所在地的警察署长寻求援助。都道府县的知事负责儿童虐待案件的介入、调查、质询或者现场搜查。[4]

（四）儿童福利运行机制特点

日本儿童福利的运作以家庭为核心，依托专业人员，通过由日本政府部门聘任"儿童委员"对弱势的儿童孕妇等进行帮助，儿童委员负责以下事务：（1）作为地区儿童福利的主要活动者，准确掌握所负责地区的儿童、孕产妇的生活以及周围环境；（2）为了能准确地提供服务，对儿童、孕产妇的保护、保健以及其他福利，提供必要的信息

---

〔1〕 姜波、焦富勇："《虐待儿童防止法》及统计儿童虐待事件的意义"，载《中国妇幼健康研究》2007年第2期。

〔2〕 姜波、焦富勇："《虐待儿童防止法》及统计儿童虐待事件的意义"，载《中国妇幼健康研究》2007年第2期。

〔3〕 姜波、焦富勇："《虐待儿童防止法》及统计儿童虐待事件的意义"，载《中国妇幼健康研究》2007年第2期。

〔4〕 于改之："儿童虐待的法律规制——以日本法为视角的分析"，载《法律科学（西北政法大学学报）》2013年第3期。

并给予其他援助和指导；（3）与从事有关儿童、孕产妇社会福利事业的经营者或者从事儿童健全培育活动的人员密切协作，支援其工作和活动；（4）协助儿童福利员或者福利事务所的社会福利主事的工作；（5）努力营造儿童健全培育的环境；（6）根据需要开展增进儿童、孕产妇福利的有关活动。[1]

第三节　联合国儿童福利准则的基本内容

儿童是国家民族的希望，世界各国都十分重视本国儿童的生存发展，各国除了通过颁布国内法，对本国儿童福利进行规定之外，地域相连的国家通常还会签署儿童福利相关的区域性准则，如欧盟 2010 年《建立儿童友好司法准则》（Guidelines of the Committee of Ministers of the Council of Europe on Child-Friendly Justice）等。

关于儿童福利的国际规则有国际公约、条约、宪章、宣言、规定和说明等多种形式。纵观已颁布的与儿童福利有关的国际规则，主要呈现以下几个方面的规律和特点：一是《儿童权利公约》是目前关于儿童福利和儿童权利规定最详尽的、广受国际社会认可的奠基性儿童规则；二是国际规则对儿童福利作出普遍性规定，而具体保护程序和标准由国内法进行具体规定；三是国际社会更侧重于对基础性儿童福利与权利的保护，如保障儿童的生存和生命安全；四是重视保护弱势儿童的福利，尤其重视保护进入刑事司法程序的儿童的基本权利以及对战争状态下的儿童和针对儿童色情、儿童贩卖等进行重点保护。由此，可以将已颁布的与儿童相关的国际规则分为三类，分别是综合性的儿童福利规则、刑事司法领域的儿童保护规则和儿童的其他保护性规则。

一、综合性的儿童福利规则

综合性的儿童福利规则主要有 1924 年日内瓦《儿童权利宣言》（Declaration of the Rights of the Child）和 1989 年《儿童权利公约》（Convention on the Rights of the Child，以下简称《公约》）。《儿童权利宣言》中规定了儿童的健康成长权、发展权、受保护权和受教育权等各项基本权利和平等无歧视、儿童最大利益等基本原则，是《公约》的基础，在《公约》中得到了规定和细化。《公约》是第一部有关保障儿童权利且具有法律约束力的国际性约定，规定了儿童的四大基本权利包括生存权、发展权、受保护权和参与权；四项基本原则，包括无歧视、儿童利益最大化、生存和发展权以及尊重儿童的想法。《公约》的内容同时涵盖了儿童保护和儿童福利的内容，是国际社会关于儿童福利和权利的纲领性文件，对各国详细规定本国的儿童福利制度和儿童保护制度具有重要的指导意义。

二、刑事司法领域的儿童保护规则

由于在刑事司法领域中的儿童权利，尤其是以人身自由权、参与权和意见发表权

---

〔1〕　［日］桑原洋子：《日本社会福利法制概论》，韩君玲、邹文星译，商务印书馆 2010 年版，第 55 页。

等为代表的权利最容易受到侵犯，加上儿童的脆弱性，因此国际规则对刑事司法领域内的儿童权利的保护尤为重视，不仅颁布了《联合国少年司法最低限度标准规则》对未成年犯的最低限度待遇进行了详细的规定，而且针对未成年犯的人身自由、未成年犯罪预防和进入刑事司法程序的未成年被害人和证人颁布了《联合国保护被剥夺自由少年规则》（《哈瓦那规则》）、《联合国预防少年犯罪准则》（《利雅得规则》）和《关于在涉及罪行的儿童被害人和证人的事项上坚持公理的准则》等国际规则。具体国际规则的主要内容如下：

（一）《联合国少年司法最低限度标准规则》（《北京规则》）

1984 年联合国颁布了《联合国少年司法最低限度标准规则》（以下简称《北京规则》）。《北京规则》是各国鉴于少年特殊的生理心理机制，从保护少年出发，共同制定的所能接受的最低限度的标准要求。《北京规则》共分六个部分：总则、调查和检控、审判和处理、非监禁待遇、监禁待遇以及研究、规划、政策制订和评价。《北京规则》旨在对少年犯进行司法保护，从而实现少年和家庭的福祉，北京规则是联合国少年保护文件体系中的规则之一，是国际上第一个有关青少年犯罪专门性的刑事性的法律文件。[1]

（二）《联合国保护被剥夺自由少年规则》（《哈瓦那规则》）

1990 年《联合国保护被剥夺自由少年规则》（以下简称《哈瓦那规则》）要求剥夺少年的自由应作为最后处置手段，决定应当由司法当局作出，对少年剥夺自由的时间应尽可能短，并且释放后应当对儿童的记录进行封存。《哈瓦那规则》由基本原则、规则的范围和适用、被逮捕或待审讯的少年、少年设施的管理和管理人员五个部分组成。

（三）《联合国预防少年犯罪准则》（利雅得规则）

1990 年《联合国预防少年犯罪准则》（以下简称《利雅得规则》）的目的旨在预防青少年犯罪，维护所有青少年的福利、发展、权利和利益。《利雅得规则》由基本原则、范围、总预防、社会化过程、社会政策、立法和少年司法工作以及研究、政策制订和协调七个部分组成。《利雅得规则》主要明确了各国政府、学校和家庭对预防未成年人犯罪的主要职责，明确保护青少年犯罪的措施和方法，推动各国建立和完善本国青少年犯罪预防制度。

（四）《联合国刑事司法系统中儿童问题行动指南》

《联合国刑事司法系统中儿童问题行动指南》（以下简称《行动指南》）的目的是保障《公约》和相关的联合国少年司法标准和规范的有效实施。《行动指南》由三个部分组成，分别是第一部分目的、目标和基本考虑，第二部分执行《公约》，实现其目标以及使用和适用少年司法国际标准和规范的计划，第三部分与儿童受害者和儿童证

---

〔1〕 杨挺："底线、差距与目标——《北京规则》视野下的中国少年司法制度"，中国政法大学 2004 年硕士学位论文。

人有关的计划。

（五）《关于在涉及罪行的儿童被害人和证人的事项上坚持公理的准则》

2005 年联合国经济及社会理事会通过的《关于在涉及罪行的儿童被害人和证人的事项上坚持公理的准则》（以下简称《儿童被害人证人准则》）旨在协助会员国加强对参与刑事诉讼的儿童被害人和证人的保护制度的建立。《儿童被害人证人准则》对刑事诉讼中儿童被害人和证人享有的受到有尊严和有同情心的对待的权利、免受歧视的权利、知情权、表达意见和关切的权利、获得有效援助的权利、隐私权、在司法过程中免受痛苦的权利、安全受保护的权利、获得赔偿的权利和要求采取特别防范措施的权利进行了详细的规定，对于建立儿童友好型刑事司法具有较高的指导意义。

三、儿童的其他保护性国际规则

儿童的其他保护性国际规则涉及面广，主要包含武装冲突、收养、禁止童工、禁止儿童色情和儿童贩卖等，具体国际规则的内容如下：

（一）《在非常状态和武装冲突中保护妇女和儿童宣言》

1974 年联合国颁布的《在非常状态和武装冲突中保护妇女和儿童宣言》要求所有成员国对战争中的妇女儿童进行人道对待，不得剥夺其住房、食粮和医药援助等权利。

此外，性质类似的还有《〈儿童权利公约〉关于儿童卷入武装冲突问题的任择议定书》，于 2002 年在我国生效。

（二）《跨国收养方面保护儿童及合作公约》

1993 年海牙《跨国收养方面保护儿童及合作公约》（以下简称《收养公约》），对跨国收养儿童的条件、机构、程序、收养承认及效力和一般性规定作出要求，我国于 2000 年签署该《收养公约》，2005 年在我国生效实施。《收养公约》建立健全各国跨国收养中儿童送养事前监管制度的构想，更全面地维护被送养儿童的合法权益，使现有保护机制更为完善。[1]

（三）《关于禁止和立即行动消除最有害的童工形式公约》

1999 年日内瓦《关于禁止和立即行动消除最有害的童工形式公约》（以下简称《消除童工公约》），于 2000 年在我国生效。《消除童工公约》旨在禁止和消除最恶劣形式的童工劳动。

（四）《〈儿童权利公约〉关于买卖儿童、儿童卖淫和儿童色情制品问题的任择议定书》

2000 年联合国通过《〈儿童权利公约〉关于买卖儿童、儿童卖淫和儿童色情制品问题的任择议定书》（以下简称《关于买卖儿童议定书》），于 2002 年在我国生效。《关于买卖儿童议定书》旨在禁止买卖儿童、儿童卖淫和儿童色情制品。

---

〔1〕 黄薇："跨国收养中儿童送养事前监管制度的法律思考"，广西大学 2013 年硕士学位论文。

（五）《联合国打击跨国有组织犯罪公约关于预防、禁止和惩治贩运人口特别是妇
　　　女和儿童行为的补充议定书》

《联合国打击跨国有组织犯罪公约关于预防、禁止和惩治贩运人口特别是妇女和儿童行为的补充议定书》（以下简称《预防贩运儿童议定书》）于 2000 年在联合国通过，于 2003 年在我国正式生效。《预防贩运儿童议定书》旨在预防和打击贩运人口，特别是贩运妇女和儿童，以及保护被害人的人权。

结　语

纵观各国儿童福利制度和相关国际规则的发展，主要呈现以下六个方面的规律：

第一，总体来说各个国家儿童福利的发展道路基本是从补缺型走向普惠型，最终走向高福利型的道路。

第二，国家在儿童福利中的角色和提供的手段逐步多样化。国家在儿童福利的制度的发展中从补缺者的角色，如重点负责孤儿、残疾儿童等特别需要帮助的儿童群体，迈入向所有儿童负责的全能者。国家向儿童提供的福利手段从单纯地发放津贴扩展到教育、医疗、卫生等各个方面提供多种多样的服务。

第三，儿童福利的内涵分为狭义和广义，对儿童福利的内涵进行不同解读将影响儿童福利的关系。当狭义儿童福利制度发展完善之后，国家政府部门的职责进入儿童保护阶段，儿童保护主要是保护儿童四大基本权利，让儿童免受伤害、虐待、忽视和剥削，国家主动介入公民的私人生活，对儿童进行保护。广义的儿童福利包含儿童保护，儿童保护的最终目标也是为了实现儿童的福利。

第四，国家儿童福利的状况反映该国的经济发展水平。一个国家儿童福利的发展离不开本国经济的发展和支持。经济水平越领先的国家，儿童福利越完善。建立完善的儿童福利保护，需要重视本国经济的发展。

第五，以《联合国儿童权利公约》为首的联合国颁布的与儿童相关的国际规则极大地促进了各个缔约国儿童保护和福利的制度发展和完善。国际规则初期同时具备儿童福利的特征，之后国际规则多与儿童保护相关，尤其重视刑事司法中儿童的保护。

第六，慈善、非政府组织在儿童福利制度的建立过程中发挥了重要作用，并且作用随着政府部门职能的变化而变化。例如，救助儿童会的创始人埃格兰泰恩·杰布起草了《儿童权利宪章》，《儿童权利宪章》后来成为联合国《儿童权利公约》的基础。早期在国家儿童福利制度尚未建立的时期，对儿童的救济多源自于各类慈善组织，之后随着政府职能的不断发展，慈善、非政府组织的职能转为服务的提供者。

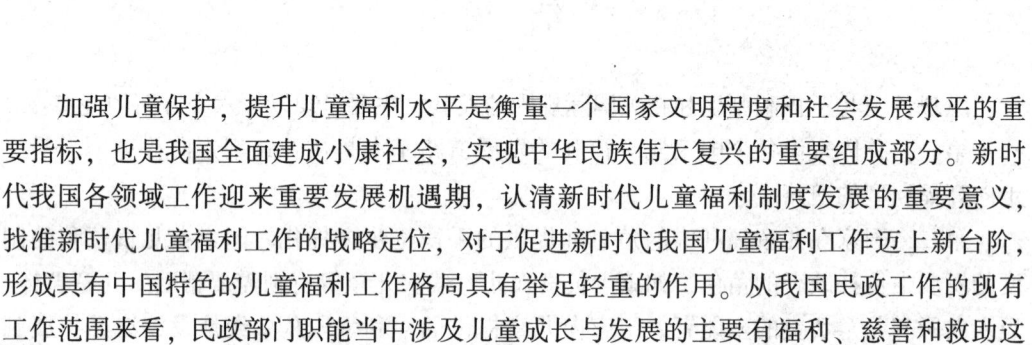

第六章
新时代儿童福利发展新战略

　　加强儿童保护，提升儿童福利水平是衡量一个国家文明程度和社会发展水平的重要指标，也是我国全面建成小康社会，实现中华民族伟大复兴的重要组成部分。新时代我国各领域工作迎来重要发展机遇期，认清新时代儿童福利制度发展的重要意义，找准新时代儿童福利工作的战略定位，对于促进新时代我国儿童福利工作迈上新台阶，形成具有中国特色的儿童福利工作格局具有举足轻重的作用。从我国民政工作的现有工作范围来看，民政部门职能当中涉及儿童成长与发展的主要有福利、慈善和救助这三项。曾经较长一段时期，儿童福利（包括儿童保护）都是民政工作中的相对短板。自十八大以来，我国各个领域的改革如火如荼，民政工作也迎来了新的较大发展。进入新时代，加强儿童保护力度，逐步全面提升儿童福利水平，大力完善儿童福利制度将是民政工作当前及今后的重点工作方向，也将更好地促进儿童的成长与发展。

第一节　儿童福利工作的重大意义

　　广义上来说，儿童福利包括两个重要方面，一是为儿童成长与发展提供全面而优质的福利服务，二是要加强对儿童的司法保护，保障其最基本的生存和发展环境。新时代，儿童福利制度的完善与发展，不仅关系到国家整体战略的实现，也关系到每个儿童的发展、每个家庭的幸福。

一、推动人类社会文明进步的重点方向和动力

　　我们平常所言的社会文明是指狭义的社会文明，社会文明是经济和社会发展的最终目的，它包括社会主体文明（个人发展、家庭幸福、邻里和谐、社会和谐）、社会关系文明（人际关系、家庭关系、邻里关系、社团关系、群体关系）、社会观念文明（社会理论、社会心理、社会风尚、社会道德）、社会制度文明（社会制度、社会体制、社会政策、社会法律）、社会行为文明（社会活动、社会工作、社会管理）等方面的总和。这其中，自然也涉及儿童的成长与发展，那就是如何建立健全儿童福利制度。由于儿童的特殊地位和重要性，儿童福利制度的发展程度成了社会文明进步当中最能引起社会关切的部分之一。做好儿童福利工作对于促进人类文明发展具有重要作用，它

能够补齐社会发展的短板，从整体上提升社会的文明发展水平。应当说，为社会中最脆弱而又最具有潜力的儿童提供优质的成长、发展环境，无疑是人类社会文明理念的深刻体现。

基于儿童福利工作的重要价值，在今后的儿童工作中，要从各方面推动儿童福利制度的完善与发展，以保障儿童成长与发展。在个人发展上，要给予儿童独立发展的地位；在家庭关系上，要营造和谐、健康的家庭环境；在社会道德上，要爱护儿童、关爱儿童；在社会政策和法律上，要加强支持儿童成长与发展的政策制定与立法。在社会文明进步与儿童福利和保护的关系问题上，也应当坚持辩证统一的关系。一方面，儿童福利（包括儿童保护）的状况体现一个国家的社会文明发展程度。另一方面，国家文明理念的树立与转变也有利于对儿童福利（包括儿童保护）的工作机制的构建与落实。

二、衡量国家福利水平和综合实力的重要指标

谈到儿童福利，自然离不开对于福利国家和社会福利的探讨。这一对概念虽然都牵涉了福利，但却属于不同范畴的两个概念。"福利国家是指通过政府干预社会经济生活的方式保障本国公民的基本生活福利以缓和阶级矛盾、维护垄断资本统治的国家形态。"[1]其本质是一种国家形态，带有浓厚的政治色彩，属于政治学范畴。而从现阶段而言，将社会福利从广义上理解更加适宜，即将其定义为："面向全体民众的、内容全面的、形式综合的、提供主体多元、福利方式多样的最高形态的社会保障"。[2]因此，它核心在于更加强调福利本身的诸多属性，属于社会学范畴。由此而言，与儿童福利联系最紧密的还是社会福利这一概念，均强调福利的普惠性。但是，这种普惠性不是毫无差别的个体平等，同时，应当向社会中的特殊群体如儿童、老人、残疾人等倾斜。

由此可见，一个国家福利水平的高低，不仅在于对全体社会成员的保障水平，更在于对儿童、老人、残疾人等特殊人群的关注和保障力度。保护儿童成长，做好儿童福利保障，对于衡量一个国家总体的发展水平至关重要，对于一个国家未来的发展更加具有决定性作用。一方面，儿童福利保障制度的发展有利于促进国家福利的理念及结构优化。当前，我国儿童福利的内容，主要包括："（1）儿童作为家庭成员可参保城乡居民基本医疗保险、城乡居民大病保险，贫困家庭儿童还可得到医疗救助，国家还针对儿童提供免费的免疫医疗保健服务。（2）教育福利。我国颁布了《义务教育法》，逐步建立起普惠性的义务教育制度；国家设立幼儿园、托儿所，提供幼托、早托服务。（3）儿童保护。我国设立了婴儿安全岛保护被遗弃的婴儿，建立了儿童福利机构、未成年人救助保护中心，保护孤残儿童、流浪儿童和其他困境儿童，对孤儿还提供补贴。（4）文化福利。我国不断建立起儿童友好型社会，在一些基础设施的建设上考虑儿童

---

〔1〕 转引自王贤斌："民生国家 VS 福利国家：中西方的比较与启示"，载《中共宁波市委党校学报》2018年第4期。

〔2〕 参见张军："'社会福利'与'社会保障'的再解读——基于我国适度普惠型社会福利制度构建的视角"，载《社会福利（理论版）》2018年第1期。

的特殊需要。"[1] 可见，目前我国的儿童福利正在朝着全方位、普惠型的方向发展，这对于国家福利理念的落实与结构优化具有方向性的指引作用。另一方面，儿童福利的保障水平有赖于国家整体福利体系与制度的发展，取决于一个国家经济发展水平的程度。当一个国家经济水平处于快速提升的时期，儿童福利的保障水平就成了衡量一个国家综合国力的重要指标。新时代，做好儿童福利工作，促进儿童健康成长与优质发展，对于增强我国未来的国际竞争力将起到决定性的作用。

三、实现"两个一百年"奋斗目标的关键环节

儿童是国家的未来，是未来经济社会建设发展的主力军，为儿童发展提供优质的成长环境是国家和全社会的共同责任。十九大报告提出：要坚持"男女平等"的基本国策，要保障妇女儿童权益，要实现"幼有所育、学有所教、弱有所扶、病有所医"的良好局面。十三五规划也提出，要坚持"男女平等"的基本国策，要坚持儿童优先，要切实加强妇女、未成年人、残疾人等社会群体权益保护。在第六次全国妇女儿童工作会议上，李克强总理提出坚持"三个优先"：要坚持儿童教育的优先发展，要推进儿童健康服务的优先供给，要努力实现儿童福利的优先保障。在前面这些文件或者会议中，贯彻的一个理念就是"儿童优先"，在看到儿童与其他公民群体不同的前提下，应当坚持优先保障与发展理念，并且要将这种理念予以制度化，形成工作机制，产生工作实效。由此可见，党和国家对儿童健康成长与全面发展的重视与支持。

十八大以来，党和国家高度重视儿童工作，习近平总书记在众多场合都曾发表过关注儿童成长与发展的重要讲话，彰显出新时代做好儿童工作的重要战略地位和非凡时代意义。进入新时代，我国社会的基本矛盾发生了根本性转变，人们对美好生活的向往与不平衡不充分发展之间的矛盾是我们需要解决的基本问题。而人们对于儿童成长环境以及优质教育的期盼无疑是众多美好向往中的重中之重，因而，做好新时代的儿童福利工作将有助于我国社会的基本矛盾的逐步解决。进入新时代，中国迎来了重要的战略机遇期，比历史上任何时期都更加有能力和有信心去实现民族的复兴和国家的兴旺发达，但同时也应当看到，挑战也是巨大的，就儿童工作而言也是如此，截至2010年，我国人口中，0岁至14岁[2]人口大约为2.22亿，占人口总数的16.60%，[3]并且，随着近年二孩政策的全面放开，这一数据将进一步大幅度增长。因而，为如此庞大的儿童群体提供全面而优质的儿童福利，强化儿童保护，使得他们能够安全、健康、和谐、优质地成长与发展，将是实现全面建成小康社会，实现共同发展，实现国家繁荣和民族复兴的重要组成部分。同时，儿童也将成为国家和民族繁荣的接力者和生

---

〔1〕 参见李辉："国家责任回归：我国儿童福利的制度优化与升级"，载《劳动保障世界》2018年第23期。

〔2〕 我国一般将0岁到14岁界定为儿童，而国际上18周岁以下的任何人都属于儿童的范畴，因此，本书中使用的儿童人口的数据实际上是大大小于儿童的实际人口数的。

〔3〕 国家统计局：《2010年第六次全国人口普查主要数据公报》，载 http://www.gov.cn/test/2012-04/20/content_ 2118413.htm，访问日期：2019年1月20日。

力军。

四、落实相关国际公约和国内法的义务

联合国《儿童权利公约》[1]强调，各国应确保其管辖范围内的每一儿童均享受公约所载的权利，不因儿童或其父母或法定监护人的种族、肤色、性别、语言、宗教、政治或其他见解、国籍或社会出身、财产、伤残、出生或其他身份等而有任何差别。其中，第3条规定："关于儿童的一切行动，不论是由公私社会福利机构、法院、行政当局或立法机构执行，均应以儿童的最大利益为一种首要考虑。缔约国承担确保儿童享有其幸福所必需的保护和照料，考虑到其父母、法定监护人或任何对其负有法律责任的个人的权利和义务，并为此采取一切适当的立法和行政措施。缔约国应确保负责照料或保护儿童的结构、服务部门及设施符合主管当局规定的标准，尤其是安全、卫生、工作人员数目和资格以及有效监督方面的标准。"上述规定便是《儿童权利公约》四大基本原则之一的"儿童最大利益原则"。

其次，《儿童生存、保护和发展世界宣言》[2]也秉承着"让每个儿童有更好的未来"的宗旨和最为崇高的使命，承诺将在健康、教育、生存环境等方面，制定行动计划，作出努力，使现在这一世代，以及今后世世代代的儿童享有更美好的未来。此外，《未成年人保护法》《收养法》《义务教育法》以及《预防未成年人犯罪法》等国内法也就儿童保护与儿童权利作了有关规定。上述所有规定，其本质所体现的精神内核就是"儿童最大利益原则"，在儿童福利的制度设计以及具体工作的开展过程中，必须坚持这一理念，才能够真正地把儿童福利服务与司法保护工作落到实处，为儿童的成长与发展提供安全、优质的环境。做好新时代的儿童工作，保障儿童健康成长与优质发展，将是中国对于国际义务的忠实践行，也将更好地展现新时代中国负责任、有担当的大国形象，将更加促进我国经济社会的全面、协调发展。

第二节　国家亲权原则与儿童最大利益原则：基本理念的定位

新时代，儿童福利工作要实现新发展、新跨越，必须要有全新的、极高的战略定位，从而引领儿童福利工作的顶层设计与具体开展，而凸显政治站位和国家责任将是所有战略目标定位必须遵循的一个根本性准则。不论是儿童福利领域，还是在儿童保护问题上，想要构建科学、完善的制度体制与工作机制，首先必须要转变理念，正确把握儿童工作理念定位，具体而言就是要将国家亲权原则和儿童最大利益原则的儿童工作理念融入儿童福利制度的完善发展以及具体实践当中。

---

〔1〕《儿童权利公约》于1989年11月20日由第44届联合国大会一致通过，中国1990年成为签约国。

〔2〕1990年9月30日于纽约签订，并于当日生效。

一、国家亲权原则

"亲权"是国家亲权原则一词的核心，深刻理解"亲权"一词的来源及含义对于国家亲权理念及相关制度的构建具有重要的意义。"亲权"一词来源于罗马法的"Patria Potestas"（译为"家长权"）和日耳曼法的"Mundium"（译为"父权"），它们都是大陆法系近现代民法亲权理论及制度的历史渊源。后来，"伴随着社会经济的发展、文明的进步、人权观念和未成年人保护观念的增强，亲权制度经历了从父亲单独亲权到父母共同亲权、从支配权到照顾权的演变，完成了从家族本位到亲本位再到子女本位的发展。"〔1〕就目前而言，一般认为，亲权是指父母对未成年子女在人身和财产方面的管教和保护的权利和义务，它是一种身份权。同时，亲权的制度模式也因法系而有所不同，在法国、德国、瑞士、日本、秘鲁等大陆法系国家都规定有亲权，在英美法系国家，亲权与监护权不分，统称监护。我国未设立亲权制度，但在民法、婚姻法等法律法规中都有监护权制度，规定了父母对未成年子女的抚养、教育、保护义务。

"国家亲权（Parens patriae）来源于拉丁语，字面含义即'国家家长'（Parent of The Country），传统的含义则是指国家居于无法律能力者（如未成年人或者精神病人）的君主和监护人的地位。国家亲权是从父母亲权中逐步脱胎而来的，这一过程大体经历了三个阶段：第一时期是绝对亲权时期。在这一时期，家庭事务完全由父母（主要是父亲）负责，父母对子女具有生杀予夺的大权，国家并不予以干预。第二时期是国家亲权辅助父母亲权时期。在这一时期，父母仍然享有对子女的管教权力，但这种绝对的亲权开始受到限制。虽然已经在一定程度上开始强调对子女的保护，但仍是以父母为本位的，其价值取向仍在于维护父母对子女的权威和控制。第三时期是国家亲权超越父母亲权时期。这一时期，国家亲权获得了对父母亲权的超越性地位，被认为是未成年人的最终监护人，负有保护未成年人的重要职责，在特定情况下可以限制和剥夺父母亲权。这一时期亲权与国家亲权的关系已经转移到子女本位，在父母不能或者不宜行使对子女的监护职责时，则由国家代为行使父母的这种监护职责。19世纪之后的英美国家，国家亲权已经开始发展到这一阶段。"〔2〕

"一般认为，国家亲权理论有以下三个基本内涵：其一，认为国家居于未成年人最终监护人的地位，负有保护未成年人的职责，并应当积极行使这一职责；其二，强调国家亲权高于父母的亲权，即便未成年人的父母健在，但是如果其缺乏保护子女的能力以及不履行或者不适当履行监护其子女职责的时候，国家可以超越父母的亲权而对未成年人进行强制性干预和保护；其三，主张国家在充任未成年人'父母'时，应当为了孩子的利益行事，即应以孩子的福利为本位。"〔3〕通俗而言，就是当未成年人的父母没有适当履行其责任时，国家理所当然地介入其中，代替不负责任的父母，以未成

〔1〕 刘金霞："亲权制度的流变及其现代发展的借鉴意义"，载《北京青年政治学院学报》2013年第1期。
〔2〕 姚建龙："国家亲权理论与少年司法——以美国少年司法为中心的研究"，载《法学杂志》2008年第3期。
〔3〕 姚建龙："国家亲权理论与少年司法——以美国少年司法为中心的研究"，载《法学杂志》2008年第3期。

年人的国家监护人的身份行使国家亲权，使得国家能够有效地制约未成年人的不当行为，并作出有利于未成年人成长的决定，其体现出来的是一种以儿童为中心的理念。

应当注意的是，在国家亲权理念的理解与工作落实当中，存在着一种较为常见的观点，即父母和家庭是儿童熟悉的人和环境，这更有利于儿童的成长与发展，因此，国家不宜过多干预家长的权利行使甚至剥夺父母的监护权。其本质是国家到底该不该积极主动去履行儿童"监护人"职责，这种国家监护对儿童成长与发展到底是利大于弊还是弊大于利。笔者认为，产生这种观点的原因有两点：其一，受传统父母亲权以及家本位理念的影响，认为儿童应当在家庭中由父母来为其提供生存和发展保障，儿童的成长与成才是一个家庭的事。同时认为，儿童在没有成年之前，都应当听从家庭和父母的安排，突出表现为"以父为纲"，儿童并没有独立的主体地位和自主决定权。其二，对国家亲权原则存在误解，认为国家亲权理念下国家对于儿童的监护权的行使，就是使儿童彻底脱离家庭，到一个陌生的集体当中去成长与发展。

因此，应当正确理解国家亲权原则的内涵以及亲权原则在实际工作中的具体转化。具体而言，在理念上就是要在承认家庭是儿童成长与发展的重要环境的基础之上突出国家的责任，在父母和家庭无力监护或者其监护不利于儿童的成长与发展时，国家应当积极主动介入，担负起儿童"最终监护人"的职责，不能让儿童失去庇护。同时，在实际理念落实的制度机制构建当中，不论是亲职教育，还是剥夺监护权，都不能简单粗暴，而应当在"惩罚"了父母之后，为儿童的成长寻求成长与发展的有利条件与环境，这样的国家监护才是真正有利于儿童的。

针对我国新时代的儿童福利工作而言，国家亲权原则仍然有着极为重要的指导价值，具体可以概括为以下几个方面：

第一，对制度设计的理念指导。每一项制度的设计，其背后都承载了一定的价值理念，这种价值理念决定了整个制度的高度和完备程度。就儿童福利工作而言，按照国家亲权原则理论，国家将作为一个"家长"的角色来为"自己的孩子"提供各种福利，促进他们的发展。因此，这种感同身受的角色转化将会从根本上改变原有的儿童福利工作存在的根本性问题，[1]使得整个国家和社会都意识到儿童才是国家的未来，保证他们的健康成长与优质发展才是我们的终极目标。另一方面，国家亲权原则是指导整体儿童保护的基本理念。[2]一般而言，儿童保护是针对急切需要救助和关怀的儿童群体，主要包括贫困儿童、孤残儿童、被忽视儿童、被虐待儿童等。从国家亲权原则的核心思想出发，国家作为"家长"理应迅速反应，积极主动去帮助和关怀前述这些特殊儿童群体，使他们感受到家庭般的温暖和"父母"般的呵护。因此，国家应当将儿童保护作为自己的一项义务和职责，这一理念的贯彻对于提高儿童保护的实效性具有积极作用。

---

〔1〕　笔者不认为资金问题是儿童福利工作最根本性的问题，只要从根本上转变理念，将儿童视为一个国家最重要的竞争力和发展力，则不会普遍存在对儿童福利投入不足的现象。

〔2〕　从广义上而言，"儿童保护"的外延小于"儿童福利"，被后者所囊括。

第二，对体制机制的规则指导。相对具体的工作机制和体制是对落实制度的重要依托和手段。国家亲权理论不仅是体制和机制构建的理念基础，还应当转化为具体的儿童福利工作规则，这样才能够克服单纯抽象理念所带来的机制和体制无法落地或者无法具体执行的问题。在儿童保护问题上，国家亲权理论则成为了构建少年司法体系不可或缺的重要理论支撑。儿童[1]群体具有复杂性，不仅包括需要关爱和救助的弱势儿童，还包括具有不良行为甚至违法犯罪行为的儿童，而对于他们的保护是少年司法产生发展的内源推动力。"在国家亲权理论指导下的少年司法认为报应主义是与未成年人福利相悖的，也是与作为国家监护人的角色相矛盾的——有哪一个家惩罚孩子的目的会是报应主义呢？因此，少年司法的运作超越了罪与刑之间的对应关系，根本排斥报应主义观念，而追求的是对罪错少年的矫正。在此基础上，少年司法对罪错少年的干预主要关注的是其福利保护的需要而不是根据其危害社会的行为给予相应的惩罚。"[2]

第三，对工作落实的监督纠正。一方面，国家亲权理论可以指导儿童福利工作的顶层设计和具体落实，而另一方面，也可以用国家亲权这一原则来衡量评价儿童福利工作是否到位，是否符合相应的制度和机制体制，这比其他考核标准更加有效和直接。由此看来，国家亲权原则对于我国的儿童福利工作的开展具有重要的指导意义。此外，国家亲权原则可以作为实现综合儿童保护制度的理论基础。对于儿童进行全方位的综合保护，从理论上而言是一种有力的模式，但也存在着严重的责任主体相对明确但无法落实的困境。"《未成年人保护法》第6条第1款规定，保护未成年人，是国家机关、武装力量、政党、社会团体、企业事业组织、城乡基层群众性自治组织、未成年人的监护人和其他成年公民的共同责任，该条确立了保护未成年人的共同责任原则。同时，该法第7条第1款规定，中央和地方各级国家机关应当在各自的职责范围内做好未成年人保护工作。然而，《未成年人保护法》颁布二十余年来，一个困扰性的问题是由保护未成年人的共同责任原则所带来的'责任稀释困境'——谁都有保护未成年人的职责，但是谁都没有将保护未成年人的职责列为专门的职责和业务范围，其结果是保护未成年人'说起来重要，做起来次要，忙起来不要，出了问题找不到'。"[3]对比亲权由开始强调家族本位到后来强调父母本位，作为发端于亲权的国家亲权，其核心是国家的"家长"角色，而不应当是全社会。因此，明确国家的责任主体地位，同时进一步明确更加具体的国家部门来主导儿童保护工作并承担相应的责任应当是今后儿童保护的改革方向。

---

〔1〕 本书中的"儿童"如无特殊说明，均按照《联合国儿童权利公约》界定为不满18周岁以下的任何人，且与我国的"未成年人"同义。

〔2〕 姚建龙："国家亲权理论与少年司法——以美国少年司法为中心的研究"，载《法学杂志》2008年第3期。

〔3〕 姚建龙："未成年人法的困境与出路——论《未成年人保护法》和《预防未成年人犯罪法》的修改"，载《青年研究》2019年第1期。

二、儿童最大利益原则

儿童最大利益原则是国际上儿童工作的首要原则，具有纲领性的地位，它来源于1990 年生效的联合国《儿童权利公约》，[1]我国于 1991 年 12 月批准加入该公约，并于 1992 年 4 月对我国生效。[2]该公约强调，各国应确保其管辖范围内的每一儿童均享受公约所载的权利，不因儿童或其父母或法定监护人的种族、肤色、性别、语言、宗教、政治或其他见解、国籍或社会出身、财产、伤残、出生或其他身份等而有任何差别。其中，第 3 条规定："关于儿童的一切行动，不论是由公私社会福利机构、法院、行政当局或立法机构执行，均应以儿童的最大利益为一种首要考虑。缔约国承担确保儿童享有其幸福所必需的保护和照料，考虑到其父母、法定监护人或任何对其负有法律责任的个人的权利和义务，并为此采取一切适当的立法和行政措施。缔约国应确保负责照料或保护儿童的结构、服务部门及设施符合主管当局规定的标准，尤其是安全、卫生、工作人员数目和资格以及有效监督方面的标准。"以上就是儿童保护的纲领性原则——儿童最大利益原则。儿童最大利益原则一方面是儿童工作的纲领性原则，同时，还对其他儿童保护重要理论的发展起着重要的促进作用。国家亲权原则从最初的"父母本位"发展到当代的"子女本位"，其目标就是要实现儿童的利益最大化，促进儿童的成长与发展。

要使得儿童最大利益原则能够被普遍地接受和遵循，有必要对儿童最大利益原则进行深入地解读，其应当具有以下几个方面的内涵：

第一，强调儿童的独立主体地位。长期以来，我国儿童在没有成年之前都被家庭尤其是父母视为自己的"附属者"，父母主导着儿童的成长环境与发展。由此一来，父母综合素质及其家庭环境的优劣成为儿童是否能够健康成长和优质发展的重要决定因素。因此，想要促进儿童的健康成长与发展，必须要改变这种传统理念，也就是要确立儿童的独立主体地位，父母和家庭对于儿童的抚养、教育和保护是一种家庭责任、父母责任，而非是对子女的一种投入甚至是"恩惠"。[3]父母子女关系是一种法律关系与亲情关系的结合，前者强调相互独立地位基础之上的法律义务，后者则蕴含着中华传统文化当中的血脉亲情。概言之，不能抹杀儿童（未成年子女）在家庭中以及社会中的独立地位，进而在儿童利益最大化原则的指导下，父母、家庭及社会都有义务为未成年子女的成长与发展提供各种福利和保护。

第二，强调保障儿童成长与发展的全面性。联合国《儿童权利公约》规定对于所

---

〔1〕　该公约是在 1924 年国际联盟制定的《儿童权利宣言》和 1959 年联合国制定的《儿童权利宣言》的基础之上制定的。

〔2〕　1990 年 8 月 29 日，中国常驻联合国大使代表中华人民共和国政府签署了《儿童权利公约》，1991 年 12 月 29 日，第七届全国人民代表大会常务委员会决定批准中国加入《儿童权利公约》，1992 年 3 月 2 日，中国常驻联合国大使向联合国递交了中国的批准书，至此中国成为该《儿童权利公约》的第 110 个批准国，该公约于 1992 年 4 月 2 日，开始对中国生效。

〔3〕　本书在此强调的是父母对于未成年子女的义务和责任，并不否认子女成年以后对于父母的赡养义务。

有儿童、所有主体的一切行为都应当以儿童利益最大化为首要的考量因素。因此，应当赋予儿童全面的权利诸如生存权利、受教育权利、获得关爱的权利、获得平等机会的权利等，并且要将这些权利法定化。同时，还应当为这些权利的行使提供全面的制度保障和救济途径，将"纸面上的权利"变成生活中一项项可以看得见、享受得到的具体利益。此外，需要强调的是这种权利的全面性不是千篇一律的，还应当体现出每一个儿童的不同情况，例如其年龄、身心发育程度、成长环境等，以做到个性化的儿童保护与关爱。

第三，强调儿童成长与发展中的自我决定权。由于长期受"父母本位"思想的影响，以及儿童本身在经济、身体、能力等方面的弱势，儿童往往缺乏自主决定自己事情的权利和环境，由此在很大程度上造成了儿童的成长和发展带有父母的意志和规划，或者说不得不依赖于父母或家庭的意愿。因此，未来的儿童福利和保护的具体开展在一定程度上要听取相关儿童的意见和意愿，赋予其一定的自我决定权，使得其自身的发展更加符合自身的真正需求。但需要强调的是，当儿童因缺乏判断能力故意作出不利于自己的决定时，作为父母也是应当予以纠正的，以实现儿童自我决定权与达到有利发展目标二者的融合，防止走向赋予儿童权利却造成不利于其成长的悖论。值得一提的是，2017年10月1日起实施的《民法总则》确立了儿童保护的"最有利于被监护人原则"，[1]这实际上是在民事领域中对"儿童最大利益原则"的进一步细化与落实。《民法总则》中的这一原则强调了监护人只能代替未成年子女作出有利他们成长的行为，同时根据其身心发育程度最大限度尊重被监护人的内心真实意思，当然对于有害于其自身的意愿哪怕是真实的，监护人也应当予以纠正。

第四，强调对父母职责的制约和监督。一方面，赋予儿童独立地位和自主决定权实质上就是对父母和其他家庭成员的权利作出了限制，减少他们因优势地位和能力对未成年子女作出不利的决定或行为。而另一方面，就是要借鉴国家亲权理论，在父母没有尽到应有的监护职责时，国家及时出面承担起"国家监护人"或者"国家家长"的角色，对相关未成年人进行救助和关爱，同时，对于履职不力的父母进行一定的制裁，诸如剥夺对未成年子女有严重不良影响甚至对他们实施违法犯罪行为的父母的监护权。[2]因此，儿童最大利益原则，不仅需要作为一种理念倡导，还应当建立起保障其贯彻与落实到具体工作中的保障和制裁手段，才不至于让这一原则束之高阁。

儿童最大利益原则在产生之初的内涵是一切机构的一切行为都应当以儿童的最大

---

〔1〕《民法总则》第35条规定：监护人应当按照最有利于被监护人的原则履行监护职责。监护人除为维护被监护人利益外，不得处分被监护人的财产。未成年人的监护人履行监护职责，在作出与被监护人利益有关的决定时，应当根据被监护人的年龄和智力状况，尊重被监护人的真实意愿。成年人的监护人履行监护职责，应当最大限度地尊重被监护人的真实意愿，保障并协助被监护人实施与其智力、精神健康状况相适应的民事法律行为。对被监护人有能力独立处理的事务，监护人不得干涉。

〔2〕例如，2015年1月1日最高人民法院、最高人民检察院、公安部、民政部联合发布实施的《关于依法处理监护侵害未成年人权益行为若干问题的意见》中规定：对教唆、利用子女实施违法犯罪行为的监护人，可由民政、妇联等部门作为申请人向法院申请撤销监护人资格，由民政、妇联等部门作为监护人代为抚养。

利益为首要考虑，同时，这种考虑不得带有偏见与歧视，必须一视同仁。然而，每个国家和地区的实际情况都各不相同，那么该如何理解与落实这一原则呢？就我国的儿童工作而言，在贯彻这一理念的过程中会出现这样的疑问：儿童的利益要不要因地区和家庭的差异而有所不同，到底是要做到一定范围内的儿童利益最大化，还是保证普遍范围内的儿童利益均等化，也就是说是否应当允许儿童利益因家庭条件不同以及地区经济发展水平不同而出现差别。对此，从国家层面而言，一方面，要制定统一适用的儿童福利工作制度，以确保全国范围内的儿童利益在原则上不存在根本差异。另一方面，对于经济发展水平相对靠后的地区，国家应当进行政策倾斜和资金扶持，以保证儿童利益在全国范围内实质上的相对公平，避免一些地区或者一些家庭的儿童因没有先天优势条件而得不到真正的最大化利益，输在起跑线上。因此，应当以儿童最大利益原则为导向，坚持更加具体的儿童优先、儿童平等的儿童工作理念，尽全力优先保障全国范围内全体儿童的均衡化发展。

第三节　行政与司法的衔接：基本结构的定位

理念定位涉及儿童福利工作的顶层设计，而确立儿童工作的基本结构是开展具体工作的重要载体。针对我国儿童福利的现状，理顺工作架构，做好行政与司法的衔接，减少真空地带，是今后我国儿童工作改革与发展的一个重要路径。就基本结构而言，核心定位是儿童福利行政应当积极主动，而少年司法应当托底保护。

换言之，儿童福利面对的是整个儿童群体，因此，儿童福利行政应当积极主动去保障儿童群体享受全面而又逐步提高质量的儿童福利，这实际上也是对儿童的一种保护。就司法部门而言，由于其职能定位以及司法的被动性特征，其对儿童的保护是一种托底的保护，也就是为受到侵害或者不利监护的儿童提供司法保护以及针对违法犯罪的儿童提供一种柔性司法，而这些保护所面对的对象范围是相对窄于民政等行政部门的。履行好儿童福利行政与少年司法彼此的职能，同时实现福利与司法的无缝衔接，是我国儿童福利制度发展的基本结构。

一、儿童福利行政：积极主动

就我国目前儿童工作的现状来说，存在着以下两个方面的问题，因而需要强化行政部门的儿童福利工作职责。其一，在儿童福利工作中，长期以来奉行的是补缺型的福利政策，惠及的儿童群体小，相应的儿童福利工作属于被动救助型，缺乏主动性、积极性。其二，在儿童保护工作上，政府保护及国家监护制度的缺位。"《未成年人保护法》专设有家庭保护、学校保护、社会保护、司法保护，却唯独没有'政府'专章，政府相关部门保护未成年人职责的规定'隐藏'在'社会保护'一章中。之所以出现这种状况，一方面在于立法者采取的是未成年人保护主要应当是家长和社会的职责，政府不应当越俎代庖地超越补缺型儿童福利的立场；另一方面，也因为立法者始终认为中国的经济发展尚不足，政府还没有能力过多承担未成年人保护的职责。"[1]

此外，根据儿童工作实务部门的反馈来看，存在着责任主体不明确的问题，所谓"孩子在谁手里，谁才着急，谁才去积极保障儿童的权益"，而其他部门则不愿意接收，甚至消极对待。此时存在的一个问题就是，儿童工作中职能部门要不要考虑自身的部门利益及风险？笔者认为，儿童工作中的风险应当用制度及法律来合理分配，甚至国家应当最终来承担风险，不能因为存在风险而使儿童最大利益得不到保障。

因此，当前我国行政领域的儿童福利就是要凸显政府的职能和职责，让政府尤其是民政部门成为儿童工作的主要主导者，其他政府部门的职责应当是配合民政部门做好儿童福利工作。只有有主导有配合的工作结构模式才能够克服"谁都能管，谁也管不了"的工作结构困局。同时，还应当提升儿童工作在民政工作中的地位，加强对儿童工作合理考核制度的构建，以此来提高具体工作部门及其工作人员的主动性、积极性和责任感。

民政部机构改革方案——《民政部职能配置、内设机构和人员编制规定》（以下简称《职能规定》）已经获得中共中央、国务院批准，并于2018年12月31日起实施。本次机构改革对于我国儿童工作的定位与发展具有划时代的意义，有助于实现我国儿童工作的福利化定位和专业化工作机制。在该《职能规定》中，将涉及儿童工作的主要职责进行了整合，其中第3条第10项规定，"拟订儿童福利、孤弃儿童保障、儿童收养、儿童救助保护政策、标准，健全农村留守儿童关爱服务体系和困境儿童保障制度"。[2]在此次改革之前，民政部涉及儿童工作的职能主要分布在以下主要职责当中：（1）牵头拟订社会救助规划、政策和标准，健全城乡社会救助体系，负责城乡居民最低生活保障、医疗救助、临时救助、生活无着人员救助工作。（2）拟订社会福利事业发展规划、政策和标准，拟订社会福利机构管理办法和福利彩票发行管理办法，组织拟订促进慈善事业的政策，组织、指导社会捐助工作，指导老年人、孤儿和残疾人等特殊群体权益保障工作。（3）拟订婚姻管理、殡葬管理和儿童收养的政策，负责推进婚俗和殡葬改革，指导婚姻、殡葬、收养、救助服务机构管理工作。[3]通过对比可以看出，这次民政部机构改革对儿童工作最大的影响之一便是整合明确了儿童工作的具体职责和内容，而这对于儿童工作的制度化甚至是法治化发展与落实都具有积极的作用。

为了落实职责，这次改革也整合设置了专门的儿童工作机构——儿童福利司。在《职能规定》中第4条第9项规定，儿童福利司的职能是"拟订儿童福利、孤弃儿童保障、儿童收养、儿童救助保护政策、标准，健全农村留守儿童关爱服务体系和困境儿

---

[1] 姚建龙："未成年人法的困境与出路——论《未成年人保护法》和《预防未成年人犯罪法》的修改"，载《青年研究》2019年第1期。

[2] 参见中共中央办公厅、国务院办公厅：《民政部职能配置、内设机构和人员编制规定》（厅字〔2018〕141号）。

[3] 此部分职责论述根据职能机构改革前民政部官网介绍整理归纳。

童保障制度，指导儿童福利、收养登记、救助保护机构管理工作"。[1] 而在此之前并没有统一的专门儿童工作机构，从事儿童工作的职能机构比较分散，主要包括：（1）社会救助司。具体可能涉及的是其中的最低生活保障处、特困和临时救助处、医疗救助处。（2）社会福利和慈善事业促进司。具体可能涉及的是其中的慈善和社会捐助处以及残障人福利处。（3）社会事务司。具体可能涉及的是其中的生活无着人员救助管理（综合）处、儿童福利和收养处、未成年人（留守儿童）保护处。通过梳理对比发现，本次民政部机构改革突出特点主要有三：其一，整合机构设置，从根本上消除了工作机构分散，无法形成统一有力的工作机制的弊端。其二，从儿童福利司的行政级别来看，其是民政部下属的一个司局级内设机构，行政级别较之前涉及儿童工作职责的机构都要高，这体现出新时代党和国家对于儿童工作的高度重视与支持。其三，将儿童工作机构的名称确定为"儿童福利司"，体现出了我国儿童工作理念的重大转变，即从传统的司法保护走向儿童福利行政保障，凸显出了今后儿童工作的深度与广度，有利于实现福利与司法的有机衔接。

经过本次民政部机构改革，我国的儿童工作将会迎来一个快速的发展期。对于实现积极主动的儿童福利行政具有重要的推动作用。一方面，有了专门的工作机构——儿童福利司之后，儿童福利工作有了专门的机构、专门的人员、专门的工作制度，不论是积极主动去履行儿童福利工作责任，还是因专门工作职责和工作机构存在而产生的责任倒逼机制，都有利于今后儿童福利行政工作的积极性和主动性。另一方面，设置专门的带有福利保障性质的儿童工作专门机构，在一定程度上体现了我国对于儿童独立地位的尊重与落实，对于实现儿童利益最大化也具有深远的促进作用，此为儿童工作理念上的积极主动性之体现。概言之，今后我国将逐步形成积极主动的儿童福利行政工作结构。

二、少年司法体系：托底保护

少年司法是一种有别于成人司法的专门司法制度，而其中的"少年"一词在我国的使用并不统一，在立法中将未满18周岁的称之为"未成年人"，在理论研究中使用"未成年人"与"少年""青少年"均有之，且对于他们的年龄划分也存在不同观点。"在涉及以未成年人为主体的犯罪或不良行为的刑事法语境中宜使用少年一词。少年可以作广义和狭义之分，狭义的少年严格以刑法规定为标准，指14周岁以上不满18周岁的人。广义的少年则还包括行政法上的少年，即12周岁以上不满14周岁的人。狭义少年中14周岁以上不满16周岁者，可称为年幼少年；16周岁以上不满18周岁者可称为年长少年。不满14周岁者称为儿童，其中12周岁以下者称为年幼儿童，12~14周岁者称为年长儿童；18周岁以上25周岁未满者称为青年，其中18周岁以上不满22周岁者

〔1〕　参见中共中央办公厅、国务院办公厅：《民政部职能配置、内设机构和人员编制规定》（厅字［2018］141号）。

称为年幼青年，22 周岁以上不满 25 周岁者称为年长青年。"[1]而就本书而言，主要涉及的概念是：少年司法、未成年人司法以及儿童司法。从前述观点来看，使用广义"少年司法"概念涉及的范围最广，包括 12 周岁至 18 周岁者；而从儿童福利的角度出发，还应当将 12 周岁以下者囊括其中，联合国《儿童权利公约》更是将不满 18 周岁以下的任何人都定义为儿童。而我国将未满 18 周岁者称之为未成年人。然而，根据我国《刑法》《治安管理处罚法》等法律法规之规定，不满 12 周岁的儿童即使触犯了前述法律，也不会受到任何处罚，而是由监护人进行教育，再承担一定的民事赔偿责任。因此，宜将广义上的"少年"概念来界定少年司法涉及的对象范围是适宜的，本书在探讨我国儿童福利制度发展过程中也将使用"少年司法"一词。

我国少年司法制度最早可追溯至清末沈家本修律，但我国现在所言的少年司法却是"舶来品"，与我国本土化的近代少年司法出现断代。[2]因而，在我国儿童福利制度构建发展过程中所涉及的少年司法也是来自于国外。

国家亲权理论是英美法系少年司法制度构建的重要理论基础，在此背景下发展的少年司法具有以下特点："其一，具有明显的福利化倾向，少年司法对于罪错少年的干预主要关注的是其福利保护的需要而不是根据其危害社会的行为给予相应的处罚；其二，少年司法排斥报应主义思想，是一种典型的矫正模式；其三，少年司法具有高度追求司法个别化的特征，这种个别化使得少年司法的运作具有明显的倾向性，而与传统刑事司法为了追求刑罚平等性而强调司法人员的中立性、排斥个别化明显不同。"[3]正因为少年司法具有上述特点，少年司法对于儿童保护应当是作为一个兜底手段，在行政领域的儿童工作失效或者效果不大的情况下，司法应当主动积极进行干预，比如由法院来撤销不称职的家长的监护权，由法院来对失职的家长进行亲职教育等。[4]总之，鉴于司法部门的职能及资源属性，司法不宜过早地介入儿童福利和保护工作当中，应当奉行"行政在先，司法托底"的儿童工作理念，通过建立起未成年人司法保护与行政保护相衔接的机制，为督促监护人履行好监护义务提供制度保障，这样将更有助于保护广大儿童的受监护权、受教育权、健康权等权益。

而另一方面，对于罪错少年用少年司法制度对其进行处遇体现的也是一种儿童福利思想，即侧重于挽救，而非惩罚。但就我国的现状来看，独立的少年司法制度并未建立，而理想的儿童福利视域下的少年司法应当具有独立性，其原因在于"少年司法的特殊性决定了其应从刑事司法中分离出来，保持必要的独立性，而不应淹没于刑事司法或者依附于刑事司法之中。衡量少年司法独立性的标准有四，即少年立法是否特殊、少年司法机构与人员是否特殊、少年处遇是否特殊、少年司法程序是否特殊，具

---

〔1〕 姚建龙："刑事法视野中的少年：概念之辨"，载《青少年犯罪问题》2005 年第 3 期。

〔2〕 姚建龙："中国少年司法的历史、现状与未来"，载《法律适用》2017 年第 19 期。

〔3〕 姚建龙：《青少年犯罪与司法论要》，中国政法大学出版社 2014 年版，第 126,~127 页。

〔4〕 2015 年实施的《关于依法处理监护人侵害未成年人权益行为若干问题的意见》中明确了在虐待、遗弃、暴力伤害未成年人等 7 种情形下，法院有权撤销监护人的监护资格。

有这四大特殊性才可以称为独立的少年司法。致力于建立独立的具有四大特殊性的少年司法制度，应成为中国少年司法改革的基本路径"。[1]因而，在我国今后的儿童福利制度发展与完善过程中，如何以福利理念来推动我国少年司法的独立化、福利化与专业化也是一个努力的方向。在儿童福利理念指引下严厉处置危害儿童生存与发展的不法与犯罪行为以及对罪过少年实现教育与挽救促进他们的成长与发展，即以"严宽并用"的方式来保障儿童的福利需求与成长发展。

三、福利与司法：无缝衔接机制

儿童福利制度体系的构建是一个系统性的综合工程，不仅需要少年司法的保驾护航，更加需要强有力的社会支持。而与此同时，在儿童福利与少年司法的衔接当中也急需社会支持体系的融入，发挥其无缝衔接的桥梁作用。

就少年司法的起源、发展与最终目的而言，"少年司法关注的是少年健康成长的'需求'，而不是根据其'危害社会行为'予以惩罚，因此少年司法具有去刑事化的特点。简单说就是不把'犯罪'当犯罪行为看，而认为是'罪错'，而且认为这种'错'不仅仅是孩子的错，也是社会之错、学校之错、国家之错。而在刑事司法看来，行为人的行为是'恶'，应当以'恶'（刑罚）治'恶'。同时，少年司法强调预防少年堕入犯罪的深渊，对于可能导致犯罪的行为（虞犯行为）以及尚不构成犯罪的轻微罪错予以必要而及时的干预。"[2]因此，少年司法制度本身就贯穿着福利理念——满足罪错少年健康成长的"福利需求"。

而在少年司法与社会支持体系之间，二者也存在着紧密的联系。"少年司法的本质、核心义务是做诊断；而社会支持体系是做治疗、护理、矫治、康复、回归等，理想状态真正的矫治或亲职教育的执行应交由社会支持体系。社会支持体系是否健全是少年司法能否聚焦主业和正业的一个非常重要的支撑点，应培养一个专业的社会支持的力量。"[3]从这一视角而言，实现福利与司法的无缝衔接也不存在理论上的困境。因而，如何实现福利与司法衔接的良好实践应当是我国今后儿童福利制度体系构建中应当重点关注与探索的。

面对一些未成年人面临的生存和发展困境，民政部于2013年在北京、石家庄、大连、长春等20个地区开展未成年人社会保护试点。为建立未成年人社会保护制度，推进农村留守儿童关爱保护等工作，民政部于2016年正式成立未成年人（留守儿童）保护处。至此，我国民政领域儿童工作由原来的儿童福利扩展至儿童福利和保护两个方面。而随着2018年民政部机构改革的落地，儿童福利司成立，儿童工作相关职能也进行了整合，并且凸显了福利化的理念，所有儿童工作的目标就是要实现不同群体儿童的不同福利需求，以促进他们的健康成长与优质发展。

---

〔1〕 姚建龙："中国少年司法的历史、现状与未来"，载《法律适用》2017年第19期。

〔2〕 姚建龙："少年司法转介：一个初步的探讨"，载《未成年人检察》2016年第1期。

〔3〕 姚建龙："完善社会支持体系应思考的三个问题"，载《人民检察》2017年第22期。

受传统儿童保护和成年刑事司法等的影响，我国在福利与司法的衔接当中，重点之一是要如何保障儿童司法保护的少年司法路径，而在这一路径的完善发展之中必须要始终融入儿童福利理念。当前，我国关于儿童保护较为完善的法律规定主要集中在《未成年人保护法》和《预防青少年犯罪法》之中，其他的法律则还包括《义务教育法》《民法总则》等法律，特点在于规定得不仅零散，而且大都具有宣誓性，看似很综合的法律保障却无法落到实处，当前我国正在经历着无法形成强有力合力的综合模式儿童保护。"长期以来，我国未成年人专门立法尤其是已经制定的未成年人保护法并未从顶层设计角度明确保护重心和主要关注的群体，没有在儿童福利的总体战略中明晰立法思路，因此该法长期具有立法'形式完美'但是内容'不痛不痒'和'漫无边际'的特点——既未能给最需要保护的困境儿童提供法律的庇护，又未能给一般儿童提供发展需要的保障。《未成年人保护法》如何考虑与我国儿童福利制度三步走战略相适应，尤其是与我国目前儿童福利制度的实际推进阶段相适应，是修订该法时需要认真研究的问题。保护是最好的预防，预防未成年人犯罪法的内容设计还与《未成年人保护法》存在高度重合，某种程度上混淆了'保护法'与'预防法'的立法空间。《未成年人保护法》的修订必须合理厘清其与预防未成年人犯罪法的关系，我们的建议是：前者以困境儿童及未成年人受保护权为重心，后者则应定位为建立独立少年司法制度，将主要内容定位为未成年人罪错行为的预防与处置。"[1]以上这些问题的存在，是造成我国儿童保护工作发展相对滞后的一些重要因素，其根源还在于理念的更新，以及在此基础之上的制度和体制的设计。在范畴界定上，儿童保护属于广义的儿童福利制度，因此，今后我国在儿童保护问题上应当朝着福利化方向改革与发展。

鉴于我国儿童保护长期以来的问题及现状，当前及今后，我国儿童保护工作应当坚持的方向是以政府谋划和主导，司法兜底，社会共同参与的协同模式，实现既有主导，又有重点，又能形成合力的工作格局。因此，建议能够制定一部包含儿童保护和狭义的儿童福利在内的大"福利法"，其思路则是要将福利以法治化的手段介入司法，具体方式则可以是在司法机构设置社工或儿童保护官办公室。而这样一部"福利法"的制定对于实现福利与司法的无缝衔接具有重要意义，可以实现以法治化模式来推动二者的融合以及互相促进。"之所以强调少年司法的福利支持，主要在于少年司法的目的在于发现并满足少年的需要，以促使其正常社会化。显然，单纯的少年司法机构，无论是少年法院还是其他，均无法实现少年司法的这一目的，而有赖于儿童福利体系的支持。"[2]概言之，福利与司法并非儿童工作的两条平行线，而是应当在福利理念的指导下实现福利与司法的无缝衔接与有机结合，以实现我国儿童福利制度的根本性结构定位。

---

〔1〕 姚建龙："未成年人法的困境与出路——论《未成年人保护法》和《预防未成年人犯罪法》的修改"，载《青年研究》2019年第1期。

〔2〕 姚建龙："中国少年司法的历史、现状与未来"，载《法律适用》2017年第19期。

第四节　"三步走"战略：改革路径的定位

在找准了儿童福利制度发展的理念定位以及宏观的工作结构定位之后，就要将理念和结构模式融入实际的改革之中去，形成工作实效。鉴于我国现有的各地区经济发展水平、长期以来儿童工作存在的短板以及巨大的儿童人口基数，[1]并且结合新时代党和国家的"两个一百年"奋斗目标的时代背景以及我国的经济社会发展规划，我国儿童福利制度的发展与完善，必须步伐明确、循序渐进地开展。因此，我国的儿童工作改革具体路径应定位于"三步走"战略。

对于该如何分阶段、分地区、分层次地实施好儿童福利制度的"三步走"改革路径，必须要厘清儿童福利制度发展阶段中的几个概念界定及其认定标准，如补缺型、适度普惠型和普惠型。此外，必须明晰我国儿童福利制度当前处于哪一阶段，以便确定既具有前瞻性又切实可行的儿童福利制度发展改革"三步走"战略定位。

"补缺型福利与普惠型福利的区分最早由社会学家威伦斯基和雷彪斯于 1965 年在《工业社会与社会福利》一书中首次提出。"[2]一般认为，"补缺型福利政策以市场和家庭为主、以国家为辅来满足个人自身需要，只有在市场和家庭提供的资源出现缺乏后再进行有组织的公共介入，其特点是：（1）更多依赖私人组织的福利和服务，国家只在市场和家庭失灵后'补缺'；（2）法定服务于待遇的范围有限，覆盖人群小，待遇水平较低；（3）补缺型福利项目的筹资渠道多为缴费或者收费或者税收减免，社会福利支出的最大项目是养老金；（4）国家介入观念基于最小化原则，福利只应提供给不能满足自身福利需求、需要帮助的社会成员，福利对象具有选择性。"[3]在此基础之上，则可以较为具体地认知补缺型福利体系是一种怎样的制度。有学者提出，补缺型儿童福利制度即是指政府或社会在家庭功能缺失的情况下替代家庭为有特殊需要的儿童（如孤儿、弃婴、残疾儿童、流浪儿童等）提供暂时性和补偿性救助的一种社会福利形态。[4]通俗而言，补缺型儿童福利就是指当家庭提供的福利或家庭功能不能满足儿童自身成长发展的福利需求而需要帮助时，国家作为"补缺"角色为他们提供所需要的物质帮助和保护的一种福利制度。其特点为主要关注的是孤儿、弃儿等特殊儿童，侧重保护的是儿童生存权，重点满足的是儿童的基本生存需要，因此，具有生存性儿童福利的特点。[5]

---

〔1〕　据国家统计局统计数据显示，2015 年我国 0 岁至 14 岁儿童数量约 2.42 亿人。

〔2〕　转引自姚建龙："未成年人法的困境与出路——论《未成年人保护法》和《预防未成年人犯罪法》的修改"，载《青年研究》2019 年第 1 期。

〔3〕　高鉴国、杨克："论补缺型福利制度的特征"，载《福建论坛（人文社会科学版）》2011 年第 10 期。

〔4〕　参见戴建兵：《新时期中国适度普惠型儿童社会福利制度建设研究》，上海科学普及出版社 2016 年版，第 38 页。

〔5〕　参见姚建龙："未成年人法的困境与出路——论《未成年人保护法》和《预防未成年人犯罪法》的修改"，载《青年研究》2019 年第 1 期。

比较适度普惠型儿童福利制度与普惠型儿童福利制度，可以发现二者是补缺型儿童福利之上的一个阶段性概念，是一个质变与量变相统一的动态过程，它们具有如下特点：其一，福利对象具有普遍性，适度普惠型的福利对象小于普惠型，但大于补缺型；其二，在目的上，适度普惠型与普惠型满足的是儿童高层次的发展需求，具有发展性福利的特征；其三，国家是适度普惠型与普惠型福利体系中的责任主体，为广大儿童提供优质的发展性福利是国家职能的应有之义；其四，参与主体的多元化，面对人口基数的压力以及福利专业性的要求，适度普惠型和普惠型儿童福利体系当中更加重视社会组织在其中的作用。适度普惠型儿童福利制度其实质就是普惠型儿童福利制度的低级阶段，适度普惠型儿童福利经过一定时间的发展则会进入普惠型，也即针对全体儿童全面建立高层次的、符合儿童发展需求的优质福利制度与体系。

《中国儿童发展纲要（2011-2020年）》提出，要在"十二五"[1]末建立托底保障型儿童福利体系，切实保障孤儿和困境儿童的基本生活权益和安全权益。该纲要的突出亮点在于新增设并且单列了"儿童与福利"，明确提出了"扩大儿童福利范围，推动儿童福利由补缺型向适度普惠型的转变"的儿童福利目标。从2012年以来，我国儿童福利政策的发展已呈现出如下几个特征："儿童福利津贴向普惠型发展，中央财政安排孤儿基本生活保障补助资金25.3亿元，惠及全国61.6万名孤儿，并逐步向事实无人抚养等困境儿童延伸；普惠型的专项补贴制度进一步深化，27个省（市、自治区）落实启动学前教育资助制度，农村义务教育阶段学生营养改善计划完成680个国家试点地区的实施工作；一系列儿童权利受侵害的事件引发儿童福利制度反思并推动政策进步，促成了幼儿园师资规范、校车安全、收养制度等领域政府的积极行动和有效回应；政府购买服务推动儿童公益专业化发展，2012年获得中央财政支持的儿童类服务项目102个，项目资金5700万元。"[2]从这些数据和成绩不难看出，我国的儿童福利制度一直在不断地完善发展之中。随着"十二五"的顺利完成，《中国儿童发展纲要（2011-2020年）》确定的相应阶段的儿童发展指标已经提前完成，我国补缺型儿童福利体系也已顺利实现，并正在进一步地向适度普惠型的方向发展。以上是对于我国当前儿童福利制度及体系建设的发展定位。

在厘清了基本范畴以及当前我国儿童福利制度所处的发展阶段之后，从党和国家的宏观发展规划以及我国儿童发展的福利需求出发，将以"三步走"的改革路径为思路来论述我国今后儿童福利制度发展的阶段性目标与内容要求。

一、2020年建立适度普惠型儿童福利体系

党和国家提出要在2020年全面建成小康社会，这是我国一切领域深入改革、促发展的重要时代目标，必须牢牢把握，均要朝着有利于实现这一目的的方向改革与发展。

---

[1] 其全称为《国民经济和社会发展第十二个五年规划纲要》，规划的起止时间是2011-2015年。

[2] 谢湘："儿童福利津贴制度由补缺型向普惠型迈进"，载《中国青年报》2013年6月1日。

庞大的儿童群体既具有地位特殊性又具有发展有限性，并且也是全面建成小康社会，共享改革开放发展成果的独立主体。因此，在 2020 年实现我国儿童福利的适度普惠型转变具有重要的战略意义和时代价值。应当加以注意的是，经济条件较好的地区率先实现普惠型儿童福利体系并不影响对于 2020 年我国将建成适度普惠型儿童福利体系的发展规划。

适度普惠就是在完成补缺的基础之上进一步提高儿童福利保障水平以最终实现全国范围内各地区儿童全面普惠的一个阶段性、动态的过程。前述对于适度普惠型儿童福利的概念与标准界定都是从理论上而言的，而民政等实务部门对于适度普惠又是如何界定与理解的呢？民政部从 2013 年 6 月开始先后两次进行了适度普惠型儿童福利制度建设的试点工作，分两批共在 50 个市（县、区）进行了具体试点。[1]在相关文件中从多角度对适度普惠型儿童福利进行了阐释。民政部指出，"适度普惠型儿童福利制度应本着'适度普惠、分层次、分类型、分标准、分区域'的理念，按照'分层推进、分类立标、分地立制、分标施保'的原则和要求，立足当地经济社会发展状况、儿童生存与发展需要和社会福利制度的发展，全面安排和设计儿童福利制度。所谓'适度普惠型'，是指逐步建立覆盖全体儿童的普惠福利制度。'分层次'，是将儿童群体分为孤儿、困境儿童、困境家庭儿童、普通儿童四个层次。'分类型'，是将各层次儿童予以类型区分，孤儿分社会散居孤儿和福利机构养育孤儿 2 类；困境儿童分残疾儿童、重病儿童和流浪儿童 3 类；困境家庭儿童分父母重度残疾或重病的儿童、父母长期服刑在押或强制戒毒的儿童、父母一方死亡另一方因其他情况无法履行抚养义务和监护职责的儿童、贫困家庭的儿童 4 类。'分区域'，是指全国划分为东、中、西部，因地制宜制定适应本地区特点的儿童补贴制度。'分标准'，是指对不同类型的儿童，分不同标准予以福利保障。"[2]由此可以看出，适度普惠型儿童福利其性质是一种覆盖对象不全面、福利水平不均衡的一种过程性儿童福利制度模式，经过一定时间的发展之后，其最终形态是一种覆盖全体儿童、福利水平高的儿童福利制度形态。

在适度普惠型儿童福利制度的构建过程中，需要有以下几个方面的支撑：

其一，社会权利观的建构。梳理正确的权利观念不管是对权利的享有者行使权利，还是倒逼提供服务的政府部门及其工作人员提供优质、高效公共社会服务都具有重要的意义。国家权力是人民赋予的，为人民谋福利，保障人民安居乐业是国家和政府的责任和义务。强化民众的权利观念，引导民众向政府积极主动提出符合实际的福利发展要求，也是非常重要的。在具体到儿童福利问题上，不仅应当承认儿童作为福利权利主体的地位，而且鉴于儿童的弱势地位，父母和政府也应当协助儿童实现好自己的福利权利。适度普惠的儿童福利制度，不仅应当与国家社会经济发展水平相适应，也应当考虑儿童的切实需要，做到满足儿童的适度需求。

---

〔1〕　详细情况参见 2013 年 6 月 19 日民政部发布《关于开展适度普惠型儿童福利制度建设试点工作的通知》、2014 年 4 月 18 日民政部发布《关于进一步开展适度普惠型儿童福利制度建设试点工作的通知》。

〔2〕　民政部《关于开展适度普惠型儿童福利制度建设试点工作的通知》。

其二，适宜的社会政策的制定与实施。社会政策具有适用对象广、涉及内容多、彼此间联系紧密等特点，也正因为社会政策具有这样的特点，同样具有牵涉面广、涉及内容复杂特点的社会福利尤其是儿童福利体系制度的建立和健全，则迫切需要社会政策的支持以有力落实。另一方面，国家和政府建立的福利体系与制度本身也融入了社会政策中的多种因素。概言之，儿童福利体系与制度的构建、完善与落实都离不开适宜的社会政策。

具体而言，在适度普惠型儿童福利发展过程中，需要的社会政策支持主要包括：（1）人口政策。（2）教育政策。（3）医疗政策。（4）劳动就业政策。（5）社会保障政策。其中，需要着重指出的是教育政策和社会保障政策。教育是所有儿童都迫切需要的、最大的福利需求，是适度普惠型儿童福利体系建设的基础性工程。此外，满足儿童群体的必要物质需求，也是实现自我发展的基础性条件。而这些社会支持政策的落实，都需要大量的财政投入。也只有在儿童福利发展中投入"真金白银"，才能够从根本上改善广大儿童的福利水平。这必然会影响到财政和经济政策的调整。因此，儿童福利制度的发展需要全方位的社会政策的支持、配合与落实，实现普惠型儿童福利是一个系统性、整体性工程，需要既有主导又责任分明的各方配合与努力。

根据我国现有的法律法规及政策，我国的儿童福利主要包括以下内容：（1）儿童医疗保健设施和服务；（2）儿童的活动场所和条件；（3）普及义务教育；（4）儿童的日常生活保障；（5）儿童福利院；（6）SOS 儿童村；[1]（7）残疾儿童康复服务。《中国儿童发展纲要（2011-2020 年）》提出到 2020 年全面建立适度普惠型儿童福利体系，在全国范围内建立惠及自身困境儿童、家庭困境儿童和问题儿童等非正常儿童的儿童福利，实现适度普惠型的福利保障和服务供给。这种儿童福利体系主要关注的是需要国家介入、支持和干预的困境儿童，侧重保护的是儿童的受保护权，重点通过国家保护、家庭保护、学校保护、司法保护等制度安排保护儿童免受各类侵害与忽视，因此具有保护性儿童福利的特点。[2]

长期以来，在儿童福利领域，贯彻的是一种救助理念，即对于贫困或者疾病的儿童给予救助，解决他们的基本生存困境。而现在这一状况正在逐渐改变，2016 年国务院先后颁布了《关于加强农村留守儿童关爱保护工作的意见》和《关于加强困境儿童保障工作的意见》，将我国儿童福利制度建设推向了一个新时代，儿童福利的覆盖面由原来的贫困家庭儿童和病残儿童扩展到了社会融合困难和家庭监护缺失或不当的儿童；其服务由原来的"经济救助"扩展到了"服务救助"。[3]从这一工作理念的转变就可以看出我国已经在逐步落实新的、适度普惠型的儿童福利政策，这将从根本上改善和强化我国儿童的福利环境。

---

〔1〕 SOS 儿童村是一项安置孤儿的国际性社会福利设施，由奥地利人赫尔曼·格迈纳创立。

〔2〕 姚建龙："未成年人法的困境与出路——论《未成年人保护法》和《预防未成年人犯罪法》的修改"，载《青年研究》2019 年第 1 期。

〔3〕 参见童小军："国家亲权视角下的儿童福利制度建设"，载《中国青年社会科学》2018 年第 2 期。

经中共中央、国务院批准，2018年12月31日中共中央办公厅、国务院办公厅发布了《民政部职能配置、内设机构和人员编制规定》，这标志着《中共中央关于深化党和国家机构改革的决定》《深化党和国家机构改革方案》和《国务院机构改革方案》等文件确立的党和国家机构改革政策在民政领域落地。其中，设置了民政领域专门的儿童工作机构——儿童福利司，其主要职责是拟订儿童福利、孤弃儿童保障、儿童收养、儿童救助保护政策、标准，健全农村留守儿童关爱服务体系和困境儿童保障制度，指导儿童福利、收养登记、救助保护机构管理工作。[1]这一重大机构改革对于儿童工作而言，主要是实现了儿童工作机构的专门化、独立化，并且整合了原有的社会救助司、社会福利和慈善事业促进司以及社会事务司中涉及儿童工作的职责与职能，实现了机构与职责的优化，将会大大提高今后儿童工作的效率，对于2020年实现适度普惠型儿童福利体系建设起到组织体系保障作用，对于建立健全新时代儿童福利制度与体系具有重要的意义。此外，将这一机构名称设置为"儿童福利司"在儿童工作理念与发展方向上也释放出了重要信号——儿童保护只是我国儿童工作的基础性作用，其最终目的则是要建立中国特色的新时代儿童福利制度与体系，为儿童的成长与发展提供高层次、优质的发展资源与环境，建成儿童友好型、福利型社会，为中国未来的发展培育高素质的新时代人才。

二、2035年东部地区建立普惠型儿童福利体系

"补缺型和普惠型是两种不同的福利政策，前者强调家庭与个人的作用，主张由家庭或者市场来提供个人所需要的福利待遇，国家和政府只有在以上两者难以提供个人所需福利时，才发挥补充性作用承担相应的责任，而后者认为国家对个人福利需求具有不可推卸的责任，社会福利是一种面向全民的社会政策。"[2]具体而言，"适度普惠型社会福利是由政府和社会基于本国（或当地）的经济和社会状况，向全体国民（居民）提供的、涵盖其基本生活主要方面的社会福利。"[3]这种社会福利的主要特征是针对全体国民或者某一较大地区的居民，因而在某种程度上来说是普遍惠及的。这一特征与我国社会政策的地区性特征有关，更深层的则与地区经济社会发展水平和地区财政状况有关，作为社会福利不可或缺部分的儿童福利也应当遵循这样的发展规律。

根据经济和社会发展水平，当前一般将我国分为四大地区——东部地区、中部地区、西部地区和东北地区，[4]这对于我国逐步实现全面的普惠型儿童福利制度的建立

---

〔1〕 参见中共中央办公厅、国务院办公厅：《民政部职能配置、内设机构和人员编制规定》（厅字〔2018〕141号）。

〔2〕 转引自姚建龙："未成年人法的困境与出路——论《未成年人保护法》和《预防未成年人犯罪法》的修改"，载《青年研究》2019年第1期。

〔3〕 匡亚林："社会福利引论：福利体制模式的类型化考察"，载《国家行政学院学报》2018年第3期。

〔4〕 西部地区包括的省级行政区共12个，分别是内蒙古、广西、重庆、四川、贵州、云南、西藏、陕西、甘肃、青海、宁夏和新疆；中部地区有6个省级行政区，分别是山西、安徽、江西、河南、湖北和湖南；东部地区包括的10个省级行政区，分别是北京、天津、河北、上海、江苏、浙江、福建、山东、广东和海南等10个省（市）；东北包括3个省份，分别是辽宁、吉林和黑龙江。

健全具有重要的导向作用。一方面，实现普惠型儿童福利不必在时间节点上完全同步，经济发达的地区也可以率先实现普惠型儿童福利体系，这并不影响对我国儿童福利发展阶段的整体性评价，只有全面实现普惠型儿童福利水平我国才算真正实现了儿童的全面优质发展。另一方面，经济发达地区先行进行普惠型儿童福利制度体系的试点可以积累丰富的经验，为其他地区的普惠型儿童福利制度的建立健全提供经验指导。此外，也可以提供物质、资金、儿童福利建设人才支持等援助，以尽早实现全体儿童共享普惠型儿童福利的成果。

从我国各地区的经济发展情况来看，东部地区是我国经济和社会发展程度及速度最快的地区，2035 年率先在东部地区 10 个省（市）建立起普惠型儿童福利体系是切实可行的。就三大产业〔1〕而言，东部地区产业结构持续调整优化，第三产业成为区域经济发展主要动力，2016 年，东部地区三大产业结构分别为 5.4∶42.1∶52.5，第三产业占比继 2015 年首次超过 50%后，再次提高 1.7 个百分点，高于全国平均水平 0.9 个百分点，对经济增长的贡献度不断提高。其中，北京第三产业增加值占比超过 80%；上海最终消费支出占地区生产总值的 60%左右。就财政收入而言，2016 年，东部地区实现地方财政收入 5 万亿元，同比增长 9.2%，增速较 2015 年下降 1.8 个百分点，由于经济基础雄厚、经济转型升级效果初显，东部地区财政收入增速明显高于其他地区。财政收入超 5000 亿元的 6 个省份都集中在东部，其中广东收入超过 1 万亿元。全年实现地方财政支出 6.8 万亿元，同比增长 6.7%，增速较 2015 年下降 16 个百分点。重点领域支出保障功能增强。就地区生产总值而言，2016 年，东部地区实现地区生产总值 40.4 万亿元，同比增长 7.6%，增速较 2015 年回落 0.4 个百分点；地区生产总值占全国的比重达 52.3%，比 2015 年继续提高 0.8 个百分点，经济总量依然保持绝对优势。〔2〕

普惠型儿童福利体系是一个动态发展的过程，因此，最重要的不仅是实现满足儿童的发展性福利需求，而且应当保障哪怕是少数儿童群体的生存性福利需求，也即普惠型儿童福利体系是一个生存性与发展性相结合的立体化的儿童福利体系。因而，对于东部地区建立普惠型儿童福利体系的主要建设方向，具体而言，应当包括以下几个方面：

第一，强化托底保障，维护困境儿童合法权益。普惠型儿童福利体系是儿童福利制度发展的最高水平，但是这种高水平是以扎实的基础性保障为依托的。对于困境儿

---

〔1〕 第一产业是指农、林、牧、渔业（不含农、林、牧、渔服务业）。第二产业是指采矿业（不含开采辅助活动），制造业（不含金属制品、机械和设备修理业），电力、热力、燃气及水生产和供应业，建筑业。第三产业即服务业，是指除第一产业、第二产业以外的其他行业。第三产业包括：批发和零售业，交通运输、仓储和邮政业，住宿和餐饮业，信息传输、软件和信息技术服务业，金融业，房地产业，租赁和商务服务业，科学研究和技术服务业，水利、环境和公共设施管理业，居民服务、修理和其他服务业，教育，卫生和社会工作，文化、体育和娱乐业，公共管理、社会保障和社会组织，国际组织，以及农、林、牧、渔业中的农、林、牧、渔服务业，采矿业中的开采辅助活动，制造业中的金属制品、机械和设备修理业。

〔2〕 以上数据来源于 "2017 中国区域金融运行报告：东部地区经济及金融分析"，载 http://dy.163.com/v2/article/detail/CR85C7JU051481OF.html，访问日期：2018 年 12 月 20 日。

童，即"因为各种原因，其生存权、发展权和受保护权难以实现，超出了家庭的应对能力需要特殊保护的18周岁以下未成年人"。[1]具体包括："因家庭贫困导致生活、就医、就学等困难的儿童，因自身残疾导致康复、照料、护理和社会融入等困难的儿童，以及因家庭监护缺失或监护不当遭受虐待、遗弃、意外伤害、不法侵害等导致人身安全受到威胁或侵害的儿童。"[2]国家应当加强对困境儿童的基础性保障工作，如基本生活保障、医疗康复保障、受教育权保障以及住房和就业保障等，以实现困境儿童有尊严、有质量的成长与发展。

第二，丰富儿童福利内容，惠及普通儿童群体。不论儿童福利制度的发展处于何种阶段，困境儿童都是其保障重点。但作为儿童福利发展最高水平的普惠型儿童福利体系，不能忽视其公平性，也需要满足困境儿童以外的其他普通儿童群体的福利需求。因此，建立普惠型儿童福利体系，应当结合不同儿童群体的福利需求，丰富儿童福利服务的种类，为广大儿童多样化的发展需求提供适合的发展环境。比如，卫生预防与免疫、优化儿童膳食结构、普及十二年义务教育与学龄前教育、普遍设立专门儿童娱乐设施（主要包括少年宫、儿童公园、儿童游乐园以及儿童图书馆）等。以上均是对于满足普通儿童福利需求的福利发展方向，但这些福利需求也应当提供给困境儿童。换言之，在普惠型儿童福利社会当中，困境儿童应当享有多种层次的福利帮助与服务，即生存性、保护性与发展性相结合的福利供给模式。

三、2049年在全国范围内全面建立普惠型儿童福利体系

我国儿童福利体系的构建是一个循序渐进、逐步发展的过程，具有明显的阶段性特征，这与我国社会经济发展的阶段性是相符的。结合党中央提出的"第二个百年目标"，我国到2049年，"要在适度普惠的儿童福利体系基础上继续向外扩展，在全国范围内建立面向全体儿童的普惠型儿童福利体系，实现全体儿童普惠的高层次的福利保障和高水平的服务供给，该儿童福利体系主要关注的是一般儿童，侧重保护的是儿童发展权和参与权，满足所有儿童的发展需要，因此具有拓展性儿童福利的特点"。[3]

为何是在2049年建立全面普惠型的儿童福利体系，这与"两个一百年"奋斗目标以及"中国梦"的实现有着极大的内在关联性。在第一个一百年（中国共产党成立100年）之时，我国将全面建成小康社会，这时的中国国力将大幅增强，经济总量超过90万亿元，发展的质量和效益明显提高。[4]此时的中国也将有能力和财力建设惠及更多儿童的适度普惠型的儿童福利体系。在第二个一百年（中华人民共和国成立100年）

---

〔1〕 滕洪昌、姚建龙："困境儿童概念辨析"，载《社会福利（理论版）》2017年第11期。

〔2〕 参见《国务院关于加强困境儿童保障工作的意见》（国发〔2016〕36号），载 http://www.gov.cn/zhengce/content/2016-06/16/content_ 5082800.htm，访问日期：2018年12月26日。

〔3〕 姚建龙："未成年人法的困境与出路——论《未成年人保护法》和《预防未成年人犯罪法》的修改"，载《青年研究》2019年第1期。

〔4〕 李克强：《政府工作报告——2015年3月5日在第十二届全国人民代表大会第三次会议上》，载 http://www.gov.cn/guowuyuan/2015-03/16/content_ 2835101.htm，访问日期：2019年1月3日。

之时，我国将实现中华民族的伟大复兴，中国实现全面崛起，建成富强、民主、文明、和谐、美丽的社会主义现代化国家，此时的中国包括儿童在内的所有人都将享受国家富强、民族振兴带来的发展成果，普惠型的儿童福利体系的构建则水到渠成。

在 2035 年之时，东部地区已经全面实现了普惠型儿童福利制度的建设，此后，儿童福利制度将会更加完善与发展。而中部地区、西部地区和东北地区经过了这一阶段的自我发展以及国家和东部地区的帮扶与支援，不论其经济社会发展还是儿童福利制度的发展都具有了一定的雄厚条件。再经过近 15 年的发展，中部地区、西部地区以及东北地区也将逐步建立起普惠型的儿童福利体系，儿童成长与发展环境实现重大改变，此时，我国也就全面建立起惠及数亿儿童的普惠型福利体系。需要指出的是，我国普惠型儿童福利体系的建立一定是一个有先有后、循序渐进的动态发展过程，在福利对象上是一个逐步扩大的过程，在福利政策和服务的内容上也是一个逐渐丰富的过程，在专业力量上，儿童福利工作者的专业素养也是一个逐步提升和专业化的过程。概言之，我国儿童福利体系建设的"三步走"战略只是一个宏观的导向性范畴，并不能约束实践当中不同地区儿童福利体系发展的具体进度。此外，在 2049 年之后，我国的儿童福利体系也会随着经济社会的发展以及不同代际儿童的福利需求不断地完善与发展。保障儿童福利，呵护儿童成长与发展的步伐永不停歇！

结　语

新时代儿童工作是实现"两个一百年"奋斗目标不可或缺的重要组成部分，加强儿童保护，提升儿童福利保障水平事关国家未来和家庭幸福。面对过去的工作及存在的不足，新时代的儿童工作，需要我们转变并落实儿童工作理念，即坚持国家亲权原则和儿童最大利益原则的理念定位，在儿童工作的顶层设计与具体落实中时刻为了儿童着想，并付诸实践，让儿童作为一个独立的主体共享改革发展的成果。具体而言，在儿童工作的模式上，要坚持主次明确又相互配合的行政与司法无缝衔接的结构定位；在改革方向上，要坚持积极主动又循序渐进的"三步走"的路径定位。我们既要在理念上深刻理解并重视儿童利益最大化理念，也要在实际的制度体制改革和具体工作开展中切实使儿童利益得到最大化实现，为儿童的成长提供全面、优质的发展环境，为祖国的未来保驾护航。

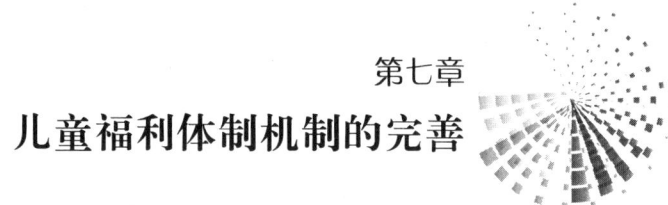

第七章
儿童福利体制机制的完善

我国的儿童福利工作正处于关键转型期，国家对儿童福利工作也愈加关注，遗憾的是，现有的儿童福利体制机制难以满足发展的要求。在中央层面，民政部整合儿童福利职能，建立了儿童福利司，因此，儿童福利体制机制的完善，一方面在于优化民政部门各个层级的儿童福利机构，健全我国的儿童福利体制机制。另一方面，则在于建立健全儿童福利的领导协调机制，加强不同机构之间的协同。

第一节 儿童福利体制机制的现状

一、儿童福利工作的相关政策要求

儿童福利政策是儿童福利工作的行为准则，旨在为儿童谋求幸福，促进儿童福利工作事业的开展。儿童福利政策的基本内涵有广义和狭义之分，广义的儿童福利政策包含国家签订的国际公约、相关法律法规，及一切与儿童福利相关的活动和政策立法；狭义的儿童福利政策仅包含在儿童工作中，为解决儿童的问题及需要所制定的具有地区性的政策。我们采用儿童福利政策的广义概念。

儿童福利政策与一国的发展息息相关，政策中所包含的主流思想也随着时代的不断更迭而与时俱进。我国儿童福利政策中的主流思想从改革开放至今，经历了四个历史阶段，分别为：1978 年至 1990 年，"儿童是儿童"；1990 年至 2000 年，"儿童有生存、受保护、全面发展的权利"；2000 年至 2010 年，"儿童不仅是家庭的儿童，更是国家的儿童"；2011 年至今，"补缺型儿童福利逐渐迈向普惠型儿童福利，所有的儿童都应享受儿童福利"。[1]我国的儿童福利政策历经这三十余年的发展，目前已初步形成儿童福利政策框架，该框架主要由国际公约、法律、法规及规范性文件、中央部门发布的规章、地方性法规等政策性文件这五个方面组成：

---

〔1〕 杜宝贵、杜雅琼："中国儿童福利观的历史演进——基于改革开放以来的儿童福利政策框架"，载《社会保障研究》2016 年第 5 期。

表 7-1　儿童福利制度体系概览

国际公约	《儿童权利宣言》《儿童权利公约》《儿童生存、保护和发展世界宣言》《北京宣言》等重要国际公约
法律	《义务教育法》《未成年人保护法》《收养法》《母婴保健法》《预防未成年人犯罪法》等专门性法律
国务院规范性文件	《关于加强孤儿保障工作的意见》《中国儿童发展纲要（2011-2020 年）》《国家中长期教育改革和发展规划纲要（ 2010-2020 年）》等重要文件
各部委规范性文件	民政部、卫生部（卫健委）、教育部、财政部、公安部等部门发布的涉及儿童福利的法规政策高达数百项，为儿童福利工作的顺利开展提供了强有力的政策支持
地方政策性文件	各地方政府在儿童福利工作中根据各地实际情况发布了相应的政策性文件，为中央及各部门颁布的儿童福利政策提供了有效的落实方案

在上述儿童福利政策中最具代表性的政策文件是 2011 年国务院颁布的《中国儿童发展纲要（2011-2020 年）》，在该"十年规划"中，"儿童福利"这一概念首次通过章节的形式出现，是儿童福利工作的一个重要转折点。该文件的发布为全面完善和发展儿童福利提供了巨大的助力，体现出国家由补缺型儿童福利向普惠型儿童福利转变的决心和政策要求，儿童福利的工作对象不再仅局限于孤儿、流浪儿童、残疾儿童等困境儿童，而是面向中国全体儿童，在保障其基本生存权的基础上，让其受到尊重，享受到教育、卫生、娱乐等全面的权利。

我国的儿童发展纲要、各部委颁布的规章政策、地方颁布的规章文件等共同构成了具有中国特色的儿童福利政策框架，体现了我国儿童福利政策的发展脉络和努力方向，是我国儿童观念的集中展现，并在指导实务工作中发挥了积极作用。但不可忽视的是，我国的儿童福利政策框架过于分散、责任不清晰、监督乏力、难以符合各地发展，从发达国家的成功经验来看，由国家出台《儿童福利法》来全面指导儿童福利工作是必然趋势和努力方向。

二、儿童福利工作的领导与协调体制

目前我国涉及儿童福利工作的议事协调机构主要有国务院妇女儿童工作委员会、中国关心下一代工作委员会、未成年人保护委员会。

国务院妇女儿童工作委员会是国务院负责妇女儿童工作的议事协调机构，负责协调和推动政府有关部门执行妇女儿童的各项法律法规和政策措施，发展妇女儿童事业。国务院妇女儿童工作委员会的组成单位由国务院批准，目前有公安部、民政部、教育部、全国妇联等在内 35 个部委和人民团体。基本职能工作：协调和推动政府有关部门做好维护妇女儿童权益工作；协调和推动政府有关部门制定和实施妇女和儿童发展纲要；协调和推动政府有关部门为开展妇女儿童工作和发展妇女儿童事业提供必要的人力、财力、物力；指导、督促和检查各省、自治区、直辖市人民政府妇女儿童工作委员会的工作。[1]

中国关心下一代工作委员会（简称"关工委"）主要围绕党和政府不同时期的中心工作，积极协助和配合党政有关部门为青少年、儿童健康成长办实事、做好事。中国关工委是以组织老同志来进行关心、教育下一代的工作为目的的群众性工作组织，中国关工委主任由党中央任命，机构设置在国务院机关事务管理局，除中国关工委外，在我国各省市区县都设有关工委机构，一般各地方关工委主任多由退休的市长、人大主席、县长等人担任。中国关工委开展工作的主要方式是：针对青少年特点，组织开展有益青少年健康成长的各种形式的活动；通过家长学校、社会活动等形式促进学校、家庭、社会教育的有机结合。[2]

未成年人保护委员会是由各地方政府设立的议事协调机构，目前29个省、自治区、直辖市均实际成立了未成年人保护委员会，主任由政府副职担任，就未成年人保护工作组织联动其他部门及群体组织，如教育、公安、民政等部门，法院、检察院以及妇联等群团组织。职能内容主要包括宣传贯彻执行国家有关未成年人保护的法律、法规和政策；协调有关机关、团体的未成年人保护工作；研究未成年人保护工作的重大事项，向有关国家机关提出建议；指导下级未成年人保护委员会及基层未成年人保护组织的工作；接受对侵犯未成年人合法权益行为的申诉、控告和检举，交由有关部门查处；为未成年人提供法律援助；表彰奖励未成年人保护工作成绩显著的单位和个人；对未成年人保护工作进行调查研究，总结、交流、推广工作经验。

未成年人保护委员会下设办公室，负责未成年人保护委员会的日常工作。目前，国家层面没有设置未成年人保护委员会，国务院妇女儿童工作委员会承担了协调未成年人保护相关部门共同做好未成年人保护的职责。很多地方立法制定了未成年人保护法规并建立了未成年人保护委员会。然而，未成年人保护委员会办公室的设置则存在三种不同的模式：一是将未成年人保护委员会办公室设置于共青团，这是大部分省市的做法；二是南京模式，即将办公室设置于民政部门；三是上海模式，即将办公室设置于教育部门。

三、儿童福利工作的主要相关部门、专门机构及职能设置

儿童福利是国家的事业，各个国家机构都有责任做好儿童福利，保护儿童的工作。但基于不同国家机构的性质不同，各个机构担负的儿童福利职责就有所差异。尽管当前儿童福利职责在向民政部门集中，但并不意味着民政部门可以完成替代。这就要求各个部门各司其职，协同做好儿童福利工作。

（一）2019年前民政部儿童福利的机构设置

民政部作为中央层面上负责儿童福利的行政管理机构，在2019年前，涉及儿童福

---

[1] 国务院妇女儿童工作委员会，载 http://www.nwccw.gov.cn/node_ 2660.htm，访问日期：2018年12月20日。

[2] 中国关心下一代工作委员会，载 http://www.zgggw.gov.cn/，访问日期：2018年12月20日。

利相关工作的办公室主要有以下几个：一是社会事务司下设的儿童福利和收养处、未成年人（留守儿童）保护处；二是民政部直属单位中国儿童福利和收养中心；三是社会福利和慈善事业促进司，负责部分涉及儿童福利的工作。[1]

社会事务司下设的儿童福利和收养处的工作内容包括了拟订儿童收养管理政策，承办政府间儿童收养政策协调事宜。[2]

社会事务司下设的未成年人（留守儿童）保护处尽管捎带了留守妇女工作的职能，但该处仍是民政部首次就未成年人保护工作设立的专门业务处，也可以说是国家层面政府职能部门中第一个内设的专门性未成年人保护机构。[3]该处的工作内容包括负责拟定未成年人保护发展规划、工作方针、政策，建立未成年人社会保护制度；推进农村留守儿童关爱保护和农村留守妇女关爱服务工作；指导未成年人保护机构管理并拟订建设、服务标准及管理规范；开发管理未成年人保护和留守儿童、留守妇女信息系统；协调未成年人保护国际合作项目。还具体承担起成立农村留守儿童关爱保护工作部际联席会议制度，推动各地建立党委政府领导的协调机制，开展全面摸底排查，完善农村留守儿童信息管理功能以及协助国务院开展专项督查等工作。[4]

民政部直属单位中国儿童福利和收养中心是受中国政府委托，负责涉外收养具体事务，承担社会福利机构儿童养育和国内收养部分具体工作。包括接收保存涉外收养关系当事人的档案材料，跟踪了解中国儿童在国外的生活情况，研究提出社会福利机构儿童养育工作标准和规范的建议、意见并协助实施，研究提出国内收养工作标准和程序的建议、意见并协助实施，协调、承办国内跨省儿童收养业务，除此之外，自该中心于2011年更名之后，工作内容还包括负责全国儿童福利信息系统的开发、管理和维护，承担民政部委托的儿童福利和国内收养等相关工作内容。[5]

慈善事业促进和社会工作司负责部分涉及儿童福利的工作，主要工作内容为拟订和指导实施儿童福利政策法规和儿童福利事业发展规划，孤儿、弃婴、艾滋病致孤儿童等特殊困难儿童权益保护政策，孤儿家庭寄养管理办法和鼓励社会力量参与儿童福利事业的扶持政策，儿童福利机构建设标准、服务标准和管理办法，儿童福利机构从业人员职业标准，组织开展从业人员职业技能培训；指导和评估儿童福利机构孤儿养育、教育、医疗、康复、就业等工作，建立满足孤儿身心健康成长的养育模式；组织实施残疾孤儿手术康复明天计划；组织建设全国孤残儿童信息系统，汇总、统计、分

---

〔1〕 中华人民共和国民政部，载 http://www.mca.gov.cn/article/jg/jgsz/jgsj，访问日期：2018 年 12 月 20 日。

〔2〕 中华人民共和国民政部社会事务司，载 http://www.mca.gov.cn/article/jg/jgsz/jgsj/201507/20150715847590.shtml，访问日期：2018 年 12 月 20 日。

〔3〕 姚建龙：《法学的慈悲——孩子的法律情怀》，上海三联书店 2018 年版，第 10 页。

〔4〕 民政部设立未成年人（留守儿童）保护处，载 http://www.gov.cn/xinwen/2016-02/27/content_5046905.htm，访问日期：2018 年 12 月 20 日。

〔5〕 中国儿童福利和收养中心，载 http://cccwa.mca.gov.cn/，访问日期：2018 年 12 月 25 日。

析和发布孤残儿童权益保障信息；组织开展儿童福利领域国内和国际合作项目。[1]

根据以上对民政部涉及儿童福利的相关机构和部门的梳理，可以得出以下几点结论：

第一，民政部是中央层面上负责儿童福利工作的行政机构，具体履行这方面工作的是民政部部属的处级办公室，还有直属单位中国儿童福利和收养中心。

第二，民政部中负责儿童福利工作的部门众多，工作内容有重合，职能较为分散，缺乏强有力的儿童福利保护专门性机构来全面统筹负责儿童福利工作。

第三，从所涉职能部门的工作内容来看，目前民政部在儿童福利和保护的问题上聚焦于留守儿童、流浪未成年人以及无监护人的孤儿这几类弱势群体，未体现出对全体未成年人的关注和保护。

第四，中央政府在努力扩大涉及儿童福利工作的职能，将目光聚焦到所有儿童的福利工作上，而非这一群体中的更为弱势的部分群体。

(二) 涉及儿童福利工作的其他职能部门

在儿童福利工作中，尤其是对困境儿童的解救、临时看护及后续保障工作，牵涉到各不同部门的协作，如困境儿童的教育、医疗等，甚至还会涉及司法部门，需要公安、检察院和法院的配合。根据儿童福利政策以及实务中的经验，教育部门、卫生部门、公安部门、检察机关、法院在儿童福利工作中起到较为重要的作用。

教育部下设的基础教育司承担基础教育的宏观管理工作，在儿童福利工作中的主要职能为保障儿童的受教育权，为儿童福利院等救助机构的儿童实施教育工作，如减免学费等儿童福利政策。简言之，教育部门在儿童福利工作中承担着保障儿童受教育权的重要职能。

国家卫生健康委员会在儿童福利工作中的主要职能为配合民政部门的相应机构对流浪儿童、孤残儿童等困境儿童做好医疗卫生保障工作，并对儿童福利院等救助机构的基本医疗和保健工作进行指导。简言之，卫健委在儿童福利工作中承担着保障儿童健康权的重要职能。

公安部门是儿童福利工作中的重要一环，根据实践做法，公安部门往往是困境儿童的"第一发现人""第一接触人"和"第一救助人"。如对流浪乞讨儿童的救助，公安部门在日常巡逻工作中发现流浪乞讨儿童后，将其护送至救助机构，通过询问、DNA检测等方式帮助其寻找监护人。除孤儿、流浪儿童外，对有监护人的困境儿童，公安部门往往是第一时间介入的部门，如监护人无力或消极监护的事实无人抚养的儿童、艾滋病儿童、受到监护人侵害的儿童等，因此，公安部门是为儿童及时提供帮助的第一个重要机关。鉴于儿童福利工作的特殊性，公安部门中应当独立设立儿童工作办公室或者未成年人工作办公室。参照检察院中的未检科和法院中的少年法庭，公安

---

〔1〕　中华人民共和国民政部慈善事业促进和社会工作司，载 http://www.mca.gov.cn/article/jg/jgsz/jgsj/2015
07/20150715847593.shtml，访问日期：2018 年 12 月 26 日。

部门设立独立办公室专项办理与儿童相关的案件是可行且必要的，若尚不具备条件，至少要做到专人负责，体现对儿童的特殊、优先保护。

检察机关在未成年人保护工作方面一直居于司法机关的领先地位，近日，最高人民检察院增设第九检察厅，专门负责未成年的检察工作。负责对法律规定由最高人民检察院办理的未成年人犯罪和侵害未成年人犯罪案件的审查逮捕、审查起诉、出庭支持公诉、抗诉，开展相关立案监督、侦查监督、审判监督以及相关案件的补充侦查，开展未成年人司法保护和预防未成年人犯罪工作。[1]第九检察厅的增设对未成年人保护工作具有里程碑式的意义，能有效促进儿童福利工作的开展。

儿童福利工作往往与司法程序紧密衔接，因此法院的职能也是不容忽视的关键一环。在实践中，面临儿童的监护权需要变更，或是儿童受到非法侵害等情形时，为了重新确立儿童的监护关系，为其指定新的监护人，此时便需要将案件申请到法院。目前，最高人民法院研究室内设有少年法庭指导处，并没有将少年审判业务单列出来。随着近年来法院受理的少年案件逐年下降，少年法庭的地位被逐渐淡化，值得注意的是少年审判业务与成人审判业务存在本质上的不同，其需要司法工作人员投入大量的精力和时间，是不能简单通过案件量进行衡量的，少年法庭的"萎缩"趋势值得警惕。

除了上述几个部门外，国家体育总局下设的青少年体育司全面指导和推进青少年体育工作的开展，交通部门为流浪乞讨儿童返乡减免交通费用，财政部门为困境儿童提供财政补贴等，都涉及儿童福利工作。

通过上述对涉及儿童福利工作的其他主要部门的梳理，可以发现儿童福利工作并非"一家之事"，需要调动各部门的资源来配合，但首先应当确定一个核心管理机构，民政部便是儿童福利工作的核心机构。完善儿童福利体制需要跨部门的深入合作，并且这种合作需要被体现在具体的制度设计中。

第二节　传统儿童福利体制机制存在的主要问题

通过以上对儿童福利体制机制的现状分析，可以发现我国的儿童福利体制机制一直在进步，且国家对儿童福利领域愈加关注，但是机构改革前的体制机制仍存在一些较为突出的问题。这些问题既有顶层设计方面的缺陷，也有具体制度的漏洞，主要表现在四个方面。

一、缺乏儿童福利专门性机构

机构改革前，民政部中涉及儿童福利相关工作的办公室主要有社会事务司下设的儿童福利和收养处、未成年人（留守儿童）保护处、民政部直属单位中国儿童福利和

---

〔1〕　中华人民共和国最高人民检察院第九检察厅，载 http://www.spp.gov.cn/spp/gjyjg/nsjg/201901/t20190103_404108.shtml，访问日期：2019 年 4 月 6 日。

收养中心。除此之外，社会福利和慈善事业促进司负责部分涉及儿童福利的工作，社会事务司下设的生活无着人员救助管理处负责对流浪未成年人的救助工作。这些部门分管儿童福利工作中的某一方面具体内容，如儿童收养工作、留守儿童保护工作、流浪未成年人保护工作等，总体上职能分散、凌乱，存在职能交叉的现象，工作内容有重叠。

分散凌乱的职能部门，不利于实践中的具体执行，由于职能分散，导致在执行过程中职能部门仅负责自己部门的工作内容，使得未被涵盖至职能范围内的儿童得不到应有的救助和保护，如患艾滋病的困境儿童。而困境儿童的福利工作是目前最需关注也是最难的一项工作，分散、凌乱的职能部门设置无疑会给这一情况雪上加霜。

缺乏一个强有力的儿童福利专门性机构，意味着缺乏充足的工作人员，缺乏充足的经费，即使不断更新完善儿童福利和保护的相关政策、法规，也难以在执行环节跟上步伐，使得儿童福利工作纸上谈兵。上述对民政部机构改革前涉及儿童福利和保护职能部门的梳理不难发现，这些负责部门的层级较低，工作覆盖面较窄，这与我国儿童福利和保护的发展趋势是不相适应的。如实施流浪未成年人保护工作的处室是生活无着人员救助管理处，该处室主要负责全体生活无着流浪乞讨人员的救助和保护，这意味着流浪未成年人仅是其工作内容中的一部分。再者，我国儿童福利的对象范围在逐步扩大，而这种对儿童分类，分配到不同的职能部门进行负责的模式，造成执行过程中的割据局面，致使陷于困境的儿童难以得到根本性的救助。

二、儿童福利资金不足，服务水平不高

目前我国政府的财政预算中没有对儿童福利工作的专项拨款，实务部门中儿童福利资金占福利事业的比重极低，这与我国的儿童福利发展要求不相适应。儿童福利工作靠民间资金和公益组织的收益支持是有限的，重制度建设，忽视资金投入，会严重影响儿童福利事业的发展进程。缺乏儿童福利专项资金还有一个主要原因就是涉及儿童福利工作的部门众多，没有统一的领导协调机制，使得儿童福利资金政策不统一，儿童福利项目重复建设，福利政策反复修改。加大儿童福利资金的投入，建立科学合理的儿童福利资金制度迫在眉睫。

我国的儿童福利工作缺乏专业化的儿童福利工作队伍，原因主要有两点：一方面，缺乏儿童工作专业化建设的意识，职业序列中没有儿童福利工作人才的引入，使得这一行业处于空白状态，得不到充分的支持和发展；另一方面，儿童福利资金不足造成儿童福利工作人员的基本工资不高，留不住专业人员，随着我国儿童福利工作的不断推进，儿童福利工作人员的队伍会越来越壮大，国家对这方面人才的需求也会越来越大，应当提高儿童福利工作人员的工资待遇，吸引更多人的加入。

除了缺乏专业化的儿童福利服务队伍，我国的儿童福利服务仍停留在社会救助的层面上。社会救助是一个较低的层面，要保障儿童的健康成长，真正实现儿童福利化，只有简单的社会救助是远远不够的，还要加大教育、文化等多方面的服务，让儿童在

心理上得到健康的教育，培养其积极乐观的心态，呵护其自尊心，了解儿童的真正需求。[1]由此可见，儿童福利服务应当是广义的，拓宽儿童福利服务范围、提高服务水平是儿童福利工作的必然要求。

三、儿童福利工作的对象范围狭窄

儿童福利要覆盖到全体儿童的发展趋势，早在 2012 年《儿童福利条例》初稿讨论会上，民政部社会福利和慈善事业促进司时任副司长徐建中介绍了对儿童福利制度关注的"一普四分"的普惠性福利措施：一普是指惠及面向全体儿童的普惠性福利措施；四分是指儿童福利的对象范围分为四个类型：第一种类型是面向全体儿童，即所有儿童都享有医疗、教育、人口政策以及交通旅游等方面的普惠性福利措施；第二种类型是困难儿童，我国农村 5000 多万低保户和城市 2300 万低保户，这些家庭存在的困难儿童，除了享有面向全体儿童的教育、医疗等优惠政策外，还应享受生活津贴；第三种类型是困境儿童，包括事实上无人抚养的儿童、重残儿童、服刑人员子女、流浪儿童、受艾滋病影响的儿童等；第四种类型是孤儿和弃婴，国家养育照料保障其权益。[2]目前，对于第一、二和第四种类型的儿童福利工作均有相应的职能部门进行负责，最难的是第三种困境儿童福利工作，这也是近年来民政部重点关注的工作内容。

2013 年 5 月 13 日，民政部在北京市、河北省石家庄市、辽宁省大连市、新疆维吾尔自治区阿克苏市等 20 个地区开展未成年人社会保护试点工作。工作内容为：建立未成年人社区保护网络；加强家庭监护服务和监督；保护受伤害未成年人；开展困境未成年人救助帮扶；健全未成年人社会保护工作机制；完善未成年人社会保护制度。未成年人社会保护试点工作在解决困境儿童的难题上功不可没，但能力有限，没有从根本上改变这一困境。

机构改革前，民政部的职能部门的设置模式难以满足"一普四分"的要求，难以找到合适的部门来解决困境儿童的难题，更难将儿童福利工作覆盖到全体未成年人。

四、儿童安置制度难以适应儿童福利工作的发展方向

随着国家对困境儿童的日益关注和适度普惠型福利制度的发展方向，意味着将有越来越多的儿童需要被纳入福利对象的保护范围之中，这些对象需要由民政部门来担任监护人，承担监护职责。但目前我国的福利机构主要是对孤儿，还有需要临时看护的流浪儿童提供福利服务，致使实践中很多困境儿童陷入无人监护的状态，在强调推进儿童福利工作的同时，不能忽视儿童安置的问题。

对于这一困境，很多专家学者均提出了自己的主张，笔者更倾向于整合民政部现有涉及儿童福利和保护的职能机构来对儿童的安置负责，这样有利于形成具有统筹性

---

〔1〕 秦宝玉、杨宏："英国儿童福利制度及启示"，载《人才资源开发》2014 年第 22 期。

〔2〕 韩晶晶：《儿童福利制度比较研究》，法律出版社 2012 年版，第 5~6 页。

和全面性的安置制度，避免找不到监护部门的问题。儿童安置制度是一个复杂而系统的工程，需要考虑至少以下四个方面：

第一，监督机制。专门的人员与机构监督父母监护权的行使，对于不履行、怠于履行或者不当履行监护权的父母，及时发现和干预。

第二，评估机制。对父母监护资质的科学评估，确保撤销监护权的准确性。例如，对"有心无力"父母的监护权不能剥夺，而应提供支持性儿童福利服务。

第三，回转机制。在父母恢复监护能力与资质时，基于"儿童最大利益原则"让孩子回到父母身边。

第四，托底机制。通过家庭寄养、收养等方法确保被从父母身边带走的孩子能够重新生活在家庭环境之中，并对此跟踪与监督，确保被从父母身边带走的孩子能够生活得更健康、更美好。[1]

根据国家亲权原则，国家是儿童的最终监护人，且高于父母亲权，当父母不能（如死亡、丧失民事行为能力等）、不宜（如失职、侵犯子女权益等）承担监护职责的时候，国家可以也有责任进行干预，进而扮演"父母"的角色以保护儿童。[2]发达国家都有国家亲权介入的实践，为贯彻联合国《儿童权利公约》规定的"儿童最大利益原则"，许多国家立法明确主张国家才是儿童的最终监护人，如果父母不能监护好孩子，国家有权力也有责任接管父母的监护权。所以，国家亲权是国家的权力，同时也是未成年子女的权利。中国是联合国《儿童权利公约》的签约国，因此，无论从理论上还是法律依据上，我国都具有监护权剥夺制度的法理基础与实施条件。

监护权剥夺制度需要完善的儿童安置制度为支撑，但现有的儿童安置制度没有达到形成体系化和专业化的要求，难以满足儿童福利工作的发展进程。除了形成规范化安置制度，不让困境儿童无处安置，儿童安置制度还需完善管理制度和专业化水平，避免儿童遭受二次伤害。

第三节　建立健全儿童福利体制机制的思路

一、明确民政部门在儿童福利工作中的地位

儿童福利工作需要多部门协助配合，因此首先要明确民政部与其他相关部门的关系，以及在儿童福利工作中的地位。当前，儿童福利工作由民政部牵头，其他部门予以配合，从长远角度考虑，民政部门应当与其他相关部门建立更加完善的"跨部门联动机制"，尤其是与儿童福利工作联系紧密的教育部、国家卫生健康委员会、财政部、公安部等部门。"跨部门联动机制"的建立，从可操作性的角度分析，可以通过相关部门专人负责的方式来实现，即涉及儿童福利工作的相应部门指定专门人员专项负责儿

---

〔1〕 姚建龙：《法学的慈悲——孩子的法律情怀》，上海三联书店2018年版，第286页。
〔2〕 姚建龙："国家亲权理论与少年司法——以美国少年司法为中心的研究"，载《法学杂志》2008年第3期。

童福利工作，并定期参与由民政部门召开的儿童福利工作会议。民政部门每年向国务院及全国人大提交工作报告时，应当将相应部门履行儿童福利工作职责的情况纳入工作报告中。

"跨部门联动机制"在部级层面由专人专项负责本部门涉及儿童福利工作的职责，与民政部门进行配合，并指导下级省市地区联动机制的建立和工作，促进"跨部门联动机制"形成完备的自上而下的工作机制。省市地区的各相应政府部门通过指定专人负责的方式与同级的民政部门联络、协调、督促、监督本部门完成相应的儿童福利工作，将儿童福利工作情况纳入本人及其所在部门的工作考核中。以专人负责的形式作为"跨部门联动机制"的工作方式，能够促进相应部门落实工作职责，真正实现民政牵头、其他部门配合的跨部门合作，解决儿童福利工作中的具体问题，避免流于形式的跨部门合作阻碍儿童福利工作的开展。

除了明确民政部在儿童福利工作中的牵头作用，还应厘清其与儿童监护人的关系。厘清二者的关系，明确民政部门的地位和角色，才能在儿童福利工作中发挥积极作用，既能维护儿童的权益，又能尊重监护人的地位，避免过犹不及的后果。

首先，父母或其他监护人是儿童的第一责任人。父母与儿童间的关系是由天然的血缘纽带决定的，法律也赋予了父母当然监护人的地位。父母或其他监护人主要在家庭和社会这两种环境中履行自己的监护责任，在家庭环境中，监护人需要对儿童履行监护职责，提供儿童成长所必需的物质条件，保障儿童的人身安全；在社会环境中，监护人同样地需要履行监护职责。但社会环境是一个不可控的变量，对儿童的保护也离不开民政部门的作用，如提供有利于儿童成长的社会环境，在监护人需要帮助时可以及时提供必要的援助，这一切均取决于民政部门在儿童福利工作方面的职责履行。[1]

其次，民政部门需要在儿童福利工作方面积极履行职责。因为儿童也是国家的希望和未来，这种理念的贯彻需要民政部门积极履行儿童福利工作，为儿童提供有利于其成长的社会环境，为孤儿、流浪儿童、困境儿童等弱势儿童群体提供必要的援助，保障其成长所需条件。[2]

通过上述分析，我们认为：在儿童福利工作方面，父母和其他监护人是第一责任人，民政部门起托底保障的作用，但必要时可以采取措施将儿童带离家庭并进行安置。儿童福利工作以儿童为中心，监护人是第一道防线，民政部门是第二道防线，监护人和民政部门分别履行相应的职责，共同保障儿童的成长。

我们要明确民政部门在儿童福利工作中的地位，当监护人消极或不正确履行监护职责，侵害儿童的合法权益时，作为第二道防线的民政部门应当及时补位，避免"南京饿死女童案"这类惨剧的发生。

---

〔1〕 韩晶晶：《儿童福利制度比较研究》，法律出版社 2012 年版，第 230 页。

〔2〕 刘继同："国家与儿童：社会转型期中国儿童福利的理论框架与政策框架"，载《青少年犯罪问题》2005 年第 3 期。

二、确立民政部门儿童福利工作对象和职责内容的范畴

(一) 儿童福利工作的对象

根据民政部门提出的"一普四分"的努力方向，儿童福利工作的价值取向应当以优先保障特定儿童群体利益为前提，并致力于提高全体儿童的福利水平。

儿童福利工作的覆盖范围越广，福利水平越高，儿童的成长环境就会越好，而儿童的福利水平往往与一国的经济发展水平呈正相关的关系。国家的经济发展水平越高，儿童福利水平就会越高，儿童福利工作的覆盖范围就会越广泛。改革开放以来，我国的经济迅猛发展，相应地需要国家承担起儿童福利工作的更多责任。为此，可以借鉴发达国家在儿童福利方面的制度和机构建设模式，根据我国国情建立普惠型儿童福利制度，即便福利水平难以达到发达国家的标准，但可以先明确我国儿童福利工作的受益对象。

长久以来，我国儿童福利工作的对象具有局限性，主要针对特定的儿童群体，具有分散性，如孤儿、流浪儿童等，这些分散的特定对象并不能完全覆盖现实需要保护的儿童，由此，困境儿童的概念被提出。困境儿童主要是指监护关系出现问题而需要提供保护的儿童，是需要优先保护的对象，如艾滋病儿童、服刑人员子女等，他们不被包含在这些特定群体对象中，因此很难找到具体的负责部门。[1]民政部门作为儿童福利工作的第二道防线，如果工作对象未明确，困境儿童的难题将难以被有效解决。困境儿童是儿童福利工作对象的一部分，也是如今儿童福利工作的首要难题，但儿童福利工作的对象不仅仅包括困境儿童。民政部门在儿童福利工作中的职责主要包含两个方面：第一，协助监护人；第二，当儿童遭受来自监护人的侵害时，采取必要的措施避免侵害，有必要时对被带离家庭的儿童实施安置。[2]当民政部门履行不同的职责时，其工作对象也是不同的。当民政部门履行协助监护人的职责时，协助主要有两方面的内容：一方面是给所有儿童监护人履行监护责任提供外部条件，这时的受益对象是全体儿童；另一方面，对在履行责任时出现困难的监护人提供有针对性的帮助，这时的受益对象是监护存在问题的儿童。当民政部门面对遭受监护人侵害的儿童时，其工作的内容是监护出现困难的儿童，该职责保障了所有儿童受伤害时能获得有效帮助。因此，我国儿童福利工作的对象应当把困境儿童放在首要地位，因为保障这类儿童成长的第一道防线一旦崩塌，他们可能会陷入无人监护的状态中，或者有监护人但监护人消极履行监护职责，或者对这类儿童造成伤害的正是他们的监护人。

综上所述，我国儿童福利工作的对象首先是流浪儿童、孤残儿童、困境儿童等特定弱势儿童群体，应当优先保护这部分儿童，在该前提下，根据经济发展水平为全体儿童提供福利保障，为监护人积极履行监护责任创造更好的外部条件。

---

[1] 刘继同："中国孤儿、受艾滋病影响儿童和脆弱儿童生存与服务状况研究（上）"，载《青少年犯罪问题》2010 年第 4 期。

[2] 刘继同："中国儿童福利制度构建研究"，载《青少年犯罪问题》2013 年第 4 期。

（二）儿童福利工作的职责内容

在我国，目前还没有关于儿童福利工作的系统性的职责内容规定，在上文就儿童福利工作对象进行明确后，可以对儿童福利工作的职责内容进一步明确。笔者仅就实践中经常出现的问题进行分析，并阐述相对应的职责内容，具体的制度构建还需日后再行探讨。目前实践中经常面临的问题主要有以下四种：第一，监护人在履行监护责任时出现困难，如儿童患病或需要长期照顾，监护人需要帮助，还有监护人患病，儿童需要帮助等；第二，儿童需要暂时性监护，如被拐卖儿童、走失儿童等，在查找联系监护人的过程中，需要暂时性的监护；第三，儿童遭受来自监护人的侵害，如虐待儿童等；第四，因监护人丧失监护能力、被剥夺监护权或查找不到监护人等监护人永久缺失的情形，儿童处于无人监护的状态。上述常见情形，均需要国家层面提供帮助，也决定了需要建立一个完备的措施制度，促进民政部门更好地履行职责。这一措施制度中的规定就构成了儿童福利工作的职责内容，其中必然包含职责行使的主体、职责范围、行使方式、责任分配等内容。[1]

儿童福利工作的职责内容除了需要实体的措施制度，还需要程序性的规定。因为儿童福利工作主要面对的是儿童和监护人之间的监护关系，这对于儿童和监护人来说至关重要。程序性规定可以让职能部门在行使职责时控制在合法合理的度中，既能保护儿童的权益又能充分尊重儿童和监护人的合法利益，这可以让职能部门正确履行职责。如果缺乏合法有效的程序性的规定，可能会造成对处于第一道防线的家庭监护的侵犯，对儿童和监护人造成伤害。[2]除此之外，职能部门在履行对监护出现困难的儿童的工作职责时，难免会对儿童和监护人造成伤害，而程序性的规定可以将这种伤害降到最低。

当儿童的监护关系需要发生转移时，根据法律规定，需要经过司法程序，司法程序在儿童福利工作中发挥着重要作用。司法程序直接关系到儿童的监护权能否发生转移，儿童能否顺利获得帮助，而且司法程序产生的法律后果直接关系到儿童的监护人，其可能会因监护不当而丧失监护权。[3]因此，儿童福利工作的职责内容也离不开司法程序，因为司法程序是保障儿童权益的最终裁决方式，因儿童监护关系的特殊性，所以需要对司法程序的裁决主体、行使方式等均作出相应规定，要符合儿童案件的办理要求，这样才能最大限度地保护儿童的合法利益。

综上所述，儿童福利工作的职责内容不仅包括实体上的措施制度、程序性规定，还需要与司法程序相衔接。程序性规定可以保证措施制度的运行，措施制度需要程序性规定才能有效发挥积极作用，与司法程序相衔接可以促进儿童福利工作的一体化，这三者都是相互作用、必不可缺的部分。

---

〔1〕 陆士桢："建构中国特色的儿童福利体系"，载《社会保障评论》2017年第3期。
〔2〕 韩晶晶：《儿童福利制度比较研究》，法律出版社2012年版，第237~238页。
〔3〕 韩晶晶：《儿童福利制度比较研究》，法律出版社2012年版，第238页。

三、优化儿童福利职能配置与机构设置

（一）儿童福利工作专门机构的设置与职能配置

在儿童福利的行政管理机构方面，发达国家均设立了强有力的儿童福利工作专门性机构负责儿童福利工作，如美国的儿童局，挪威的儿童与平等事务部，且这些机构的层级均设置得较高，保障了儿童福利体制机制的运行，体现出这些国家对儿童福利工作的重视。[1]我国涉及儿童福利工作的部门较多，儿童福利工作被分散在各部门，为了贯彻执行儿童福利政策，形成完备的儿童福利体制机制，可以借鉴发达国家的做法，结合我国实际，设立儿童福利工作专门性机构，明确该机构的职责范围和领导地位，促进儿童福利机制的高效运转。

2019 年前，我国尚未建立统一且强有力的儿童福利工作专门性机构。根据我国的机构设置体制，儿童福利工作机构的体系应为在中央一级设立管理统筹全国儿童福利工作的机构，在省、市、县再分别设立相应级别的管理机构，管理所辖地区的儿童福利工作，形成自上而下、环节严密的儿童福利体制机制，领导、决策、管理儿童福利工作，使全国儿童都能享受到国家和政府提供的福利政策，降低儿童福利工作的运行成本。

对于如何设置专门的儿童福利机构，曾经有两种不同的意见：一种意见认为可以在中央设置副部级的儿童福利局，统筹负责儿童福利工作；另一种意见认为可以整合重组民政部已有涉及儿童福利工作的职能处室，设立厅局级的儿童福利工作机构。两个意见中，第二个方案更为妥当。儿童福利工作涉及的部门众多，现有职能分散凌乱，副部级的儿童局需要完备的儿童福利制度作支撑，而我国现有儿童福利制度发展不健全，且将现有相应部门的职能"一刀切"式地垄断，可行性不高，但设立副部级的儿童福利局可以作为今后的努力方向。就现有阶段而言，第二个方案是最优化的选择。

民政部作为中央层面负责儿童福利工作的行政管理机构，机构改革前涉及儿童福利相关工作的处室主要有社会事务司下设的儿童福利和收养处、未成年人（留守儿童）保护处、民政部直属单位中国儿童福利和收养中心，除此之外，社会福利和慈善事业促进司负责部分涉及儿童福利的工作，社会事务司下设的生活无着人员救助管理处负责对流浪未成年人的救助工作。通过对发达国家成功经验的借鉴，为了建立一个统一且强有力的儿童福利工作机构，可以将民政部中涉及儿童福利工作的现有职能部门进行合并整合，原有相关职能办公室最高级别为处级，整合后可以提升为更高层级的厅局级并扩大其职能范围。根据民政部现下设的 12 个机关司的命名，可以将整合后的机构命名为儿童福利司，"保护"的概念也涵盖在"福利"的概念中。

从社会需求来看，我国的未成年人约 3 亿，数量庞大，儿童福利工作中遇到的问题也越来越复杂，工作对象由原先的孤儿、流浪儿童等扩充到现在监护出现困难的困

---

〔1〕　田帆、孙熙："借鉴国际经验　构建完善的儿童福利制度"，载《全球化》2017 年第 2 期。

境儿童，儿童福利工作机构承担的责任越来越大。在发达国家，儿童福利机构的设置级别都比较高，一般由厅局级机构直接管理，或者由部级设立的或代表部级的单位来履行职责。而我国儿童数量众多，应当成立至少厅局级的儿童福利工作机构，负责统筹管理全国的儿童福利工作。因此，将民政部现有涉及儿童福利的业务处室进行整合，设立儿童福利司是可行的。

2018 年 12 月 31 日，中共中央办公厅、国务院办公厅印发《民政部职能配置、内设机构和人员编制规定》的通知，其中，确定专门设置儿童福利司，在职能定位上，明确了儿童福利司的主要职责是"拟订儿童福利、孤弃儿童保障、儿童收养、儿童救助保护政策、标准，健全农村留守儿童关爱服务体系和困境儿童保障制度，指导儿童福利、收养登记、救助保护机构管理工作"。儿童福利司的设置为全面、集中行使儿童福利职能，提高儿童福利制度的效能，创设了一个全新的机制。

很显然，设立儿童福利司主要出于以下两方面的考虑：一方面，随着社会的不断发展，儿童福利机构的职能不断被扩充，只有设立更高级别的儿童福利司才可以与此发展相适应，还可以统筹协调全国的儿童福利工作，提高工作效率，有效解决困境儿童的难题，避免其受到监护人的伤害，保障其健康成长。另一方面，儿童福利工作不单是儿童福利机构的职责，在实际执行过程中，会牵涉到儿童的教育、医疗等各方面，需要由各相应部门来履行各自的职责，分散、层级低的现有职能部门不利于调动其他部门进行配合。因此，设立儿童福利司可以有效地调动各部门，共同发挥作用。设立儿童福利司，是由我国庞大的儿童群体和儿童福利工作的特点决定的，有利于促进儿童福利工作建立统一的制度，科学发展儿童福利工作，解决困境儿童的难题，筑牢儿童保护的第二道防线。[1] 设立统一的儿童福利司可以有效改变当前各职能部门分散割据的局面，将涉及儿童福利工作的机构凝聚在一起，共同解决当前的儿童保障问题，形成系统统一的儿童福利体制机制，带领地方各级机构充分发挥积极作用，这与国际上儿童福利事业的发展方向是一致的，同时也是符合我国国情的。

随着民政部儿童福利司的设置，一方面需要进一步调整和理顺民政部各个司局的关系。另一方面，则需要推进地方各级民政部门儿童福利内设机构的调整和职权的整合。大体而言，地方各级民政部门应依照民政部的机构调整，进行相应的机构设置。在职能上，省级儿童福利机构对下级机构起管理和监督的作用，负责所辖地区内儿童福利工作项目的指导和监督，推动所辖地区涉及儿童福利的法规、政策、工作标准的建立健全，定期向上级部门做工作报告。市级和各区县的儿童福利机构主要负责具体实施工作，其直接面向广大的儿童和监护人，为他们提供儿童福利服务直接处理儿童在监护关系中出现的困境，当儿童陷入无监护人的状态时，负责儿童的安置问题。

设立儿童福利司不仅意味着有更充足和有保障的经费可以投入到儿童工作中，也意味着专门工作人员的增多。为全国儿童的福利工作建设搭建专业组织、专业交流、

---

〔1〕 童小军："国家亲权视角下的儿童福利制度建设"，载《中国青年社会科学》2018 年第 2 期。

专业服务标准、专业质量管理和专业监管的平台。能有效解决我国儿童福利的各类机构处于高度分散、支离破碎、各自为战的问题，有助于建立全国性、权威性、专业性和行业性组织，推进儿童福利快速发展，提高儿童福利服务质量与管理水平。即儿童福利司的设置，既为中国儿童福利和保护事业持续、稳定、健康和专业化发展提供专业组织性保障，[1]又是完善儿童福利工作体制机制的最佳途径，也是顺应国际潮流的重要决定。

（二）建立未成年人保护委员会，完善领导和协调机制

我国目前儿童福利工作的主要领导和协调机构为国务院及地方政府设置的妇女儿童工作委员会。必须正视的是妇女儿童委员会的主要工作职能多集中于妇女方面的工作，儿童工作涉及得相对较少，且将妇女、儿童的工作集中在一起，没有凸显出国家对于儿童工作的关注。目前，国家层面没有设置未成年人保护委员会，各省市政府设置了未成年人保护委员会办公室，但存在多种挂靠模式。也就是说，我国目前没有在中央层面设置专门性的儿童福利工作领导协调机制，使得领导儿童福利工作、协调各部门的要求不容易实现。因此，建议可以参照老龄工作委员会的设置方式，将国务院妇女儿童工作委员会中儿童工作分离，并入到将要在国家层面设置的未成年人保护委员会中。

未成年人保护委员会主要工作职能为加强各部门间的沟通、协调、联动和儿童福利工作经费的统筹管理。目前，我国没有儿童福利资金管理制度且儿童福利经费的投入较低，应当将儿童福利资金列入财政预算，由政府加大儿童福利资金的财政预算并保障其正常增长，还可以通过鼓励企业和民间资金进入儿童福利领域的政策，扩大儿童福利资金来源方式。此外，未成年人保护委员会应当积极扶持儿童工作社会服务组织。社会服务组织的发展是必然趋势，可以给儿童福利工作带来更专业化的服务，因此，应当给予这些社会服务组织必要的资金支持，鼓励其发展。

（三）建立健全儿童福利体制的运行机制

建立具有中国特色的儿童福利体制机制，首先是完善顶层设计，设立未成年人保护委员会负责领导协调儿童福利工作，以民政部儿童福利司为基础，统筹主管全国儿童福利工作，并与教育、公安、司法、财政等相关部门形成跨部门联动机制；其次是完善儿童福利体制机制的底层设计，健全儿童福利服务体系，打造儿童福利专业化队伍，建立儿童问题社会预防监督报告工作机制，建立"五位一体"的儿童保护网络。

1. 建立健全儿童福利服务体系

建立儿童福利服务体系，打造儿童福利专业化队伍，从儿童福利工作的发展趋势来看，儿童福利工作的推进离不开专业人员的作用。从发达国家的经验来看，一般都会有专门的技术工作人员负责儿童福利工作，如美国的社会福利主事，日本的儿童福利工作者。因此中国应当尽快打造一支儿童福利专业化队伍。民政部、财政部、人力

---

〔1〕 刘继同："中国儿童福利制度构建研究"，载《青少年犯罪问题》2013年第4期。

资源和社会保障部等部门在 2014 年联合发文，明确要加强青少年事务社会工作专业人才队伍建设。因此，我国的职业序列中应当增加儿童福利工作专业人才，同时建立与之配套的职业培训体系以及相应资格选拔考试制度，打造一支专业性强的儿童福利工作人员队伍。

儿童福利服务体系主要立足社区发展，由于各地域经济发展不一致，城乡发展存在差异，前期阶段可以利用已有资源，如幼儿园、儿童福利中心、教育中心等机构，同时对现有儿童福利工作人员进行专业培训，提高现有服务人员的技术水平，之后再不断扩充队伍力量，让每个孩子都能享受到儿童福利服务。儿童福利工作人员的工资待遇也是不可忽视的一点，应当加大儿童福利领域的资金保障力度，提高基层儿童福利工作人员的工资标准和工作经费，让儿童福利事业留得住人并能吸引到更多人，儿童福利专业化队伍才能不断扩充，适应日益完善的儿童福利体制机制。

2. 建立儿童问题社会监督报告工作机制

我国目前处理儿童问题，没有建立起完善的事前预防机制，多为事后保护，尤其是在侵害儿童的事件中。根据实务经验，侵害儿童的事件多发生在家庭和学校中，这两个场所是儿童侵害事件的高发场地，但家庭和学校有其特殊性，尤其是隐蔽性较强的家庭，加上中国传统文化中将家事视为私事，是公权力难以介入的私人领域，甚至很多家长认为孩子是家庭的私有财产，所以很难提前预防儿童侵害事件的发生。此外学校中发生的儿童侵害事件，由于儿童身心发展尚不健全，很多时候受到非法侵害而不自知，或者不敢向成人求助，如层出不穷的虐童事件、校园欺凌事件等。因而事前预防机制的建立显得尤为关键。

事前预防的关键在于监督报告和提前介入，因此可以建立儿童问题社会监督报告工作机制。该机制通过常态化、专业化的监督机制预防儿童问题的发生或是将危害降到最低。可以参考发达国家的"儿童权利督察员制度"，建立专业的事前预防机制，迅速对儿童问题作出反应，减轻或消除可能造成的危害结果。儿童问题主要存在于家庭、学校、社会三个场所，可以在每个社区由社区工作人员领导，群众自发成立，形成儿童问题监督小组，通过定期家访或者开座谈会的方式，及时了解各家庭的情况；学校中的儿童问题则主要由教师进行报告，可以在各年级成立一个监督小组，对教师的管理和报告情况进行监督，并及时作出处理；社会中的儿童问题，如流浪儿童、乞讨儿童等，则由公安部门负责，形成家庭、学校和社会三层监督机制，突出事前预防，改变当前事后保护的被动局面。

3. 建立"五位一体"的儿童保护网络

近年来，"南京饿死女童案""携程案""红黄蓝案件"等儿童悲剧性事件时有发生，反映出我国的儿童福利工作中存在的六大难题：发现难、报告难、干预难、联动难、监督难、追责难。[1]这六大难题得不到解决，这些儿童悲剧性事件就难以被有效

---

[1] 姚建龙、滕洪昌："未成年人保护综合反应平台的构建与设想"，载《青年探索》2017 年第 6 期。

预防。

如前所述，建立儿童问题社会监督报告工作机制主要是利用社区、学校和公安的力量及时发现、及时报告儿童问题，因为儿童问题往往很难被及时发现，但群众的力量是强大的，通过儿童问题社会监督报告机制可以及时发现儿童问题。处理儿童问题的过程中往往牵涉到司法程序，如转移监护权等，所以在儿童问题中司法机关也起着关键作用。将家庭、学校、社会、司法紧密联系，形成保护合力，这是一个非常好的努力方向，但我们不能忽视政府在这张保护网中所起的作用，"五位一体"的儿童保护网络可以充分发挥家庭、学校、社会、司法、政府在儿童工作中的基础性作用，有效避免儿童恶性事件的发生。

结　语

中国儿童福利事业目前处于迅速发展的阶段，取得了很多进步和成果，但也伴随着困境和挑战。在学界，对于儿童福利、儿童保护的概念争论仍在持续，但一切的理论均应为实践服务，如果忽视现实中正在发生的问题，仅关注理论研究，无疑与理论研究的初衷背道而驰。就我国目前儿童福利工作的现状而言，探讨儿童福利工作体制机制建设，不仅是为了适应适度普惠型福利制度的发展要求，更在于重点突破一些现实中的难题，如对困境儿童的保护工作。

民政部门一直在努力推动儿童福利工作的开展，有效解决了对孤儿、流浪儿童等弱势儿童群体的保护问题，近几年又持续关注对困境儿童的保护并取得了显著的成绩。如根据《2017年〈中国儿童发展纲要（2011-2020年）〉统计监测报告》显示：（1）儿童关爱保护机构数量增加。2017年，全国共有儿童收养救助服务机构663个，其中儿童福利机构469个，未成年人救助保护中心194个，分别比2010年增加134个和49个。全国儿童收养救助服务机构共有床位10.3万张，比2010年增加4.8万张，增长87.3%。（2）孤儿数量继续减少。孤儿数量连续五年持续减少，2017年全国共有孤儿41万人，比上年减少5.1万人；其中被家庭收养的孤儿1.9万人，占孤儿总数的4.6%。全国收养机构收留抚养孤儿10.6万人，其中儿童福利机构收留抚养孤儿5.9万人。（3）残疾儿童专业康复服务能力提高。国家《"十三五"加快残疾人小康进程规划纲要》和《残疾人康复服务"十三五"实施方案》的贯彻落实，残疾人康复服务体系进一步健全，为残疾儿童康复提供了坚强保障。2017年，全国开展残疾儿童康复的残疾人服务机构有8334个，比上年增加476个，14.1万名0岁至6岁残疾儿童接受了基本康复服务。[1]

随着经济社会的不断发展，我国在儿童福利工作上的观念也正在转变，儿童福利

---

〔1〕　国家统计局：《2017年〈中国儿童发展纲要（2011-2020年）〉统计监测报告》，载 http://www.stats.gov.cn/tjsj/zxfb/201811/t20181109-1632517.html，访问日期：2019年1月10日。

工作正逐步由补缺型过渡到适度普惠型，并将最终实现普惠型。在发展历程中，民政部门儿童福利的工作体制机制也在不断面临抉择，抉择的结果直接关系到我国儿童福利工作事业的发展方向。现如今正是儿童福利工作体制机制建设的转折期，零散的职能机构模式必须被转变，建立系统化、专业化的儿童福利专门性机构。综合考虑，民政部通过现有职能机构的重组，下设儿童福利司是目前的最佳途径，这符合科学的发展趋势，也能满足现实的需要。在探讨儿童福利工作体制机制建设时，应当明确科学的建设方向，树立正确的工作理念，让国家真正承担起"最后一双手"的责任，筑牢儿童福利工作的防线。儿童是国家的，儿童健康成长，国家就会有希望！

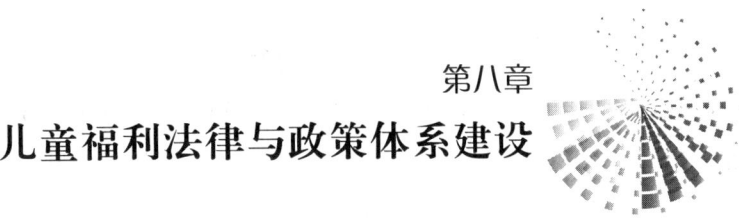

第八章
儿童福利法律与政策体系建设

当前，我国缺乏统一的儿童福利法典，有关儿童福利的法律分散在各种不同的法律部门之中。而且，更多的儿童福利主要是通过政策的方式加以确立，缺乏法律的长效保障。为了更为有效地实现儿童福利，不仅需要大力推进儿童福利机构与服务，更需要建立健全相应的儿童福利法律与政策体系。

第一节　儿童福利法律与政策体系现状

就目前关于儿童福利的法律渊源来看，主要的法典有四部：《未成年人保护法》《预防未成年人犯罪法》《收养法》《义务教育法》，其他则分散于数十部法律之中，这是儿童福利法律体系的基本样貌，具体如下：

表 8-1　儿童福利法律体系的基本样貌

《宪法》	第 46 条、第 49 条
《未成年人保护法》	总共 7 章，共 72 条
《预防未成年人犯罪法》	总共 8 章，共 57 条
《义务教育法》	总共 8 章，共 63 条
《收养法》	总共 6 章，共 34 条
《刑法》	第 244 条、第 260 条、第 262 条、第 301 条、第 347 条、第 353 条、第 358 条、第 364 条
《刑事诉讼法》	第 174 条、第 223 条、第 277 条、第 279 条、第 280 条、第 281 条、第 282 条、第 285 条、第 287 条
《劳动法》	第 15 条、第 94 条
《民法总则》	第 26 条~第 39 条、第 128 条、第 190 条
《婚姻法》	第 2 条
《民法通则》	第 12 条、第 16 条、第 104 条

一、宪法层面——体现儿童本位之诉求

《宪法》是我国的根本大法。在儿童福利方面，其中第46条隐含了儿童福利的内涵，指出"国家培养青年、少年、儿童在品德、智力、体质等方面全面发展"，[1]亦即包含关注儿童在以上各方面的福利问题。

《宪法》第49条规定："婚姻、家庭、母亲和儿童受国家的保护。夫妻双方有实行计划生育的义务。父母有抚养教育未成年子女的义务，成年子女有赡养扶助父母的义务。禁止破坏婚姻自由，禁止虐待老人、妇女和儿童。"凸显了儿童保护的诉求，指出儿童受国家的保护，禁止遭受虐待等。

在《宪法》的总体倡导下，各部法律分别在各自的领域响应儿童福利工作的基本意涵。

二、法律层面

（一）《未成年人保护法》《预防未成年人犯罪法》两法律双寡头，尚需福利立法

自1987年《上海市青少年保护条例》颁布以来，我国未成年人专门立法已经走过了30余年的历程，并已经初步形成了以《未成年人保护法》《预防未成年人犯罪法》为核心的法律体系。

《未成年人保护法》共7章72条，根据未成年人（儿童）的主要成长空间规定了家庭保护、学校保护、社会保护、司法保护四大保护。《预防未成年人犯罪法》共8章57条。提出了"不良行为"和"严重不良行为"两个专属于未成年人的概念，与刑事犯罪行为共同形成了由轻而重包含三个层次未成年人社会危害行为的体系。

值得注意的是，未成年人专门性立法的动因是治理青少年违法犯罪，因而这两部法律都不是福利法；《未成年人保护法》顾名思义是具有保护法性质的，也没有因为最初的目标而具有司法性质。这背后有一个浓厚的观念支撑：未成年人违法犯罪与教育保护缺失息息相关。

"预防犯罪"的视角、解决既存问题的思路排斥了儿童福利法（未成年人福利法）的萌生。《未成年人保护法》正式实施后，未成年人犯罪的绝对数及其在刑事犯罪中的比重虽然有所降低，但却并没达到立法者的预期。[2]20世纪90年代，"预防少年违法法"的思路被一些部门提出以支撑进一步的预防未成年人犯罪工作，有制定司法型少年法的考量，最终于1999年出台《预防未成年人犯罪法》，使得我国目前呈现出"保护法"与"预防法"两部专门法律的双寡头现状，而没有专门的儿童福利法，这为有关福利部门尤其是民政部门的工作设置了一定的无法可依的阻碍。

---

〔1〕 我国《宪法》第46条第2款。

〔2〕 参见姚建龙："未成年人法的困境与出路——论《未成年人保护法》与《预防未成年人犯罪法》的修改"，载《青年研究》2019年第1期。

（二）儿童福利取向散见于相关性法律之中

首先，《义务教育法》系中国教育法规之一，反映儿童的教育福利规定。1986年4月12日第六届全国人大四次会议审议通过，自1986年7月1日起施行。2006年《义务教育法》第一次修正；2018年《义务教育法》第二次修正。

2018年《义务教育法》明确了我国义务教育的公益性、统一性和义务性。共8章63条：第一章总则、第二章学生、第三章学校、第四章教师、第五章教育教学、第六章经费保障、第七章法律责任、第八章附则。

事实上，并没有一部独立的法律是关乎儿童福利的，因为儿童福利涉及很多种类项下的儿童，囊括孤残儿童、留守儿童、困境儿童等多个儿童类群，同样儿童福利也涉及对诸多儿童领域的补给普惠，诸如涉及医疗和教育领域。其本身涉及方面就有"散见"之特征，但仍旧不能否认我国没有儿童福利法或未成年人福利法这样一个事实。

再者，《收养法》（1998年11月4日颁布，1999年4月1日生效）也从一个法律侧面反映了我国对孤儿、残疾儿童、监护困难或监护缺失等儿童的福利倾向，规定不满14周岁的丧失父母的孤儿、查找不到生父母的弃婴和儿童、生父母有特殊困难无力抚养的子女可以被收养；[1]还规定可以作为送养人的包括孤儿的监护人、社会福利机构和有特殊困难无力抚养子女的生父母。[2]此外，"收养孤儿、残疾儿童或者社会福利机构抚养的查找不到生父母的弃婴和儿童，可以不受收养人无子女和收养一名的限制"，均充分显露了对孤儿、残疾儿童、监护缺失或困难儿童的福利关怀。

此外，为响应习近平总书记"幼有所育"的指导思想，关乎儿童教育的《学前教育法》也已经列入了全国人大的立法进程，目前教育部正在研究起草文本，建立督导问责机制等。

毋庸置疑，《刑法》中也蕴含着关于保护儿童（未成年人）的条款，但是由于它并非是一部专门为未成年人设计的法律，因而并没有冲破《未成年人保护法》《预防未成年人犯罪法》两法律的双寡头现状。

其中，《刑法》第244条之一明确规定了"雇用未满十六周岁的未成年人从事超强度体力劳动的，或者从事高空、井下作业的，或者在爆炸性、易燃性、放射性、毒害性等危险环境下从事劳动"的刑事责任。第260条之一规定"对未成年人、老年人、患病的人、残疾人等负有监护、看护职责的人虐待被监护、看护的人，情节恶劣的，处三年以下有期徒刑或者拘役"。在监护、看护责任视角下通过定责入罪的方式保护被监护儿童和被看护儿童。第262条规定"拐骗不满十四周岁的未成年人，脱离家庭或者监护人的，处五年以下有期徒刑或者拘役"。第262条之一规定"以暴力、胁迫手段

---

〔1〕参见《收养法》第4条："下列不满十四周岁的未成年人可以被收养：（一）丧失父母的孤儿；（二）查找不到生父母的弃婴和儿童；（三）生父母有特殊困难无力抚养的子女。"

〔2〕参见《收养法》第5条："下列公民、组织可以作送养人：（一）孤儿的监护人；（二）社会福利机构；（三）有特殊困难无力抚养子女的生父母。"

组织残疾人或者不满十四周岁的未成年人乞讨的，处三年以下有期徒刑或者拘役，并处罚金；情节严重的，处三年以上七年以下有期徒刑，并处罚金"。第262条之二规定"组织未成年人进行盗窃、诈骗、抢夺、敲诈勒索等违反治安管理活动的，处三年以下有期徒刑或者拘役，并处罚金；情节严重的，处三年以上七年以下有期徒刑，并处罚金"。同样是反映保护儿童能够在监护之下成长、不被当作犯罪工具的意旨并且蕴含着预防未成年人犯罪的意味。

进一步地，《刑法》第301条、第347条、第353条、第358条、第364条分别在淫乱类犯罪和毒品类犯罪中点出了儿童（未成年人）的特殊地位，针对其或利用其的相应犯罪都获得了加重情节，以示惩戒。

在《劳动法》第15条和第94条中，对雇佣16周岁以下的儿童规定了相应的限制。儿童保护最重要的一环是国家监护制度的规定，国家的托底监护职责在儿童保护工作中十分重要，关于国家监护的规定见于《民法总则》。

2017年3月，全国人大通过的《民法总则》正式确立国家监护制度，在第二节中（第26条至第39条）中对监护问题做了细致的梳理，在该法第32条中规定："没有依法具有监护资格的人的，监护人由民政部门担任，也可以由具备履行监护职责条件的被监护人住所地的居民委员会、村民委员会担任。"可以看出民政部门在儿童保护视野下监护缺失时的首当其冲之责。

此外，《民法总则》《婚姻法》均有一个条款提及儿童的合法权益受法律保护。在不同的法律场域下对儿童保护有着不同程度和范围的规定，共同构成了关于儿童福利工作的法律体系，基本呈现出"寡头又分散"的现状特征，亦即仅仅有一部专门涉及儿童福利的法典，且该法典仅仅涉及教育福利这一个方面，并不是一部系统而全面的儿童福利法。此外，仅仅有两部关于儿童保护的法典，其内容也非周全，仅就国家监护制度来看就没有强制性的规定，其初衷仍旧是偏于预防犯罪的，其余关于儿童保护的方方面面又散见于《劳动法》《婚姻法》中的零星几条。

实体法上关于儿童的种种规定均体现了将儿童与成年人区别对待的视野和角度，这也是儿童福利工作的初衷，对未成年人的特别关注和关护引出福利视野下的保护意涵。

这是实体法上对儿童福利工作的规制和响应，另外在程序法上也多有体现。在《刑事诉讼法》中，有着大量有利于保护儿童的程序性规定，在认罪认罚中未成年犯罪嫌疑人的法定代理人、辩护人对未成年人认罪认罚有异议的，未成年人犯罪嫌疑人不需要签署认罪认罚具结书；被告人是未成年人的不适用速裁程序；教育、感化、挽救系针对未成年人犯罪的指导方针，以教育为主、惩罚为辅为原则；公安机关、人民检察院、人民法院办理未成年人刑事案件，可以根据情况进行相关的调查，就未成年犯罪嫌疑人、被告人的成长经历、犯罪原因、监护教育等情况进行进一步的了解；在讯问和审判中也为儿童（未成年人）设置诸多保护措施，如专门针对未成年人的附条件不起诉、不公开审理制度等。

三、行政法规、部门规章

（一）国务院文件继出，指导儿童福利工作

在儿童福利方面现行的行政法规目前有《社会救助暂行办法》一部，共 12 章 70 条。是为加强社会救助，保障公民的基本生活，促进社会公平，维护社会和谐稳定，根据宪法制定。由国务院于 2014 年 2 月 21 日发布，自 2014 年 5 月 1 日起施行，2019 年 3 月 2 日修正并实施。

首先，值得一提的是在"幼有所育"的倡导下，2018 年 11 月 15 日中共中央、国务院《关于学前教育深化改革规范发展的若干意见》出台，进一步助推关乎儿童教育的《学前教育法》由全国人大立法。意见针对当前亟待解决的学前教育问题，指出将很快部署小区配套园，对无证园进行监管，对过度逐利行为进行专项治理，指派教育部和金融监管部门联手完善有关措施，深化幼儿园"小学化"的专项治理。

其次，国务院于 2018 年 6 月 21 日发布的《关于建立残疾儿童康复救助制度的意见》拓宽了救助儿童的范围，将 0 岁至 6 岁的残疾儿童和孤独症儿童全部纳入康复救助范围，各省、自治区、直辖市民政厅（局），各计划单列市民政局，新疆生产建设兵团民政局均联动响应，积极配合。尤其关注纳入特困人员救助供养范围的残疾儿童和儿童福利机构收留抚养的残疾儿童、孤儿以及城乡最低生活保障家庭的残疾儿童，是为基本医疗保险、医疗救助、康复救助等制度的有益补充。

严格按照中国残联办公厅、民政部办公厅、国务院扶贫办综合司《关于做好残疾儿童康复救助申请人信息比对工作的通知》（残联厅发〔2018〕19 号）要求，积极配合残联组织制定信息比对工作具体办法，并以此指导进行留守儿童摸底排查、孤弃儿童养育大排查、最低生活保障家庭核查等，由此可以更加全面科学地对特困人员进行认定，并对农村留守儿童和困境儿童实施切实有效的动态管理。此外，政策的宣传也尤为重要，可以通过在村委会、居委会设立儿童督导员、儿童主任等为抓手；积极摸查符合康复救助条件的残疾儿童，并积极告知相关政策以及程序要求，引导残疾儿童监护人为残疾儿童申请康复救助。各项工作的开展之中要重视信息安全、隐私保护，提高效率，设身考量，做到惠民。[1]

最后，未成年人社会保护试点进行，创新了儿童福利工作的范畴。2013 年，针对经济贫困、监护缺失、家庭暴力、教育失当等对儿童的影响，探索建立新型未成年人社会保护制度和体系建设，进行相应的试点工作，拓展流浪未成年人救助保护内容，聚焦减少未成年人流浪乞讨等受侵害现象，助力未成年人健康成长，着力解决困境未成年人及其家庭的生活、监护、教育和发展等问题。并凝练"以人为本，创新发展；预防为主，标本兼治；政府主导，社会参与；因地制宜，注重实效"的基本原则。

---

〔1〕 参见杨晶、吴皖明：《云南省以社区为基础保护儿童的经验及未来发展对策》（系调研成果，使用了 2012 年由云南省妇儿工委与云南省社科院合作开展的"云南省儿童之家典型经验调研"资料）。

2014 年又进行第二次试点。在北京市、河北省石家庄市、辽宁省大连市等 20 个地区开展未成年人社会保护试点工作。各省（自治区、直辖市）可以根据本地实际情况另行确定省级试点地区。未成年人社会保护试点围绕建立未成年人社区保护网络、加强家庭监护服务和监督、保护受伤害未成年人、开展困境未成年人救助帮扶、健全未成年人社会保护工作机制、完善未成年人社会保护制度展开相关工作。

其中建立社区儿童服务中心，未成年人社会保护机构，建立受伤害未成年人发现、报告和响应机制，充分发挥现有救助保护机构的职责作用，形成"政府负责、民政牵头、部门协作、社会参与"[1]的未成年人社会保护工作机制，都对构建法律法规和政策措施有效衔接的未成年人社会保护制度提供了强有力的支撑。[2]

在试点工作初具成效的基础之上，国务院 2016 年出台了《关于加强农村留守儿童关爱保护工作的意见》（国发〔2016〕13 号），加强农村留守儿童基础信息动态管理，开发了全国农村留守儿童和困境儿童信息管理系统，并于 2017 年 10 月 10 日上线运行；此外为贯彻该意见民政部特成立未成年人（留守儿童）保护处，建立健全农村留守儿童关爱服务体系；2015 年民政部再次牵头负责建立未成年人社会保护制度。

2016 年 6 月 13 日国务院发布《关于加强困境儿童保障工作的意见》，将仅仅对孤儿、流浪乞讨儿童的视角拓展到困境儿童上。其将困境儿童界定为："因家庭贫困导致生活、就医、就学等困难的儿童，因自身残疾导致康复、照料、护理和社会融入等困难的儿童，以及因家庭监护缺失或监护不当遭受虐待、遗弃、意外伤害、不法侵害等导致人身安全受到威胁或侵害的儿童。"该界定使得民政局视角下的儿童界定外延大大扩张，儿童福利关注补给方面也大大拓延。

就国务院出台的各个行政法规、意见文件来看，其对儿童福利工作的认知以未成年人保护试点为分水岭发生了转变，对儿童的福利供给由仅关注孤残儿童、流浪儿童等明显地向留守儿童和困境儿童过渡，也是对适度普惠型儿童福利阶段的积极响应。

（二）《中国儿童发展纲要（2011-2020 年）》单列"儿童与福利"，指导适度普惠型儿童福利工作

《中国儿童发展纲要（2011-2020 年）》新增设且单列了"儿童与福利"，并且明确提出了"扩大儿童福利范围，推动儿童福利由补缺型向适度普惠型的转变"目标。1965 年，社会学家威伦斯基和雷彪斯首次明晰补缺型福利与普惠型福利的区分。[3]前者强调家庭或者市场是提供福利待遇的"首要责任人"，国家和政府只是发挥补充性作用，承担相应的责任；后者认为社会福利系面向全民的社会政策，因而国家是个人福

---

〔1〕 民政部《关于开展未成年人社会保护试点工作的通知》，载 http://www.mca.gov.cn/article/xw/tzgg/201305/20130515456869.shtml，访问日期：2019 年 1 月 20 日。

〔2〕 参见民政部《关于开展未成年人社会保护试点工作的通知》，载 http://www.mca.gov.cn/article/xw/tzgg/201305/20130515456869.shtml，访问日期：2019 年 1 月 20 日。

〔3〕 参见［英〕威伦斯基、雷彪斯：《工业社会与社会福利》，英国自由出版社 1965 年版，转引自宋宗合："儿童福利发展的未来路径"，载《中国青年报》2015 年 4 月 15 日。

利需求的"首要责任人"。[1]

毋庸置疑，走向普惠型儿童福利是我国儿童福利制度建设的方向。可以看出三步走战略的儿童福利目标移转路径，在补缺型儿童福利阶段，侧重保护的是儿童生存权，关注孤儿、弃儿等特殊儿童，具有生存性儿童福利的特点；在适度普惠型儿童福利阶段，侧重保护的是儿童的受保护权，困境儿童进入国家介入、支持和干预的视野，重点通过国家保护、家庭保护、学校保护、司法保护等制度安排保护儿童免受各类侵害与忽视，因此具有保护性儿童福利的特点；最后一个阶段是普惠型儿童福利阶段，侧重保护的是儿童发展权和参与权，所关注的儿童外延得以扩大，拓展到一般儿童，要满足所有儿童的发展需要，因此具有拓展性儿童福利的特点。[2]

（三）民政部出台多部部门规章，健全儿童福利制度体系

此外，有众多部门规章出台，首先是《家庭寄养管理办法》经 2014 年 9 月 14 日民政部部务会议通过，2014 年 9 月 24 日民政部令第 54 号公布。该办法分总则、家庭寄养管理办法、寄养关系的确立、寄养关系的解除、监督管理、法律责任、附则，共 7 章 37 条，自 2014 年 12 月 1 日起施行。2003 年颁布的《家庭寄养管理暂行办法》（民发〔2003〕144 号）予以废止。

再者是《儿童福利机构管理办法》，2018 年 10 月 30 日发布，自 2019 年 1 月 1 日起施行，就儿童福利机构管理的方方面面加以规定。有关儿童福利的现行有效和即将生效的部门规章共 23 部，其中国务院各机构发布的有 22 部，中央其他机构发布的有 1 部。[3]

表 8-2　有关儿童福利现行有效的部门规章

序号	部门规章	效力实施
1	《民政部办公厅关于进一步做好外国收养家庭到儿童福利机构寻根回访接待工作的通知》（民办发〔2018〕27 号）	现行有效，2018 年 10 月 31 日发布，2019 年 1 月 1 日实施
2	《儿童福利机构管理办法》民政部令第 63 号	现行有效，2018 年 10 月 30 日发布，2019 年 1 月 1 日施行。
3	《最高人民法院、最高人民检察院、公安部、民政部关于依法处理监护人侵害未成年人权益行为若干问题的意见》（法发〔2014〕24 号）	现行有效，于 2014 年 12 月 18 日发布，2015 年 1 月 1 日实施。
4	《民政部关于中国儿童福利协会筹备成立的批复》（民函〔2014〕308 号）	现行有效，2014 年 10 月 21 日发布，2014 年 10 月 21 日实施

─────────────

〔1〕　参见宋宗合："儿童福利发展的未来路径"，载《中国青年报》2015 年 4 月 15 日。

〔2〕　参见姚建龙："未成年人法的困境与出路——论《未成年人保护法》与《预防未成年人犯罪法》的修改"，载《青年研究》2019 年第 1 期。

〔3〕　根据"北大法宝""法律与法规库""中国民政部"网站检索整理而来，并绘制成表格。

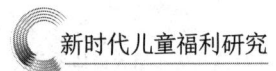

续表

序号	部门规章	效力实施
5	《民政部关于进一步开展适度普惠型儿童福利制度建设试点工作的通知》（民函〔2014〕105号）	现行有效，2014年4月18日发布，2014年4月18日实施
6	《民政部关于建立儿童福利领域慈善行为导向机制的意见》（民发〔2014〕19号）	现行有效，2014年2月7日发布，2014年2月7日实施
7	《国家发展和改革委员会、民政部关于印发儿童福利设施建设规划二期的通知》	现行有效，2013年11月25日发布，2013年11月25日实施
8	《民政部办公厅关于转发中国儿童福利和收养中心开展"婴儿安全岛"试点工作方案的通知》（民办函〔2013〕234号）	现行有效，2013年7月26日发布，2013年7月26日实施
9	《民政部关于开展适度普惠型儿童福利制度建设试点工作的通知》（民函〔2013〕206号）	现行有效，2013年6月19日发布，2013年6月19日实施
10	《民政部办公厅关于全面总结"十一五"儿童福利机构建设蓝天计划工作的通知》（民办函〔2012〕222号）	现行有效，2012年7月10日发布，2012年7月10日实施
11	《国家文物局关于宁波市恩美儿童福利院改扩建工程方案设计的批复》（文物保函〔2012〕1119号）	现行有效，2012年5月18日发布，2012年5月18日实施
12	《住房和城乡建设部、国家发展和改革委员会关于批准发布〈儿童福利院建设标准〉的通知》（建标〔2010〕195号）	现行有效，2010年11月17日发布，2011年3月1日实施
13	《民政部社会福利和慈善事业促进司、规划财务司关于上报"残疾人康复和托养服务设施储备项目"和"儿童福利服务体系建设储备项目"的补充通知》（民福善字〔2010〕23号）	现行有效，2010年8月9日发布，2010年8月9日实施
14	《民政部关于进一步加强受艾滋病影响儿童福利保障工作的意见》（民发〔2009〕26号）	现行有效，2009年3月6日发布，2009年3月6日实施
15	《民政部办公厅关于做好儿童福利机构儿童食品安全和儿童预防筛查工作的紧急通知》（民电〔2008〕150号）	现行有效，2008年9月19日发布，2008年9月19日实施
16	《民政部办公厅关于做好儿童福利机构手足口病疫情预防控制工作的紧急通知》	现行有效，2008年5月13日发布，2008年5月13日实施
17	《国家发展改革委办公厅、民政部办公厅关于编报2007年和2008年社区服务设施、流浪未成年人救助保护设施和儿童福利设施建设项目建议方案的通知》	现行有效，2007年5月18日发布，2007年5月18日实施
18	《"儿童福利机构建设蓝天计划"实施方案》（民发〔2007〕12号）	现行有效，2007年1月22日发布，2007年1月22日实施

序号	部门规章	效力实施
19	《民政部办公厅关于同意西安儿童福利院患儿彼得到爱尔兰进行手术治疗的通知》（厅办函〔1997〕241 号）	现行有效，1997 年 11 月 27 日发布，1997 年 11 月 27 日实施
20	《民政部办公厅关于认真贯彻民政部等六部委〈关于进一步发展孤残儿童福利事业的通知〉的通知》（厅办函〔1997〕81 号）	现行有效，1997 年 4 月 2 日发布，1997 年 4 月 2 日实施
21	《民政部办公厅关于转发安徽省四所儿童福利院完成改造项目的报告的通知》（厅办函〔1997〕87 号）	现行有效，1997 年 4 月 1 日发布，1997 年 4 月 1 日实施
22	《民政部、（原）国家计委、财政部、（原）国家教委、（原）卫生部、（原）交通部关于进一步发展孤残儿童福利事业的通知》（民福发〔1997〕3 号）	现行有效，1997 年 1 月 21 日发布，1997 年 1 月 21 日实施
23	《民政部办公厅关于转发（原）人事部、财政部〈关于民政部门举办的儿童福利机构教职工享受特教津贴问题的复函〉的通知》（〔1989〕民办字 121 号）	现行有效，1989 年 7 月 5 日发布，1989 年 7 月 5 日实施

由以上汇总梳理可知，就儿童福利的部门规章现状来看，民政部出台的最多，一部分是与儿童福利机构的建制相关，其次其关涉的儿童群体依旧更多地针对孤残儿童（2 部）、流浪儿童（1 部）和受艾滋病影响的儿童（1 部）等，儿童福利范围有待进一步扩延。

值得一提的是，《关于依法处理监护人侵害未成年人权益行为若干问题的意见》的出台，民政部"监护托底"角色得以凸显。该意见针对性地解决了《民法通则》与《未成年人保护法》有关剥夺监护条款规定的不明确、无法操作性问题，由于这一司法解释性文件是在"南京饿死女童案"的推动下制定的。这使得政府的角色凸显，明确了民政部门在提起剥夺监护权诉讼中的"托底起诉"责任、剥夺监护诉讼期间的"临时监护"责任以及剥夺监护之后对被侵害未成年人的"托底保障"责任。[1]这对民政部门职责的具体落实提出了高要求。

四、地方性法规、规章

（一）儿童福利的地方性法规

关于儿童福利的地方性法规几乎查无踪迹，作为儿童福利项下的保护工作方面，相关的地方性法规倒是为数众多，以儿童为概念的地方立法主要出现在 20 世纪 90 年代，比如上海、内蒙古、河北三省都颁布了《妇女儿童保护条例》。虽然这些地方性法规均已废除，但其中显现的儿童保护观仍然值得重视。比如《上海市妇女儿童保护条例》除了对妇女的保护条款之外，强调对儿童实行优先保护原则，规定各级人民政府

---

〔1〕　姚建龙："解读'李梦雪·李彤法案'"，载《上海法治报》2015 年 1 月 14 日。

领导儿童保护工作，各级人民政府的民政、劳动、教育、卫生、工商、技术监督、公安、司法行政等机关和人民法院、人民检察院以及儿童所在单位，应当按照各自的职权范围和本条例的规定处理侵害儿童合法权益的事件。[1]其中，第四章为儿童保护专章，规定了儿童的受抚养权、教育权等，且规定不得虐待、歧视残疾儿童。

此外众多的地方性法规采用了"未成年人保护"概念，制定了地方性未成年人保护条例（约共25部），毋庸置疑，与上位法《未成年人保护法》的顶层指导息息相关。由此引出启示：专门的儿童福利法的制定势在必行，抑或是仅仅加强《未成年人保护法》的福利化，将对下行法的引导起到立竿见影的效果。

表8-3 有关儿童福利的地方性法规

序号	地方性法规	生效实施
1	《内蒙古自治区妇女儿童保护条例》	失效，1991年12月24日发布，1991年12月24日实施
2	《包头市妇女儿童保护条例》修正案	失效，1993年3月4日发布，1993年3月4日实施
3	《包头市妇女儿童保护条例》（1993年修改）	失效，1993年3月4日发布，1993年3月4日实施
4	《内蒙古自治区妇女儿童保护条例》	失效，1991年12月24日发布，1991年12月24日实施
5	《河北省妇女儿童保护条例》	失效，1990年2月17日发布，1990年2月17日实施
6	《上海市妇女儿童保护条例》	现行有效，1990年2月15日发布，1990年3月8日实施
7	《武汉市未成年人保护条例》	现行有效，2017年11月29日发布，2018年2月1日实施
8	《浙江省未成年人保护条例》（2016年修正）	现行有效，2016年12月1日发布，2010年6月1日实施
9	《南京市未成年人保护条例》	现行有效，2015年12月16日发布，2016年5月1日实施
10	《海南省未成年人保护条例》	现行有效，2015年11月27日发布，2016年1月1日实施
11	《包头市未成年人保护条例》	现行有效，2014年4月21日发布，2014年6月1日实施
12	《抚顺市未成年人保护条例》	现行有效，2014年1月9日发布，2014年6月1日实施
13	《上海市未成年人保护条例》（2013年修正）	现行有效，2013年12月27日发布，2014年3月1日实施
14	《青海省未成年人保护条例》	现行有效，2012年7月27日发布，2012年11月1日实施

---

〔1〕 参见《上海市妇女儿童保护条例》第6条、第7条。

序号	地方性法规	生效实施
15	《四川省未成年人保护条例》（2011 年修订）	现行有效，2011 年 9 月 29 日发布，2012 年 1 月 1 日实施
16	《内蒙古自治区未成年人保护条例》（2010 年修订）	现行有效，2010 年 12 月 3 日发布，2011 年 1 月 1 日实施
17	《山东省未成年人保护条例》（2010 年修订）	现行有效，2010 年 7 月 30 日发布，2010 年 10 月 1 日实施
18	《江西省未成年人保护条例》	已被修改，2010 年 7 月 30 日发布，2010 年 9 月 1 日实施
19	《贵州省未成年人保护条例》	现行有效，2010 年 7 月 28 日发布，2010 年 9 月 1 日实施
20	《重庆市未成年人保护条例》	现行有效，2010 年 7 月 23 日发布，2010 年 9 月 1 日实施
21	《安徽省未成年人保护条例》（2009 年修订）	现行有效，2009 年 10 月 23 日发布，2009 年 12 月 1 日实施
22	《新疆维吾尔自治区未成年人保护条例》	现行有效，2009 年 9 月 25 日发布，2009 年 12 月 1 日实施
23	《黑龙江省未成年人保护条例》（2009 年修订）	现行有效，2009 年 8 月 20 日发布，2009 年 10 月 1 日实施
24	《山西省未成年人保护条例》	现行有效，2009 年 6 月 4 日发布，2009 年 9 月 1 日实施
25	《江苏省未成年人保护条例》	现行有效，2009 年 1 月 18 日发布，2009 年 6 月 1 日实施
26	《广东省未成年人保护条例》	现行有效，2008 年 11 月 28 日发布，2009 年 1 月 1 日实施
27	《天津市未成年人保护条例》（2007 年修订）	现行有效，2007 年 11 月 15 日发布，2008 年 3 月 1 日实施
28	《延边朝鲜族自治州未成年人保护条例》（2006 年修订）	现行有效，2006 年 4 月 21 日发布，2006 年 4 月 21 日实施
29	《北京市未成年人保护条例》（2016 年修正）	现行有效，2016 年 11 月 25 日发布，2016 年 11 月 25 日实施
30	《吉林市未成年人保护条例》（1997 年修改）	现行有效，1997 年 5 月 18 日发布，1994 年 1 月 1 日实施
31	《兰州市未成年人保护条例》	现行有效，1990 年 12 月 25 日发布，1990 年 12 月 25 日实施

（二）儿童福利的地方规章

据不完全统计，有关儿童福利的地方规章共有 50 件，分地方来看，北京市 3 件、天津市1件、山西省1件、内蒙古自治区1件、上海市2件、江苏省1件、浙江省12件、安徽省1件、福建省1件、江西省2件、河南省2件、湖南省1件、湖北省1件、广东省5件、四川省7件、云南省1件、陕西省4件、甘肃省1件、宁夏回族自治区1件、新疆维吾尔自治区1件、重庆市1件。[1]

表8-4 有关儿童福利的地方规章

序号	地方规章	效力实施
1	《上海市民政局关于进一步做好本市儿童福利工作领域基础信息录入和管理工作的通知》（沪民福发［2018］34号）	现行有效，2018年10月12日发布，2018年10月12日实施
2	《安徽省民政厅、安徽省教育厅、安徽省公安厅等关于印发〈安徽省儿童福利机构工作规程〉的通知》（皖民务字［2017］169号）	现行有效，2017年10月10日发布，2017年10月10日实施
3	《上海市人民政府办公厅转发市民政局关于上海市儿童福利院集中养育成年孤儿回归社会安置工作实施意见的通知》（沪府办［2017］7号）	现行有效，2017年1月23日发布，2017年2月1日实施
4	《杭州市民政局关于印发〈关于推进适度普惠型儿童福利制度建设的实施细则〉的通知》（杭民发［2016］136号）	现行有效，2016年5月4日发布，2016年1月25日实施
5	《浙江省民政厅关于进一步完善基层儿童福利服务体系建设的通知》（浙民儿［2016］28号）	现行有效，2016年2月29日发布，2016年2月29日实施
6	《丽水市人民政府办公室关于加快建立适度普惠型儿童福利制度的意见》（丽政办发［2015］154号）	现行有效，2015年11月12日发布，2015年11月12日实施
7	《成都市发展和改革委员会关于成都市儿童福利院家庭寄养康复指导中心项目投资概算的批复》（成发改政务审批［2015］246号）	现行有效，2015年10月10日发布，2015年10月10日实施
8	《湖南省收养管理服务中心关于儿童福利机构信息采集的通知》	现行有效，2015年3月25日发布，2015年3月25日实施
9	《成都市发展和改革委员会关于调整成都市儿童福利院家庭寄养康复指导中心项目可行性研究报告总建筑面积的函》（成发改政务审批函［2015］22号）	现行有效，2015年3月18日发布，2015年3月18日实施
10	《深圳市市场监督管理局关于发布〈儿童福利机构服务规范〉的通知》（深市监标［2014］3号）	现行有效，2014年1月21日发布，2014年2月1日实施
11	《眉山市人民政府办公室关于加强儿童福利工作的意见》（眉府办发［2013］45号）	现行有效，2013年8月18日发布，2013年8月18日实施

---

[1] 根据"北大法宝""法律与法规库""中国民政部"网站检索整理而来，并绘制成表格。

续表

序号	地方规章	效力实施
12	《成都市人民政府办公厅转发省政府办公厅关于加强儿童福利院和儿童福利服务指导中心建设工作意见的通知》（成办发〔2013〕37号）	现行有效，2013年7月5日发布，2013年7月5日实施
13	《四川省人民政府办公厅关于加强儿童福利院和儿童福利服务指导中心建设工作的意见》（川办发〔2013〕33号）	现行有效，2013年6月4日发布，2013年7月4日实施
14	《宁夏回族自治区民政厅关于在全区儿童福利院设立社会工作服务站的通知》	现行有效，2013年4月3日发布，2013年4月3日实施
15	《重庆市民政局、重庆市财政局关于提高儿童福利机构集中供养孤残儿童基本生活费标准的通知》（渝民发〔2012〕122号）	现行有效，2012年11月27日发布，2013年1月1日实施
16	《浙江省人民政府办公厅关于加快发展孤儿和困境儿童福利事业的意见》（浙政办发〔2011〕60号）	现行有效，2011年6月17日发布，2011年6月17日实施
17	《成都市民政局、成都市残疾人联合会、成都市财政局、成都市卫生局关于进一步加强成都市儿童福利院孤残儿童医疗康复救助工作的通知》（成民发〔2011〕15号）	现行有效，2011年2月17日发布，2011年1月1日实施
18	《杭州市民政局关于进一步规范儿童福利机构建设的通知》	现行有效，2010年11月12日发布，2010年11月12日实施
19	《晋城市发展和改革委员会关于转发国家下达我市流浪未成年人救助保护设施和儿童福利设施建设项目2010年中央预算内投资计划的通知》（晋市发改投资发〔2010〕221号）	现行有效，2010年6月24日发布，2010年6月24日实施
20	《北京市门头沟区人民政府办公室转发区民政局关于门头沟区儿童福利机构孤儿成年后安置工作暂行办法的通知》（门政办发〔2010〕36号）	现行有效，2010年3月25日发布，2010年3月25日实施
21	《徐州市国土资源局关于收回国有土地使用权的通告（儿童福利院）》（徐国土通〔2009〕11号）	现行有效，2009年4月7日发布，2009年4月7日实施
22	《兰州市人民政府办公厅关于做好兰州市儿童福利院孤残大中专毕业生就业安置工作的通知》（兰政办发〔2009〕76号）	现行有效，2009年4月7日发布，2009年4月7日实施
23	《天津市律师协会关于天津市律师协会女律师联谊会组织律师慰问天津市儿童福利院静海基地的通知》	现行有效2009年1月22日发布，2009年1月22日实施
24	《黄冈市人民政府办公室关于支持市儿童福利中心建设有关优惠政策的通知》（黄政办发〔2007〕31号）	现行有效，2007年4月2日发布，2007年4月2日实施

序号	地方规章	效力实施
25	《陕西省人民政府办公厅转发省民政厅、省教育厅、省财政厅关于加强我省儿童福利工作维护孤残儿童合法权益的意见的通知》（陕政办发〔2002〕44号）	现行有效，2002年6月4日发布，2002年6月4日实施
26	《北京市民政局、北京市计委等关于进一步发展北京市孤残儿童福利事业的意见》（京民福发〔1998〕96号）	现行有效，1998年1月5日发布，1998年1月5日实施
27	《萍乡市人民政府办公室关于成立市儿童福利院搬迁建设工作领导小组的通知》（萍府办字〔2017〕116号）	现行有效，2017年7月17日发布，2017年7月17日实施
28	《金华市人民政府办公室关于推进适度普惠型儿童福利制度建设的意见》（金政办发〔2016〕74号）	现行有效，2016年8月9日发布，2016年9月20日实施
29	《杭州市人民政府办公厅关于推进适度普惠型儿童福利制度建设的意见》（杭政办函〔2015〕174号）	现行有效，2015年12月24日发布，2016年1月25日实施
30	《台州市人民政府办公室关于加快推进适度普惠型儿童福利体系建设的实施意见》（台政办发〔2015〕98号）	现行有效，2015年12月17日发布，2015年12月17日实施
31	《北京市房山区人民政府办公室转发区民政局关于房山区适度普惠型儿童福利制度建设试点工作方案的通知》（房政办发〔2014〕66号）	现行有效，2014年10月14日发布，2014年10月14日实施
32	《绍兴市人民政府办公室关于印发绍兴市开展全国适度普惠型儿童福利制度建设试点工作方案的通知》（绍政办发〔2014〕113号）	现行有效，2014年9月11日发布，2014年9月11日实施
33	《攀枝花市人民政府关于开展适度普惠型儿童福利制度建设试点工作的意见》（攀府函〔2014〕121号）	现行有效，2014年8月19日发布，2014年8月19日实施
34	《绍兴市人民政府办公室关于成立绍兴市儿童福利工作领导小组等议事协调机构的通知》（绍政办发〔2014〕84号）	现行有效，2014年7月2日发布，2014年7月2日实施
35	《景宁畲族自治县人民政府办公室关于成立适度普惠型儿童福利体系建设领导小组的通知》（景政办发〔2014〕42号）	现行有效，2014年5月4日发布，2014年5月4日实施
36	《新疆维吾尔自治区民政厅办公室关于在养老、儿童福利机构开展护理员职业从业人员状况调查工作通知》	现行有效，2014年4月16日发布，2014年4月16日实施
37	《陕西省民政厅关于做好"全省儿童福利信息管理系统"专用设备配发工作的通知》（陕民办发〔2014〕23号）	现行有效，2014年3月19日发布，2014年3月19日实施
38	《福州市民政局关于转发省民政厅〈关于开展县级儿童福利设施建设需求情况摸底调查的通知〉的通知》（榕民〔2014〕80号）	现行有效，2014年2月21日发布，2014年2月21日实施
39	《河南省民政厅关于在全省儿童福利机构中开展"服务水平提升年"活动的通知》（豫民文〔2013〕71号）	现行有效，2013年3月23日发布，2013年3月23日实施

序号	地方规章	效力实施
40	《延安市人民政府关于印发〈市儿童福利院建设工程征迁补偿安置实施方案〉的通知》（延政发〔2010〕56号）	现行有效，2010年8月3日发布，2010年8月3日实施
41	《南昌市发展和改革委员会关于下达儿童福利设施建设项目2010年中央预算内投资计划的通知》（洪发改社字〔2010〕34号）	现行有效，2010年7月8日发布，2010年7月8日实施
42	《乌海市人民政府办公厅关于成立市儿童福利院市流浪未成年人救助保护中心项目建设工作领导小组的通知》（乌海政办字〔2010〕51号）	现行有效，2010年6月25日发布，2010年6月25日实施
43	《陕西省发展和改革委员会关于下达儿童福利院建设项目2010年中央预算内投资计划的通知》（陕发改投资〔2010〕547号）	现行有效，2010年5月14日发布，2010年5月14日实施
44	《云南省民政厅关于对流浪未成年人救助保护及儿童福利设施项目建设情况开展督查工作的通知》	现行有效，2009年5月31日发布，2009年5月31日实施
45	《佛山市人民政府办公室转发佛山市儿童福利机构建设蓝天计划实施方案的通知》（佛府办〔2008〕55号）	现行有效，2008年2月4日发布，2008年2月4日实施
46	《广东省民政厅、广东省发展和改革委员会转发民政部、国家发展改革委关于印发〈"十一五"儿童福利机构建设规划〉和〈儿童福利机构设施建设指导意见（试行）〉的通知》（粤民福〔2007〕37号）	现行有效，2007年8月30日发布，2007年8月30日实施
47	《浙江省民政厅关于印发〈浙江省"儿童福利机构建设蓝天计划"实施方案〉的通知》（浙民福〔2007〕73号）	现行有效，2007年4月6日发布，2007年4月6日实施
48	《广东省民政厅关于印发广东省"儿童福利机构建设蓝天计划"实施方案的通知》	现行有效，2007年3月12日发布，2007年3月12日实施
49	《河南省民政厅关于部署开展儿童福利机构建设蓝天计划项目的通知》（豫民文〔2007〕28号）	现行有效，2007年2月7日发布，2007年2月7日实施
50	《广东省民政厅转发民政部关于认真贯彻落实胡锦涛总书记视察北京市儿童福利院重要指示精神的通知》（粤民函〔2006〕317号）	现行有效，2006年7月18日发布，2006年7月18日实施

从地方性文件对行政法规、部门规章的回应来看，大部分省市均对儿童福利机构的建设和儿童福利设施的建立等作出了回应，而从相应的儿童群体的具体福利工作来看，针对孤残儿童和流浪儿童有较多的地方规章进行规定，而针对其他群体则甚少，仅有浙江省提及了困境儿童的相关福利工作。但较好的一点在于许多省市对建立适度普惠型儿童福利作出了回应，并有一些建立领导小组的举措。

五、儿童福利政策

在论述儿童福利政策之前，笔者首先要厘清法律与政策的关系。政策是一个更加广义的概念，往往各种法律法规中都会涵盖和传达政策意旨。政策包含在国际公约、条例，全国人大制定的法律法规，国务院制定的条例、纲要、决定、办法，地方政府的法规和政策规定等。因而上文梳理的儿童福利法律体系已经囊括了一部分政策取向的梳理。除此之外，中国的儿童福利政策还体现在国际公约和条例的指引之中。

首先，笔者根据《儿童福利条例资料汇编》（上篇）（2013 年 4 月）中国儿童福利津贴与政策摘录，整理而制成如下表格：[1]

表 8-5　儿童福利政策一览（2013 年前）

儿童福利津贴	儿童福利津贴
	基本生活保障类福利政策
	教育类福利政策
儿童教育政策	综合类教育政策
	学前教育政策
	特殊教育政策
	义务教育政策
	其他教育政策
儿童医疗政策	综合类医疗政策
	医疗体系类医疗政策
	疾病干预和治疗类医疗政策
	儿童健康类政策
儿童安全与权益保护政策	儿童安全类政策
	儿童权益类政策
	故意伤害类政策
	意外伤害类政策
	其他伤害类政策
儿童发展政策	儿童综合发展类发展政策
	基础设施类发展政策
	社会环境类发展政策
	身心健康类发展政策
	文化体育类发展政策
儿童综合类政策	儿童发展纲要
	各部委十二五规划——儿童相关部分摘要

---

〔1〕　根据《儿童福利条例资料汇编（上篇）》（2013 年 4 月）整理。

由以上表格可看到，截至 2013 年儿童福利工作要点包括儿童教育、医疗、安全和发展等方面，这也是今后儿童福利工作的基础和导向。2013 年以后儿童福利的政策也发生了很大的变化，主要依托《中国儿童发展纲要（2011-2020 年）》的政策导向由补缺型儿童福利政策向普惠型儿童福利政策过渡。政策依据主要参见民政部《关于进一步开展适度普惠型儿童福利制度建设试点工作的通知》（民函〔2014〕105 号，现行有效，2014 年 4 月 18 日发布，2014 年 4 月 18 日实施），也集中体现在儿童福利制度三步走战略之中。

在儿童福利的政策方面，党中央并没有出台相关的政策指导文件，狭义的法律层面也没有对儿童福利的战略布局作出回应，国务院、民政部门等倒是出台了相关的法规、规章文件等表达现阶段的儿童福利政策取向。

六、儿童福利法律与政策体系之梳理小结

通过对广义性的关于儿童福利的法律体系进行梳理，专门关涉儿童的法律确有四部——《未成年人保护法》《预防未成年人犯罪法》《收养法》《义务教育法》，但是没有一部专门的法律是仅仅规制儿童福利的，是切切实实地以顶层设计的形式去关照所有儿童的福利和保护工作，宪法层面隐含了国家对儿童在品德、智力、体质等方面全面发展的责任，儿童不应该受到虐待并应享有家庭的关爱。

而其他相关性法律中，《义务教育法》规定了儿童的教育福利受保障，且该法针对的儿童是普遍意义上的儿童，为响应习近平总书记"幼有所育"的指导思想，关乎儿童教育的《学前教育法》也已经列入了全国人大的立法进程；《收养法》从一个法律侧面反映了我国对孤儿、残疾儿童、监护困难或监护缺失等儿童的福利倾向，体现了对孤儿、残疾儿童、监护困难或监护缺失的儿童的关照，但由具体条文和实践来看仍旧更多地针对孤儿、残疾儿童这样的儿童群体，还停留在补缺型的福利思维之下。

值得一提的是，在狭义的法律层面，包括《劳动法》《婚姻法》等在内的诸多实体法当中，关于儿童的种种规定均体现了将儿童与成年人区别对待的视野和角度，这也是儿童福利工作的初衷，对未成年人的特别关注和关护引出福利视野下的保护意涵。2017 年 3 月，全国人大通过的《民法总则》正式确立国家监护制度，可以看出民政部门在儿童保护视野下监护缺失时的首当其冲之责。

在行政法规层面有《社会救助暂行办法》，关涉儿童福利的一个侧面，之后，国务院出台《中国儿童发展纲要》，明确增设和单列"儿童与福利"，明确指出适度普惠型儿童福利的目标。而就国务院出台的《关于学前教育深化改革规范发展的若干意见》《关于建立残疾儿童康复救助制度的意见》《关于加强农村留守儿童关爱保护工作的意见》《关于加强困境儿童保障工作的意见》来看，有狭义法律之下对适度普惠型儿童福利阶段的回应，关注点进一步落入留守儿童、困境儿童群体之上。

除此之外，在部门规章层面，民政部于 2010 年启动了《儿童福利条例》的起草工作，目前已完成初稿，正积极推动该条例尽快出台。而就现行有效的部门规章来看，民政部出台的最多，一部分与儿童福利机构的建制相关，其次其关涉的儿童群体依旧

更多地针对孤残儿童、流浪儿童和受艾滋病影响的儿童等，儿童福利范围有待进一步扩延。民政部牵头出台的《关于依法处理监护人侵害未成年人权益行为若干问题的意见》指明了民政部托底监护的职责角色所在。

作为对上位法的回应，地方也相继出台地方性法规和规章，但是就现状来看，回应不足。主要针对相应的孤残儿童和流浪儿童有较多的规定，而针对其他儿童群体则甚少，仅有浙江省提及了困境儿童的相关福利工作。但较好的一点在于许多省市对建立适度普惠型儿童福利作出了回应，并有一些建立领导小组的举措。

以上的种种均表达了我国的儿童福利工作的政策导向，但专门的儿童福利政策文件仍有待出台。

第二节　儿童福利法律与政策体系存在的主要问题

一、无专门的儿童福利法律

纵观我国未成年人立法现状，确实很难找到对儿童福利的清晰表述，因此常常需要依托借鉴《中国儿童发展纲要》《关于建立残疾儿童康复救助制度的意见》等儿童福利政策和《关于加强农村留守儿童关爱保护工作的意见》《关于加强困境儿童保障工作的意见》《关于依法处理监护人侵害未成年人权益行为若干问题的意见》等法规进行儿童福利工作的开展，缺少儿童福利法的顶层设计。

长期以来，我国未成年人专门立法尤其是已经制定的《未成年人保护法》并未从顶层设计角度明确保护重心和主要关注的群体，没有在儿童福利的总体战略中明晰立法思路，"既未能给最需要保护的困境儿童提供法律的庇护，又未能给一般儿童提供发展需要的保障。"[1]《未成年人保护法》如何考虑与我国儿童福利制度三步走战略相适应，尤其是与我国目前儿童福利制度的实际推进阶段相适应，是完善儿童福利法律政策体系需要认真研究的问题。

二、相关性的法律政策文件分散且不全面

前面提到，关乎儿童福利工作并没有一部专门的法律或是政策文件，《未成年人保护法》和《预防未成年人犯罪法》的初衷并非是保护，而是预防犯罪，存在保护不足的现状，两部法律有重复，但就《预防未成年人犯罪法》而言，并没有相应规定不同于成年人的属于儿童的特殊程序和实体处置措施，因而更难以称之为是一种对罪错儿童的保护。

《预防未成年人犯罪法》第 2 条规定："预防未成年人犯罪，立足于教育和保护，

---

〔1〕 姚建龙："未成年人法的困境与出路——论《未成年人保护法》与《预防未成年人犯罪法》的修改"，载《青年研究》2019 年第 1 期。

从小抓起，对未成年人的不良行为及时进行预防和矫治。"即便作为"预防法"，其基点仍旧是教育和保护，侧重于事前保护教育以达到预防目的，但是对于事后的保护教育则不甚关注。

另外关于儿童福利的工作又散见在众部实体法和程序法中。相对来看，国务院在儿童福利方面出台的法规文件较多，但是对儿童福利的规定较为分散，导致向下推行时地方性的响应也并不充足，相关的法律和政策文件不成体系，而儿童福利方方面面的规定并不全面。

三、儿童福利视野下的儿童类群有待于进一步扩展

从自上而下的顶层设计来看，首先是没有专门的儿童福利法对儿童福利工作下的儿童群体进行清晰地界定。自国务院出台《中国儿童发展纲要》以来，地方立法倒是有了一部分响应，但是儿童类群的意涵仍然有待于呼应儿童福利三阶段的行进而进一步扩展，具体应明确从孤残儿童、流浪儿童、农村留守儿童、受艾滋病影响的儿童等拓展到更多的困境儿童，从监护缺失和监护困难的儿童，再进一步拓展到困难儿童（包括家庭困难儿童、自闭症儿童、脑瘫儿童等），最后聚焦所有的普通儿童进行普惠型儿童福利工作的开展。

受社会经济、文化等因素的影响，儿童发展及权利保护仍然面临着诸多问题与挑战。全社会的儿童优先意识有待进一步加强，儿童工作机制有待进一步完善。城乡区域间儿童发展不平衡，贫困地区儿童整体发展水平较低；出生缺陷发生率上升，出生人口性别比偏高；学前教育公共资源不足，普及率偏低；义务教育发展不均衡，校际、城乡、区域间存在较大差距；贫困家庭儿童、孤儿、弃婴、残疾儿童、流浪儿童的救助迫切需要制度保障；人口流动带来的儿童问题尚未得到有效解决；社会文化环境中仍然存在不利于儿童健康成长的消极因素等。进一步解决儿童发展面临的突出问题，促进儿童的全面发展和权利保护，仍然是今后一个时期儿童福利工作的重大任务。

四、儿童保护场域、责任分散，保护面亟待更新

儿童保护法律政策体系的理念必然紧紧围绕着保护，与《未成年人保护法》《预防未成年人犯罪法》的宗旨理念显然有一定的格格不入之处。《未成年人保护法》规定了家庭保护、学校保护、社会保护、司法保护四大保护，这样的保护仍有一定的控制意涵，与儿童保护工作的"保护"有很大差距。现行儿童保护法律体系是从预防犯罪的视角出发，引出我国未成年人理论实践的总体特征，因而儿童保护的意涵在现行的法律体系框架中是被大大削减的，立法层面上有关于未成年人或是儿童的法律更多的关注点在于预防犯罪，而民政局视角下的儿童保护并未在顶层立法设计上得以充分显露。

毋庸置疑，被囊括进儿童保护工作的"儿童"不单单是《未成年人保护法》《预防未成年人犯罪法》语境下的未成年人，更广义的要包括困境儿童、流动儿童、孤儿、缺少父母陪伴的儿童、农村留守儿童、受艾滋病影响的儿童、残障儿童等。

未成年人法的挑战和当前的使命在于构建出针对困境儿童等儿童的儿童福利法律体系框架。困境儿童的本质特征是家庭不能提供应有的庇护，而需要国家和社会介入、支持乃至替代监护的儿童。《未成年人保护法》第6条第1款规定："保护未成年人，是国家机关、武装力量、政党、社会团体、企业事业组织、城乡基层群众性自治组织、未成年人的监护人和其他成年公民的共同责任。"表面上来看，责任主体之广应该更有利于儿童保护才是，而实践上责任主体多、分工不明晰导致了责任推诿、责任主体缺位等事实境况。[1]

《未成年人保护法》第7条第1款规定，中央和地方各级国家机关应当在各自的职责范围内做好未成年人保护工作，但是纵观具体责任的落实，少有国家机关将其作为专门的职责和业务范围，儿童保护的处境十分尴尬。

另外，《未成年人保护法》所根据的儿童存在成长区间涉及家庭、学校、社会、司法四个空间，而随着时代的发展，互联网已经不可避免地侵入我们的生活，儿童的存在成长空间也不可避免地顺延到网络空间，而现有的《未成年人保护法》欠缺网络层面对儿童的保护。具体来看各个保护层面也有所欠缺，例如司法保护章下主要规定的是处理未成年人违法犯罪的条款，而有关未成年人民事权益及被害人权益的司法保护规定显著不足；以及没有设置政府保护专章，明确政府责任。

五、国家监护等法律政策规定模糊，缺乏强制力"牙齿"

作为司法性解释文件的《关于依法处理监护人侵害未成年人权益行为若干问题的意见》，仅仅是针对监护侵害行为的规定。《民法总则》关于国家监护制度的规定也多是原则性的，很难明确具体地将责任落实细化，也不能直观地明晰监护监督的内容，对于监护干预、剥夺监护后的安置等具体内容也均没有涉及，更谈不上具有强制力的法律"牙齿"。

近些年来，我国频发的触动人伦底线的未成年人悲剧性事件，反映出我国未成年人保护工作存在着亟待克服的"发现难、报告难、干预难、联动难、监督难、追责难"六大症结性问题，具体表现如下："第一，发现难：困境儿童的信息由谁来发现，怎么发现不明确；第二，报告难：发现问题后由谁来报告、向谁报告找不到法律依据，而且即使向有关部门或组织报告了，报告之后到底有没有用也无从知晓；第三，干预难：信息上报后，能否得到及时、专业的干预，实施有效帮扶存在疑问；第四，联动难：未成年人保护往往涉及多个政府部门的职责，如何保证不同部门高效联动、最大程度地对未成年人实施救助保护，缺乏相应的机制；第五，监督难：相关部门对未成年人权益保护事件的处置情况，由谁来监督、采用何种方式监督没有明确规定；第六，追责难：如果相关部门在未成年人权益保护上不行使职权或违法行使职权，由谁来负责

〔1〕 参见姚建龙："未成年人法的困境与出路——论《未成年人保护法》与《预防未成年人犯罪法》的修改"，载《青年研究》2019年第1期。

追责、如何追责，存在制度上的漏洞。"〔1〕

针对以上六大症结性问题，在现行儿童福利和保护法律政策体系中很难找到清晰而明确的答案。

第三节　儿童福利法律与政策体系的完善

一、统一儿童福利的理念原则

依照《未成年人保护法》等相关法律法规，遵循联合国《儿童权利公约》的宗旨制定的《中国儿童发展纲要》，明确了儿童福利工作的基本原则为：依法保护原则、儿童优先原则、儿童最大利益原则、儿童平等发展原则、儿童参与原则。〔2〕

所有的法律和政策体系的构建均应该在这样的原则指导之下建立，要高举中国特色社会主义伟大旗帜，以习近平新时代中国特色社会主义思想为指导，坚持儿童优先原则，保障儿童生存、发展、受保护和参与的权利，缩小儿童发展的城乡区域差距，提升儿童福利水平，提高儿童整体素质，促进儿童健康、全面发展。

二、《未成年人保护法》应当福利法化

2013 年未成年人保护试点工作推进以来，儿童保护的重要性逐渐凸显，到现在进入适度普惠型儿童福利阶段，儿童福利工作有了很强的保护意涵。之前我国有专门的《未成年人保护法》，但真正的保护工作从 2013 年开始才初具成效；而儿童福利的政策规定和工作实施由来已久，却没有专门的立法作为顶层设计。

我国出台了多项法律和政策，加入了《儿童权利公约》等国际条约，制定的《中国儿童发展纲要（2011-2020 年）》虽几乎覆盖了儿童福利的各个领域，但仍需指出推动我国儿童福利事业发展的仍主要是政策性文件，尚缺乏一部综合性法律。聚焦现在来看，我国的儿童福利事业与经济社会发展水平不相适应，仍处于不完善的阶段，理念改变、制度设计、机构设置和资源投入等都是其不完善的动因。《未成年人保护法》应当尽快修订并"福利法化"，将重心定位在保护困境儿童及未成年人的受保护权，要有福利导向。并且要将福利视角逐步渗透：从对孤儿（包括机构孤儿、散居孤儿等）到对困境儿童到对困难儿童最后到对普通儿童的福利都要落实到位，层层推进。

---

〔1〕　姚建龙："未成年人法的困境与出路——论《未成年人保护法》与《预防未成年人犯罪法》的修改"，载《青年研究》2019 年第 1 期。

〔2〕　依法保护原则：在儿童身心发展的全过程，依法保障儿童合法权利，促进儿童全面健康成长；儿童优先原则：在制定法律法规、政策规划和配置公共资源等方面优先考虑儿童的利益和需求；儿童最大利益原则：从儿童身心发展特点和利益出发处理与儿童相关的具体事务，保障儿童利益最大化；儿童平等发展原则：创造公平社会环境，确保儿童不因户籍、地域、性别、民族、信仰、受教育状况、身体状况和家庭财产状况受到任何歧视，所有儿童享有平等的权利与机会；儿童参与原则：鼓励并支持儿童参与家庭、文化和社会生活，创造有利于儿童参与的社会环境，畅通儿童意见表达渠道，重视、吸收儿童意见。

福利的面向要广泛而严密，联动教育部门和医疗机构等，在关乎儿童的方方面面都要着力，比如事实收养问题的解决、户籍困境、公共福利设施的配套、临时性看护场所的建立和人员配置以及散居孤儿和低保政策的叠加问题，要在充分调研的基础上将《未成年人保护法》福利法化推向细化。

《未成年人保护法》的修订重心应当明确为以保护困境儿童为重心的福利保护法，针对分散的法律政策体系而有所聚合，着重解决我国目前最为突出的儿童问题并进一步地关注到所有儿童的受保护权。《预防未成年人犯罪法》的修订则应该剔除掉与《未成年人保护法》相互堆叠的方面，以儿童罪错行为的预防和处置为主要的内容导向，推动建立独立的少年司法制度。相应地，《婚姻法》《民法总则》等也应有联动制定有关于儿童福利和保护的条款，比如在《婚姻法》中增设对新婚夫妇进行婚前、婚后教育的条款，有助于他们更好地扮演父母角色，在家庭这第一道功能场所中，给予儿童一个好的成长环境。

三、响应"两个一百年"奋斗目标，制定儿童福利发展计划

在习近平总书记自中共十八大以来的历次公开讲话与文章中，"两个一百年"奋斗目标出现的次数超过 100 次，其重要性非同一般，儿童福利工作应该充分响应"两个一百年"的奋斗目标。儿童是祖国的未来，是社会的根基，从补缺型儿童福利到适度普惠型儿童福利再到普惠型儿童福利阶段也应该顺应"两个一百年"的奋斗目标，根据全面建成社会主义现代化强国的时间表、路线图，出台与"两个一百年"相适应的《儿童福利发展规划》，加强儿童福利工作的政策指导。

结　语

在对有关于儿童福利的法律政策体系进行梳理之后，分析儿童福利法律政策呈现儿童福利规定分散无专门法律和专门政策的现状，存在相关性的法律与政策分散且规定不全面，未立足儿童福利总战略，明晰所关注的儿童类群；儿童保护场域、责任分散，保护面亟待更新；国家监护等法律规定模糊，缺乏强制力"牙齿"等问题。

针对上述问题，应从以下方面完善儿童福利法律与政策：自上而下地，应该统一儿童福利的理念原则，加快《未成年人保护法》的福利法化，整合分散的法律与政策体系，联动修订；响应"两个一百年"奋斗目标，制定儿童福利发展计划；国务院要进一步制定和实施新一轮儿童发展纲要；民政部应有全局意识，应该牵头尽快出台《儿童福利条例》以及相关的规划性文件。自下而上地，应鼓励地方先行，自下而上推动立法，并统一模式，进一步明确责任主体（监护主体）等。

第九章
儿童福利工作五年规划建议稿

中国特色社会主义进入新时代，传统的儿童福利制度、机制体制难以满足社会发展、时代进步的需求，因此，新时代儿童福利必须要有新理念、新思想和新战略，不断创新儿童福利体制机制，推进儿童福利制度建设，发挥儿童福利战略的功能。当前，儿童福利应以民政部集中统一儿童福利职能，设置儿童福利司为契机，制定儿童福利工作五年规划，不断推动儿童福利事业的发展。

第一节　《儿童福利工作五年规划》建议稿文本

少年强则国强，儿童是国家的未来，民族的希望。儿童既是社会最有价值的资源，也是社会最脆弱的群体。儿童时期是人生发展中最为重要的阶段，为儿童提供必要的生存、发展、受保护和参与的机会和条件，最大限度地满足儿童的发展需要，发挥儿童潜能，将为儿童一生的发展奠定重要基础。儿童福利关乎国家建设和发展，也是国家的基础性、战略性工程。依照党和国家的有关政策法规，结合经济社会发展的总体目标和要求，结合民政部儿童福利工作的实践和探索，提出本规划的建议稿文本。本规划所指的儿童系 18 周岁以下的任何人，与未成年人概念相同。

一、指导思想与原则

（1）以新时代、新理念、新战略为指南。新时代、新理念、新战略既为儿童福利提供正确的政治引领，又内含了儿童福利和保护的宗旨和目标。儿童福利必须以新时代、新理念、新战略为指南，把新时代、新理念、新战略融入儿童福利的顶层设计中，融入儿童福利的各个层面。新时代儿童福利的新理念、新战略大体包含以下三个层面：第一，通过儿童福利工作，帮助儿童健康成长，实践"民政为民，民政爱民"；第二，通过儿童福利工作，转变治理模式，提升国家治理能力现代化。第三，通过儿童福利，改善社会发展结构，促进全面建成小康社会。

（2）以儿童为中心。儿童福利必须以儿童为中心，服务于儿童，这是儿童福利和保护的本质要求。其要求在儿童福利的制度建设与具体工作中贯穿两大理念：国家亲权原则与儿童最大利益原则，前者要求树立国家是儿童最终监护人的观念，后者要求关于儿童的一切行动均应以儿童的最大利益为首要考虑。把依法保障儿童生存、发展和受保护的权利，促进儿童全面健康成长作为创建活动的出发点和落脚点，从儿童身心发展特点和利益出发处理与儿童相关的具体事务，保障儿童利益最大化。

（3）以福利为本位。福利本位是民政部门儿童福利工作的职能定位。深化与儿童相关的党和国家机构改革，必须以福利本位为基础理顺民政部门与其他国家机关的职权划分，合理进行机构设置，优化职能配置。国家儿童福利政策、法律的制定，民政部门儿童福利工作的开展都必须以福利为本位。

（4）与经济社会发展相适应。这意味着儿童福利要兼容过去、现在和将来。过去是儿童福利和保护的传统，其会随着历史的演进而发展，但会具有自身特点；现在决定儿童福利工作的能力，应符合中国国情；将来预示儿童福利的方向，其包含了儿童福利的发展和国家能力的预设。因此，要求儿童福利的顶层设计兼具开放性和包容性。

二、总体目标

（1）以习近平新时代中国特色社会主义思想为指导，全面贯彻落实党的十九大对民生民政工作的新部署、新要求，按照党中央、国务院关于保障儿童合法权益的决策部署，始终把儿童发展放在优先位置，儿童福利工作以促进儿童全面发展为根本。

（2）建立健全党委领导、政府负责、部门协同、社会参与的儿童福利工作体制，形成集中、统一、高效的儿童福利工作机制。进一步完善政策规定和保障措施，明确部门职责和任务分工，细化业务流程和工作要求，发挥群团组织优势，广泛动员社会力量参与。

（3）完善儿童福利保护工作，拟订儿童福利、孤弃儿童保障、儿童收养、儿童救助保护政策、标准，健全农村留守儿童关爱服务体系和困境儿童保障制度，指导儿童福利、收养登记、救助保护机构管理工作。

（4）进一步扩大儿童福利范围，全面建立适度普惠型儿童福利体系。在全国范围内建立惠及自身困境儿童、家庭困境儿童和问题儿童等需要关怀儿童的儿童福利，实现适度普惠型的福利保障和服务供给；由民政部联合人力资源和社会保障部和国家卫生健康委员会，保障儿童享有基本医疗卫生服务，提高儿童基本医疗保障覆盖率和保障水平，为贫困和大病儿童提供医疗救助。进一步保障流动和留守儿童权益，基本满足流动和留守儿童基本公共服务需求；满足孤儿生活、教育、医疗和公平就业等基本需求，提高儿童寄养率和收养率。

三、规划实施措施

（1）建立健全儿童福利议事协调机构。以《未成年人保护法》的修改为契机，推动在国家层面设置未成年人保护委员会，委员会办公室设置在民政部，与新设置的儿童福利司合署办公。县级以上的地方政府，逐级建立未成年人保护委员会，委员会办公室设置在同级民政部门。未成年人保护委员会应进一步理顺儿童福利机制、体制，促进部门间的协同，共同推进儿童福利事业。

（2）建立健全儿童福利内设机构。以民政部职能部门调整为契机，优化民政职能，对儿童福利实施集中统一管理。依托新设立的儿童福利司，拟定儿童福利、孤弃儿童保障、儿童收养、儿童救助保护政策、标准，健全农村留守儿童关爱服务体系和困境儿童保障制度，指导儿童福利、收养登记、救助保护机构管理工作。以儿童福利司的职能定位为基础，在地方各级民政部门建立儿童福利处室，提高儿童福利机构的行政效能，促进儿童福利事业的发展。

（3）完善儿童监护制度，保障儿童获得有效监护。加强民政部门的监护责任，用公权力手段对儿童的合法权益进行有效的干预和保障，以实现对未成年人的保护。从机构设置和人员配备上，专门针对监护制度设立雇员职位和提供资金保障。保证民政部门将被监护人交由儿童福利机构后的监护职责不缺位。明确儿童福利机构的法律地位，对"收留抚养"作进一步规定，明确儿童福利机构基于"收留抚养"对院内儿童的决定权范围。明确民政部门和儿童福利机构的权限，保障儿童福利机构必要的独立性。完善民政部门的监护职能，在规范层面建构具体的监护执行制度。引入监护执行人制度，确保民政部门切实履行监护职责。监护执行人协助民政部门履行监护职责，保障儿童获得有效监护。

（4）提高面向儿童的公共服务供给能力和水平。完成基本公共服务体系，进一步增加财政对儿童福利的投入，逐步实现儿童基本公共服务均等化。

（5）提高儿童医疗救助水平。加大对大病儿童和贫困家庭儿童的医疗救助。对贫困家庭儿童、孤儿、残疾儿童参加城镇居民基本医疗保险及新型农村合作医疗个人缴纳部分予以补贴。

（6）扩大儿童福利的范围。完善城乡居民最低生活保障制度，通过分类施保提高贫困家庭儿童生活水平。探索对儿童实施营养干预和补救的方法，改善儿童影响状况。逐步提高农村义务教育寄宿制学校家庭经济困难学生生活补助标准，扩大补助范围。

（7）建立健全孤儿保障制度。落实孤儿社会保障政策，满足孤儿生活、教育、医疗康复、住房等方面的需求。帮助有劳动能力的适龄孤儿就业。建立受艾滋病影响儿童和服刑人员未成年子女的生活、教育、医疗、公平就业保障。

（8）完善孤儿养育和服务模式。加强儿童福利机构建设，全面提高儿童福利机构的管理服务水平。探索适合孤儿身心发育的养育模式。完善孤儿收养制度，规范家庭寄养，鼓励社会助养。建立和完善家庭寄养和亲属监护养育的监督、支持和评估体系，提高家庭寄养孤儿和亲属养育监护孤儿的养育质量。

（9）建立完善残疾儿童康复救助制度和服务体系。建立0岁至6岁残疾儿童登记制度，对贫困家庭残疾儿童基本康复需求按规定给予补贴。优先开展残疾儿童抢救性治疗和康复，提高残疾儿童康复机构服务专业化水平。以专业康复机构为骨干，社区为基础，家庭为依托建立残疾儿童康复服务体系，加强残疾儿童康复转介服务，开展多层次职业培训和实用技术培训，增强残疾儿童生活自理能力、社会适应能力和平等参与社会生活的能力。

（10）加强流浪儿童救助保护工作。完善流浪儿童救助保护网络体系，健全流浪儿童生活、教育、管理、返乡保护制度，对流浪儿童开展教育、医疗服务、心理辅导、行为矫治和技能培训。提高流浪儿童救助保护工作专业化和社会化水平，鼓励并支持社会力量保护和救助流浪儿童。探索建立流浪儿童早期预防干预机制。

（11）建立和完善流动儿童和留守儿童服务机制。积极稳妥推进户籍制度和社会保障制度改革，逐步将流动人口纳入当地经济社会发展规划。建立 16 周岁以下流动儿童登记制度，为流动儿童享有教育、医疗保健等公共服务提供基础。整合社区资源，完善以社区为依托，面向流动人口家庭的管理和服务网络，增强服务意识，提高服务能力。健全农村留守儿童服务机制，加强对留守儿童心理、情感和行为的指导，提高留守儿童家长的监护责任。着力打造一批领导重视、制度健全、机制有效、措施有力、服务规范的农村留守儿童关爱保护和困境儿童保障示范地区，为健全完善中国特色的儿童福利和保护制度积累经验、提供示范。

四、组织实施

（1）加强对规划实施工作的组织领导。民政部及地方各级民政部门依托未成年人保护委员会办公室负责规划实施的组织、协调、指导和督促。政府有关部门、相关机构和社会团体结合各自职责，承担落实规划中相应目标任务。积极推动民政部门加大对儿童工作的投入，在人员、资金、宣传等方面给予支持，平衡养老工作与儿童工作的投入比重。

（2）制定地方各级民政部门儿童福利规划和部门实施方案。县级以上地方民政部门依据本规划，结合实际制定本地区儿童福利规划。地方各级民政部门、相关机构和社会团体结合各自职责，按照任务分工，制定实施方案，形成全国民政部门儿童福利规划体系。

（3）加强规划与民政部门总体规划的衔接。在提供公共服务和社会管理总体规划中体现儿童优先原则，将儿童发展的主要指标纳入民政部门总体规划及专项规划，统一部署，统筹安排，同步实施，同步发展。

（4）保障儿童发展的经费投入。各级民政部门将实施规划所需经费纳入财政预算，加大经费投入，并随着经济增长逐步增加。重点扶持贫困地区和少数民族地区儿童发展。动员社会力量，多渠道筹集资金，支持儿童发展。

（5）建立健全实施规划的工作机制。建立政府负责、民政部门主导、多部门合作、全社会参与的工作机制，共同做好规划实施工作。建立目标管理责任制，将规划主要目标纳入相关部门、机构和社会团体的目标管理和考核体系，考核结果作为对领导班子和有关负责人综合考核评价的重要内容。健全报告制度，地方各级部门每年向上级主管部门报告规划实施的情况。健全会议制度，定期召开各级民政部门会议，汇报、交流实施规划的进展情况。健全监测评估制度，明确监测评估责任，加强监测评估工作。

（6）坚持和创新实施规划的有效做法。及时开展对儿童发展和权益保护状况的调查研究，掌握新情况，分析新问题，为制定相关法规政策提供依据。加强儿童发展领域理论研究，总结探索儿童发展规律和儿童工作规律。开展国际交流和合作，学习借鉴促进儿童发展的先进理念和经验。不断创新工作方法，通过实施项目、为儿童办实事等方式解决重点难点问题；通过分类指导、示范先行，总结推广经验，推进规划实施。将民政部内部不同处室开发的孤弃儿童、散居儿童、困境儿童三个操作系统合成一个系统，分类使用，共享数据，优化程序，便于各级儿童福利保护机构使用。积极发挥互联网和大数据等技术作用。建立监测评估机制，直面反映规划实施成效，完善相关数据整理、收集和分析，推动儿童福利和保护工作线上预警和发现机制建设。

（7）加大实施规划宣传力度。多渠道、多形式面向各级领导干部、儿童工作者、广大儿童和全社会宣传规划制定内容及规划实施中的典型经验和成效，宣传促进儿童福利和保护以及儿童发展的法规政策和国际公约，营造有利于儿童生存、保护、发展和参与的社会氛围。

（8）加强实施规划能力建设。将儿童优先原则的相关内容及相关法律法规和方针政策纳入各级民政部门培训课程。开展相关法律法规培训和业务能力测试，提高队伍专业化水平。将实施规划所需知识纳入培训计划，举办多层次、多形式培训，增强政府及各有关部门、机构相关人员、相关专业工作者实施规划的责任意识和能力。

（9）进一步完善收养制度，民政部门规定要与我国《收养法》相承接，积极探索收养模式，明确收养的指引规定，增强可操作性，对于来历不明儿童的收养以及形成的事实收养关系确认予以有条件的放开，做好收养回访。

（10）鼓励儿童参与规划的制定和实施。儿童既是规划的受益者，也是规划实施的参与者。实施规划应听取儿童的意见和建议，提高儿童参与纲要实施的意识和能力，实现自身发展。尤其是应当听取困境儿童的意见，只有从儿童这一特殊群体出发，才能使本规划更好地保障儿童合法权益，同时也能够和我国儿童福利政策相衔接。

第二节　《儿童福利工作五年规划》重点问题解读

改革开放四十多年，国家对儿童的生存与发展状况、儿童权益的保障呈现出高度的关心与持续性投入的态势，儿童权益的保障也成了国家衡量社会福利政策的一项重要组成部分与评价指标。不同历史阶段，我国儿童福利政策的目标不同。政策的变迁是一个连续的过程，当前阶段，我国儿童福利政策正在经历从补缺型儿童福利制度向适度普惠型儿童福利制度的整体转向。福利服务是政府职能的重要体现，长期以来，我国政府一直承担着直接提供福利服务的重要责任，体现政府目标与手段的统一。在目标层面，政府作为公共利益的代表，必须以促进居民的福利为己任，从而确定福利发展的目标。在手段层面，政府直接办福利机构，以保证福利供给目标的实现。[1]民政部作为分配社会资源，提供社会服务的国家行政机关，是履行公共服务和社会管理职能的重要部门，在构建社会主义和谐社会中发挥着不可替代的作用。此次民政部重新架构儿童福利和儿童保护工作机制，谋划新时代儿童福利和儿童保护工作发展方向。与此同时，整合涉及儿童职能机构，成立专门机构意义重大，也是我国首次在国家层面确立儿童福利专门机构。

一、推进民政本位的儿童福利机制

（一）新时代儿童福利工作新局面

党和国家历来高度重视未成年人权益和保护工作。十八大以来，在以习近平同志为核心的党中央领导下，未成年人工作取得了伟大成就。比如：2016 年婴儿死亡率和 5 岁以下儿童死亡率持续下降，分别比 2010 年下降 5.6 个和 6.2 个千分点；九年义务教育巩固率从 2010 年的 91.1%提升至 93.4%；全国儿童收养救助机构共有床位 10 万张，比 2010 年增长 4.5 万张，增长 82%；未成年人犯罪率持续降低，2016 年全国未成年人犯罪人数减幅达 47.6%等。[2]

近些年来，中央和地方各有关部门深入贯彻落实《未成年人保护法》和《中国儿童发展纲要》关于"儿童与法律保护"的要求，积极回应社会关切，未成年人法律保护取得了显著的进步。

一是未成年人保护的法律理念取得了突破性的发展。一方面保护未成年人的核心原则——儿童最大利益原则不但成了制定与未成年人相关法律的立法指导原则，还开始成为在法律规定不明确情况下的司法指导原则。国家是未成年人最终监护人的国家监护理念开始被立法和未成年人保护实践所接受。针对"南京饿死女童案"等恶性案件所暴露出的我国未成年人保护制度设计的不足，民政部在 2013 年开始未成年人社会保护试点改革，将政府保护拓展到了孤残儿童之外，特别是父母还健在但处于困境状态的儿童。2014 年 12 月，四部委下发了《关于依法处理监护人侵害未成年人权益行为若干问题的意见》，激活了沉睡 20 余年的剥夺父母监护权的条款。2017 年 3 月，全国人大通过的《民法总则》除了进一步确立剥夺监护权制度外，还明确规定在没有依法具有监护资格人的情况下，由民政部门担任第一序位监护人。可以说，国家监护理念在立法和未成年人保护实践中的确立，是近些年来我国未成年人保护工作最大的进步，也将对我国未来未成年人保护事业产生深远影响。[3]

二是未成年人保护的法律机制得到了进一步的健全。国务院在 2016 年先后颁布了《关于加强农村留守儿童关爱保护工作的意见》《关于加强困境儿童保障工作的意见》，

---

〔1〕 多吉才让：《中国社会福利概论》，中国社会出版社 2002 年版，第 160 页。

〔2〕 宋英辉、苑宁宁："推进未成年人工作机构优化设置的建议"，载少年司法专业委员会微信公众号。

〔3〕 姚建龙："我国未成年人法律保护的进步与发展建议——在 6 月 13 日刘延东副总理主持召开的国务院儿童健康发展座谈会上的发言"，载《预防青少年犯罪研究》2017 年第 3 期。

正式确立了"强制报告、应急处置、评估帮扶、监护干预"四位一体的未成年人保护机制。2015年最高人民检察院建立了独立的"未成年人检察工作办公室",并于2019年1月3日正式成立第九检察厅,专门负责未成年人检察工作。未成年人保护正式成为检察机关的一项专门的职能,最高人民检察院也成为将未成年人保护作为专门职责与独立业务范围的第一个中央国家机关。2016年,民政部设置了未成年人(留守儿童)保护处,走出了完善我国政府未成年人保护机构的重大一步。[1]

在儿童福利方面,首先儿童关爱保护机构数量增加。2017年,全国共有儿童收养救助服务机构663个,其中儿童福利机构469个,未成年人救助保护中心194个,分别比2010年增加134个和49个。全国儿童收养救助服务机构共有床位10.3万张,比2010年增加4.8万张,增长87.3%。其次孤儿数量继续减少。孤儿数量连续五年持续减少,2017年全国共有孤儿41万人,比上年减少5.1万人;其中被家庭收养的孤儿1.9万人,占孤儿总数的4.6%。全国收养机构收留抚养孤儿10.6万人,其中儿童福利机构收留抚养孤儿5.9万人。最后残疾儿童专业康复服务能力提高。国家《"十三五"加快残疾人小康进程规划纲要》和《残疾人康复服务"十三五"实施方案》的贯彻落实,使残疾人康复服务体系进一步健全,为残疾儿童康复提供了坚强保障。2017年,全国开展残疾儿童康复的残疾人服务机构有8334个,比上年增加476个,14.1万名0岁至6岁残疾儿童接受了基本康复服务。[2]

(二)传统机制难以满足儿童福利需求

在新的历史方位下,我国社会主要矛盾已经发生了巨大的转变。新的形势下,未成年人的健康成长同样也面临新的挑战。新的历史方位下,我国社会主要矛盾已经转化,未成年人的健康成长同样面临着一些新形势与新挑战,总结起来主要有:农村留守儿童、困境儿童、进城务工人员子女等得不到适当监护和照管,失学失管后其教育、身心健康、权利维护问题日益突出等大量社会问题。

1. 国家机构职责分散,交叉重复

出现上述这些问题,原因是错综复杂的。有经济社会发展不平衡、不充分的因素,也有政策法律制度不健全的原因,还跟体制机制无法完全跟上现实需要有密切关系。从近些年的实践来看,党和国家高度重视未成年人工作,政府在未成年人工作上投入的人、财、物也不少,但由于职责分散、责权配置不尽科学合理、欠缺统筹部门等体制机制上的原因,一定程度上影响了党和国家法律政策的贯彻落实效果。具体表现在:中共中央有关直属机构、国务院所属30多个部委局、最高人民法院与最高人民检察院、多个群团组织均负有部分未成年人工作的职责,多部门分工意味着必须有高效的统筹协调。一直以来,中央综治委预防青少年违法犯罪专项组、国务院妇女儿童工作

---

[1]　姚建龙:"我国未成年人法律保护的进步与发展建议——在6月13日刘延东副总理主持召开的国务院儿童健康发展座谈会上的发言",载《预防青少年犯罪研究》2017年第3期。

[2]　国家统计局:《2017年〈中国儿童发展纲要(2011-2020年)〉统计监测报告》,载 http://www.stats.gov.cn/tjsj/zxfb/201811/t20181109_1632517.html? bsh_bid=3223355587,访问日期:2019年1月5日。

委员会在推动制定未成年人工作大政方针、出台政策法律方面发挥了积极作用。但是，负责这两个机构日常工作的办公室分别设在共青团中央、全国妇联，这两个部门属于群团组织，缺乏必要的行政职能与行政资源，难以对有关未成年人事务进行日常管理和协调。职责分散于多个部门，又缺乏有力的日常统筹协调机构，导致条线条块分割、碎片化现象严重，产生诸多问题：相互牵头、政出多门，资源重复投入；职能交叉重叠、涵盖不全，一些职责处于空白，难免出现漏洞和短板；责任稀释与边界不清，导致扯皮推诿，出现问题时无法追责；缺乏长远统一规划，日常管理工作难以到位，更多是"救急救火式"的被动应对。[1]

2. 儿童福利机构责任稀释，主体不明

2013 年南京市发生了的饿死女童案。两名年幼女童在母亲外出多日不归后被发现饿死于家中，她们的父亲入狱服刑、母亲吸毒。更令人震惊的是，两名女童长期缺乏有效监护的情况早已经为包括街道办事处、社区、民政、公安派出所等部门所知晓，但这些部门均未能采取有效的干预措施，以致于发生女童饿死的结果。更糟糕的是，事发后，这些部门均未受到任何责任追究，只有女童母亲以故意杀人罪被判处无期徒刑。

尽管相关政府部门均有充分的理由推脱在该起事件中的责任，但如何强化对这类虽然名义上有监护人但却处于风险状态"事实孤儿"的保护，在包括中央高层领导在内的广泛关注与批评下已经成为一个再也无法回避的问题。由于"南京饿死女童案"以及其他困境儿童恶性事件所产生的巨大压力，作为法定的儿童福利部门——民政机关无法再坚守补缺型儿童福利的立场而仍然只关注孤儿、弃婴、流浪乞讨儿童等少数儿童。[2]

造成以上令人震惊的案件主要是因为：

第一，保护未成年人"共同责任原则"所带来的未成年人保护责任稀释困境。《未成年人保护法》对有关组织和个人保护未成年人的职责提出了明确的要求，该法第 6 条第 1 款规定："保护未成年人，是国家机关、武装力量、政党、社会团体、企业事业组织、城乡基层群众性自治组织、未成年人的监护人和其他成年公民的共同责任"，确立了保护未成年人的共同责任原则。同时，该法第 7 条第 1 款规定："中央和地方各级国家机关应当在各自的职责范围内做好未成年人保护工作。"然而，《未成年人保护法》颁布 20 余年来，一个困扰性的问题是由保护未成年人的共同责任原则所带来的"责任稀释困境"——谁都有保护未成年人的职责，但是谁都没有将保护未成年人的职责列为专门的职责和业务范围，其结果是保护未成年人"说起来重要，做起来次要，忙起来不要，出了问题找不到"。破解责任稀释困境，需要构建更加完善的未成年人保护职责体系，明确未成年人保护的首要执法责任主体。

---

〔1〕 宋英辉、苑宁宁："推进未成年人工作机构优化设置的建议"，载少年司法专业委员会微信公众号。

〔2〕 姚建龙："未成年人法的困境与出路——论《未成年人保护法》与《预防未成年人犯罪法》的修改"，载《青年研究》2019 年第 1 期。

第二，政府关护及国家监护制度的缺位。未成年人保护法专设有家庭保护、学校保护、社会保护、司法保护，却唯独没有"政府保护"专章，政府相关部门保护未成年人职责的规定"隐藏"在"社会保护"章中。尽管在20世纪80年代起草《未成年人保护法》及2006年修订该法时都曾经有过单独设置政府保护章以明确政府保护未成年人具体职责的设想和建议，但奇怪的是这种观点最终均未被采纳。之所以出现这种状况，一方面在于立法者采取的是未成年人保护主要应当是家长和社会的职责，政府不应当越俎代庖地超越补缺型儿童福利的立场；另一方面，也因为立法者始终认为中国的经济发展尚不足，政府还没有能力过多承担未成年人保护的职责。

对于存在监护无力、监护困难、监护缺失、监护侵害以及其他形式的困境儿童，法律并没有设计完善的国家监护制度，这是近些年来侵害未成年人恶性事件频发的关键原因。例如，公安机关介入此类事件以发生违法、犯罪事实为前提，同时治安管理处罚法、刑法还有产生实际危害后果即"危害量"的要求。如果未发生实际危害后果，或者未达到法定的侵害程度，公安机关往往无法及时介入和干预。再如，作为福利机构的民政部门，其传统及法定职能是"补缺型"福利设计，即未成年人必须属于孤儿、弃婴等特定情形，如果父母一方或者双方健在则并不属于其干预与服务的对象范围。这样的"法律规定"与部门职能设计所带来的尴尬状况是，类似留守儿童监护缺失、医院内滞留儿童、遭受监护人侵害而未达到法定危害后果的儿童等，在没有发生严重后果前，即便相关政府部门知晓儿童的高危状态，也无法给予必要、切实、有效的干预和保护。

3. 在国家层面建立儿童福利议事协调机构迫在眉睫

国家治理体系和治理能力现代化，包括经济、政治、文化、社会、生态文明和党的建设等各领域，涉及改革发展稳定、内政外交国防、治党治国治军等各个方面。其中，未成年人工作具有基础性、根本性，直接关系着党的长期执政、社会稳定与国家安全。同时，未成年人工作还具有综合性、系统性、长期性，有自身的客观规律，不能简单地割裂和分散在经济、教育、司法等事务中来开展。否则，容易出现"木桶效应"，相当于"100-1=0"。比如，由于家庭监护干预跟不上，某个未成年人出现了违法犯罪行为，教育、医疗、卫生等其他保障工作做得再好，部分未成年人的健康成长也无从谈起。对此，在认识上要有所突破，将未成年人事务作为治国理政中一项整体性、独立性内容予以看待。具体来说，未成年人事务是指国家和社会为培养合格建设者与接班人，坚持未成年人利益最大化，在文化、教育、医疗、司法等多环节、全方位促进和保障未成年人健康成长的一系列事务的总和，可以分为福利工作、保护工作以及司法工作三部分。推进未成年人事务治理体系和治理能力现代化，应当从解决前述未成年人成长面临的新问题入手，在党和国家机构改革方面敢于破除存在的障碍，优化职能配置、实现协同高效，整合资源、理顺关系、补足短板，形成"以一统多、分工负责"的新格局，做到权界清晰、分工合理、权责一致、运转高效、法治保障，

谁出问题谁负责。[1]

从 1991 年《未成年人保护法》制定到 2006 年的第一次修订再到 2012 年再次修订，该法始终未能明确执法主体。缺乏明确的执法责任主体以及未成年人保护与福利的负责部门，是严重阻碍我国未成年人保护工作发展的关键性问题，也与各国法律均会明确未成年人保护与福利责任主体的通常做法显著不同。再次修订《未成年人保护法》必须解决这一难题，以破解我国未成年人保护长期存在的责任稀释困境。

为此，笔者建议，吸收 2013 年以来民政部社会保护试点经验以及 2016 年国务院有关留守儿童、困境儿童保护意见的精神，通过设置专门的"联动保护"的方式，将各主体保护整合形成统一、协调的体系，重点是建立包含监测预防、发现报告、应急处置、研判转介、帮扶干预、督查追责"六位一体"的未成年人保护多主体联动反应机制，强化法律保护的针对性和可操作性，以有效避免侵害未成年人权益恶性事件的发生。[2]

设置专门的"联动保护"的方式需要在国家层面设立专门的议事协调机构，以此来统一协调各部门工作，实现儿童保护的目的。目前，国家层面没有设置儿童工作委员会，有关儿童工作的议事协调职能由国务院如女儿童工作委员会承担。而在地方，很多省市通过地方性未成年人保护法规设置了未成年人保护委员会，有效推动了未成年人保护工作的协同。因此，为了建立协同高效的行政体制，吸收地方立法成果，在国家层面设置专门的儿童保护机构就迫在眉睫。

（三）儿童保护议事协调机构的办公机构设置在民政部门的优势

议事协调机构主要在于促进政府部门之间的横向协同，解决部门间职能交叉和职能分散问题。而议事协调机构的办公室设置以不增加编制和人员为原则，因此，办公室的设置往往采取职能靠近原则，设置在与议事协调机构职能最为接近的部门。在我国，没有全国性的儿童保护议事协调机构，但地方省市则有相关的探索。大体有设置在共青团、教育部门和民政部门的三种模式，而设置在民政部门则是当前实现未成年人保护的趋势所在。

"南京饿死女童案"发生后，2013 年民政部开始在全国进行首批未成年人社会保护试点，正式开始了推动补缺型儿童福利向适度普惠型儿童福利转变的进程。2014 年，又开展了第二批试点。这一试点大大拓展了民政部门在儿童保护中的职能和所关注的儿童范围，尽管引起了民政系统内部尤其是基层民政部门的不理解甚至一定的争议，但庆幸的是民政部高层仍然坚定地推行了这一试点改革，并且受到了中央的肯定。在民政部社会保护试点的基础上，国务院在 2016 年先后出台了《关于加强农村留守儿童关爱保护工作的意见》和《关于加强困境儿童保障工作的意见》，将国家层面对特殊儿童关爱的视角从孤儿、流浪乞讨儿童等拓展到了留守儿童与困境儿童。

与国务院之前颁布的孤儿、流浪乞讨儿童保护意见不同的是，2016 年 6 月 13 日发

〔1〕 宋英辉、苑宁宁："推进未成年人工作机构优化设置的建议"，载少年司法专业委员会微信公众号。
〔2〕 姚建龙、滕洪昌："未成年人保护综合反应平台的构建与设想"，载《青年探索》2017 年第 6 期。

布的《关于加强困境儿童保障工作的意见》将"困境儿童"界定为："因家庭贫困导致生活、就医、就学等困难的儿童，因自身残疾导致康复、照料、护理和社会融入等困难的儿童，以及因家庭监护缺失或监护不当遭受虐待、遗弃、意外伤害、不法侵害等导致人身安全受到威胁或侵害的儿童。"这是一个包容与伸缩性较大的概念，大大拓宽了国家在未成年人保护中的责任，几乎将因各种原因导致家庭无法给予充分保障而处于困境中的儿童均纳入了国家应当提供福利支持的范围。根据所发布的《关于加强困境儿童保障工作的意见》也明确将困境儿童权益的保护职责赋予了民政部。首先，民政部作为分配社会资源，提供社会服务的国家行政机关，是履行公共服务和社会管理职能的重要部门，其承担着提供困境儿童物质帮助、医疗卫生等方面的职责，相关的儿童福利工作是民政部一直以来工作的重要组成部分。其次根据国家亲权原则，国家居于未成年人最终监护人的地位，负有保护未成年人的职责，并应当积极行使这一职责，国家行使这一职责的部门是民政部。最后，《未成年人保护法》的修订方向是适应国家建立适度普惠型儿童福利制度战略，予以必要的"福利法化"。那么将儿童福利和儿童保护相统一，由民政部门承担儿童保护的最终兜底责任也就与未来《未成年人保护法》的修订方向相符合。

我国政府在未成年人工作上投入大量资源，但由于职责分散、责权配置不尽科学合理、欠缺统筹部门等体制机制上的原因，一定程度上影响了党和国家法律政策的贯彻落实效果。目前中共中央有关直属机构、国务院所属30多个部委局、最高人民法院与最高人民检察院、多个群团组织均负有部分未成年人工作的职责，多部门分工意味着必须有高效的统筹协调，因此需要设立国家层面的专门保护机构即儿童工作委员会来统筹协调相关的工作部门，并参考老龄办的设置确定其行政级别为副部级。同时，将国务院妇女儿童工作委员会分立为妇女工作委员会与未成年人保护工作委员会，未成年人保护委员会从其中独立出来，由合并后的未成年人保护委员会与新设立的儿童福利司合署办公。地方省市也相应进行机构设置与改革。

二、新时代民政儿童福利工作的重点

（一）推进政府保护从幕后走向前台

2016年民政部在社会事务司正式成立未成年人保护处，专职负责未成年人保护工作。此后，又进一步对儿童事务工作做了内部的职能调整，把原来隶属于社会福利司的儿童福利处调整到社会事务司，将儿童福利与儿童保护职能集中到一起，由副司级干部进行专职领导和管理。它意味着中国向建立更高级别的儿童福利和儿童保护的行政主管部门前进了一大步，也意味着中国在儿童事务的政策制定过程中，将会有更直接的代言机构及主管机构。2018年底，民政部设儿童福利司可谓水到渠成。

国务院关注困境儿童状况，决定在社区设立儿童福利督导专员。2016年6月，国务院发布《关于加强困境儿童保障工作的意见》，第一次明确提出政府在改善困境儿童状况的工作中占主导作用，建立与我国社会经济发展水平相适应的困境儿童保障制度。

并要求在全国的村（居）民委员会设立 69 万名儿童福利督导专员，使中国儿童福利与保护的递送体系建设迈出了实质性的一步。

国家加大对残疾学生就学支持力度，残疾儿童康复救助制度建设提速。2016 年 8 月 17 日，国务院发布《"十三五"加快残疾人小康进程规划纲要》，在教育、医疗、社会成长环境与社会融入方面，对保障残疾儿童及青少年的健康发展，设定约束性指标和实施措施。这意味着国家将为残疾儿童提供比非残疾儿童更多的公共服务。

在国家层面，一次次将儿童福利的范围扩大，我国儿童生存、保护、发展的环境和条件得到明显改善，儿童权利得到进一步保护，儿童发展取得了巨大成就。这既是国家加快完善保护儿童权利的法律体系，强化政府责任，不断提高儿童工作的法制化和科学化水平的体现；又是我国儿童福利工作从传统的补缺型走向更高层次的普惠型的体现。标志着在这一领域，国家最终从幕后工作走向前台，主动承担起向儿童提供公共服务的职责；也意味着民政部这个分配社会资源，提供社会服务的国家行政机关，最终需要担负起向儿童提供公共服务和参与保护管理的重要职责。

（二）推动补缺型儿童福利向适度普惠型儿童福利转变

1. 补缺型儿童福利政策的特征分析

尽管新中国儿童福利制度建立已长达 60 多年，[1]但就制度特征而言，却仍是长期停留在传统的、补缺的、狭义的儿童福利层面，直到近几年国家才开始真正关注到以困境儿童为核心群体的更广泛的儿童福利保障，并慢慢向现代的、普惠的、广义的儿童福利发展。

在中华人民共和国成立至改革开放初期的较长一段时间里，我国所定义的儿童福利主要是指民政部门举办的儿童福利院服务，其目标群体是孤儿、弃婴和残疾儿童。这种儿童通常入住儿童福利机构，是一种典型的补缺型儿童福利。[2]一方面，补缺型儿童福利政策与改革开放早期经济水平相对仍旧落后的中国社会相适应，另一方面在一定程度上缓解了当时社会背景下亟需解决的孤残儿童问题。但是这种补缺型儿童福利制度也表现出一些问题：

首先，在思想观念上，补缺型儿童福利往往带有难以发现的隐性歧视色彩。补缺型儿童福利指导下的福利制度是针对极少数有特殊需求的儿童，而这类儿童在身份和身体上一般具有较为明显的弱势特征，实施不到位的福利手段有时可能无法真正帮助到这类儿童。

其次，补缺型儿童福利以"机构为中心"的运行模式不能很好的回应新时代的儿童问题。补缺型儿童福利采取将包括孤儿、残疾儿童在内的服务儿童对象送到儿童福利院进行教养的模式，此种模式不仅在服务对象上过于狭隘而忽视了大量当下困境儿童所面临的问题，而且由于越来越缺乏可实施性而逐渐被学界抨击。

---

〔1〕 成海军、朱艳敏："社会转型视阈下的普惠型儿童福利制度构建"，载《学习实践》2012 年第 8 期。

〔2〕 姚建平："从孤残儿童到困境儿童：适度普惠型儿童福利制度概念与实践"，载《中国民政》2016 年第 16 期。

最后，补缺型儿童福利政策的覆盖群体和保障水平在很大程度上已经难以适应当今的社会生活需求。早期政府在制定有关儿童福利制度时，是将儿童福利视作弥补社会漏洞的一项补丁型政策，但随着社会发展和人口扩大，原有儿童政策的覆盖群体占儿童总体比例过低，保障程度也和经济发展水平不相适应。

2. 适度普惠型儿童福利政策的建构

适度普惠型儿童福利政策是国家为了解决社会转型时期补缺型儿童福利政策中覆盖面过窄、福利项目单一、保障水平较低等问题而提出的一项创新型儿童福利政策。随着改革开放力度加大，社会经济实力日渐提高，发展的核心内容也从逐渐解决温饱变为迈向小康社会，儿童福利政策除了在制度上的完善，在具体落实方面也有了实质性进展。2008 年民政部社会福利司首次设置"儿童福利处"，2010 年国务院办公厅下达《关于加强孤儿保障工作的意见》首次直接以现金补贴的形式为福利机构内外的孤儿提供制度性保障。

2011 年国务院颁布《中国儿童发展纲要（2011－2020 年）》，增加了"儿童福利章节"，儿童福利这一概念在政府政策文件中首次以"十年规划"的形式出现，并且明确提出了提升儿童福利水平的政策目标。至此儿童福利政策的实施有了明确的纲领性规划文件。2013 年民政部下发了《关于开展适度普惠型儿童福利制度建设试点工作的通知》，适度普惠型儿童福利制度得到正式的确立。

关于适度普惠型儿童福利学界没有统一的说法，陆士祯教授认为，适度普惠型儿童福利是基于诸多因素而提出的中国特色社会福利制度体系。[1]根据民政部有关文件，刚开始提出适度普惠型儿童福利时，"总的思考是：本着'适度普惠、分层次、分类型、分区域、分标准'的理念，按照'分层推进、分类立标、分地立制、分标施保'的原则和要求，立足当地经济社会发展状况、儿童生存与发展需要和社会福利制度的发展，全面安排和设计儿童福利制度"。[2]这一基本理念确立了适度普惠型儿童福利政策既要放眼全局尽可能更多地保障儿童合法权益，又要立足于实际情况具体问题具体分析。

所谓"适度普惠型"，是指"逐步建立覆盖全体儿童的普惠福利制度。'分层次'，是指将儿童群体分为孤儿、困境儿童、困境家庭儿童、普通儿童四个层次。'分类型'，是指将各个层次儿童予以类型区分，孤儿分社会散养孤儿和福利机构养育孤儿二类；困境儿童分残疾儿童、重病儿童和流浪儿童三类；困境家庭儿童分父母重度残疾或重病的儿童、父母长期服刑在押或强制戒毒的儿童、父母一方死亡另一方因其他情况无法履行抚养义务和监护职责的儿童、贫困家庭的儿童四类。'分区域'，是指全国划分东、中、西部，因地制宜制定适应本地区特点的儿童补贴制度。'分标准'，是指对不

---

〔1〕　姚建平："从孤残儿童到困境儿童：适度普惠型儿童福利制度概念与实践"，载《中国民政》2016 年第 16 期。

〔2〕　民政部《关于开展适度普惠型儿童福利制度建设试点工作的通知》（民函〔2013〕206 号），2013 年 6 月 19 日发布。

同类型的儿童，分不同标准予以福利保障。'分层次推进'，就是区分孤儿、困境儿童、困境家庭儿童、普通儿童四个层次，依次扩大儿童福利范围。'分类立标'，就是区分不同类型的儿童，确立不同的保障标准。'分地立制'，就是根据当地经济社会发展状况，建立相应的保障制度。'分标施保'，就是按照确立的保障标准，实施好保障工作"。[1]

民政部曾经指出，中国儿童福利保障对象的范围是随着经济发展、社会文明进步而逐步拓展的，从孤儿到困境儿童，最终目标是所有儿童，儿童福利呈现从补缺型向普惠型不断转型的轨迹。[2]适度普惠型儿童福利政策的建构是我国儿童福利保障向更高层次推进的显著标志。

当前我国的儿童福利政策正处于从传统补缺型向适度普惠型转型的关键时期，基于国家在 2020 年全面建立适度普惠型儿童福利体系的目标，民政部门的机构设置和职能划分要与国家儿童福利政策相衔接，将儿童福利工作由传统意义上的兜底责任向更高层次的面向全体儿童、重点救助困境儿童推进，相应新设的儿童福利司承担具体的工作任务。

（三）切实履行国家监护职责

1. 推动国家监护制度的进一步完善

国家监护是国家亲权理念的实现形式。国家监护既是对家庭监护功能缺位的一种替代和补充责任，也是为未成年人合法权益提供保护的最终责任，是高于家庭监护的一种制度保障。要正确处理家庭监护和国家监护的关系，家庭依然是自然人成长和生活的最好环境，是监护职责的首要承担者，只有在家庭监护力所不及之处，国家才能直接代行监护人职责，并应负责到底。[3]

早在 1986 年制定的《民法通则》和 1991 年制定的《未成年人保护法》中就规定，监护人侵害被监护人的权益屡教不改的，经有关单位和个人申请，可以由人民法院依法剥夺监护权另行指定监护人的条款。但是，这一条款几乎从未被适用，属于"僵尸条款"。

2013 年"南京饿死女童案"所引起的震动是深远的，包括引起了中央高层领导的关注。在民政部的牵头下，最高人民法院、最高人民检察院、公安部、民政部于 2014 年 12 月颁布了《关于依法处理监护人侵害未成年人权益行为若干问题的意见》，针对性解决了《民法通则》与《未成年人保护法》有关剥夺监护条款规定的不明确特别是无法操作性问题。明确了民政部门在提起剥夺监护权诉讼中的"托底起诉"责任、剥夺监护诉讼期间的"临时监护"责任以及剥夺监护之后对被侵害未成年人的"托底保

〔1〕 民政部《关于进一步开展适度普惠型儿童福利制度建设试点工作的通知》，（民函〔2014〕105 号），2014 年 4 月 18 日发布。

〔2〕 高丽茹、万国威："中国儿童福利制度：时代演进、现实框架和改革路径"，载《河北学刊》2016 年第 2 期。

〔3〕 王贞会："家庭监护功能缺位的实践表征及其治理路径——以 308 名涉罪未成年人为样本的分析"，载《政法论坛》2018 年第 6 期。

障"责任。这一法案确立了即便父母还健在的情况下，政府也可以因为其监护侵害行为而进行干预直至剥夺监护权的规则。在我国儿童福利理念和制度设计还仍主要停留在补缺型阶段的情况下，这是一个重大和革命性的进步。

2017年通过的《民法总则》第32条规定："没有依法具有监护资格的人的，监护人由民政部门担任，也可以由具备履行监护职责条件的被监护人住所地的居民委员会、村民委员会担任。"这是《民法总则》关于未成年人国家监护制度的规定，相比1982年制定的《民法通则》明显强调了民政部门的监护责任。该条虽然也保留了村委会和居委会的监护责任，但"也可以"明显表明了监护的倾向性，即民政部门的监护具有优先性，只有在民政部门不适宜履行监护职责的时候才由村委会和居委会承担监护职责。在未成年人处于无监护保护状态时，《民法总则》要求民政部门直接以监护人的身份承担兜底监护责任是适应新环境需要的一种立法选择。近些年来，由于社会风险增加，需要提供监护保护的未成年人范围逐渐扩大。[1]另一方面，随着社会结构变迁导致亲属关系松弛，加上监护工作繁琐责任重大，当前为未成年人寻找合适的自然监护人已经成为我国乃至世界上很多国家共同面临的难题，可以说完全依赖家庭自治的监护模式已经无法完成保护未成年人的任务。在这一背景下，《民法总则》进一步加强民政部门的监护责任是希望用公权力手段对未成年人的合法权益进行有效的干预和保障，以实现对未成年人的保护。

但是对于民政部门作为监护人应当如何履行监护职责，不论《民法总则》还是其他法律均没有作出具体的规定。应当认识到，国家监护制度具有特殊性，不同于传统以亲属为主的自然人监护。作为监护人的国家机关是一个抽象的组织，不可能像自然人一样亲自照顾教育被监护人，需要借助专业的监护执行人和照料人来协助执行监护任务。从我国民政部门的机构设置和人员配备来看，并没有专门针对监护制度设立的雇员职位和资金保障，因此其并不具备亲自履行监护职责的能力。随着国家监护实践的增加以及对未成年人权利保护的关注，相关问题逐渐浮出水面。首先，除"收留抚养"外，现行法律对民政部门应当如何履行监护职责尚无其他规定，实践中民政部门一旦将被监护人交由儿童福利机构"收留抚养"就不再过问，具体的照料工作都是由儿童福利机构完成的，民政部门作为监护人并没有很好地履行监护职责甚至经常是缺位的。典型案件如2005年"南通市智障少女子宫切除案"，在整个案件中，两名智障少女的子宫被全部切除，身体健康权受到严重侵害，但直到案件被媒体披露后，南通市儿童福利院才将实施手术的情况向南通市民政局做了汇报。在法院判决书中，也仅以故意伤害罪追究了福利院的领导和实施手术的两名医生的刑事责任，并没有对作为监护人的南通市民政局追究任何法律责任。[2]

---

〔1〕 李燕："论《民法总则》对未成年人国家监护制度规定的不足及立法完善"，载《河北法学》2018年第8期。

〔2〕 "南通市儿童福利院切除智障少女子宫案"，载 http://www. njucasereview. com/web/hot/hot/2010/20120229/093438. shtml. 20180401，访问日期：2019年1月10日。

目前法律对民政部门和儿童福利机构的关系也缺乏明确的规定，导致民政部门和儿童福利机构的权限不清，儿童福利机构经常被民政部门作为下属执行机构，缺乏必要的独立性。由此可见，我国法律虽然规定了国家监护制度，但并没有在规范层面建构具体的监护执行制度。未成年人必须受到照顾和保护是不争的事实，如果没有在规范层面就民政部门如何履行监护职责作出具体规定，即使由民政部门担任监护人也不能说就保证了对未成年人的抚养和教育从而实现了对未成年人的保护。[1]

2. 引入监护执行人制度，确保民政部门切实履行监护职责

如前所述，我国法律虽然赋予民政部门监护人资格，但对于民政部门履行监护职责的具体方式缺乏进一步明确。根据《社会福利机构管理暂行办法》（已失效），儿童福利机构是为儿童提供养护、康复、托管等服务的独立法人，儿童福利机构执行监护任务的行为并不等于民政部门的行为。民政部门将被监护人交由"儿童福利机构收留抚养"并不意味其完成了作为监护人的职责，相反这只是其履行监护职责的开始，在儿童福利机构作为照料人抚养照料被监护人的过程中，民政部门始终是监护人，仍要时刻履行监护人的职责，而这一任务需要任命专门的监护执行人来完成。[2]

在我国，民政部门是主管国家社会行政事务的职能部门，在民政部门所承担的诸多职能中，未成年人保护工作蕴含在儿童福利工作之中。虽然从民政部门的机构设置来看，在中央层面，民政部已设置了儿童福利司，但是在地方，从民政厅到民政局并没有完全实现相应设置专门的儿童福利机构。由于缺乏专门负责儿童监护保护的机构和人员，民政部门很难真正实际履行对未成年人的监护职责。随着未成年人监护领域出现的问题越来越多，在我国建立统一、职能强大的未成年人保护管理机构显得更加迫切。[3]儿童福利机构至少应当承担以下职责：为未成年人的家庭监护提供帮助与支持，处理未成年人监护中出现的问题并对未成年人提供妥善安置措施；对不能获得有效监护的未成年人提供国家监护。可以在市级和县级的儿童福利机构引入监护执行人制度协助民政部门履行监护职责，以改变目前民政部门实际欠缺能力履行监护职责的情况。监护执行人可以是儿童福利机构的公务员，也可以购买职业监护人的服务。监护执行人的工作包括监督指导儿童福利机构或者其他寄养家庭的抚养照料工作；定期探望被监护人以便充分了解被监护人的生活状况；作为被监护人的法律代理人代理其从事法律活动；负责被监护人重要事务的决定。

随着国家对儿童福利的重视和资金投入的增加，儿童福利机构近些年来在设施建设和专业水平等方面均得到迅速发展，但是儿童福利机构的照料从本质上来讲仍属于机构照料模式。这种机构集中照料模式的弊端早在20世纪50年代就受到关注，无论理论界还是实务界都认为，机构照料模式忽视儿童的情感需求不利于其身心发育，也无

〔1〕 李燕："论《民法总则》对未成年人国家监护制度规定的不足及立法完善"，载《河北法学》2018年第8期。
〔2〕 李燕："论《民法总则》对未成年人国家监护制度规定的不足及立法完善"，载《河北法学》2018年第8期。
〔3〕 李燕："论《民法总则》对未成年人国家监护制度规定的不足及立法完善"，载《河北法学》2018年第8期。

法很好培养儿童适应社会的能力。[1]20世纪70年代，西方一些国家在淘汰大规模机构照料后，开始尝试专业化家庭寄养模式，于是以满足儿童的心理和情感需要而设立的家庭寄养模式在世界各国得到了普遍推广。2000年我国民政部明确提出开始探索家庭寄养等其他照料模式，从家庭寄养在我国的实践历程来看，其对缓解政府儿童福利资源不足以及提升孤残儿童生活质量等方面起到了促进作用；但在实践过程中，其弊端也逐步显现：家庭寄养与儿童福利及其他政策缺乏衔接机制，民间力量在家庭寄养中介入空间有限等。[2]当前为了促进未成年人健康成长，应当进一步探索和丰富照料模式，通过法律进一步明确监护人和照料人在履行监护事务上的职责分工，赋予照料人一定的独立地位。[3]

三、实施保障

《儿童福利工作五年规划》（简称《规划》）与经济社会总体规划相衔接的同时也需要与政府专项规划相衔接，尤其是与《中国儿童发展纲要（2011-2020年）》相衔接。《儿童福利工作五年规划》对《中国儿童发展纲要（2011-2020年）》中儿童福利等方面进行具体细化，明确了民政部门工作的重点以及职责范围。儿童福利涉及多方领域，需要与其他党群部门、行政机关、群团组织共同参与，通力合作。如果《规划》与其他规划之间出现了矛盾之处势必会给儿童福利和保护工作带来阻碍和困难，因此后期的监测、评估、反馈、修订是检验《规划》制定质量的最好手段。

（一）保障儿童福利工作经费投入

儿童福利工作缺乏规范、稳定、长效的财政预算体系，相关的经费来源紧张是各级民政工作部门面临的普遍问题。各级政府需要将本《规划》实施所需经费纳入财政预算，逐步加大对儿童福利工作的投入力度。同时动员社会力量，多渠道筹集资金，支持儿童福利工作，形成政府引导、多方投入的资金筹措机制。探索民政部门与民间公益组织合作新途径，充分发挥各类儿童福利专业化组织、社会团体基金会和民办非企业单位及公司企业的积极作用，营造全社会支持儿童事业发展的良好环境。

（二）建立规划实施监测评估机制

建立监测评估机制是整个《规划》在实施阶段最能够直面反映规划成效的机制，通过规划实施监测评估，制定和调整儿童福利政策措施，推动《规划》的实施。监测评估包括年度评估、中期评估、终期评估等类型，也包括在监测基础上建立和完善儿童福利工作数据库，并做好相关数据信息的收集、整理和分析，形成儿童福利的数据报告和分析报告，为有效评估儿童工作的实施效果，为国家进一步完善儿童

---

〔1〕 王先进："从机构照顾到家庭寄养看我国儿童福利服务政策的转变"，载《长沙民政职业技术学院学报》2007年第1期。

〔2〕 赵川芳："家庭寄养：现实困境和完善对策"，载《当代青年研究》2017年第4期。

〔3〕 李燕："论《民法总则》对未成年人国家监护制度规定的不足及立法完善"，载《河北法学》2018年第8期。

福利政策提供数据、信息支撑。目前民政部内部不同处室开发了孤弃儿童、散居儿童、困境儿童三个操作系统，可以将三个系统合成一个系统，分类使用，共享数据，优化程序，便于各级儿童福利机构使用，并依托此系统建立《规划》的实施监测评估系统。

研制科学的监测指标。形成监测体系的首要任务是明确监测指标，用于衡量当前困境儿童群体的整体状况，以及发展趋势，研究其发展的现状、要素、关系、环境、成果。指标体系必须以本规划为制定依据，需要从整体上考虑其应该包括的内容及框架体系，还要注意考虑各单个指标的含义、口径、获得途径、数据来源和计算方式。监测指标需要具备描述、解释、评价、比较、预测的功能。在此基础上进一步确立监测主体、监测方法、监测标准。其中监测主体可以由民政部负责实施，纳入政府统计部门的数据统计体系中，还可以由青少年政策智库、社会调查研究机构等第三方专业机构负责实施。

在监测基础上建立和完善儿童福利数据库，需要做好儿童工作有关数据信息的收集、整理和分析，形成儿童福利数据报告和分析报告。因此需要建立科学的监测指标，推动规划的实施。充分利用大数据时代的信息技术便利，在监测基础上建立儿童工作数据库，做好相关数据的收集分析，为民政部门以及党和政府进一步完善儿童福利政策提供数据、信息支撑。不仅要建立国家层面的数据库，地方各级民政部门也应进行相应的数据收集和整理工作。同时推动监测报告整理和分析，形成民政部门儿童福利的数据报告和分析报告向政府汇报规划的落实情况，并推动报告的发布和运用。此举有利于对监测评估的监督，提高监测评估的公信力。

结　语

儿童工作关乎千家万户，关系国计民生。党和政府对儿童的生存与发展状况、儿童权益的保障呈现出高度的关心与持续性投入，保障儿童权益也成了国家衡量社会福利政策的一项重要评价指标。当前和今后一段时间民政部仍肩负重要使命，遵守儿童最大利益原则，需要进一步扩大儿童福利范围，全面建立适度普惠型儿童福利体系；在国家层面，设立未成年人保护委员会，整合未成年人保护各责任主体协同做好儿童福利工作，依托国家福利部门——民政部门，设立专门的儿童福利机构；同时探索国家亲权的行使模式，完善国家监护制度，保障儿童获得有效监护。在实施过程中保障儿童发展的经费投入，各级民政部门将实施规划所需经费纳入财政预算，加大经费投入，重点扶持贫困地区和少数民族地区儿童发展。建立监测评估机制直面反映《规划》实施成效，通过规划实施监测评估，制定和调整儿童福利政策措施，形成儿童福利的数据报告和分析报告，为有效评估儿童工作的实施效果，为国家进一步完善儿童福利政策提供数据、信息支撑，为儿童撑起一把保护伞。

附　录

习近平总书记关于儿童的谈话摘录

1. 习近平在新任政治局常委与记者见面会上发表讲话（2012年11月15日）

我们的人民热爱生活，期盼有更好的教育、更稳定的工作、更满意的收入、更可靠的社会保障、更高水平的医疗卫生服务、更舒适的居住条件、更优美的环境，期盼着孩子们能成长得更好、工作得更好、生活得更好。人民对美好生活的向往，就是我们的奋斗目标。

2. 顺应时代前进潮流　促进世界和平发展——在莫斯科国际关系学院的演讲（2013年3月23日，莫斯科）

2004年俄罗斯发生别斯兰人质事件后，中国邀请部分受伤儿童赴华接受康复治疗，这些孩子在中国受到精心照料，俄方带队医生阿兰表示："你们的医生给孩子们这么大的帮助，我们的孩子会永远记住你们的。"2008年中国汶川特大地震发生后，俄罗斯在第一时间向中国伸出援手，并邀请灾区孩子到俄罗斯远东等地疗养。3年前，我在符拉迪沃斯托克"海洋"全俄儿童中心，亲眼目睹了俄罗斯老师给予中国儿童的悉心照料和温馨关怀。中国孩子亲身体会到了俄罗斯人民的友爱和善良，这应验了大爱无疆这句中国人常说的话。

3. 在参加首都义务植树活动时的讲话（2013年4月2日）

身体是人生一切奋斗成功的本钱，少年儿童要注意加强体育锻炼，家庭、学校、社会都要为少年儿童增强体魄创造条件，让他们像小树那样健康成长，长大后成为建设祖国的栋梁之材。

4. 在同各界优秀青年代表座谈时的讲话（2013年5月4日）

为实现中华民族伟大复兴的中国梦而奋斗，是中国青年运动的时代主题。共青团要在广大青少年中深入开展"我的中国梦"主题教育实践活动，为每个青少年播种梦想、点燃梦想，让更多青少年敢于有梦、勇于追梦、勤于圆梦，让每个青少年都为实现中国梦增添强大青春能量。要用中国梦打牢广大青少年的共同思想基础，教育和帮助青少年树立正确的世界观、人生观、价值观，永远热爱我们伟大的祖国，永远热爱我们伟大的人民，永远热爱我们伟大的中华民族，坚定跟着党走中国道路。要用中国梦激发广大青少年的历史责任感，发扬"党有号召、团有行动"的光荣传统，在党和国家工作大局中找准自身工作的切入点和结合点，组织动员广大青少年支持改革、促进发展、维护稳定。要积极为广大青少年实现梦想提供服务，切实改进作风，深入基层、走进青年，想青年之所想，急青年之所急，代表和维护青少年普遍性利益诉求，努力为广大青少年成长成才创造良好环境。

青年模范人物是广大青少年学习的榜样，肩负着更多社会责任和公众期望，在青少年中乃至全社会都有着很强的示范带动作用。希望青年模范们再接再厉、严于律己、锐意进取，用自身的成长历程、精神追求、模范行动为广大青少年作好表率。

青年兴则国家兴，青年强则国家强。我们党自成立之日起，就始终代表广大青年、赢得广大青年、依靠广大青年。各级党委和政府要充分信任青年、热情关心青年、严格要求青年，为青年驰骋思想打开更浩瀚的天空，为青年实践创新搭建更广阔的舞台，为青年塑造人生提供更丰富的机会，为青年建功立业创造更有利的条件。各级领导干部要关注青年愿望、帮助青年发展、支持青年创业，做青年朋友的知心人，做青年工作的热心人。

5. 在中国国际友好大会暨中国人民对外友好协会成立 60 周年纪念活动上的讲话 (2014 年 5 月 15 日)

当今世界，战火和战争的危险依然存在，很多国家和地区的民众依然身陷炮声硝烟之中，无数妇女儿童的生命面临着严重威胁。

6. 在同全国各族少年儿童代表共庆"六一"国际儿童节时的讲话 (2013 年 5 月 29 日)

生活靠劳动创造，人生也靠劳动创造。你们从小就要树立劳动光荣的观念，自己的事自己做，他人的事帮着做，公益的事争着做，通过劳动播种希望、收获果实，也通过劳动磨炼意志、锻炼自己。

大自然充满乐趣、无比美丽，热爱自然是一种好习惯，保护环境是每个人的责任，少年儿童要在这方面发挥小主人作用。

想象力、创造力从哪里来？要从刻苦的学习中来。知识越学越多，知识越多越好，你们要像海绵吸水一样学习知识。既勤学书本知识，又多学课外知识，还要勤于思考，多想想，多问问，这样就能培养自己的创造精神。

每个人都是从孩子长大的。实现我们的梦想，靠我们这一代，更靠下一代。少年儿童从小就要立志向、有梦想，爱学习、爱劳动、爱祖国，德智体美全面发展，长大后做对祖国建设有用的人才。

孩子们成长得更好，是我们最大的心愿。党和政府要始终关心各族少年儿童，努力为他们学习成长创造更好的条件。老师、家长要承担起教育引导少年儿童成才的责任。少年队组织要更好地为少年儿童服务。全社会都要关心少年儿童成长，支持少年儿童工作。对损害少年儿童权益、破坏少年儿童身心健康的言行，要坚决防止和依法打击。

7. 在考察呼和浩特儿童福利院，看望残疾儿童时的讲话（2014 年 1 月 28 日）

这样的方式（模拟家庭）很好，有家庭的温暖感觉。希望福利院的孩子和祖国其他孩子一样健康生活、幸福成长……

8. 在北京大学师生座谈会上的讲话（2014 年 5 月 4 日）

青年的价值取向决定了未来整个社会的价值取向，而青年又处在价值观形成和确立的时期，抓好这一时期的价值观养成十分重要。这就像穿衣服扣扣子一样，如果第一粒扣子扣错了，剩余的扣子都会扣错。人生的扣子从一开始就要扣好。

9. 从小积极培育和践行社会主义核心价值观——在北京市海淀区民族小学主持召开座谈会时的讲话（2014 年 5 月 30 日）

同学们，老师们，同志们：

大家好！在"六一"国际儿童节前夕，我们来到海淀区民族小学，参加主题队日入队仪式，观看少先队员们开展活动，感到很高兴。再过两天，就是"六一"国际儿童节了。在这里，我首先向你们、向全国各族少年儿童祝贺节日，祝大家节日快乐！

海淀区民族小学注重树德育人，组织开展了很多活动，取得了积极成效。刚才，听了几位同学和老师、家长的发言，很有收获。大家都谈到要加强德育工作，引导少年儿童从小就培育和践行社会主义核心价值观。这很好，我们想到一块儿了。我今天来，也想同大家谈谈这个问题。

一个民族的文明进步，一个国家的发展壮大，需要一代又一代人接力努力，需要很多力量来推动，核心价值观是其中最持久最深沉的力量。中华民族有着 5000 多年的悠久历史和灿烂文化，而且中华文明从远古一直延续发展到今天。为什么中华民族能够在几千年的历史长河中顽强生存和不断发展呢？很重要的一个原因，是我们民族有一脉相承的精神追求、精神特质、精神脉络。今天我们使用的汉字同甲骨文没有根本区别，老子、孔子、孟子、庄子等先哲归纳的一些观念也一直延续到现在。这种几千年连贯发展至今的文明，在世界各民族中是不多见的。

今天，中华民族要继续前进，就必须根据时代条件，继承和弘扬我们的民族精神、我们民族的优秀文化，特别是包含其中的传统美德。

我们倡导的富强、民主、文明、和谐，自由、平等、公正、法治，爱国、敬业、诚信、友善的社会主义核心价值观，体现了古圣先贤的思想，体现了仁人志士的夙愿，体现了革命先烈的理想，也寄托着各族人民对美好生活的向往。只要是中国人，就应该自觉培育和践行社会主义核心价值观。

这一段，我集中强调了培育和践行社会主义核心价值观问题。今年 2 月，中央政治局专门就培育和弘扬社会主义核心价值观进行了集体学习，我作了讲话，对全社会提了要求。"五四"青年节，我到北京大学去，对大学生讲了这个问题。最近，又到上海去，对领导干部讲了这个问题。今天，想对小学生讲讲这个问题。因为，任何一个思想观念，要在全社会树立起来并长期发挥作用，就要从少年儿童抓起。

少年儿童是祖国的未来，是中华民族的希望。这就是《少年中国说》中所说的：少年智则国智，少年富则国富，少年强则国强，少年进步则国进步。新陈代谢是不可抗拒的历史规律，未来总是由今天的少年儿童开创的。去年"六一"时我说过，每个人都是从孩子长大的。实现我们的梦想，靠我们这一代，更靠下一代。少年儿童的心灵都是敏感的，准备接受一切美好的东西。"自古英雄出少年。"为了中华民族的今天和明天，我们要教育引导广大少年儿童树立远大志向、培育美好心灵，让少年儿童成长得更好。

少年儿童如何培育和践行社会主义核心价值观呢？应该同成年人不一样，要适应少年儿童的年龄和特点。我看，主要是要做到记住要求、心有榜样、从小做起、接受帮助。

——记住要求，就是要把社会主义核心价值观的基本内容熟记熟背，让它们融化在心灵里、铭刻在脑子中。由于大家还在学习阶段，社会阅历不多，对社会主义核心价值观的含义不一定能理解得很深，但只要牢记在心，随着自己年龄、知识、阅历不断增长，会明白得更多、更深、更透。在成长过程中，要结合学习和生活等实践，不断想想所记住的这些要求，不断加深理解。古往今来，但凡很有作为的人，都是在少年时代就能够严格要求自己。

——心有榜样，就是要学习英雄人物、先进人物、美好事物，在学习中养成好的思想品德追求。我国历史上有很多少年英雄的故事，在中国共产党领导人民进行的革命、建设、改革事业中也涌现了大批少年英雄，他们中不少人的名字同学们可能都听说过。过去电影《红孩子》《小兵张嘎》《鸡毛信》《英雄小八路》《草原英雄小姐妹》等说的就是一些少年英雄的故事。今天，好儿童、好少年就更多了。你们学校也有被评为"最美少年"的。另外，各行各业都有很多值得我们学习的榜样，包括航天英雄、奥运冠军、大科学家、劳动模范、青年志愿者，还有那些助人为乐、见义勇为、诚实守信、敬业奉献、孝老爱亲的好人，等等。榜样的力量是无穷的。大家要把他们立为心中的标杆，向他们看齐，像他们那样追求美好的思想品德。这就是孔子讲的："见贤思齐焉，见不贤而内省也。"

——从小做起，就是要从自己做起、从身边做起、从小事做起，一点一滴积累，养成好思想、好品德。"少壮不努力，老大徒伤悲。"千里之行，始于足下。每个人的生活都是由一件件小事组成的，养小德才能成大德。少年儿童不可能像大人那样为社会做很多事，但可以从小做起，每天都可以想一想，对祖国热爱吗？对集体热爱吗？学习努力吗？对同学们关心吗？对老师尊敬吗？在家孝敬父母吗？在社会上遵守社会公德吗？对好人好事有敬佩感吗？对坏人坏事有义愤感吗？这样多想一想，就会促使自己多做一做，日积月累，自己身上的好思想、好品德就会越来越多了。听说有的同学喜欢比吃穿，比有没有车接车送，比爸爸妈妈是干什么工作的，这样就比偏了。一定不能比这些。"自古雄才多磨难，从来纨绔少伟男""少年辛苦终身事，莫向光阴惰寸功"。要比就比谁更有志气、谁更勤奋学习、谁更热爱劳动、谁更爱锻炼身体、谁更有爱心。

——接受帮助，就是要听得进意见，受得了批评，在知错就改、越改越好的氛围中健康成长。一个人不可能十全十美，总是在克服缺点、纠正错误的过程中进步的，正所谓"玉不琢，不成器；人不学，不知义"。少年儿童正在形成世界观、人生观、价值观的过程中，需要得到帮助。不要嫌父母说得多，不要嫌老师管得严，不要嫌同学们管得宽，首先要想想说得管得对不对、是不是为自己好，对了就要听。有些事没有做好，这不要紧，只要自己意识到、愿意改就是进步。自己没有意识到，父母、老师、同学指出来了，使自己意识到、愿意改也是进步。良药苦口利于病，忠言逆耳利于行。我们要养成严格要求自己、虚心接受批评帮助的习惯。只要从小就沿着正确道路走，学到一点，就实践一点，努力做最好的我、在自己最好的方面，人生就会迎来一路阳光。

让社会主义核心价值观在少年儿童中培育起来，家庭、学校、少先队组织和全社会都有责任。

家庭是孩子的第一个课堂，父母是孩子的第一个老师。家长要时时处处给孩子做榜样，用正确行动、正确思想、正确方法教育引导孩子。要善于从点滴小事中教会孩子欣赏真善美、远离假丑恶。要注意观察孩子的思想动态和行为变化，随时做好教育引导工作。

学校要把德育放在更加重要的位置，全面加强校风、师德建设，坚持教书育人，根据少年儿童特点和成长规律，循循善诱，春风化雨，努力做到每一堂课不仅传播知识而且传授美德，每一次活动不仅健康身心、而且陶冶性情，让同学们都得到倾心关爱和真诚帮助，让社会主义核心价值观的种子在学生们心中生根发芽。

少先队要坚持开展组织教育、自主教育、实践活动，更好为少年儿童培育和践行社会主义核心价值观服务，把广大少年儿童团结好、教育好、带领好。全社会都要了解少年儿童、尊重少年儿童、关心少年儿童、服务少年儿童，为少年儿童提供良好社会环境。对损害少年儿童权益、破坏少年儿童身心健康的言行，要坚决防止和依法打击。

长江后浪推前浪。我相信，今天这一代少年儿童一定能立志向、有梦想，爱学习、爱劳动、爱祖国，从小自觉培育和践行社会主义核心价值观，在星星火炬的照耀下，在党的阳光的沐浴下，为实现中华民族伟大复兴的中国梦时刻准备着。

10. 在会见中国少年先锋队第七次全国代表大会代表时的讲话（2015 年 6 月 1 日）

童年是人的一生中最宝贵的时期，在这个时期就注意树立正确的人生目标，培养好思想、好品行、好习惯，今天做祖国的好儿童，明天做祖国的建设者，美好的生活属于你们，美丽的中国梦属于你们。

人们想起童年都是美好的、最难忘的，童年也是人的一生中经常会回忆的时光。我看到你们，就想到了我们民族的未来。我国社会主义现代化、中华民族伟大复兴的中国梦，将来要在你们手中实现，你们是未来的主力军、生力军。希望全国各族少年儿童都"好好学习、天天向上"。

要从小学习做人。世界上最难的事情，就是怎样做人、怎样做一个好人。要做一个好人，就要有品德、有知识、有责任，要坚持品德为先。你们现在都是小树苗，品德的养成需要丰富的营养、肥沃的土壤，这样才能茁壮成长。现在把自己的品德培育得越好，将来人就能做得越好。要学会做人的准则，就要学习和传承中华民族传统美德，学习和弘扬社会主义新风尚，热爱生活，懂得感恩，与人为善，明礼诚信，争当学习和实践社会主义核心价值观的小模范。

要从小学习立志。志向是人生的航标。一个人要做出一番成就，就要有自己的志向。一个人可以有很多志向，但人生最重要的志向应该同祖国和人民联系在一起，这是人们各种具体志向的底盘，也是人生的脊梁。你们要注意培养追求真理、报效祖国的志向，爱祖国、爱人民、爱劳动、爱科学、爱社会主义，时刻把祖国和人民放在心中，从小听党的话、跟着党走，努力做祖国和人民需要的好孩子，做祖国和人民事业发展的接班人。

要从小学习创造。幸福不是毛毛雨，幸福不是免费午餐，幸福不会从天而降。人世间的一切成就、一切幸福都源于劳动和创造。时代总是不断发展的，等你们长大了，生活将发生巨大变化，科技也会取得巨大进步，需要你们用新理念、新知识、新本领去适应和创造新生活，这样一个民族、人类进步才能生生不息。从现在起，你们就要争当勤奋学习、自觉劳动、勇于创造的小标兵。

11. 弘扬和平共处五项原则建设合作共赢美好世界——在和平共处五项原则发表60周年纪念大会上的讲话（2014 年 6 月 28 日）

同时，国际关系中的不公正不平等现象仍很突出，全球性挑战层出不穷，各种地区冲突和局部战争此起彼伏，不少国家的民众特别是儿童依然生活在战火硝烟之中，不少发展中国家人民依然承受着饥寒的煎熬。维护世界和平、促进共同发展，依然任重道远。

12. 做党和人民满意的好老师——同北京师范大学师生代表座谈时的讲话（2014 年 9 月 9 日）

这本身就是一种伟大的教育力量。受到尊重、得到理解、得到宽容，是每一个人在人生各阶段都不可缺少的心理需要，儿童和青少年更是如此。

只有我们的孩子们学好知识了、学好本领了、懂得更多了，他们才能更强，我们的国家、民族才能更强。

高尔基说："谁爱孩子，孩子就爱谁。只有爱孩子的人，他才可以教育孩子。"

衷心祝愿每个教师都能成为符合党和人民要求、学生喜欢和敬佩的好老师，希望每个孩子都能遇到好老师。

13. 在纪念孔子诞辰 2565 周年国际学术研讨会暨国际儒学联合会第五届会员大会开幕会上的讲话（2014 年 9 月 24 日）

连绵战火、极度贫困依然在威胁着众多人们的生命和生存，特别是许多妇女儿童依然在战争和贫困的阴影下苦苦挣扎。

14. 在联合国"教育第一"全球倡议行动一周年纪念活动上发表的视频贺词要点（2014 年 9 月 25 日）

百年大计，教育为本。教育是人类传承文明和知识、培养年轻一代、创造美好生活的根本途径。中国将继续响应联合国的倡议。中国有 2.6 亿名在校学生和 1500 万名教师，发展教育任务繁重。中国将坚定实施科教兴国战略，始终把教育摆在优先发展的战略位置，不断扩大投入，努力发展全民教育、终身教育，建设学习型社会，努力让每个孩子享有受教育的机会，努力让 13 亿人民享有更好更公平的教育，获得发展自身、奉献社会、造福人民的能力。中国将加强同世界各国的教育交流，扩大教育对外开放，积极支持发展中国家教育事业发展，同各国人民一道努力，推动人类迈向更加美好的明天。

15. 谋求持久发展共筑亚太梦想——在亚太经合组织工商领导人峰会开幕式上的演讲（2014 年 11 月 9 日，国家会议中心）

大时代需要大格局，大格局需要大智慧。亚太发展前景取决于今天的决断和行动。我们有责任为本地区人民创造和实现亚太梦想。这个梦想，就是坚持亚太大家庭精神和命运共同体意识，顺应和平、发展、合作、共赢的时代潮流，共同致力于亚太繁荣进步；就是继续引领世界发展大势，为人类福祉作出更大贡献；就是让经济更有活力，贸易更加自由，投资更加便利，道路更加通畅，人与人交往更加密切；就是让人民过上更加安宁富足的生活，让孩子们成长得更好、工作得更好、生活得更好。

16. 习近平在 APEC 欢迎宴会上的致辞（2014 年 11 月 11 日）

我们正在全力进行污染治理，力度之大，前所未有，我希望北京乃至全中国都能够蓝天常在，青山常在，绿水常在，让孩子们都生活在良好的生态环境之中，这也是中国梦中很重要的内容。

17. 为伟大的人民点赞——国家主席习近平发表二〇一五年新年贺词（2014 年 12 月 31 日）

我们呼唤和平，我真诚希望，世界各国人民共同努力，让所有的人民免于饥寒的煎熬，让所有的家庭免于战火的威胁，让所有的孩子都能在和平的阳光下苗壮成长。

18. 在贵州考察时的讲话（2015 年 6 月 16 日至 18 日）

要抓住群众最关心的教育、医疗、社会保障、食品安全等问题，实打实地做，循序渐进地推。要通过推进就业创业，发展社会事业，打好扶贫开发攻坚战，不断打通民生保障和经济发展相得益彰的路子。要高度重视公共安全工作，牢记公共安全是最基本的民生的道理，着力堵塞漏洞、消除隐患，着力抓重点、抓关键、抓薄弱环节，不断提高公共安全水平。要关心留守儿童、留守老年人，完善工作机制和措施，加强管理和服务，让他们都能感受到社会主义大家庭的温暖。

19. 促进妇女全面发展共建共享美好世界——在全球妇女峰会上的讲话（2015年9月27日，纽约）

创造有利于妇女发展的国际环境。妇女和儿童是一切不和平不安宁因素的最大受害者。我们要坚定和平发展和合作共赢理念，倍加珍惜和平，积极维护和平，让每个妇女和儿童都沐浴在幸福安宁的阳光里。

20. 携手构建合作共赢新伙伴同心打造人类命运共同体——在第七十届联合国大会一般性辩论时的讲话（2015年9月28日，纽约）

大家一起发展才是真发展，可持续发展才是好发展。要实现这一目标，就应该秉承开放精神，推进互帮互助、互惠互利。当今世界仍有8亿人生活在极端贫困之中，每年近600万孩子在5岁前夭折，近6000万儿童未能接受教育。刚刚闭幕的联合国发展峰会制定了2015年后发展议程。我们要将承诺变为行动，共同营造人人免于匮乏、获得发展、享有尊严的光明前景。

21. 2015减贫与发展论坛举行习近平发表主旨演讲（2015年10月16日）

我们坚持政府主导，把扶贫开发纳入国家总体发展战略，开展大规模专项扶贫行动，针对特定人群组织实施妇女儿童、残疾人、少数民族发展规划。

授人以鱼，不如授人以渔。扶贫必扶智，让贫困地区的孩子们接受良好教育，是扶贫开发的重要任务，也是阻断贫困代际传递的重要途径。我们正在采取一系列措施，让贫困地区每一个孩子都能接受良好教育，让他们同其他孩子站在同一条起跑线上，向着美好生活奋力奔跑。

22. 开启中非合作共赢、共同发展的新时代——在中非合作论坛约翰内斯堡峰会开幕式上的致辞（2015年12月4日，约翰内斯堡）

在非洲实施200个"幸福生活工程"和以妇女儿童为主要受益者的减贫项目……

23. 构建中巴命运共同体开辟合作共赢新征程——在巴基斯坦议会的演讲（2015年4月21日，伊斯兰堡）

2014年底，白沙瓦恐怖袭击事件发生后，中方专门邀请巴方受伤学生和家人赴华疗养，让孩子们幼小的心灵感受到中国人民真挚的情谊。

24. 在庆祝"五一"国际劳动节暨表彰全国劳动模范和先进工作者大会上的讲话（2015年4月28日）

要教育孩子们从小热爱劳动、热爱创造，通过劳动和创造播种希望、收获果实，也通过劳动和创造磨炼意志、提高自己。

25. 习近平总书记给"国培计划（2014）"北京师范大学贵州研修班参训教师的回信（2015年9月9日）

你们在来信中说，从事贫困地区教育大有可为，要让每一个孩子充分享受到充满生机的教育，让每一个孩子带着梦想飞得更高更远，让更多的孩子走出大山、共享人生出彩的机会。说得很好。到2020年全面建成小康社会，最艰巨的任务在贫困地区，我们必须补上这个短板。扶贫必扶智。让贫困地区的孩子们接受良好教育，是扶贫开发的重要任务，也是阻断贫困代际传递的重要途径。党和国家已经采取了一系列措施，推动贫困地区教育事业加快发展、教师队伍素质能力不断提高，让贫困地区每一个孩子都能接受良好教育，实现德智体美全面发展，成为社会有用之才。

26. 在华盛顿州当地政府和美国友好团体联合欢迎宴会上的演讲（2015 年 9 月 22 日，西雅图）

今年春节，我回到这个小村子。梁家河修起了柏油路，乡亲们住上了砖瓦房，用上了互联网，老人们享有基本养老，村民们有医疗保险，孩子们可以接受良好教育，当然吃肉已经不成问题。

27. 在网络安全和信息化工作座谈会上的讲话（2016 年 4 月 19 日）

可以发挥互联网在助推脱贫攻坚中的作用，推进精准扶贫、精准脱贫，让更多困难群众用上互联网，让农产品通过互联网走出乡村，让山沟里的孩子也能接受优质教育；可以加快推进电子政务，鼓励各级政府部门打破信息壁垒、提升服务效率……

我们要本着对社会负责、对人民负责的态度，依法加强网络空间治理，加强网络内容建设，做强网上正面宣传，培育积极健康、向上向善的网络文化，用社会主义核心价值观和人类优秀文明成果滋养人心、滋养社会，做到正能量充沛、主旋律高昂，为广大网民特别是青少年营造一个风清气正的网络空间。

28. 给大陈岛老垦荒队员的后代、浙江省台州市椒江区十二名小学生的回信（2016 年 5 月 30 日）

希望你们向爷爷奶奶学习，热爱党、热爱祖国、热爱人民，努力成长为有知识、有品德、有作为的新一代建设者，准备着为实现中华民族伟大复兴的中国梦贡献力量。

29. 在北京市八一学校考察时的讲话（2016 年 9 月 9 日）

中小学生是青少年的主体，是国家的未来和希望。中小学生要立志成才，必须勤奋学习、提高综合素质，努力做到修身立德、志存高远，勤学上进、追求卓越，强健体魄、健康身心，锤炼意志、砥砺坚韧。同学们都要自觉加强道德养成，从小就让社会主义核心价值观的种子在心中生根发芽，把国家、人民、民族装在心中，注重养成健康、乐观、向上的品格；都要乐于学习、勤于学习、善于学习，在求知境界上越来越高；都要把身心健康牢牢抓在手上，养成良好的生活习惯，经常参加劳动和体育锻炼，通过多种方式怡情养性；都要敢于面对各种困难和挫折，自觉培养不畏艰难、顽强奋进的意志品质。

30. 在中国文联十大、中国作协九大开幕式上的讲话（2016 年 11 月 30 日）

托尔斯泰也说过："如果有人告诉我，我可以写一部长篇小说，用它来毫无问题地断定一种我认为是正确的对一切社会问题的看法，那么，这样的小说我还用不了两个小时的劳动。但如果告诉我，现在的孩子们二十年后还要读我所写的东西，他们还要为它哭，为它笑，而且热爱生活，那么，我就要为这样的小说献出我整个一生和全部力量。

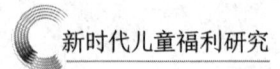

31. 在会见第一届全国文明家庭代表时的讲话 (2016 年 12 月 12 日)

希望大家注重家教。家庭是人生的第一个课堂，父母是孩子的第一任老师。孩子们从牙牙学语起就开始接受家教，有什么样的家教，就有什么样的人。

作为父母和家长，应该把美好的道德观念从小就传递给孩子，引导他们有做人的气节和骨气，帮助他们形成美好心灵，促使他们健康成长，长大后成为对国家和人民有用的人。

广大家庭都要重言传、重身教，教知识、育品德，身体力行、耳濡目染，帮助孩子扣好人生的第一粒扣子，迈好人生的第一个台阶。要在家庭中培育和践行社会主义核心价值观，引导家庭成员特别是下一代热爱党、热爱祖国、热爱人民、热爱中华民族。

青少年是家庭的未来和希望，更是国家的未来和希望。古人都知道，养不教，父之过。家长应该担负起教育后代的责任。家长特别是父母对子女的影响很大，往往可以影响一个人的一生。

32. 给北京市八一学校科普小卫星研制团队学生的回信 (2016 年 12 月 24 日)

希望你们保持对知识的渴望，保持对探索的兴趣，培育科学精神，刻苦学习，努力实践，带动更多青少年讲科学、爱科学、学科学、用科学，努力成长为祖国的栋梁之材，将来更好为实现中华民族伟大复兴的中国梦贡献力量。

33. 国家主席习近平发表二〇一七年新年贺词 (2016 年 12 月 31 日)

通过改革，农村转移人口市民化更便利了，许多贫困地区孩子们上学条件改善了，老百姓异地办理身份证不用来回奔波了，一些长期无户口的人可以登记户口了，很多群众有了自己的家庭医生，每条河流要有"河长"了……这一切，让我们感到欣慰。

34. 共担时代责任共促全球发展——在世界经济论坛 2017 年年会开幕式上的主旨演讲 (2017 年 1 月 17 日，达沃斯)

我想说的是，困扰世界的很多问题，并不是经济全球化造成的。比如，过去几年来，源自中东、北非的难民潮牵动全球，数以百万计的民众颠沛流离，甚至不少年幼的孩子在路途中葬身大海，让我们痛心疾首。

35. 习近平：加快建设社会主义法治国家 坚定不移走中国特色社会主义法治道路 (2014 年 10 月 23 日)

要坚持法治教育从娃娃抓起，把法治教育纳入国民教育体系和精神文明创建内容，由易到难、循序渐进不断增强青少年的规则意识。

36. 在出席庆祝香港回归祖国 20 周年大会上的致辞 (2017 年 7 月 1 日)

要完善与基本法实施相关的制度和机制；要加强香港社会特别是公职人员和青少年的宪法和基本法宣传教育。

要注重教育、加强引导，着力加强对青少年的爱国主义教育，关心、支持、帮助青少年健康成长。

当前，发展的任务更应聚焦。少年希望快乐成长，青年希望施展才能，壮年希望事业有成，长者希望安度晚年，这都需要通过发展来实现。

37. 对吉林长春长生生物疫苗案件作出的重要指示（2018年7月23日）

确保药品安全是各级党委和政府义不容辞之责，要始终把人民群众的身体健康放在首位，以猛药去疴、刮骨疗毒的决心，完善我国疫苗管理体制，坚决守住安全底线，全力保障群众切身利益和社会安全稳定大局。

38. 在全国教育大会上的讲话（2018年9月10日）

党的十九大从新时代坚持和发展中国特色社会主义的战略高度，作出了优先发展教育事业、加快教育现代化、建设教育强国的重大部署。教育是民族振兴、社会进步的重要基石，是功在当代、利在千秋的德政工程，对提高人民综合素质、促进人的全面发展、增强中华民族创新创造活力、实现中华民族伟大复兴具有决定性意义。教育是国之大计、党之大计。

党的十八大以来，我们围绕培养什么人、怎样培养人、为谁培养人这一根本问题，全面加强党对教育工作的领导，坚持立德树人，加强学校思想政治工作，推进教育改革，加快补齐教育短板，教育事业中国特色更加鲜明，教育现代化加速推进，教育方面人民群众获得感明显增强，我国教育的国际影响力加快提升，13亿多中国人民的思想道德素质和科学文化素质全面提升。

在实践中，我们就教育改革发展提出一系列新理念新思想新观点，主要有以下几个方面，坚持党对教育事业的全面领导，坚持把立德树人作为根本任务，坚持优先发展教育事业，坚持社会主义办学方向，坚持扎根中国大地办教育，坚持以人民为中心发展教育，坚持深化教育改革创新，坚持把服务中华民族伟大复兴作为教育的重要使命，坚持把教师队伍建设作为基础工作。这是我们对我国教育事业规律性认识的深化，来之不易，要始终坚持并不断丰富发展。

新时代新形势，改革开放和社会主义现代化建设、促进人的全面发展和社会全面进步对教育和学习提出了新的更高的要求。我们要抓住机遇、超前布局，以更高远的历史站位、更宽广的国际视野、更深邃的战略眼光，对加快推进教育现代化、建设教育强国作出总体部署和战略设计，坚持把优先发展教育事业作为推动党和国家各项事业发展的重要先手棋，不断使教育同党和国家事业发展要求相适应、同人民群众期待相契合、同我国综合国力和国际地位相匹配。

培养什么人，是教育的首要问题。我国是中国共产党领导的社会主义国家，这就决定了我们的教育必须把培养社会主义建设者和接班人作为根本任务，培养一代又一代拥护中国共产党领导和我国社会主义制度、立志为中国特色社会主义奋斗终生的有用人才。这是教育工作的根本任务，也是教育现代化的方向目标。

要在坚定理想信念上下功夫，教育引导学生树立共产主义远大理想和中国特色社会主义共同理想，增强学生的中国特色社会主义道路自信、理论自信、制度自信、文化自信，立志肩负起民族复兴的时代重任。要在厚植爱国主义情怀上下功夫，让爱国主义精神在学生心中牢牢扎根，教育引导学生热爱和拥护中国共产党，立志听党话、跟党走，立志扎根人民、奉献国家。要在加强品德修养上下功夫，教育引导学生培育和践行社会主义核心价值观，踏踏实实修好品德，成为有大爱大德大情怀的人。要在增长知识见识上下功夫，教育引导学生珍惜学习时光，心无旁骛求知问学，增长见识，丰富学识，沿着求真理、悟道理、明事理的方向前进。要在培养奋斗精神上下功夫，教育引导学生树立高远志向，历练敢于担当、不懈奋斗的精神，具有勇于奋斗的精神状态、乐观向上的人生态度，做到刚健有为、自强不息。要在增强综合素质上下功夫，教育引导学生培养综合能力，培养创新思维。要树立健康第一的教育理念，开齐开足体育课，帮助学生在体育锻炼中享受乐趣、增强体质、健全人格、锤炼意志。要全面加强和改进学校美育，坚持以美育人、以文化人，提高学生审美和人文素养。要在学生中弘扬劳动精神，教育引导学生崇尚劳动、尊重劳动，懂得劳动最光荣、劳动最崇高、劳动最伟大、劳动最美丽的道理，长大后能够辛勤劳动、诚实劳动、创造性劳动。

要努力构建德智体美劳全面培养的教育体系，形成更高水平的人才培养体系。要把立德树人融入思想道德教育、文化知识教育、社会实践教育各环节，贯穿基础教育、职业教育、高等教育各领域，学科体系、教学体系、教材体系、管理体系要围绕这个目标来设计，教师要围绕这个目标来教，学生要围绕这个目标来学。凡是不利于实现这个目标的做法都要坚决改过来。

建设社会主义现代化强国，对教师队伍建设提出新的更高要求，也对全党全社会尊师重教提出新的更高要求。人民教师无上光荣，每个教师都要珍惜这份光荣，爱惜这份职业，严格要求自己，不断完善自己。做老师就要执着于教书育人，有热爱教育的定力、淡泊名利的坚守。随着办学条件不断改善，教育投入要更多向教师倾斜，不断提高教师待遇，让广大教师安心从教、热心从教。对教师队伍中存在的问题，要坚决依法依纪予以严惩。

要深化教育体制改革，健全立德树人落实机制，扭转不科学的教育评价导向，坚决克服唯分数、唯升学、唯文凭、唯论文、唯帽子的顽瘴痼疾，从根本上解决教育评价指挥棒问题。要深化办学体制和教育管理改革，充分激发教育事业发展生机活力。要提升教育服务经济社会发展能力，调整优化高校区域布局、学科结构、专业设置，建立健全学科专业动态调整机制，加快一流大学和一流学科建设，推进产学研协同创新，积极投身实施创新驱动发展战略，着重培养创新型、复合型、应用型人才。要扩大教育开放，同世界一流资源开展高水平合作办学。

加强党对教育工作的全面领导，是办好教育的根本保证。教育部门和各级各类学校的党组织要增强"四个意识"、坚定"四个自信"，坚定不移维护党中央权威和集中统一领导，自觉在政治立场、政治方向、政治原则、政治道路上同党中央保持高度一致。各级党委要把教育改革发展纳入议事日程，党政主要负责同志要熟悉教育、关心教育、研究教育。各级各类学校党组织要把抓好学校党建工作作为办学治校的基本功，把党的教育方针全面贯彻到学校工作各方面。思想政治工作是学校各项工作的生命线，各级党委、各级教育主管部门、学校党组织都必须紧紧抓在手上。要精心培养和组织一支会做思想政治工作的政工队伍，把思想政治工作做在日常、做到个人。

办好教育事业，家庭、学校、政府、社会都有责任。家庭是人生的第一所学校，家长是孩子的第一任老师，要给孩子讲好"人生第一课"，帮助扣好人生第一粒扣子。教育、妇联等部门要统筹协调社会资源支持服务家庭教育。全社会要担负起青少年成长成才的责任。各级党委和政府要为学校办学安全托底，解决学校后顾之忧，维护老师和学校应有的尊严，保护学生生命安全。

改革前民政部主要职责及内设机构

（黑体为民政部原主要职责和机构当中涉及儿童工作的部分）

一、主要职责

（一）拟订民政事业发展规划和方针政策，起草有关法律法规草案，制定部门规章，并组织实施和监督检查。

（二）承担依法对社会团体、基金会、民办非企业单位进行登记管理和监察责任。

（三）拟订优抚政策、标准和办法，拟订退役士兵、复员干部、军队离退休干部和军队无军籍退休退职职工安置政策及计划，拟订烈士褒扬办法，组织和指导拥军优属工作，承担全国拥军优属拥政爱民工作领导小组的有关具体工作。

（四）拟订救灾工作政策，负责组织、协调救灾工作，组织自然灾害救助应急体系建设，负责组织核查并统一发布灾情，管理、分配中央救灾款物并监督使用，组织、指导救灾捐赠，承担国家减灾委员会具体工作。

（五）牵头拟订社会救助规划、政策和标准，健全城乡社会救助体系，负责城乡居民最低生活保障、医疗救助、临时救助、生活无着人员救助工作。

（六）拟订行政区划管理政策和行政区域界线、地名管理办法，负责县级以上行政区域的设立、命名、变更和政府驻地迁移的审核工作，组织、指导省县级行政区域界线的勘定和管理工作，负责重要自然地理实体以及国际公有领域、天体地理实体的命名、更名的审核工作。

（七）拟订城乡基层群众自治建设和社区建设政策，指导社区服务体系建设，提出加强和改进城乡基层政权建设的建议，推动基层民主政治建设。

（八）拟订社会福利事业发展规划、政策和标准，拟订社会福利机构管理办法和福利彩票发行管理办法，组织拟订促进慈善事业的政策，组织、指导社会捐助工作，指导老年人、孤儿和残疾人等特殊群体权益保障工作。

（九）拟订婚姻管理、殡葬管理和儿童收养的政策，负责推进婚俗和殡葬改革，指导婚姻、殡葬、收养、救助服务机构管理工作。

（十）会同有关部门按规定拟订社会工作发展规划、政策和职业规范，推进社会工作人才队伍建设和相关志愿者队伍建设。

（十一）负责相关国际交流与合作工作，参与拟订在华国际难民管理办法，会同有关部门负责在华国际难民的临时安置和遣返事宜。

（十二）承办国务院交办的其他事项。

二、内设机构

（一）办公厅

负责机关文电、会务、机要、档案、政务公开、督查督办、政务协调、安全保密和信访工作；负责民政信息管理工作；承办相关新闻发布工作。

下设：综合处（民政部总值班室）、秘书处、督查办公室（民政部政务公开领导小组办公室、民政部政府信息依申请公开办公室、民政服务机构安全管理办公室）、民政部保密办公室、调研室、民政部新闻办公室（电子政务办公室）、民政部信访办公室（人民建议征集办公室）

（二）政策法规司

起草相关法律法规草案和规章；承担机关有关规范性文件合法性审核工作；承办相关行政复议和行政应诉工作。

下设：综合处、法制一处、法制二处、法制三处

（三）社会组织管理局（社会组织执法监察局、社会工作司）

拟订社会团体、基金会、民办非企业单位登记管理办法，并按照管辖权限进行登记管理和执法监察；承担境外非政府组织在华机构的登记管理和执法监察工作；承担民间组织信息管理工作；指导和监督地方对社会团体、基金会、民办非企业单位的登记管理工作；会同有关方面按规定拟订社会工作发展规划、政策和职业规范，推进社会工作人才队伍建设和相关志愿者队伍建设。

下设：办公室、政策法规处、登记处、社团管理一处、社团管理二处、基金会管理处、社会服务机构管理处、涉外社会组织管理办公室、执法监察一处、执法监察二处、执法监察三处、信息宣传处、部管社会组织工作处、社会工作处、志愿服务处

（四）社会救助司

拟订社会救助规划、政策和标准，健全城乡社会救助体系；组织城乡居民最低生活保障、医疗救助、临时救助工作；拟订五保户社会救济政策；承办中央财政最低生活保障投入资金分配和监管工作；参与拟订住房、教育、司法救助相关办法；承担全国社会救助信息管理工作。

下设：综合处、最低生活保障处、特困和临时救助处、医疗救助处、监察处

（五）基层政权和社区建设司

拟订城乡基层群众自治建设和社区建设政策；指导社区服务体系建设；提出加强和改进城乡基层政权建设的建议；推动基层民主政治建设。

下设：农村社区建设（综合）处、城乡基层民主（村、居务公开）处、城市社区建设处、基层政权建设处

（六）区划地名司

拟订行政区划管理政策和行政区域界线、地名管理办法；审核县级以上行政区域的设立、命名、变更和政府驻地迁移；组织和指导省县级行政区域界线的勘定和管理；

审核重要自然地理实体和国际公有领域、天体地理实体的命名、更名；参与联合国地名标准化建设工作。

下设：综合处（普查办秘书处）、区划管理处、地名管理处、界线管理处、普查办业务指导处、普查办成果转化处

（七）社会福利和慈善事业促进司

拟订社会福利事业发展规划、政策和标准；拟订老年人、孤儿和残疾人等特殊群体权益保护政策；拟订社会福利机构管理办法和福利彩票发行管理办法；管理本级彩票公益金；拟订社会福利企业扶持政策；组织拟订促进慈善事业发展政策；组织和指导社会捐助工作。

下设：综合处、福利彩票处、慈善和社会捐助处、老年人福利处、残障人福利处

（八）社会事务司

拟订婚姻、儿童收养和殡葬管理政策；推进婚俗和殡葬改革；指导涉外和涉港澳台居民、华侨、边民婚姻管理；承办政府间儿童收养政策协调事宜；协调省际生活无着人员救助工作；承担全国婚姻登记信息管理工作；指导婚姻、殡葬、收养、救助服务机构管理。

下设：生活无着人员救助管理（综合）处、殡葬管理处、**儿童福利和收养处、未成年人（留守儿童）保护处**、婚姻管理处

（九）规划财务司

拟订民政事业发展规划和民政基础设施建设标准；指导和监督中央财政拨付的民政事业资金管理；负责机关财务工作；负责机关及直属单位国有资产管理和审计工作；负责民政统计管理工作。

下设：综合（审计）处、规划统计处、财务处、基建处、国有资产管理处

（十）国际合作司

承办相关国际交流与合作工作；承办本部与港澳台交流合作事宜；会同有关方面承办在华国际难民的临时安置和遣返事宜。

下设：综合（港澳台）处、双边处、多边处、难民处

（十一）人事司（机关党委）

承担机关和直属单位的人事工作和机构编制工作；承担民政科技管理和民政行业标准化工作；负责机关党委的日常工作。

下设：劳动工资（综合）处、组织工作处、宣传群工处、直属机关纪委办公室、机关干部处、直属单位干部处、人才科技标准化处

（十二）离退休干部局

负责机关离退休干部工作，指导直属单位的离退休干部工作。

下设：办公室、党委办公室、一处、二处、三处

民政部职能配置、内设机构和人员编制规定

（中共中央办公厅 国务院办公厅 2018 年 12 月 31 日）

第一条 根据党的十九届三中全会审议通过的《中共中央关于深化党和国家机构改革的决定》、《深化党和国家机构改革方案》和第十三届全国人民代表大会第一次会议批准的《国务院机构改革方案》，制定本规定。

第二条 民政部是国务院组成部门，为正部级。

第三条 民政部贯彻落实党中央关于民政工作的方针政策和决策部署，在履行职责过程中坚持和加强党对民政工作的集中统一领导，主要职责是：

（一）拟订民政事业发展法律法规草案、政策、规划，制定部门规章和标准并组织实施。

（二）拟订社会团体、基金会、社会服务机构等社会组织登记和监督管理办法并组织实施，依法对社会组织进行登记管理和执法监督。

（三）拟订社会救助政策、标准，统筹社会救助体系建设，负责城乡居民最低生活保障、特困人员救助供养、临时救助、生活无着流浪乞讨人员救助工作。

（四）拟订城乡基层群众自治建设和社区治理政策，指导城乡社区治理体系和治理能力建设，提出加强和改进城乡基层政权建设的建议，推动基层民主政治建设。

（五）拟订行政区划、行政区域界限管理和地名管理政策、标准，负责报国务院审批的行政区划设立、命名、变更和政府驻地迁移审核工作，组织、指导省县级行政区域界线的勘定和管理工作，负责地名管理工作，负责重要自然地理实体以及国际公有领域、天体地理实体的命名、更名审核工作。

（六）拟订婚姻管理政策并组织实施，推进婚俗改革。

（七）拟订殡葬管理政策、服务规范并组织实施，推进殡葬改革。

（八）统筹推进、督促指导、监督管理养老服务工作，拟订养老服务体系建设规划、政策、标准并组织实施，承担老年人福利和特殊困难老年人救助工作。

（九）拟订残疾人权益保护政策，统筹推进残疾人福利制度建设和康复辅助器具产业发展。

（十）拟订儿童福利、孤弃儿童保障、儿童收养、儿童救助保护政策、标准，健全农村留守儿童关爱服务体系和困境儿童保障制度。

（十一）组织拟订促进慈善事业发展政策，指导社会捐助工作，负责福利彩票管理工作。

（十二）拟订社会工作、志愿服务政策和标准，会同有关部门推进社会工作人才队伍建设和志愿者队伍建设。

（十三）完成党中央、国务院交办的其他任务。

（十四）职能转变。民政部应强化基本民生保障职能，为困难群众、孤老孤残孤儿等特殊群体提供基本社会服务，促进资源向薄弱地区、领域、环节倾斜。积极培育社会组织、社会工作者等多元参与主体，推动搭建基层社会治理和社区公共服务平台。

（十五）有关职责分工。

1. 与国家卫生健康委员会的有关职责分工。民政部负责统筹推进、督促指导、监督管理养老服务工作，拟订养老服务体系建设规划、法规、政策、标准并组织实施，承担老年人福利和特殊困难老年人救助工作。国家卫生健康委员会负责拟订应对人口老龄化、医养结合政策措施，综合协调、督促指导、组织推进老龄事业发展，承担老年疾病防治、老年人医疗照护、老年人心理健康与关怀服务等老年健康工作。

2. 与自然资源部的有关职责分工。民政部会同自然资源部组织编制公布行政区划信息的中华人民共和国行政区划图。

第四条 民政部设下列内设机构：

（一）办公厅（国际合作司）。负责机关日常运转，承担信息、安全、保密、信访、政务公开、新闻宣传、国际交流合作和与港澳台交流合作等工作。

（二）政策法规司。负责起草相关法律法规草案和规章，承担民政行业标准化工作，承担规范性文件的合法性审查和行政复议、行政应诉等工作。

（三）规划财务司。拟订民政事业发展规划和民政基础设施建设标准，指导和监督中央财政拨付的民政事业资金管理工作。拟订民政部门彩票公益金使用管理办法，管理本级彩票公益金。承担民政统计管理和机关及直属单位预决算、财务、资产管理与内部审计工作。

（四）社会组织管理局（社会组织执法监督局）。拟订社会团体、基金会、社会服务机构等社会组织登记和监督管理办法，按照管理权限对社会组织进行登记管理和执法监督，指导地方对社会组织的登记管理和执法监督工作。

（五）社会救助司。拟订城乡居民最低生活保障、特困人员救助供养、临时救助等社会救助政策和标准，健全城乡社会救助体系，承办中央财政困难群众救助补助资金分配和监管工作。参与拟订医疗、住房、教育、就业、司法等救助相关办法。

（六）基层政权建设和社区治理司。拟订城乡基层群众自治建设和社区治理政策，指导城乡社区治理体系和治理能力建设，提出加强和改进城乡基层政权建设的建议，推动基层民主政治建设。

（七）区划地名司。拟订行政区划管理政策和行政区域界限、地名管理办法，审核报国务院审批的行政区划设立、命名、变更和政府驻地迁移，组织、指导省县级行政区域线界的勘定和管理，审核重要自然地理实体以及国际公有领域、天体地理实体的命名、更名，参与联合国地名标准化建设工作。

（八）社会事务司。推进婚俗和殡葬改革，拟订婚姻、殡葬、残疾人权益保护、生活无着流浪乞讨人员救助管理政策，参与拟订残疾人集中就业扶持政策，指导婚姻登记机关和残疾人社会福利、殡葬服务、生活无着流浪乞讨人员救助管理机构相关工作，协调省际生活无着流浪乞讨人员救助事务，指导开展家庭暴力受害人临时庇护救助工作。

（九）养老服务司。承担老年人福利工作，拟订老年人福利补贴制度和养老服务体系建设规划、政策、标准，协调推进农村留守老年人关爱服务工作，指导养老服务、老年人福利、特困人员救助供养机构管理工作。

（十）儿童福利司。拟订儿童福利、孤弃儿童保障、儿童收养、儿童救助保护政策、标准，健全农村留守儿童关爱服务体系和困境儿童保障制度，指导儿童福利、收养登记、救助保护机构管理工作。

（十一）慈善事业促进和社会工作司。拟订促进慈善事业发展政策和慈善信托、慈善组织及其活动管理办法。拟订福利彩票管理制度，监督福利彩票的开奖和销毁，管理监督福利彩票代销行为。拟订社会工作和志愿服务政策，组织推进社会工作人才队伍建设和志愿者队伍建设。

机关党委（人事司）。负责机关和在京直属单位的党群工作。承担机关和直属单位的人事管理、机构编制、教育培训、科技管理及队伍建设等工作。

离退休干部局。负责机关离退休干部工作，指导直属单位离退休干部工作。

第五条　民政部机关行政编制 333 名。设部长 1 名，副部长 4 名，司局级领导职数 47 名（含机关党委专职副书记 1 名、机关纪委书记 1 名、离退休干部局领导职数 3 名）。

第六条　民政部所属事业本位的设置、职责和编制事项另行规定。

第七条　本规定由中央机构编制委员会办公室负责解释，其调整由中央机构编制委员会办公室按规定程序办理。

第八条　本规定自 2018 年 12 月 31 日起施行。

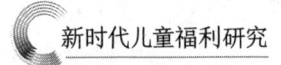

会议纪要一

时间：2018年12月12日下午

与会座谈人员：上海市徐汇星雨、上海市徐汇明汇、上海市儿护中心、上海市儿童福利院、上海市社会福利中心、上海市救助站、上海市救助二站、上海市杨浦区救助站等机构负责人

上海市儿护中心负责人对儿童护理中心关于儿童福利与保护制度的经验与办法进行了汇报：上海市儿护中心目前面临严峻形势和挑战，需要国家做好顶层设计，完善相关法律政策体系，并提出了儿童保护加强体制机制建设，需要国家给予明确的政策法规，提高儿童护理工作的可操作性、可行性。现行的儿童临时看护中心主要针对遗失弃儿，需在主要媒体上找亲属或者转福利院，流程复杂，时间跨度较大。全国层面，市级层面儿童福利保护机构缺失，遗失弃儿不单是儿童看护中心一家的职责，公安、民政还有司法机关都有责任。目前工作中的困境与问题主要是医院滞留儿童以及还有9名儿童在本机构看护但是面临入学和就医困难，公安机关的户籍把守太严以及其绩效考核和工作量决定了这部分儿童目前处于有人看护但没人负责的境地。同时缺少联席机制，各机构之间的联络不但资源浪费而且不能得到很好的协调。需要保证各个部门的沟通更加顺畅。从国家来说，目前儿童保护文件制定已经较全面但是实施起来难度较大。

市儿童福利院负责人总结了当前困境儿童和孤残儿童首先要给予基本生活费和提供安全保护，这部分具体的操作规程缺少。我们在民政架构内，市民政局和区民政局需要协调街镇，街镇要有困境儿童工作的工作者。目前福利中心困境儿童社会服务科仅有2~3名工作人员，其他基本都是各单位的兼职。兼职的人基本是区级区民政局公务员、街镇社区、机关事业单位人员、社区工作者，力量比较薄弱，儿童保护职能的划分不明确，队伍的专业化程度不够。儿童督导系统要保证在居村层面就有，因为在居村层面，困境儿童不是常态工作机制，因此居村要提供最低生活保障和最低程度的国家介入等。困境儿童的保护人员专业化水平要求比较高，需要熟悉民法、未成年人保护法等，但基层相关人员能力匹配度不高，工作只是顺带的工作，队伍的能力严重滞后，急需社会组织参与，因此政府应当提供社会组织参与的渠道。其次民政部门信息系统存在问题，民政部开发了孤弃儿童、散居儿童、困境儿童三个系统，三个系统中还相互不协调，一个系统的数据导不进另一个系统并且功能比较薄弱。最后就是跨区困境儿童的问题，跨区域一个部门解决不了需要有联席会议，设置良好的沟通机制，保证职责到位。以户籍地为主体，各区相互配合。现在民政工作主要是老年人，老年人领域是重点，儿童领域都是个案性质，一个区可能只会出现一两个个案。但出现了需要投入的精力是很大的,那么队伍人员和机制安排都因此出现挑战。

姚建龙:国家需要有看齐意识,小康社会要到整个大环境背景下看,很多恶性事件的出现,儿童福利和保护工作的缺失会影响小康社会建设。面对孤残弃儿童,以现在的适度普惠型政策需要界定儿童福利的内涵外延,优化顶层设计,这样才能更有针对性。

上海市社会福利中心院长表示:本市发现的1岁以上儿童排除走失之后送到看护中心,1岁以下直接送到儿童福利院以及弃婴弃儿直接送往儿童福利院。工作的归口,民政部门有社会福利处,管政策制定,还有收养是在婚姻分管处,下面的救助站是归未保中心管的。三个处领导,三个处室,职能太过分散。儿童福利院是管弃婴弃儿的,除此以外的不是儿童福利院的职能范围,虽然通过集体户口可以解决,但目前"三定"没有改,儿童福利院业务范围内还不能收养困境儿童。因为儿童福利院是针对本市户籍的,就只认弃婴弃儿。目前公安机关对户籍问题把控较严,因此不能覆盖到困境儿童。目前,儿童福利院的标准是2000元,市财政出1800元,国家出200元。还有就是个案,剥夺监护权的孩子的户籍和上学问题需要解决。否则如何保障孩子利益最大化。

姚建龙教授:针对困境儿童的户籍制度以及事实收养问题如何解决?

上海市市救助站未保中心周主任:全市救助区首先分流,弄清楚身份地址,清晰的10天之内送回,否则就送往救助二站。未报中心是救助站内设机构,救助站内的救助对象包括外省市的流浪儿童,对于轻微违法的送专门的机构教育矫治。外省市的流浪儿童自己来的以及公安部门巡逻后送进来的,16周岁以上健康的,核实身份后资助返乡。16周岁以下包括残疾,智力残疾不能自己走的,首先核实身份,但公安信息不对称,外省市的相关部门对这部分小孩的身份信息不相信,不愿意小孩进来;身份未核实又不能出去,所以既进不了又出不去,存在大量问题。目前也没有专门的平台核实身份。还有14岁至15岁的小孩管理上不能滥用手段,以至于小孩难以管教,需要社会工作阳光介入,疏导缓解我们的工作压力。困境儿童有外省市的户籍的,父母吸毒服刑有不良行为的这类小孩,我们也不敢擅自解决,还有就是跑站现象需要引起关注。我们这里有个小孩感染了艾滋病,国家规定这类人只能告诉监护人所以我们救助站不能被告诉,还有传染病风险像肺结核、呼吸道传染病很难防范,我们工作人员面临很大风险。

上海市救助二站,杨浦区救助站负责人表示:身份地址清晰核实的小孩,一旦核实就送回,所以现实意义上的困境儿童在我们这里并不多。儿保中心以及流浪儿童教育保护中心最好单列,两者分别发挥作用。我们这里目前只有十几个小孩比较固定,到年龄就出去了,通过骨龄测试来确定年龄。管理机构来体现儿童特点,开展生活活动教育,同时区别于成年人的生活。吃饭的标准,活动区都做区分,也通过阳光之家参加活动招募志愿者。教育方面,社工教认识简单的字等。但是这部分小孩年龄跨度相当大,社工养育经验、教育经验比较缺乏,这也是之前提到的未成年人保护工作专业化程度不够的原因。街镇的机构、体检、传染病预防都存在问题。未成年人到了年龄想要出去，救助站对这部分人有些是不同意出去的，尤其是带着传染病、艾滋病的。这部分小孩也缺乏专业化的教育和三观培养。还有剥离监护权的，我们是作为孤儿进行教育的，这就使得他们和父母缺乏联系。

徐汇明汇儿童发展中心负责人表示：作为一家社会组织，我们的定位是帮扶困境儿童，主要面对徐汇区困境儿童，目前有 1162 名困境儿童。2016 年国务院 26 号文以及民政部 34 号文给我们提供了法律政策依据。现在我们个案的追踪依托街道和徐汇民政，我们也做个案评估采取红黄蓝评估办法，对于 26 名红黄个案，我们追踪服务在生活关照和对学习教育提供帮助。但我们需要政府支持的介入。我们对现有徐汇区的困境儿童提供资金支持，像蛋糕券、电影、展馆券等八个方面，送给他们文化的福利大餐。今年 6·1 之前我们组织了一批困境儿童出来生活就医就学，对待困境儿童我们更多考虑融合，不能考虑贴标签，避免话语字眼出现困境儿童。通过融入活动教他们拥抱大自然，参加学习会、生日会、阅读会，通过文化教育的传递，让其不要心理产生偏差，积极融入社会。这些最基层的事情需要社工配合，社会协调。社会基础设施能不能给予这部分儿童一些帮助和优惠？

徐汇星雨儿童康健院院长表示：我们机构主要针对特殊儿童的康复治疗，是一家民办的儿童福利医院。但是今年福利执照收掉了，不属于社会福利执照范围。我作为儿童家长，也代表一部分儿童的家长（要讲以下内容）。我们康复院主要针对这样一部分群体，比如智力障碍、自闭症、脑瘫儿童。我们亟需出台儿童与青少年的福利保障法，我这个工作做了 15 年，为了儿童福利，为了能减少社会上的弃儿做了 15 年。当前我们这样的福利机构变成弱势机构，十六大之后民办的福利机构需要登记注册需要注册资金需要福利执照，给我们造成了很大困难。我觉得儿童残疾归残联管，儿童福利、教育归教育管。当前自闭症儿童有 60% 至 80% 出现在民间机构，70% 的资金是来自于家长的，而他们本来应该在公办机构。国家要关注终身保障机制的设立，各机构要有联动机制，同时我们也迫切希望出台法律保障，联合卫生福利部让儿童的疾病问题从源头知道。在残联的体系里残联认定的康复机构实行 0 岁至 7 岁的残疾儿童救助阳光宝宝政策，现在已经延伸到 16 岁。现在儿童的托育服务，咨询服务，亲子服务，家庭生活，医疗辅助，就学医疗，自理能力都存在问题。所以民政部门要和残联、卫生、教育等部门进行职能分工，购买家长服务和社会上的服务，同时结合社会上的慈善资金。对于我们民间机构，我们福利机构执照取消后，那么普惠型儿童福利由谁来做。如果我们走上市场，商业经营模式出现在上海收费十分高昂。但是我们现在维持上海最低的康复治疗费用，场地得到教育局的支持，残联每年给予我们 2 万元的资金支持，让我们暂时维护了普惠型的底线。我们目前自负盈亏，守好底线，实现了低成本运作，在夹缝中挣扎。政府可以托底，但我们民间机构找谁托底？我们这里有 15 年工作经验的老师，他们具有丰富的康复经验，我们的儿童康复福利已经成熟，所以进入到低收费的商业化运作模式。但是商业现实与良知底线如何衡量？我们教育孩子以后进入到社会不能辜负我们之前的努力。残障儿童其实是个社会问题，残疾儿童虽然有家庭，但是国家还是要提供额外的保障。

　　姚建龙：民政部儿童福利的支撑需要在座的各位，我们在努力地探索国家亲权，努力地让顶层设计不能脱离现实。我对在座的各位表示由衷的敬佩，这也让我们确定了努力的方向。

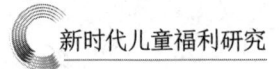

会议纪要二

2018年12月12日，为回顾总结我国儿童福利和儿童保护历史经验，分析我国当下儿童福利与保护现状及存在的问题，谋划新时代儿童福利和儿童保护工作的发展方向，重新架构儿童福利和儿童保护工作机制。于12月12日上午9：30，在上海市民政局（世博村路300号6号楼）511会议室，召开"新时代儿童工作研究"课题座谈会，开展课题调研工作。

上海市民政局社会福利处、救灾救济处、基层政权与社区建设处、婚姻管理处（收养登记处）相关负责同志分别就相关工作进行阐述；徐汇区民政局、长宁区民政局、静安区民政局、金山区民政局、青浦区民政局分管副局长或业务科室主要负责同志也与会参与座谈。

上海市民政局社会福利处科长首先对列席人员表示欢迎，并请姚建龙教授做会议内容的研讨指导。姚建龙教授简要介绍课题导向和研讨内容，对新时代儿童福利和儿童保护开展具体工作的相关议题进行说明。

继而，儿童福利处科长对儿童福利处的职能进行介绍，指出儿童福利处的工作涉及养老、儿童和残疾三个方面，但是儿童工作的比重和人员配置不足；并深感2016年是一个比较明显的过渡年（分水岭），儿童工作开始制度化地转向困境儿童，但其中与教育部门和卫生部门等的衔接仍存在问题。尽管在上海有24个职能部门的联席会议，但是在法律层面上仿佛无法可依，对于牵头主体规定不明确。此外，作为儿童保护第一步的公安接警处理工作需要进一步联动加强；在国家保护和家庭监护权衡中也需要防止制度漏洞。

婚姻管理处（收养登记处）的负责人员称该处室的工作主要涉及婚姻和收养两块，收养分为国内收养和涉港澳及外国收养，而国内收养可区分为合法收养和非法收养，指出可回归家庭的待收养儿童和想收养孩子的家庭数量对比失衡，收养制度上存在些许问题，建议解决收养过程中的户籍问题，提出是否可尽快出台收养登记办法，针对民间收养和非福利机构收养问题进行说明，在程序设计上加强收养评估、收养家庭培训和收养回访等工作。

救济救灾处的负责人员称救济救灾处主要针对流浪乞讨儿童，并介绍上海市主要有两个救助管理站，各个区再分设一个救助站，实践中存在设立未成年人保护中心的等级达标细则建立问题；又以浦东新区"七个葫芦娃"案例为依托指出大量的外省市困境儿童，在救助站面临户口问题，又进一步影响困境儿童的教育医疗等。

基层政权与社区建设处的负责人员指出居委会、村委会是基层政权的延伸，履行一定的发现、协助职能，但并不是责任主体，建议将强制报告和监护监督的直接责任人确定为基层政权与社区建设处，而非居委会或村委会，因为其在最接近原则下确实涉及事务较多，管得多可能造成落实不到位。

随即，各区的民政局分管副局长或业务科室主要负责同志也对新时代下儿童福利和儿童保护工作以各区为视角谈及了相关的问题和建议。

金山区民政局主要负责人员指出金山区低保对象较多，且存在事实收养人的现状，事实收养人无法办理完成收养证，在法律上不具有收养资格，建议在法律层面上是不是可以规定事实收养到一定时间而成为法律上的收养人。徐汇区民政局主要负责人员在此基础上强调了矫治机构的衔接问题，指出临时看护（监护）场所的设立是重要抓手，以及相关人员的配置问题，民政兜底在漫长的过程中如何落实责任存在现实困难。实践中还存在儿童父母的财产保全问题，是不是可以出台相关规定对散居孤儿也实施更强有力的保障。姚建龙教授在此基础上也感慨儿童保护工作不能单靠觉悟支撑。

青浦区民政局主要负责人员谈及两方面问题，一是收养中的非法收养，同样涉及事实收养下的儿童户籍困境；二是违法犯罪父母子女的临时看护问题如何落实，上海助推各区均设置临时生活照料场所是否可行，比如在养老院中设置男孩房间和女孩房间，指出以上均需要法律层面的规制和支撑。

长宁区民政局主要负责人员根据本区经验提出在超大城市视角之下，第一，应多维角度拓宽保障范围，可划分为4个圈，核心圈是孤儿，依次为困境儿童、困难儿童和普通儿童，逐渐实现向普惠型儿童福利过渡。第二，要全面发挥合力，条块合力以及实现信息共享下的制度资金一体化，关于牵头问题提出三种方案：（1）专设儿童福利和儿童保护政府组织部门；（2）由教育部牵头；（3）在民政部设儿童工作司。第三，要借助互联网，线上线下相融合，线下就是加强村、居委会的主动性，线上实现一网通办，借助大数据进行大平台建设，起到预警主动发现之作用。第四，资金帮扶和服务帮扶相结合，要给予儿童同等的社会参与感，通过和社区治理相结合、鼓励社会力量广泛参与、整合社区文化资源等方式。最终实现体系化、资源节约化、配置便利化、服务专业化、福利项目个性化、困境干预法制化。

最后，静安区民政局主要负责人员进行发言，指出静安区成年孤儿安置问题得到了较好的解决，对散居孤儿和低保申请无法政策叠加的问题列明症结。

至此，"新时代儿童工作研究"课题座谈会作结，留给诸位更多思考，也为课题组的进一步工作指明了方向。

主要参考文献

一、著作

1. 习近平：《决胜全面建成小康社会　夺取新时代中国特色社会主义伟大胜利——在中国共产党第十九次全国代表大会上的报告》，人民出版社 2018 年版。

2. 习近平：《习近平谈治国理政》（第 2 卷），外文出版社 2018 年版。

3. 习近平：《习近平谈治国理政》（第 1 卷），外文出版社 2018 年版。

4. 中共中央党史和文献研究院编：《习近平关于总体国家安全观论述摘编》，中央文献出版社 2018 年版。

5. 中共中央宣传部编：《习近平新时代中国特色社会主义思想三十讲》，学习出版社 2018 年版。

6. 多吉才让：《中国社会福利概论》，中国社会出版社 2002 年版。

7. 程燎原、王人博：《权利论》，广西师范大学出版社 2014 年版。

8. 国家统计局 2017 年《中国儿童发展纲要（2011~2020 年）》统计监测报告。

9. 郭道晖：《社会权力与公民社会》，译林出版社 2009 年版。

10. 韩晶晶：《儿童福利制度比较研究》，法律出版社 2012 年版。

11. 林胜义：《儿童福利行政》，五南图书出版公司 1998 年版。

12. 林万亿：《台湾的社会福利：历史经验与制度分析》，五南图书出版公司 2006 年版。

13. 陆士桢、魏兆鹏、胡伟编著：《中国儿童政策概论》，社会科学文献出版社 2005 年版。

14. 满小欧：《美国儿童保护制度研究》，东北大学出版社 2016 年版。

15. 尚晓援、王小林、陶传进：《中国儿童福利前沿问题》，社会科学文献出版社 2010 年版。

16. ［日］桑原洋子：《日本社会福利法制概论》，韩君玲、邹文星译，商务印书馆 2010 年版。

17. 王雪梅：《儿童福利论》，社会科学文献出版社 2014 年版。

18. 王振耀主编：《重建现代儿童福利制度——中国儿童福利政策报告 2014》，社会科学文献出版社 2015 年版。

19. 王振耀主编：《系统建设普惠型儿童福利体系——中国儿童福利政策报告 2015》，社会科学文献出版社 2016 年版。

20. 熊金才：《儿童救助与福利》，中国政法大学出版社 2014 年版。

21. 肖建国：《中国少年法概论》，中国矿业大学出版社 1993 年版。

22. 杨雄、程福财：《儿童福利政策》，上海人民出版社 2012 年版。

23. 姚建平：《国与家的博弈：中国儿童福利制度发展史》，格致出版社、上海人民出版社 2015 年版。

24. 姚建龙：《困境儿童保障研究：主要以上海市为例》，中国政法大学出版社 2018 年版。

25. 姚建龙：《权利的细微关怀》，北京大学出版社 2010 年版。

26. 姚建龙：《青少年犯罪与司法论要》，中国政法大学出版社 2014 年版。

27. 姚建龙：《法学的童真——孩子的法律视界》，上海三联书店 2015 年版。

28. 姚建龙：《法学的慈悲——孩子的法律情怀》，上海三联书店 2018 年版。

29. 吴鹏飞：《儿童权利一般理论研究》，中国政法大学出版社 2013 年版。

二、论文

1. 成海军："中国儿童福利制度转型与体系嬗变"，载《社会福利（理论版）》2012 年第 9 期。

2. 成海军、朱艳敏："社会转型视阈下的普惠型儿童福利制度构建"，载《学习与实践》2012 年第 8 期。

3. 成彦："美国儿童福利运行框架对中国儿童福利体系建构的启示"，载《社会福利（理论版）》2013 年第 9 期。

4. 丛敏："马克思主义视野下的新中国儿童政策理论研究"，浙江理工大学 2014 年硕士学位论文。

5. 蔡秀云、李雪臣："我国儿童福利事业发展现状分析"，载《经济研究参考》2017 年第 53 期。

6. 程熙："社会福利转型下普惠型儿童福利制度的构建"，载《戏剧之家》2017 年第 15 期。

7. 邓炜辉："论社会权的国家保护义务：起源、体系结构及类型化"，载《法商研究》2015 年第 5 期。

8. 邓元媛："我国儿童福利法律制度运行缺陷原因分析及对策研究"，载《长沙民政职业技术学院学报》2013 年第 3 期。

9. 谢湘 "儿童福利津贴制度由补缺型向普惠型迈进"，载《中国青年报》2013 年 6 月 1 日。

10. 冯博："日本儿童福利发展及启示"，载《经济师》2015 年第 1 期。

11. 谷新宇："我国未成年人国家监护制度研究"，宁波大学 2017 年硕士学位论文。

12. 高鉴国、杨克："论补缺型福利制度的特征"，载《福建论坛（人文社会科学版）》2011 年第 10 期。

13. 国务院妇女儿童工作委员办公室："瑞典儿童保护与服务的实践及启示"，载《中国妇运》2014 年第 1 期。

14. 郭静晃、崔文俊："我国城乡协调发展：历史、现状与对策思路"，载《江西财经大学学报》2016 年第 3 期。

15. 高丽茹、万国威："中国儿童福利制度：时代演进、现实框架和改革路径"，载《河北学刊》2016 年第 2 期。

16. 何玲："瑞典儿童福利模式及研究趋势刍议"，载《中国青年研究》2009 年第 2 期。

17. 黄薇："跨国收养中儿童送养事前监管制度的法律思考"，广西大学 2013 年硕士论文。

18. 姜波、焦富勇："《虐待儿童防止法》及统计儿童虐待事件的意义"，载《中国妇幼健康研究》2007 年第 2 期。

19. 匡亚林："社会福利引论：福利体制模式的类型化考察"，载《国家行政学院学报》2018 年第 3 期。

20. 卢亦鲁："日本儿童福利机构的人力资源配量"，载《社会福利》2009 年第 11 期。

21. 刘继同："儿童福利的四种典范与中国儿童福利政策模式的选择"，载《青年研究》2002 年第

6 期。

22. 刘继同："中国特色儿童福利概念框架与儿童福利制度框架建构"，载《人文杂志》2012 年第 5 期。

23. 刘继同："当代中国的儿童福利政策框架与儿童福利服务体系（下）"，载《青少年犯罪问题》2008 年第 6 期。

24. 刘继同："国家与儿童：社会转型期中国儿童福利的理论框架与政策框架"，载《青少年犯罪问题》2005 年第 3 期。

25. 刘继同："中国孤儿、受艾滋病影响儿童和脆弱儿童生存与服务状况研究（上）"，载《青少年犯罪问题》2010 年第 4 期。

26. 刘继同："中国儿童福利制度构建研究"，载《青少年犯罪问题》2013 年第 4 期。

27. 刘继同："当代中国的儿童福利政策框架与儿童福利服务体系（上）"，载《青少年犯罪问题》2008 年第 5 期。

28. 刘金霞："监护监督的必要性及其制度构建"，载《西安电子科技大学学报（社会科学版）》2017 年第 2 期。

29. 刘金霞："亲权制度的流变及其现代发展的借鉴意义"，载《北京青年政治学院学报》2013 年第 1 期。

30. 刘跃进："非传统的总体国家安全观"，载《国际安全研究》2014 年第 6 期。

31. 李辉："国家责任回归：我国儿童福利的制度优化与升级"，载《劳动保障世界》2018 年第 3 期。

32. 李燕："论《民法总则》对未成年人 国家监护制度规定的不足及立法完善"，载《河北法学》2018 年第 8 期。

33. 李迎生："新时期儿童社会保护体系建设：背景、挑战与展望"，载《社会建设》2014 年第 9 期。

34. 李昕益："刍议日本儿童保护制度对中国的启示"，载《南方论刊》2018 年第 3 期。

35. 陆士桢："建构中国特色的儿童福利体系"，载《社会保障评论》2017 年第 3 期。

36. 陆士桢、常晶晶："简论儿童福利和儿童福利政策"，载《中国青年政治学院学报》2003 年第 1 期。

37. 陆士桢："简论中国儿童福利"，载《华中师范大学学报（哲学社会科学版）》1997 年第 6 期。

38. 栾俪云："国外儿童照顾与支持的价值理念和制度安排"，载《前沿》2010 年第 12 期。

39. 马东："我国未成年人监护制度法律问题"，载《预防青少年犯罪研究》2017 年第 1 期。

40. 满小欧、李月娥："西方困境儿童家庭支持福利制度模式探析"，载《北京社会科学》2015 年第 11 期。

41. 蒙克："从福利国家到福利体系：对中国社会政策创新的启示"，载《广东社会科学》2018 年第 4 期。

42. 庞超："关照学术课后教育：瑞典学童看护制度与启示"，载《比较教育研究》2009 年第 12 期。

43. 庞媛媛："英国儿童福利制度的历史嬗变与特征"，载《信阳师范学院学报》2009 年第 7 期。

44. 仇雨临、郝佳："中国儿童福利的现状分析与对策思考"，载《中国青年研究》2009 年第 2 版。

45. 乔东平、谢倩雯："西方儿童福利理念和政策演变及对中国的启示"，载《东岳论丛》2014 年第 11 期。

46. 秦宝玉："英国儿童福利制度及启示"，载《人才资源开发》2014 年第 22 期。

47. 戚如强："瑞典未成年人保护的特色及启示"，载《青年探索》2012 年第 2 期。

48. 尚晓援："'社会福利'与'社会保障'再认识"，载《中国社会科学》2001年第3期。

49. 宋英辉、苑宁宁："推进未成年人工作机构优化设置的建议"，载少年司法专业委员会微信公众号。

50. 童小军："国家亲权视角下的儿童福利制度建设"，载《中国青年社会科学》2018年第2期。

51. 王贞会："家庭监护功能缺位的实践表征及其治理路径——以308名涉罪未成年人为样本的分析"，载《政法论坛》2018年第6期。

52. 王先进："从机构照顾到家庭寄养看我国儿童福利服务政策的转变"，载《长沙民政职业技术学院学报》2007年第1期。

53. 王思源："我国城乡儿童福利设施状况、问题与体系建议——基于'幼有所育'的儿童福利事业发展目标"，载《社会福利》2018年第10期。

54. 王贤斌："民生国家VS福利国家：中西方的比较与启示"，载《中共宁波市委党校学报》2018年第4期。

55. 吴鹏飞："中国儿童福利立法模式研究"，载《江西财经大学学报》2018年第1期。

56. 吴燕："刑事诉讼程序中未成年人司法保护转介机制的构建——以上海未成年人司法保护实践为视角"，载《青少年犯罪问题》2016年第3期。

57. 温泽彬："美国法语境下公民福利权的证成及其启示"，载《法商研究》2014年第4期。

58. 熊跃根："福利国家儿童保护与社会政策的经验比较分析及启示"，载《江海学刊》2014年第3期。

59. 薛在兴："美国儿童福利政策的最新变革与评价"，载《中国青年研究》2009年第2期。

60. 于改之："儿童虐待的法律规制——以日本法为视角的分析"，载《法律科学（西北政法大学学报）》2013年第3期。

61. 姚建平、朱卫东："美国儿童福利制度简析"，载《青少年犯罪问题》2005年第5期。

62. 姚建平："从孤残儿童到困境儿童：适度普惠型儿童福利制度概念与实践"，载《中国民政》2016年第8期。

63. 姚建龙："未成年人法的困境与出路——论《未成年人保护法》与《预防未成年人犯罪法》的修改"，载《青年研究》2019年第1期。

64. 姚建龙："国家亲权理论与少年司法"，载《法学杂志》2008年第3期。

65. 姚建龙、滕洪昌："未成年人保护综合反应平台的构建与设想"，载《青年探索》2017年第6期。

66. 姚建龙："我国未成年人法律保护的进步和发展建议"，载《青少年犯罪研究》2017年第3期。

67. 姚伟、王宁："当代美国儿童福利政策的特点"，载《外国教育研究》2011年第5期。

68. 易谨："我国台湾地区与日本儿童福利法律制度的特色与启发"，载《青年探索》2012年第2期。

69. 易谨："日韩与台湾地区儿童福利工作体系政府职能之比较"，载《中国青年社会科学》2015年第6期。

70. 杨志超："美国儿童保护强制报告制度及其对我国的启示"，载《重庆社会科学》2010年第1期。

71. 杨挺："底线、差距与目标——《北京规则》视野下的中国少年司法制度"，中国政法大学2004年硕士论文。

72. 杨晶、吴皖明："云南省以社区为基础保护儿童的经验及未来发展对策"。

73. 蓝庆新："香港社会福利制度研究及启示"，载《亚太经济》2006年第02期。

74. 雷张慎佳："香港防止虐待儿童会的30年"，载《中国社会工作》2010年第7上期。

75. 朱洪："儿童福利机构内社会力量的引进与发展"，载《社会福利》2017年第2期。

76. 郑丽英、化红梅、豆韬："分级预防机制在社区儿童保护工作中的实践与探索"。

77. 张晓霞："美法两国儿童福利制度的差异比较"，载《社会》2003年第6期。

78. 张凡："儿童福利事业的定位与发展"，载《中国民政》2001年第3期。

79. 张军：" '社会福利' 与 '社会保障' 的再解读——基于我国适度普惠型社会福利制度构建的视角"，载《社会福利》2018年第1期。

80. 邹明明、赵屹："美国的儿童福利制度"，载《社会福利》2009年第10期。

81. 赵川芳："我国儿童保护立法政策综述"，载《当代青年研究》2014年第5期。

82. 赵川芳："家庭寄养的现实困境和完善对策"，载《当代青年研究》2017年第4期。

83. 陈斌："日本的儿童保护制度"，载《学习时报》2015年8月13日。

三、其他

1. 荆文娜 "不要让最柔软的儿童问题变得顽固起来"，载 http://www.sohu.com/a/222096752_99959270。

2. 国家统计局："儿童福利机构单位数" "儿童福利机构职工人数" "儿童床位数"，载 http://data.stats.gov.cn/search.htm？s＝%E5%84%BF%E7%AB%A5%E7%A6%8F%E5%88%A9。

3. 民政部：《儿童福利机构建设蓝天计划》，载 http://sw.mca.gov.cn/article/zwgk/mzbhshzzxm/201301/20130100405371.shtml。

4. 国家统计局："年度数据"，载 http://data.stats.gov.cn/easyquery.htm？cn＝C01&zb＝A0P05&sj＝2017。

5. 中国公益研究院："儿童｜2017年5个省份提高孤儿基本生活费最低标准"，载 http://wemedia.ifeng.com/42744532/wemedia.shtml。

6. 日本厚生劳动省网站："主要工作"，载 http://search.e-gov.go.jp/servlet/Organization？class＝1050&objcd＝100495&dispgrp＝0145。

7. 日本厚生劳动省网站："儿童抚养津贴"，载 https://translation.mhlw.go.jp/LUCMHLW/ns/tl.cgi/https://www.mhlw.go.jp/bunya/kodomo/osirase/dl/141030-1b.pdf？SLANG＝ja&TLANG＝zh&XMO DE＝0&XPARAM＝q，&XCHARSET＝UTF-8&XPORG＝，&XJSID＝0。

8. "推动儿童福利立法，实现新时代的 '幼有所育'"，载 https://baijiahao.baidu.com/s？id＝1590656607717794857&wfr＝spider&for＝pc。

9. "南通市儿童福利院切除智障少女子宫案"，载 http://www.njucasereview.com/web/hot/hot/2010/20120229/093438.shtml。20180401。

10. 宋文珍："教育是对新时代儿童最好的保护"，载 https://baijiahao.baidu.com/s？id＝1599406451398948780&wfr＝spider&for＝pc。

11. "愿儿童在新时代的阳光下健康成长"，载 http://www.chinadevelopment.com.cn/zk/yw/2018/02/1234293.shtml。

12. 冯海波："新时代中国特色社会主义的六大特征"，载 http://mini.eastday.com/mobile/180104095901257.html。

13. "国务院印发《关于建立残疾儿童康复救助制度的意见》"，载 http://mzzt.mca.gov.cn/article/sjd/zyjs/201810/20181000012417.shtml。

14. 尚阳："我国实施营养包行动16年 解决贫困代际传承"，载 http://news.ifeng.com/a/20160926/50026370_0.shtml。

15. 张希敏："中国目前0~6岁的残疾儿童约167.8万人"，载 http://www.chinanews.com/sh/2016/04-29/7853961.shtml。

16. "中国2300万留守儿童，许多假装父母'去世'"，载 http://news.163.com/17/0801/13/CQO-QEMN9000181IU.html。

17. "2017年中国儿童福利和收养登记情况分析"，载 http://www.chyxx.com/industry/201711/581561.html。

18. 北京青少年法律援助与研究中心：《未成年人遭受家庭暴力案件调查分析与研究报告》，载 http://www.law-lib.com/fzdt/newshtml/shjw/20121012131602.htm。

后 记

  "孩子们成长得更好，是我们最大的心愿"，党的十八大以来习近平总书记发表了一系列关于儿童的重要讲话，彰显出关爱儿童的伟大情怀。党的十九大报告也对新时代儿童工作提出了新的要求，将"幼有所育"放在新时代增进民生福祉的首要位置，并提出新时代"幼有所育"的两个基本目标：一是让幼儿接受必要的早期教育；二是让幼儿得到健康、安全、稳定的养育。为贯彻落实习近平总书记关于儿童工作的指示，更好地实现"幼有所育"，加强儿童福利制度建设，民政部中国儿童福利和收养中心委托我作为负责人承担"新时代儿童福利研究"的课题。该课题要求回顾总结我国儿童福利的历史经验，分析现状及存在的问题，谋划新时代儿童福利工作的发展方向，为民政部如何进一步加强儿童福利工作，重新架构儿童福利工作机制提供参考建议。

  委托方要求在几乎不可能的时间之内提交研究成果。接受委托后我连夜设计和完善了研究提纲，召集团队组成课题组并分配任务。在初稿完成后，课题组还先后到上海市救助管理站、上海市儿童福利院、上海市儿童临时看护中心进行实地调研，并召集了上海市、区民政系统儿童福利分管领导与职能科处负责人、儿童福利机构负责人参加座谈会，听取课题研究意见。民政部社会事务司刘涛副司长还召集中国儿童福利和收养中心12个部门对课题研究初稿进行了认真研究，并提出了大量十分有价值的修改完善意见。经过课题组全体成员的辛苦努力，最终六易其稿，完成了此项课题研究任务。

  最终完成的研究报告主要围绕儿童福利的概念界定、我国的历史经验、现状及存在的问题、域外比较以及未来发展展开。其中儿童福利的未来发展是研究报告的重点，包括战略定位、法律政策体系建设、体制机制建设与五年规划。研究报告既有理论分析，也有实践总结与反思；对未来发展的设想既立足现实，又体现出较强的前瞻性，我们希望此项研究成果能够对如何在新时代加强和完善儿童福利工作发挥积极的参考作用。

  在课题基本完成并提交委托方参考后，中共中央办公厅、国务院办公厅于2018年12月31日正式印发了《民政部职能配置、内设机构和人员编制规定》的通知，明确民政部将设置儿童福利司，这是我国儿童福利事业具有里程碑意义的进步。根据通知对民政部儿童福利司的职能定位，课题组又对成果进行了相应的修改和完善。

　　本项研究由我根据委托方的要求确定研究与写作思路并拟出大纲，郗培植、罗建武承担了大量具体组织工作，张善根、刘悦进行了统稿工作，滕洪昌协助进行了统稿工作，屈琳、陆越、丁明洋等进行了校对工作。各章分工如下：前言由姚建龙撰写，导论由姚建龙、刘悦撰写，第一章由张善根撰写，第二章由屈琳撰写，第三章由李璟儒撰写，第四章由李宜撰写，第五章由刘悦、郗培植和张冬炜撰写，第六章由罗建武撰写，第七章由卢婷婷撰写，第八章由李丹撰写，第九章由姚建龙、田相夏和刘金晓撰写。

　　儿童福利工作，不仅仅关系儿童个体的成长与发展和每个家庭的幸福，更加关涉全面小康社会的建成甚至是中华民族伟大复兴的实现。客观地说，十八大以来，我国儿童福利工作确实得到了很大发展、取得了很多成绩，但与发达国家相比仍有一定差距，与新时代人民日益增长的美好生活需要也有一定距离。但我们坚信，只要不断努力，我国儿童福利事业定会有一个美好的未来。

　　我长期从事少年司法理论与实务工作，一个切实的体会是，儿童福利与少年司法是一个硬币的两个方面。少年司法制度的运行离不开儿童福利制度的支撑，儿童福利制度的健全同样也离不开少年司法制度的保障。2019 年是中国未成年人保护的"纪元之年"，在这一年，最高人民检察院正式建立了未成年人检察厅（第九检察厅），民政部正式设置了儿童福利司，分别实现了司法和福利领域的里程碑式进步。加上共青团中央早在 1994 年设置的维护青少年权益部，我国未成年人保护制度的行政（福利）、司法、社会三大支柱体系已经基本建立。在我看来，这是中国特色社会主义制度进入新时代更有力的标志。

姚建龙

2019 年 1 月 2 日 初稿

2019 年 1 月 27 日 修订

于苏州河畔